Matsugamine Catholic Church and Utsunomiya St. John's Church: Story of the Two Sacred

二つの教会をめぐる石の物語

宇都宮美術館［編］

宇都宮美術館
Utsunomiya Museum of Art

① 宇都宮天主公教会二代聖堂(現・カトリック松が峰教会聖堂) 塔屋 2016年撮影

②『宇都宮教会献堂式記念絵葉書』より「宇都宮天主公教会聖堂正面」（部分）1932年　カトリック松が峰教会蔵

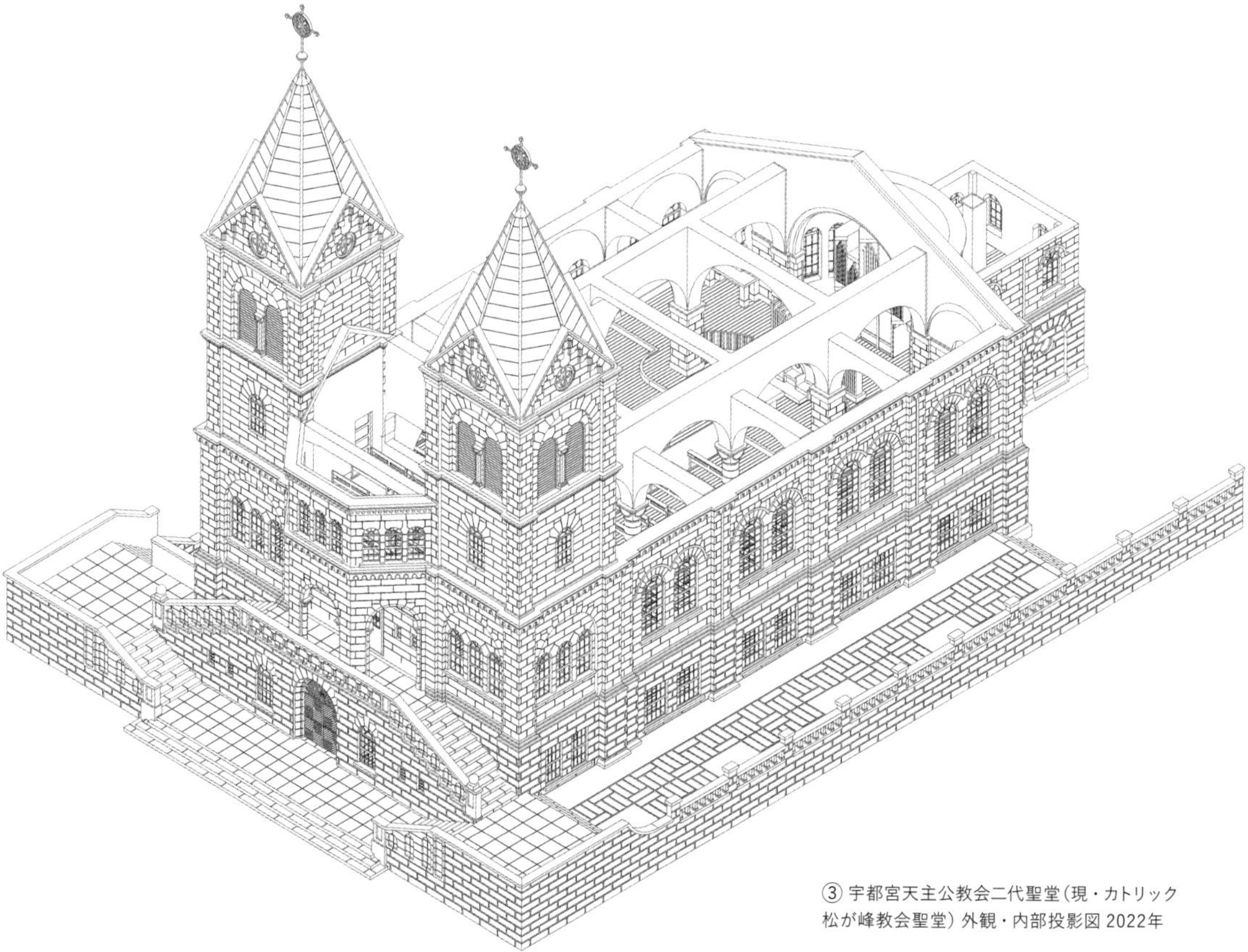

③ 宇都宮天主公教会二代聖堂（現・カトリック松が峰教会聖堂）外観・内部投影図 2022年

④宇都宮天主公教会二代聖堂（現・カトリック松が峰教会聖堂）内部（南側廊のアーチ）2018年撮影

⑤宇都宮天主公教会二代聖堂（現・カトリック松が峰教会聖堂）外観（ポーチ）2018年撮影

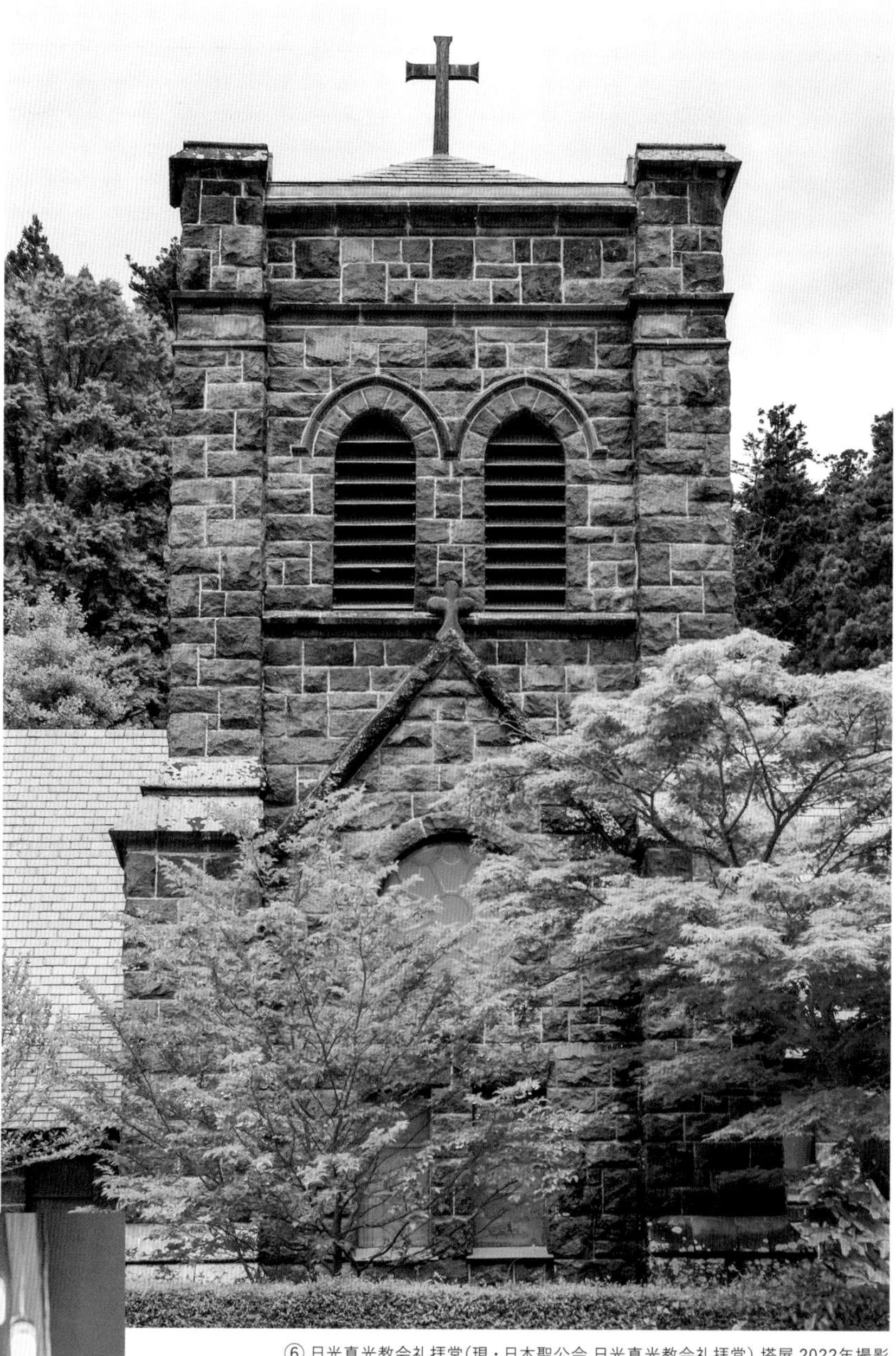

⑥ 日光真光教会礼拝堂（現・日本聖公会 日光真光教会礼拝堂）塔屋 2022年撮影

⑦ 聖霊修道院付属聖堂（現・金沢聖霊修道院
「三位一体」聖堂）身廊の漆塗柱 2021年撮影

⑧ 三代・歌川広重《横浜商館天主堂ノ図》1870年 神奈川県立歴史博物館蔵 ※モティーフの建造物は聖心教会初代聖堂

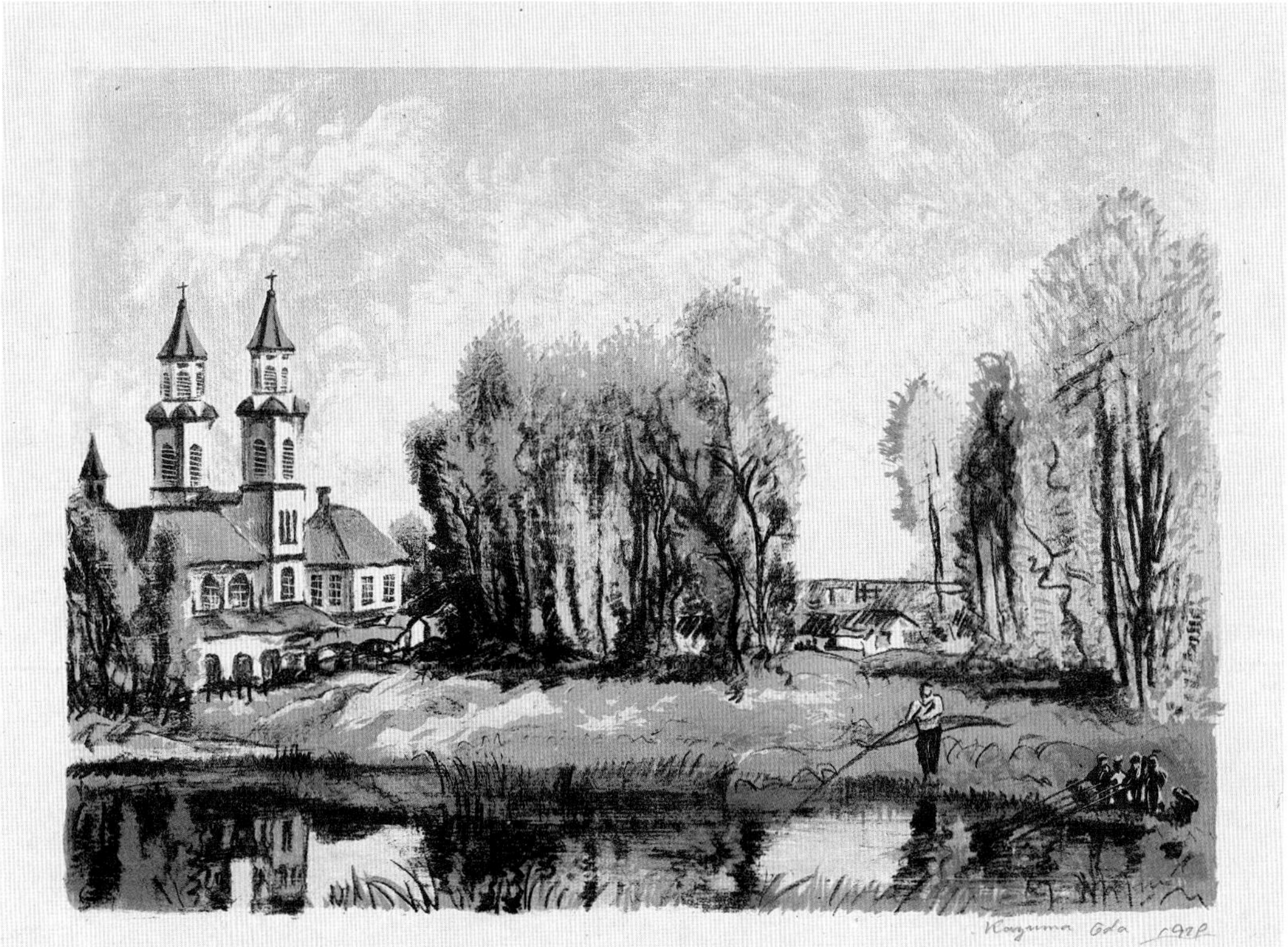

⑨ 織田一磨『画集新潟風景』より《異人池秋景》1929年 東京国立近代美術館蔵 ※モティーフの建造物は新潟カトリック教会聖堂

⑩ 雑誌『The Spirit of Missions』1934年5月号より「宇都宮聖約翰教会礼拝堂全景」1933～1934年撮影 立教大学図書館蔵（画像所収文献）
Episcopal Church, Domestic and Foreign Missionary Society ed. *The Spirit of Missions*. (August, 1933) Burlington: J.L. Powell.

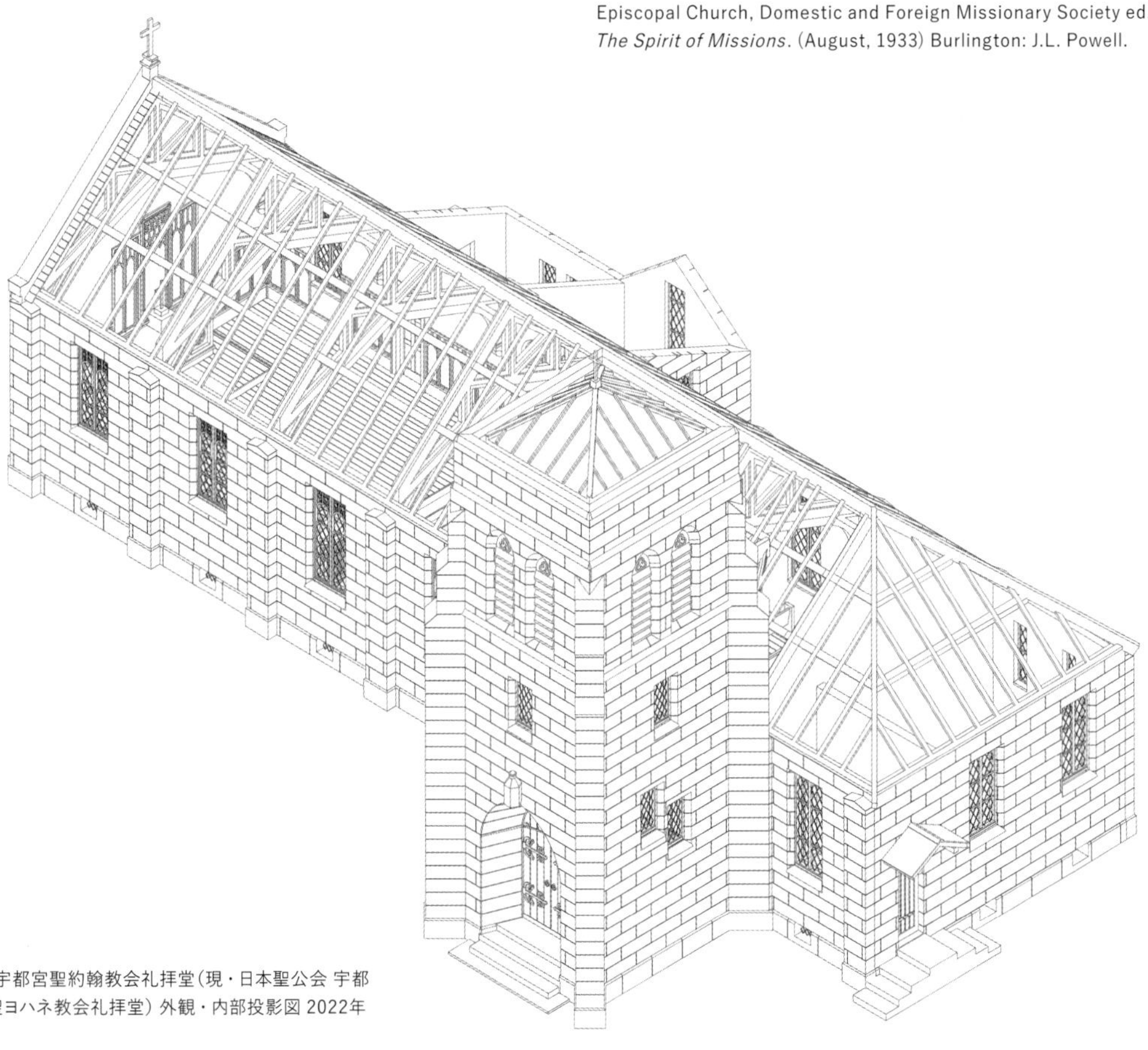

⑪ 宇都宮聖約翰教会礼拝堂（現・日本聖公会 宇都宮聖ヨハネ教会礼拝堂）外観・内部投影図 2022年

⑫ 宇都宮聖約翰教会礼拝堂（現・日本聖公会 宇都宮聖ヨハネ教会礼拝堂）
内陣のステンドグラス 2022年撮影

② 画像提供　カトリック松が峰教会
③⑪ 制作　模型工房「さいとう」
⑧ 画像提供　神奈川県立歴史博物館
⑨ 画像提供　東京国立近代美術館
⑩ 画像提供　立教大学図書館
①④⑤⑥⑦⑫⑬⑭ 撮影　橋本優子

⑬ 宇都宮聖約翰教会礼拝堂（現・日本聖公会 宇都宮聖ヨハネ教会礼拝堂）
塔屋外壁とステンドグラス 2022年撮影

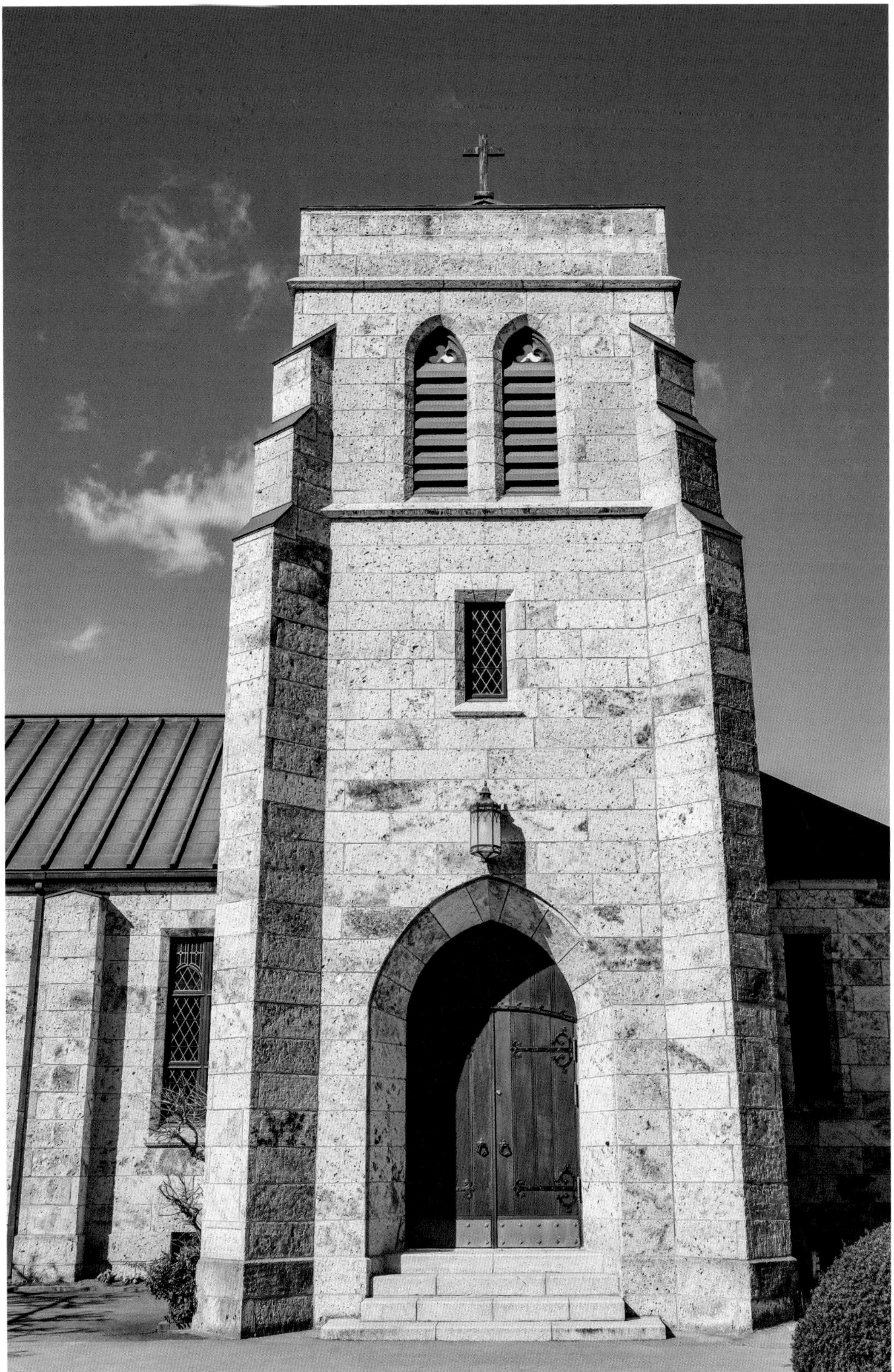

⑭ 宇都宮聖約翰教会礼拝堂(現・日本聖公会 宇都宮聖ヨハネ教会礼拝堂) 塔屋 2022年撮影

二つの教会をめぐる石の物語

はじめに

「二つの教会をめぐる石の物語」と題する本書は、マックス・ヒンデルが手がけた宇都宮天主公教会二代聖堂（現・カトリック松が峰教会聖堂。聖別1932年）と、上林敬吉の宇都宮聖約翰《ヨハネ》教会礼拝堂（現・日本聖公会宇都宮聖ヨハネ教会礼拝堂。聖別1933年）が主役として登場する近代建築史の本である。

これらの聖堂と礼拝堂は、ともに大谷石を用いた復興様式の近代建築として、所在地の宇都宮はもとより、全国的にも知られる美しい姿かたちの歴史的建造物にほかならない。本書では、二つの教会を中心に、二人の建築家が設計した他のキリスト教施設、彼らが生きた時代と、同時代の他の設計者の取り組みを通じて、大正年間・昭和戦前に起ち現れた「日本近代の教会建築」を「石の物語」という視点で解き明かすことを試みている。

論文集でも写真集でもなく、豊富な図版と平明な解説により、前史となる幕末・明治にも少し触れるかたちで、ローマ・カトリック教会、聖公会、プロテスタント教会の聖堂、礼拝堂、会堂、ミッション・スクール、病院の実例を精選して取り上げ、教会建築の精髄と、様式や工法などを、多角的に論じることを目ざした。

キリスト教、教会建築、歴史的建造物、二つの教会と、二人の建築家に興味を持つ多くの読者にとって、学びと発見、驚きや感動をもたらすささやかな手引きとなれば、著者・編集者一同、幸いに思う。

宇都宮美術館
下野新聞社

二つの教会をめぐる石の物語

CONTENTS

【凡例】

一、本文の注は、節ごとに通し番号を振り、「(注〇)」と記した。注の内容は、節の末尾に一覧した。

一、本文の挿図は、節ごとに通し丸付き番号を振った。

一、本文の画像キャプションは、建造物の名称、撮影アングルと年代、図面などについては表題や内容を記した。近年撮影のものは、（　）内に現在の名称を加えた。本文の画像クレジットは、節ごとに末尾でまとめて記した。文献から転載の場合は、節ごとに通しアルファベットを振った所収文献を「(文献〇)」で表した。所収文献の書誌情報は、節の末尾に一覧した。

一、本文とその注で言及される建造物の名称は、第一章、第二章、終章のコラムに準じ、「竣工・聖別時の施主組織名」に「建物種別」を付すかたちで記した。同一の施主組織名で代替わりした場合は、「〇代」を加えた。

一、本文とその注で言及される過去の地名は、今日の地名を（　）内で示した。

一、明治五年十二月二日（西暦一八七二年十二月三十一日）以前の和暦については、太陰太陽暦としている。

一、本文と、第一章、第二章、終章のコラムで言及される建築用語は、巻末の「建築用語索引」に集約した。

一、本文と、第一章、第二章、終章のコラムに登場する人名は、巻末の「人名索引」に集約した。本書の全編を通じて外国人名は、できるだけ原語の発音に近いカタカナ表記とした。ただし「Hinder」のように、一般的な表記（ヒンデル）と原語の発音（ヒンダー）が異なる場合、一般的な表記を採用し、原語の発音は巻末の「人名索引」に※印付で記した。

一、本文と、第一章、第二章、終章のコラムに登場する外国人名の原綴りは、巻末の「人名索引」に集約した。

一、本書の全編を通じて、難読漢字や、特殊な読みの固有名詞には、節・コラムごとの初出箇所にルビを振った。また人名にはルビを振らず、巻末の「人名索引」で読みを集約した。

一、第一章、第二章、終章のコラムの凡例は、それぞれの扉に一覧した。

一、巻末の「主要参考文献」では、本文の節ごと、第一章、第二章、終章のコラムの章ごとにまとめた注で挙げられる文献を省略している。書誌情報は、国会図書館、学術論文、美術館・博物館図録などの表記に準じ、ISBNは付していない。外国語のタイトルは、太字のイタリック体で記した。

序章　日本近代の教会建築 幕末と明治

橋本 優子

はじめに

日本近代の教会建築は、江戸時代に断絶したキリスト教の宣教再開とともに始まる。開国と文明開化のうねりのなかで生を受け、西洋の教会建築とは異質な精神文化として幕末・明治に礎が置かれ、大正年間・昭和戦前に独自な展開が見られた。

しかし、明治改元後わずか五年の一八七二年十月十四日（明治五年九月十二日）に開業した鉄道、その一翼にある駅舎建築のように、一足飛びの展開にはならなかった。なぜならばキリスト教の受容は国の意向、社会への浸透は世の中の情勢と関わり、時間も要したからである。

これとは別に、信仰や伝道というものは、専用の建物がなくても成立し、やがて活動が盛んになり、幅広い事業が展開されるにつれ、それに見合った施設が必然的に求められるという点も考慮せねばならない（注1）。

人と物資を運ぶ手段が徒歩や駕籠から陸蒸気に変わる事態は、眼に見えるかたちの利便性、科学技術の振興と発展が期待できる。近代国家の仲間入りを目ざす日本にとって、およそ未知だけれども、価値がわかりやすい物質文化だった。

一方、高度な精神文化のキリスト教は、その意味や効果を即物的に推し量り、国として導入を検討する性質のものではない。しかもキリスト教国と不平等条約を結んだ幕末の経緯は、これらの列強がしのぎを削る世界に顔見世を目論む明治政府にすれば、遠い昔の出来事ではなかった。

結局のところ政府は、一八七三年（明治六年）二月二十四日、太政官布告第六十八号により、キリシタン禁制の高札を撤去した。何と言っても外交上の理由が大きく、と同時に必要とする西洋の文物を受け入れるうえで、禁教政策が弊害になると判断したからにほかならない。

両者の間に位置したのが早い段階の洋風建築と言える。

時代や洋の東西を問わず、建築は芸術と同時に工学でもあるため、たとえば横浜と新橋の停車場を和風としないことについて、当時はそれほど抵抗がなかったと考えられる。つまり、その頃は橋梁や隧道と同じく、機能を充たす設備の位置づけだったとしてよい。設計・監理は、当然ながら居留外国人に委ねられた(注2)。

庁舎や学校、商業施設も同様で、既存の建物の転用や改造から、欧米の様式、工法、実用・美的感覚の急速な吸収と消化に重きが置かれた。担い手の育成は始まって間もない。よって、わが国の風土との合致、美意識と普遍性など、精神文化として吟味し、独自の模索を行う次元にはほど遠かった。

まずは西洋近代を手本とするこれまでにない制度を、そのための施設、指導者と一体的に受け入れる。このような時代背景のもと、最初期の教会建築が築かれた。だが、その根幹を成すキリスト教をめぐる状況は複雑だった。それが少しずつ改善されても、信仰と建築の両分野に造詣が深い人物なくして、キリスト教の施設は実現できないという問題に行き当たる。

この難問は、その後も尾を引いていく。

もう一組の「二つの教会」

以上を踏まえて本章では、大正年間・昭和戦前に多様な展開を見せた教会建築の前段となる幕末・明治の事例を取り上げる。

ただし本書の主役は、宇都宮天主公教会二代聖堂（第一章。図①）、宇都宮聖約翰《ヨハネ》教会礼拝堂（第二章。図②）という昭和戦前の二つの建造物である。それぞれの教派はローマ・カトリック教会と聖公会、設計者がマックス・ヒンデルと上林敬吉のため、各章の「建造物めぐり」においては、これらの聖堂と礼拝堂、二人の建築家とつながりを持つものに絞っている。

したがって本章でも同じ観点に則り、多くの事例を網羅的に言及するのではなく、聖心教会初代・二代聖堂、横浜クライスト・チャーチ初代・二代礼拝堂、言い換えると、もう一組の「二つの教会」に限定して述べる。

横浜天主堂（聖心教会初代聖堂）

キリシタン時代まで含めるならば、わが国にキリスト教を初めてもたらしたのはローマ・カトリック教会である。すなわち一五四九年（天文十八）、イエズス会のフランシスコ・ザビエル（注3）が薩摩国鹿児島（鹿児島県鹿児島市）に上陸したことを指す。ところがその後、徳川幕府の禁教令と厳しい弾圧を受け、長い鎖国政策の間は、宣教師が日本に上陸することはなかった。

それ以来の聖職者の来日は、幕末の一八五八年十月九日（安政五年九月三

① 宇都宮天主公教会（現・カトリック松が峰教会聖堂）塔屋 2016年撮影

日)、日仏修好通商条約が江戸で締結された際に、フランス側の通訳として同行したパリ外国宣教会のウジェーヌ＝エマヌエル・メルメ(＝ド＝カション)司祭(注4)まで時代が下る。メルメ司祭は翌年(安政六)十一月に帰来し、港を開いたばかりの蝦夷地箱館(北海道函館市)で活動を始めた(一八五九年)。キリシタン禁制下ではあったものの、元町で仮聖堂を持つまでに至る。

ただしこれは、教会建築としての聖堂ではなく、飽くまでも「仮設的な場」(注5)に過ぎず、フランス語の教育などを表向きとする宣教に供した。

メルメ司祭の動きに並行して、一八五九年九月六日(安政六年八月十日)、フランス政府は初の駐日領事を江戸へ派遣し、この時、領事館の通訳兼司祭の立場で来日したのがパリ外国宣教会のプリュダンス＝セラファン＝バルテレミ・ジラール司祭(注6)だった。ジラール司祭の場合、外国公館の通訳という役職を表向きに掲げ、武蔵国横浜(神奈川県横浜市)の港も開かれたので、居留外国人のために出張ミサを立てながら、人知れず本格的な聖堂の計画を

② 宇都宮聖約翰教会礼拝堂(現・日本聖公会 宇都宮聖ヨハネ教会礼拝堂)塔屋 2022年撮影

練り始めた。

一八六〇年（万延元）十二月には山下居留地（横浜市中区山下町）で初代聖堂が着工となり、先行して工事が始まった司祭館が月末に完成する。明くる一八六一年一月二十四日（万延元年十二月十四日）、司祭館に入ったジラール司祭が聖心教会を発足させる。初代聖堂は十一月末に竣工し（文久元）、年明けの一八六二年一月十日（文久元十二月十一日）に聖別式を挙げた。近代日本で初めての教会建築の誕生である（図③）。

初代聖堂の造りは、居留地に建つ多くの洋風建築、横浜・新橋の両停車場と同じく、木骨石造（注7）だったと推測される。キリスト教が禁じられていたことに鑑みて、あえて聖堂らしからぬ印象を与えるようファサードは新古典主義風の意匠を採用した。こうした点を含めて、基本構想はジラール司祭が担い、造営は日本の大工や石工の手によるため、瓦葺の屋根形状などは和風を呈する。正面に掲げた十字架と、「天主堂」の文字は物議を醸したが、それ以上に周囲の商館より目立つ建造物になった理由として、建築家の不在が挙げられる。

以降、この初代聖堂は一八七三～一八七四年（明治六～七）、一八七四年、一八八一年（明治十四）、一八九八年（明治三十一）とさまざまな規模の改築・改修を重ね（注8）、本来の姿かたちがほとんど確認できないほど変貌を遂げる（図④、第二章第三節図③）。意匠もさることながら、躯体を木骨煉瓦造石張（注9）に造り替え、最終的には石目を覆う塗装を施した仕様とし、途中で塔屋の追加や、天井を嵩上げする工事さえ行った。

横浜天主堂こと聖心教会初代聖堂の有り様は、明治半ばから後半にかけてのローマ・カトリック教会の教会建築の縮図と見ることができる。そして、ミッション・アーキテクト（宣教建築家）ではない司祭たちの発想が、長い時間

③ 三代・歌川広重《横浜商館天主堂ノ図》1870年 神奈川県立歴史博物館蔵 ※モティーフの建造物は聖心教会初代聖堂

をかけて建て続け、時代ごとの変更を加えながら継承される西洋建築、とりわけ石造の聖堂を意識していることに気づかされる。堅固な材の特質を活かし、そのことに永続性を見出す精神文化の表れとしてよい。

横浜クライスト・チャーチ初代礼拝堂

聖公会の日本宣教は、日米・日蘭・日露・日英・日仏修好通商条約の締結（一八五八年）を経て、米国聖公会のジョン・リギンズ司祭（注10）、チャニング・ムーア・ウィリアムズ司祭（のち主教）（注11）が一八五九年（安政六）に肥前国長崎（長崎県長崎市）へ上陸したことが嚆矢となる。キリシタン禁制の不穏な幕末ではあったが、聖公会信徒の駐日米国総領事の助力を受け、長崎奉行の要請に従い、英語・洋学教授という実際的な活動を始めた。

聖公会の場合、幕末から明治にかけて米国聖公会、英国聖公会、カナダ聖公会がそれぞれに宣教師を派遣したので、ウィリアムズ司祭を含む多くの宣教師が地域ごとに拠点を設け、自身が帰属する母体組織の影響圏を日本国内に築きながら伝道が進んでいく（注12）。外国公館との結びつきも同じことが生じ、ローマ・カトリック教会のパリ外国宣教会とフランス領事館のような一枚岩の体制とは事情が異なっていた。

ただし一八六二年（文久二）十月にウィリアムズ司祭が東山手居留地（長崎市東山手）に献堂した会堂は英国聖公会の施設で、米国人でありながらその司祭を務め、長崎居留の英国人に供している。

同じ年の八月、横浜では英国聖公会のマイケル・バックワース・ベイリー司祭（注13）が来日し、山下居留地（横浜市中区山下町）の駐日英国領事館付司祭に着任した（一八六二年）。長崎と同様、

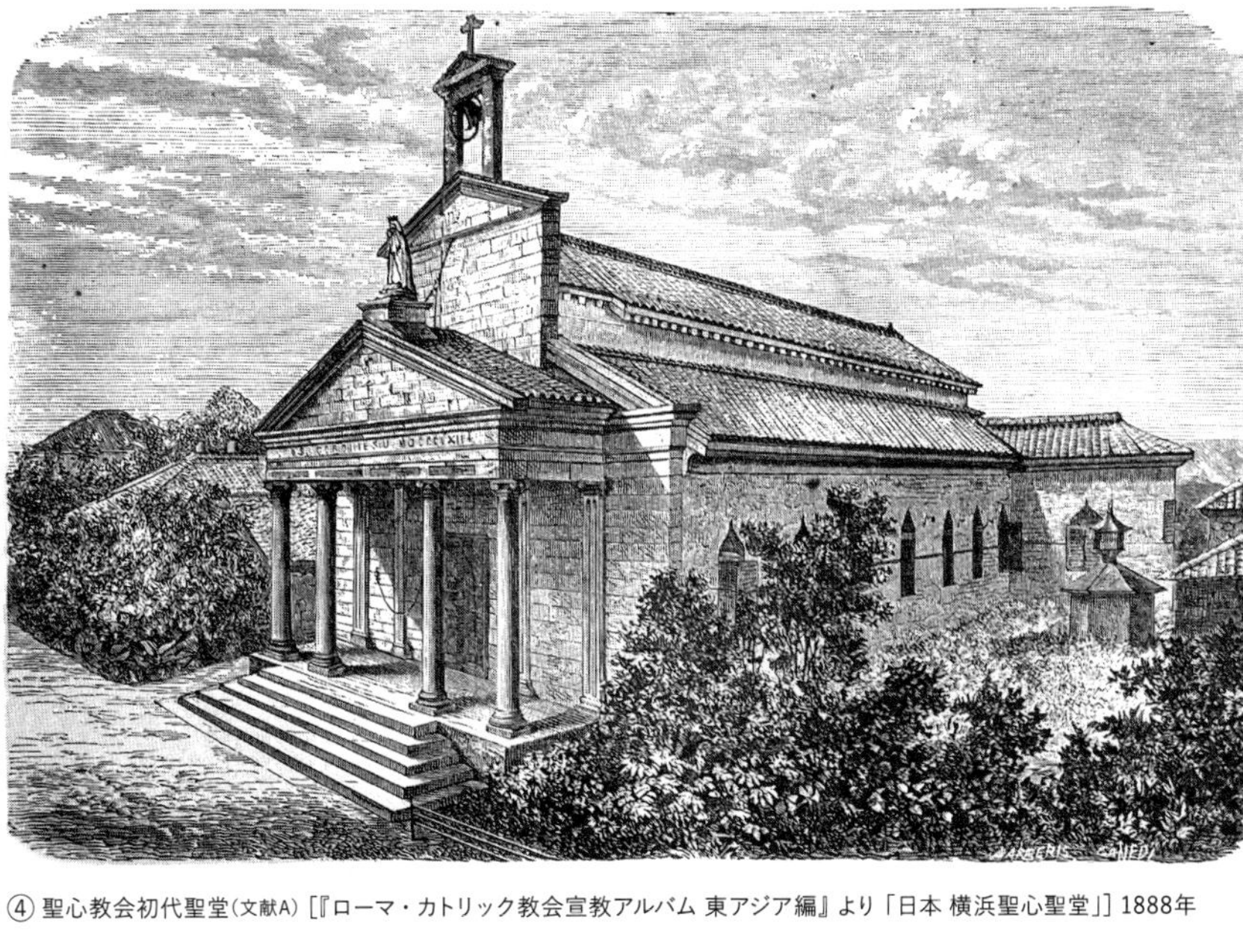

④ 聖心教会初代聖堂（文献A）［『ローマ・カトリック教会宣教アルバム 東アジア編』より「日本 横浜聖心聖堂」］1888年

居留英国人への便宜を図るため、横浜クライスト・チャーチが発足し、居留地内における初代礼拝堂（図⑤⑥）の竣工は、明くる一八六三年十月十八日（文久三年九月六日）だった。この教会にベイリー司祭が着任する。

設計は英国陸軍工兵隊のフレデリック・ブライン大尉により（注14）、前述の横浜天主堂を始めとする幕末・明治の洋風建築に倣い、木骨石造だった可能性が高い。平屋建で瓦葺の大きな切妻屋根を戴き、明治初期の聖公会建造物らしい簡素な中世復興様式である。興味深いのは、この礼拝堂も増改築を重ね、一八六〇年代後半に玄関周り、一八七九年（明治十二）に塔屋（鐘楼）の建造、その後、単廊式身廊に翼廊を増設したことに伴う屋根形状の変更が見られる。

一八九二年（明治二十五）に塔屋を取り壊し、あえて新造しなかったのは、強度の問題があったためと推測される。その頃には、年々の建物修繕費が問題視され、一八九七年（明治三十）になると、教会組織の一新に伴い、新礼拝堂を望む声が高まった（注15）。一八九九年（明治三十二）の居留地廃止も大きな転機になり、山下町（中区山下町）にとどまるか否かの論議が成される（注16）。新礼拝堂をどのようなものにするかについても、子細に検討されたことは想像に難くない。

上⑤ 横浜クライスト・チャーチ初代礼拝堂 内部（文献E）1865年撮影
下⑥ 同 外観（文献E）1860年代後半以降撮影（入口門増設後）

二つの二代目

一九〇一年（明治三十四）、横浜クライスト・チャーチは横浜市山手町（中区山手町）へ移転し、六月二日にジョサイア・コンドル（注17）設計の二代礼拝堂（図⑦⑧）が聖別式を挙げた。煉瓦と煉瓦を緊結したうえで、躯体に軽量鉄骨を埋め込んだ（注18）点が特筆される煉瓦造である。典型的なアングリカン・ゴシック・リヴァイヴァルの礼拝堂で、内部の壁は仕上加工を施した特殊な煉瓦を用いている（注19）。

続いて聖心教会も山手町へ住み替え、一九〇六年（明治三十九）五月十三日に二代聖堂（図⑨⑩）が聖別される。パリ

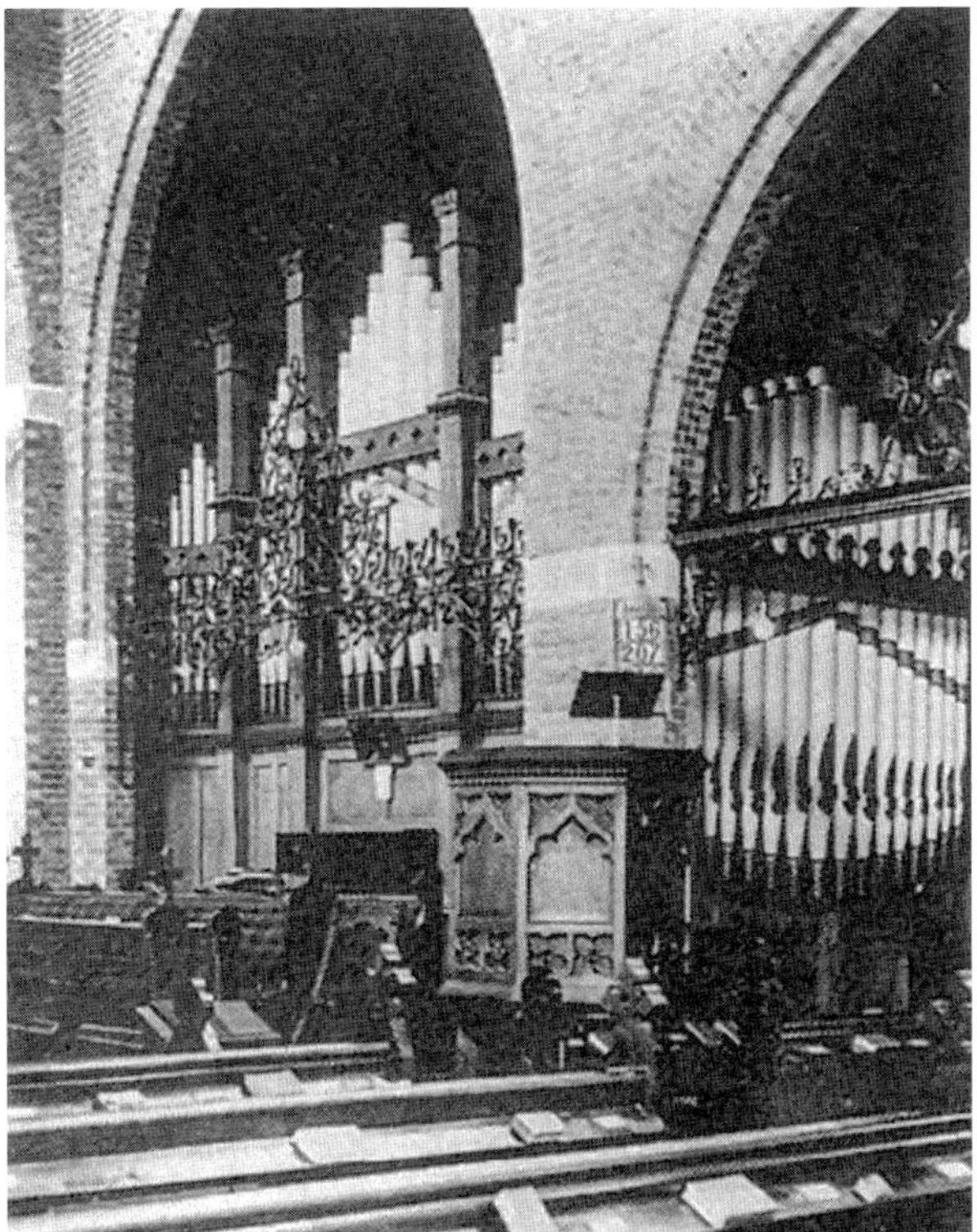

上⑦ 横浜クライスト・チャーチ二代礼拝堂 全景［絵葉書《横浜山手教会堂》（部分）］1901～1902年頃（山手町移転後） 個人コレクション 下⑧ 同内部（側廊とパイプ・オルガン）（文献E） 1901～1922年頃撮影（山手町移転後）

外国宣教会のジャック・エドモン・ジョセフ・パピノ司祭（注20）の設計により、旧材も利用した木骨煉瓦造、モルタル仕上で、高い双塔が聳える白亜のゴシック式だった（注21）。

　これらの聖堂と礼拝堂において、石ではなく煉瓦が採用されたのは、生産・供給が容易で、聖職者と教会の人々、専門家のコンドル、司祭として設計・監理の実務経験を積んだパピノ司祭を始め、当時の日本の施工者にとって頑健な材、つまり教会建築に相応しい永続性を備えるものと考えられたからにほかならない。しかしながら、一九二三

⑨ 聖心教会二代聖堂（文献B）［口絵連載「日本の公教会及び聖堂」より「新築の横浜山手町天主堂 (1)其前面 (2)其側面」］1906年撮影（山手町移転後）

⑩ 聖心教会二代聖堂内部（文献D）1906年頃撮影（山手町移転後）

年（大正十二）九月一日の関東大震災に遭っては、どちらの建物も完全に崩れ落ちる。耐震強度を考えたコンドルの工夫では歯が立たないほど、地震の破壊力は強烈だった（注22）。

東京・横浜圏の教会建築のみならず、両都市そのものが同じ不幸を経験する。震災からしばらくして、瓦礫を片づけた街にはバラックが次々と建ち始める。二つの教会も例外ではなく、余震や次の災害に見舞われるならば、ひとたまりもない木造の簡素な施設（図⑪⑫）であったため、名実ともに永続性が期待される鉄筋コンクリート造への建て替えが待たれた。

④ 所収文献所蔵・画像提供　横浜開港資料館
⑤⑥⑧⑫ 所収文献所蔵・画像提供　横浜クライスト・チャーチ／横浜山手聖公会
⑦ 画像提供　個人コレクション
⑨⑪ 所収文献所蔵・画像提供　上智大学図書館
⑩ 所収文献所蔵・画像提供　カトリック山手教会
①② 撮影　橋本優子

上⑪ 聖心教会仮聖堂（文献C）［連載記事「教会めぐり」より 若千（挿画）《横浜山手教会》］1931年(関東大震災後)
下⑫ 横浜クライスト・チャーチ仮礼拝堂 全景（文献E）1923年末頃撮影（関東大震災後）

序章

[注]

（注1）日本語で教会と表現されるキリスト教の単語は、ギリシャ語のエクレシアに由来する。ギリシャ語としての本来の意味は、古代ギリシャの都市における民会（市民の集会）を指した。キリスト教が成立して間もない一〜二世紀に記された『新約聖書』はヘレニズム時代のギリシャ語に依り、そのなかではイエスに従い、教えを信じる人々の集団の意味合いで用いられた。よってキリスト教の教会は、建物やそれを造営することではなく、信仰で結ばれた人々の集まり、その活動や組織が大前提にある。

（注2）横浜駅初代駅舎、新橋駅初代駅舎は、イギリス出身のアメリカ人建築家リチャード・パーキンズ・プリジェンスの設計による。プリジェンスは一八一九年、大英帝国バーミンガムで生まれた。アメリカ合衆国で土地調査と図面制作、地図の制作・出版に従事したのち、一八六四年（元治元）に来日し、山下居留地（神奈川県横浜市中区山下町）の土木技術事務所ルーシー・アンド・カンパニーに勤務する。一八六六年（慶応二）以降、居留地内の建築設計に携わり、木骨石造の洋風建築を数多く手がけた。一八九一年（明治二十四）、山下居留地（横浜市中区山下町）で逝去。

（注3）フランシスコ・ザビエルは、一五〇六年四月七日、ナバラ王国ハビエル城で生まれ、パリ大学で学ぶ。一五三四年八月十五日にパリ、モンマルトルのサン＝ドニ大修道院聖堂で、イグナチオ・デ・ロヨラ（一四九一〜一五五六年）らと生涯を神に捧げる誓いを立てた（イエズス会の発足）。一五三七年六月に司祭叙階を受け、一五四九年八月十五日（天文十八年七月二十二日）に来日する。薩摩国伊集院（鹿児島県日置市）、肥前国平戸（長崎県平戸市）、周防国山口（山口県山口市）、豊後国府内（大分県大分市）で宣教を行ったのち、一五五一年十一月十五日（天文二十年十月十八日）に離日した。一五五二年十二月三日、明朝中国上川島で帰天。

（注4）メルメ司祭は、一八二八年九月十一日、フランス王国ジュラ県ブーシュウに生まれる。一八五二年七月十一日にパリ外国宣教会に入会し、司祭叙階は一八五四年六月十一日だった。一八五五年（安政二）、琉球王国に上陸し、日本語を学ぶ。来日とその後の活動は、本章で記す通りである。一八六三年（文久三）に蝦夷地箱館（北海道函館市）から江戸へ移り、フランス公使館通訳となる。この年、パリ外国宣教会から除名され、以降、世俗の人としてメルメ＝ド＝カション姓を名乗り、日仏を往来した。一八八九年三月十四日、カンヌで逝去。

（注5）教派の如何に拘らず、日本におけるキリスト教会の当初の活動の場は仮設的なものがほとんどだった。詳しくは、第一章第一節、第二章第一節を参照。
Se documenter sur un missionaire: Base de données. In: *L'institut de recherche France-Asie.* https://irfa.paris/

（注6）ジラール司祭は、一八二一年四月五日、フランス王国シェール県アンリシュモンに生まれ、一八四五年五月十七日に司祭叙階を受ける。一八四七年八月十八日にパリ外国宣教会に入会し、一八五五年（安政二）、琉球王国に上陸し、日本語を学ぶ。来日とその後の活動は、本節で記す通りである。一八六七年十二月九日（慶応三年十一月二十六日）、山下居留地（横浜市中区山下町）の聖心教会司祭館で帰天。
Se documenter sur un missionaire: Base de données. *op.cit.*

（注7）終章「建造物めぐり」注（7）参照。

（注8）改築・改修の詳細については、終章「建造物めぐり」注（17）参照。

（注9）木骨煉瓦造石張とは、西洋式の軸組構造（木）と組積造（煉瓦）を組み合わせ、木の骨組に煉瓦を積んで被覆し、さらに石を張る近代工法を指す。明治初期から大正年間を通じて実践され、純然たる石造建築を代替していくが、耐震性の観点から関東大震災後に廃れた。
大橋好光、福濱嘉宏、栗田紀之、近藤 哲、安村恵子（２００３）「洋風軸組・木骨造の導入過程と在来軸組工法に与えた影響について」『住宅総合研究財団研究年報』29巻 東京：一般財団法人住総研

（注10）リギンズ司祭は、一八二九年五月十一日、大英帝国ヌニートンに生まれ、アメリカ合衆国へ移民し、ヴァージニア神学院で学ぶ。執事按手は一八五五年で、翌年から中国での伝道に携わる。来日とその後の活動は、本章で記す通りである。一八六〇年（安政七）二月、病気のため帰国する。一九一二年一月七日、ニュージャージー州オーシャン・シティで逝去。

（注11）ウィリアムズ司祭（のち主教）の経歴については、第二章第二節注（7）を参照。

（注12）米国聖公会、英国聖公会の英国海外福音伝道会（ＳＰＧ）と英国聖公会宣教協会（ＣＭＳ）、カナダ聖公会を指す。これらが協力して日本聖公会が成立したのは、一八八七年（明治二十）のことだった。

（注13）ベイリー司祭は、一八二七年四月十日、インドのコッタヤムで生まれ、ケンブリッジ大学シドニー・サセックス・カレッジで学ぶ。英国聖公会の司祭按手は一八五五年だった。来日とその後の活動は、本節で記す通りである。一八七二年（明治五）三月に引退のため帰国し、一八九九年十二月六日、大英帝国コールド・ノートンで逝去。

（注14）青木祐介（２００６）「山手聖公会［クライストチャーチ］にみる横浜の教会建築史」『有鄰』４５９号（２００６年2月10日号）横浜：有隣堂

（注15）*The Japan Weekly Mail.* (June 1st, 1901) Yokohama: Japan Times.

（注16）*Ibid.*

（注17）建築家コンドルの経歴については、第二章第二節注（22）を参照。

（注18）*The Japan Weekly Mail. op.cit.*

（注19）*Ibid.*

（注20）パピノ司祭の経歴については、第二章第二節注（21）を参照。

（注21）終章「建造物めぐり6」参照。

（注22）終章「建造物めぐり」注（12）参照。

[画像所収文献]

（文献A）Société de Saint-Augustin ed. (1888) *Albums des Missions Catholiques: Asie Orientale.* Paris: Société de Saint-Augustin.

（文献B）工藤應之助 編『聲』３６１号（１９０６年6月）東京：三才社

（文献C）『日本カトリック新聞』１９３１年11月8日号 東京：日本カトリック新聞社

（文献D）カトリック山手教会教会史編纂委員会 編（１９８２）『聖心聖堂百二十年史：横浜天主堂から山手教会への歩み』横浜：カトリック山手教会

（文献E）根谷崎武彦（２０１２）『クライストチャーチと横浜山手聖公会の１５０年：第22回聖公会歴史研究会資料』和光：根谷崎武彦

第一章 カトリック松が峰教会とマックス・ヒンデル

宇都宮天主公教会二代聖堂(現・カトリック松が峰教会聖堂) 内部(南側廊のアーチ) 2018年撮影

宇都宮天主公教会初代聖堂、二代聖堂

今日の名称（所在地）　初代聖堂…現存せず（――）
二代聖堂…カトリック松が峰教会聖堂（栃木県宇都宮市松が峰）

設計・施工者　初代聖堂…設計・施工者不詳
二代聖堂…マックス・ヒンデル（設計）、宮内初太郎（施工）、
安野半吾（石工事）

工法・構造、様式　初代聖堂…大谷石と木による（詳細不明）、平屋建
特定の様式によらない
二代聖堂…鉄筋コンクリート造地下一階・地上二階建、大谷石張、
五層塔屋付（双塔）
ロマネスク・リヴァイヴァル

年代　初代聖堂…竣工一八九五～一九〇四年（明治二十八～三十七）
二代聖堂…聖別一九三二年（昭和七）

教会の歩み

一八七八年（明治十一）　七月、パリ外国宣教会のヴィグルス司祭が築地居留地（東京都中央区明石町）の築地天主公教会（司教座聖堂）を拠点に千葉、茨城、栃木、群馬、福島の各県の巡回伝道を開始。当時、栃木県は、パリ外国宣教会に委託されたローマ・カトリック教会北緯代理区に帰属。

一八八〇年（明治十三）　この頃、ヴィグルス司祭が来県。

一八八三年（明治十六）　八月以降、カディヤック司祭がヴィグルス司祭の関東・福島巡回に同行し、各地に伝道拠点が開設。

一八八四年（明治十七）　栃木県足利郡足利町（足利市）に教会が発足。

一八八六年（明治十九）　一月、河内郡上三川村（上三川町）に教会が発足。五月以降、カディヤック司祭が上三川教会の霊的指導。以降、宇都宮に巡回。

一八八八年（明治二十一）　春、カディヤック司祭により、河内郡宇都宮川向町（宇都宮市川向町）に宇都宮天主公教会が発足。五月、宇都宮の教会に伝道学校が開設。

一八九一年（明治二十四）　ヴィグルス司祭が東京の専従となり（のち東京大司教区司教総代理）、カディヤック司祭が宇都宮を拠点に関東の巡回を継承。六月十五日、北緯代理区が東京大司教区に昇格し、パリ外国宣教会に委託。栃木県は東京大司教区に帰属。

一八九三年（明治二十六）　カディヤック司祭が群馬県前橋市に赴任。

一八九五年（明治二十八）　カディヤック司祭が宇都宮に帰任し、教会を河内郡宇都宮町松峯町（宇都宮市松が峰の現在地）へ移転。以降、初代聖堂、司祭館を整備（一九〇四年までの間）。

一九〇八年（明治四十一）　カディヤック司祭が東京府東京市小石川区関口台町（東京都文京区関口）の玫瑰塾に赴任。

一九一〇年（明治四十三）　カディヤック司祭が宇都宮に帰任。

一九一二年（明治四十五／大正元）　カディヤック司祭が東京大司教区副司教を拝命し、月に一度、関口台町の小石川聖マリア教会に出張。

一九二〇年（大正九）　小石川聖マリア教会が大司教座聖堂となる。カディヤック副司教が司教代理を拝命し、週に一度、関口台町に出張。

一九二二年（大正十一）　冬、カディヤック司祭代理が病臥（翌春まで）。

一九二七年（昭和二）　春、カディヤック司祭代理が病臥（五月まで）。

一九二八年（昭和三）　四月以前、カディヤック司教代理が二代聖堂の建設資材を部分調達。

一九三〇年（昭和五）　四月以降、カディヤック司教代理が病臥、のち小石川聖マリア教会で療養生活。十一月十九日、カディヤック司教代理が小石川聖マリア教会で帰天。

一九三一年（昭和六）　七月、二代聖堂の着工。

一九三二年（昭和七）　十一月二十三日、二代聖堂の聖別。

一九三七年（昭和十二）　十一月九日、横浜司教区が東京大司教区から独立し、パリ外国宣教会に委託。栃木県は横浜司教区に帰属。

一九三八年（昭和十三）　四月、二代聖堂に松ケ峰幼稚園が開設。

一九三九年（昭和十四）　一月四日、浦和知牧区が横浜司教区から独立し、フランシスコ会カナダ管区に委託。栃木県は浦和知牧区に帰属（のち浦和司教区を経てさいたま司教区）。

一九四五年（昭和二十）　七月十二日、宇都宮空襲により、二代聖堂が被災し、他の施設は焼失。終戦後、施設の復興が開始。

一九四七年（昭和二十二）　四月六日、二代聖堂の復興。

※以降については、本章第三節参照。

第一節

宇都宮天主公教会の成立と歩み

—カディヤック司祭と初代・二代聖堂—

橋本 優子

カディヤック司祭、宇都宮へ来る

宇都宮にローマ・カトリック教会の伝道拠点、より正確には専従の司祭のもと、信徒たちが集い、祈りを捧げ、キリスト教に根ざす活動を行う教会（組織）が設立されたのは、一八八八年（明治二十一）の春とされる（注1）。

前後の年代に起こった出来事に注目するならば、一八八六年（明治十九）一月、栃木県河内郡上三川村（上三川町）に教会が置かれ、五月からパリ外国宣教会のイッポリト＝ルイ＝オーギュスト・カディヤック司祭（注2）（図①）が霊的指導を行うようになった（注3）。二年後の一八八八年五月にはカディヤック司祭の命を受け、塩山長三郎伝道士（注4）が上三川から宇都宮へ移り、河内郡宇都宮川向町（宇都宮市川向町）で伝道学校が始動する。

この間、カディヤック司祭は巡回伝道というかたちで宇都宮を頻繁に訪れ、当地における教会設立の機が熟した状況（注5）を見きわめたうえで、伝道学校の開設に至ったのは想像に難くない。こうして宇都宮天主公教会（現・カトリック松が峰教会）が発足したが、他の教会と同様、当初の活動の場は仮設的なもので（注6）、そのための固有施設の充実は次の段階となる。というのも教会の本質は建物ではなく、信仰で結ばれた人々の組織にあるからだ。

一八九四〜一八九五年（明治二十七〜二十八）に調印された一連の通商改

正条約（陸奥条約）が一八九九年（明治三十二）に発効となるまでは、外国人が内地で不動産を自由に取得することはできず、居住や移動の制限を受けた事情（注7）も考慮せねばならない。よって居留地や開港場から遠い地域の教会（活動の場）の多くは、信徒や共鳴者が提供する家屋の利用、もしくは組織の仲介で確保した物件に始まる。カディヤック司祭の来宇には、このような背景が横たわる。

一八八二年（明治十五）十二月に来日したカディヤック司祭は、翌年からフランソワ＝ポーラン・ヴィグルス司祭（注8）の巡回伝道に同行する。拠点は築

①イッポリト＝ルイ＝オーギュスト・カディヤック司祭［《宇都宮教会献堂式記念絵葉書》より］1932年 カトリック松が峰教会蔵

地居留地（東京都中央区明石町）の築地天主公教会で、その範囲は千葉、茨城、栃木、群馬、福島の各県に及び、辺鄙な地域も対象とした。宇都宮に教会が設立されると、当地より各所へ足を向け、一八九一年（明治二十四）、ヴィグルス司祭が東京の専従となってからは、三百八十カ所もの拠点をカディヤック司祭が一人で担う。

やがて複数の司祭が各県を分担する体制（注9）が敷かれても、カディヤック司祭は自らの赴任地、役職や年齢に関係なく、生涯にわたって巡回伝道を続け、定住司祭のいない教会の訪問を続けた。ゆえに「歩く宣教師」の名で知られている。

その頃の栃木県の交通事情に眼を向けると、日本鉄道（一九〇六年に国有化）により、一八八六年（明治十九）六月に上野・宇都宮間、十二月には宇都宮・黒磯間の路線（のち東北本線）が全通（注10）したばかりだった。前年七月に開業の宇都宮駅は街の中心ではなく、田川の西、宇都宮川向町（宇都宮市川向町の現在地）にあったが、さらに一年前の一八八四年（明治十七）、県庁の移転に伴って大通りが敷設（注11）されたので、街と駅は直結していた。

したがって、宇都宮で最初の教会を駅至近に設けたのは、県内各所、他府県、ローマ・カトリック教会北緯代理区（のち東京大司教区）の司教座聖堂、築地教会との往来に鑑みてと考えられ、賢明な選択と言える。すでに一八八七年（明治二十）十二月、黒磯から宮城県の塩竈まで鉄道が通じ、二年後の一八八九年一月に小山と茨城県の水戸（のち水戸線）、十一月には小山と群馬県の高崎（のち両毛線）が線路で結ばれた。

そんな鉄道の恩恵も受けた（注12）「歩く宣教師」カディヤック司祭は、一八九三年（明治二十六）、群馬県前橋市へ転任する。

カディヤック司祭、初代聖堂と司祭館を建てる

宇都宮天主公教会が今日の教会名称に付される松が峰の地、すなわち河内郡宇都宮町松峯町（宇都宮市松が峰の現在地）へ移るのは、カディャック司祭が当地へ帰任し、栃木県におけるローマ・カトリック教会の責任者となる一八九五年（明治二十八）のことだった。

ここでやっと人々の活動に供し、組織の存在感とともに、キリスト教の精神性を示す固有施設としての教会（建物）に触れることができる。松が峰における初代聖堂と司祭館については、公教（ローマ・カトリック教会）雑誌『聲』三百十三号の口絵連載「日本の公教会聖堂」（注13）（図②）に登場するため、本号が刊行された一九〇四年（明治三十七）六月に完成していたのは確かである。この写真と、教会史所収の「当時の聖堂」「司祭館全景」（注14）（図③）を見比べるならば、樹木の生育状況に照らして、前者が竣工当時、後者の二カットは数年後の撮影と考えられる。

土地の取得に関しては、一八九五年（明治二十八）に二、四〇〇坪、一九〇五年（明治三十八）には一、四五〇坪の購入があった（注15）とされる。その頃から多忙になったカディヤック司祭は、一九〇八年（明治四十一）、東京府東京市小石川区関口台町（東京都文京区関口）の玫瑰塾《まいかい》（注16）へ転任し、その二年後、宇都宮の教会に帰任する。一九一二年（明治四十五／大正元）以降は東京大司教区副司教を務め（一九二〇年から司教代理）、月に一度（同・毎週火曜日）は関口台町の小石川聖マリア教会で聖務に携わり、その合間を縫って巡回伝道を続けた。

よって初代聖堂と司祭館は、これらが必要とされ、カディャック司祭がその整備に注力できた一八九五〜一九〇四年（明治二十八〜三十七）に建

② 宇都宮天主公教会初代聖堂・司祭館 全景(左前=聖堂、右奥=司祭館)(文献A) 1904年頃撮影

③ 宇都宮天主公教会初代聖堂・司祭館 全景(右上=聖堂、左下=司祭館)(文献B) 撮影年代不詳

てられ、おそらく一九〇四年の早い時期に竣工、その後の一九〇五〜一九一一年（明治三十八〜四十四）は、付帯施設の充実が図られた（注17）と捉えるのが自然である。

残された写真から、初代聖堂が長方形平面の平階建で、寄棟屋根を瓦で葺き、長辺の片側中央に入口があり、この側面にポーチを兼ねたヴェランダを設けていることがわかる。一方、司祭館は、より正方形に近い平面の平屋建とし、やはり瓦葺の寄棟屋根を戴き、少なくともその二面にヴェランダが付されるコロニアル風の造りだった。初代聖堂の外壁は大谷石積、その一部が板張で、司祭館は高い立ち上がりの基礎に大谷石を用い、躯体は木造下見板張と思われる（注18）。位置関係は、今も松ヶ峰幼稚園の園庭に生い茂る大欅の北西が司祭館、その正面と聖堂の短辺が向き合っていた（注19）。

教会の所在地は、旧・宇都宮城の外郭北東、緩やかな傾斜の河岸段丘の麓に位置し（かつての武家屋敷町）、敷地北側を通る道（現・松が峰教会通り）の向かいは宇都宮監獄署（注20）だった。周囲は建て込んでおらず、二代聖堂が竣工する一九三二年（昭和七）まで状況は変わらない（図④⑤）。これに先立つ一九二九年（昭和四）、宇都宮刑務所と名を改めた監獄署が郊外へ移り、二年後には跡地に東武鉄道の東武宇都宮駅、教会西側の築堤上に東武宇都宮線が開業（注21）する。松峯町（松が峰、宮園町）が街らしい様相を整えるのは、しばらくのちのことである。

このような環境で、広々とした教会の敷地には桐、茶、無花果《いちじく》、茱萸《ぐみ》、躑躅《つつじ》、野菜などを植え（注22）、カディヤック司祭と、地内に住む伝道士（当初は小林秀行（注23）（図⑥）、一九一八年から小林定安（注24））は畑仕事、山羊の飼育に勤しみ、その乳でチーズやバターを作る暮らし

④ 宇都宮天主公教会二代聖堂 全景 [《宇都宮教会献堂式記念絵葉書》より] 1932年 カトリック松が峰教会蔵

⑤ 宇都宮天主公教会二代聖堂 北側面 [《宇都宮教会献堂式記念絵葉書》より] 1932年 カトリック松が峰教会蔵

（注25）だったという。地域における社会福祉の観点から、七・八棟の長屋も建てられ、信徒ではない貧しい人々が生活（注26）していた。

カディヤック司祭、二代聖堂を思い描く

初代聖堂と司祭館が完成してからの宇都宮天主公教会は、名実ともに激動の時代を経験する。組織としては、東京大司教区でもトップクラスの経済基盤を持つ教会（注27）に成長を遂げ、人柄と伝道に秀でたカディヤック司祭は、幅広い地域の人々に慕われ、大司教区でも欠かせない教役者となり、副司教（一九一二年）を経て司教代理（一九二〇年）を拝命した。

だが、つましい毎日のなかでの精力的な活動、長距離移動は過酷に過ぎ、寄る年波にも勝てず、一九二三年（大正十二）の冬から翌春まで、カディヤック司教代理は肺炎を患う（六十三～六十四歳）。一九二七年（昭和二）の春は巡回先の千葉県で倒れ、尿毒症により、五月いっぱい小石川聖マリア教会で病の床に就く（六十九歳）。そして一九三〇年（昭和五）四月、足利教会で体調を崩し、以来、再び病床の人となる。その後、療養のために移った小石川聖マリア教会で腸癌が判明し、十一月十九日、天に召された（享年七十一歳）。

興味深いのは、尿毒症の人事不省から復帰した翌年の四月には、すでにフランスより、新聖堂造営のための鋼管が到着していた（注28）ことで、信徒たちに対しては、聖堂竣工の暁には自身が帰天しているであろうと語った（注29）。三度目の病臥の直前、その預金額がおよそ二万八千円に達していた（注30）事実にも驚かされる。これは、宇都宮に新しい聖堂を建てる目的で積まれたものだが、銀行の取り付け騒ぎと臨時休業（一九三〇年十月～十一月）が起こる前

⑥宇都宮天主公教会（初代聖堂時代）のカディヤック司祭、小林秀行伝道士とその家族（文献C）撮影年代不詳

に引き出され、別の教会施設の建設資金（注31）に充てられた。

言い換えると、度重なる病に臥す以前から新しい聖堂を思い描き、その実現に向けて粛々と動き始めていたのだ。カディヤック司教代理の言葉を借りると、「よそから人が見にくるような」「（フランスの）ルルドのような」聖堂（注32）とされる。しかしながら、これに基づき、設計者のマックス・ヒンデルといかなるやり取りをどのように進めたのかは詳らかではない。

こうして宇都宮天主公教会は、まず教会を組織し、次に活動の場を拓き、初めての固有施設が順調に機能するところまで見届けてカディヤック司教代理が亡くなり、その翌年の一九三一年

⑦ 宇都宮天主公教会二代聖堂 建築工事（文献D）1931年撮影

（昭和六）七月に二代聖堂（現・カトリック松が峰教会聖堂）が着工する（図⑦）。イヴ・ギュスターヴ・ポール・コッサール司祭（注33）が一九三〇年（昭和五）の帰天直後、イッポリト・ピエール・ジャン・アルマン・プージェ司祭（注34）は着工直前の一九三一年（昭和六）六月に赴任しているので、ヒンデルとの具体的な折衝は、やはり最晩年のカディヤック司教代理だったと考えられる（注35）。

伝道においては、身近な事物を引き合いにし、説得力のあるたとえ話が得意だった（注36）カディヤック司教代理は、ヒンデルが相手であっても、同様の語り口で新聖堂のイメージを伝えようとしたのではないだろうか。「ルルドのような」という表現は示唆に富み、巡礼地ルルド（注37）に建つノートル・ダム・デュ・ロゼール大聖堂、あるいは無原罪の御宿り聖堂を指すわけではないことは明らかである。むしろ、教会建築が湛える聖性と、それがもたらす感動の本質

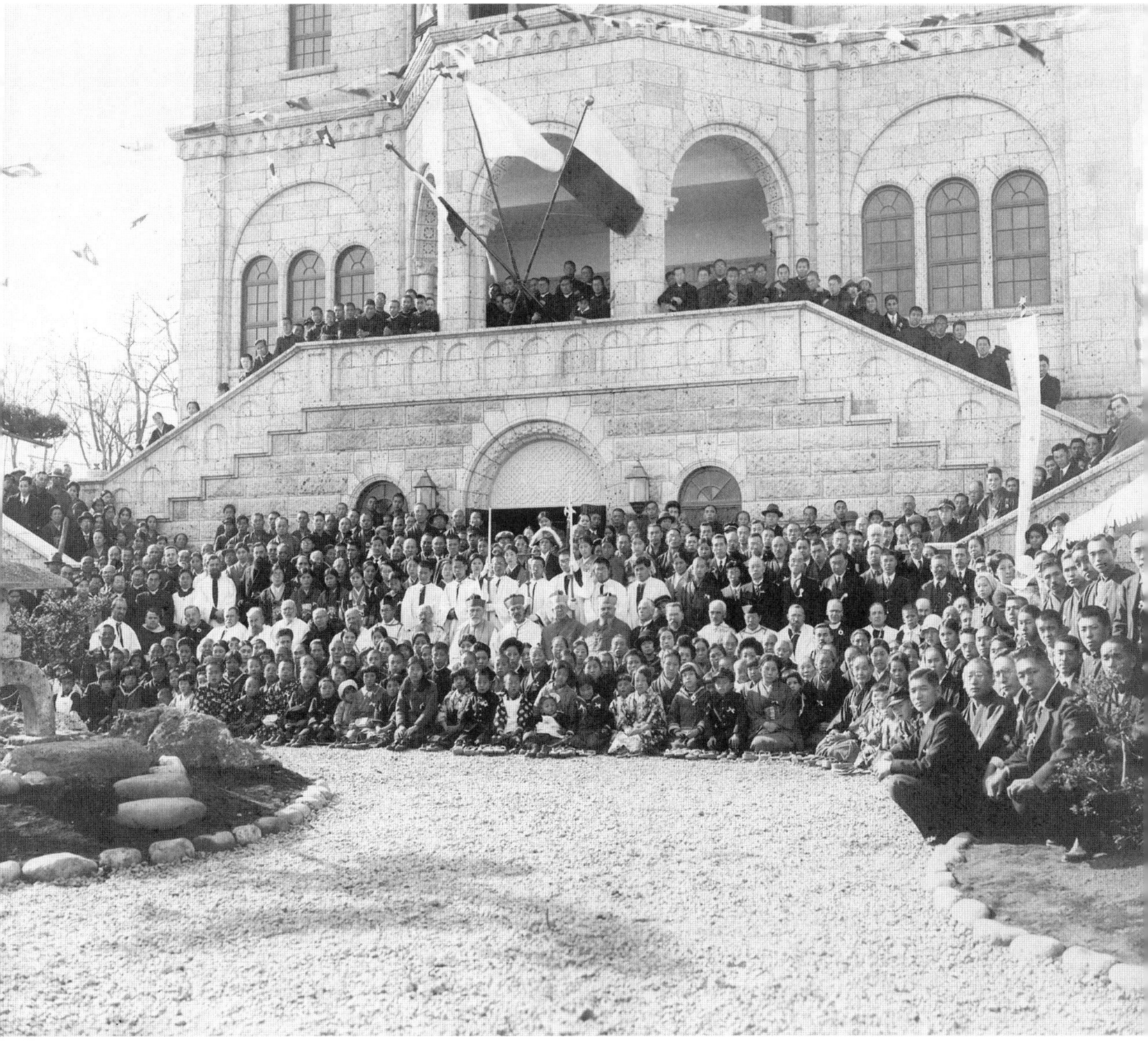

⑧ 宇都宮天主公教会二代聖堂 全景（献堂式記念写真）1932年 カトリック松が峰教会蔵

左⑨ 宇都宮天主公教会二代聖堂（現・カトリック松が峰教会聖堂）外観（入口階段）2018年撮影　右⑩ 同 外観（地下玄関の年記）2018年撮影

⑪ 宇都宮天主公教会二代聖堂（現・カトリック松が峰教会聖堂）外観（ポーチ）2016年撮影

を説き、信仰の力で輝き、信仰の力を輝かせるような建物を設計して欲しい、と言いたかったに違いない。

一九三二年（昭和七）十一月二十三日、カディヤック司教代理が天に召されて約二年後、二代聖堂の聖別式が行われる（図⑧）。ヒンデルの出した答えは、より多くの人々の集いと祈り、さまざまな活動に供し、「よそから人が見にくるような」——近代工法と地域の糧が活かされ、ローマ・カトリック教会の伝統を示す聖堂（図⑨⑩⑪）、鉄筋コンクリート造・大谷石張、正統なロマネスク・リヴァイヴァルの大伽藍（図⑫）だった。

①④⑤⑧ 画像提供　カトリック松が峰教会
③ ©カトリック松が峰教会
⑥ 所収文献所蔵・画像提供　カトリック松が峰教会
② 所収文献所蔵・画像提供　上智大学図書館
⑦ 所収文献所蔵・画像提供　下野新聞社
⑫ 制作　模型工房「さいとう」
⑨⑩⑪ 及び20・37ページ 撮影　橋本優子

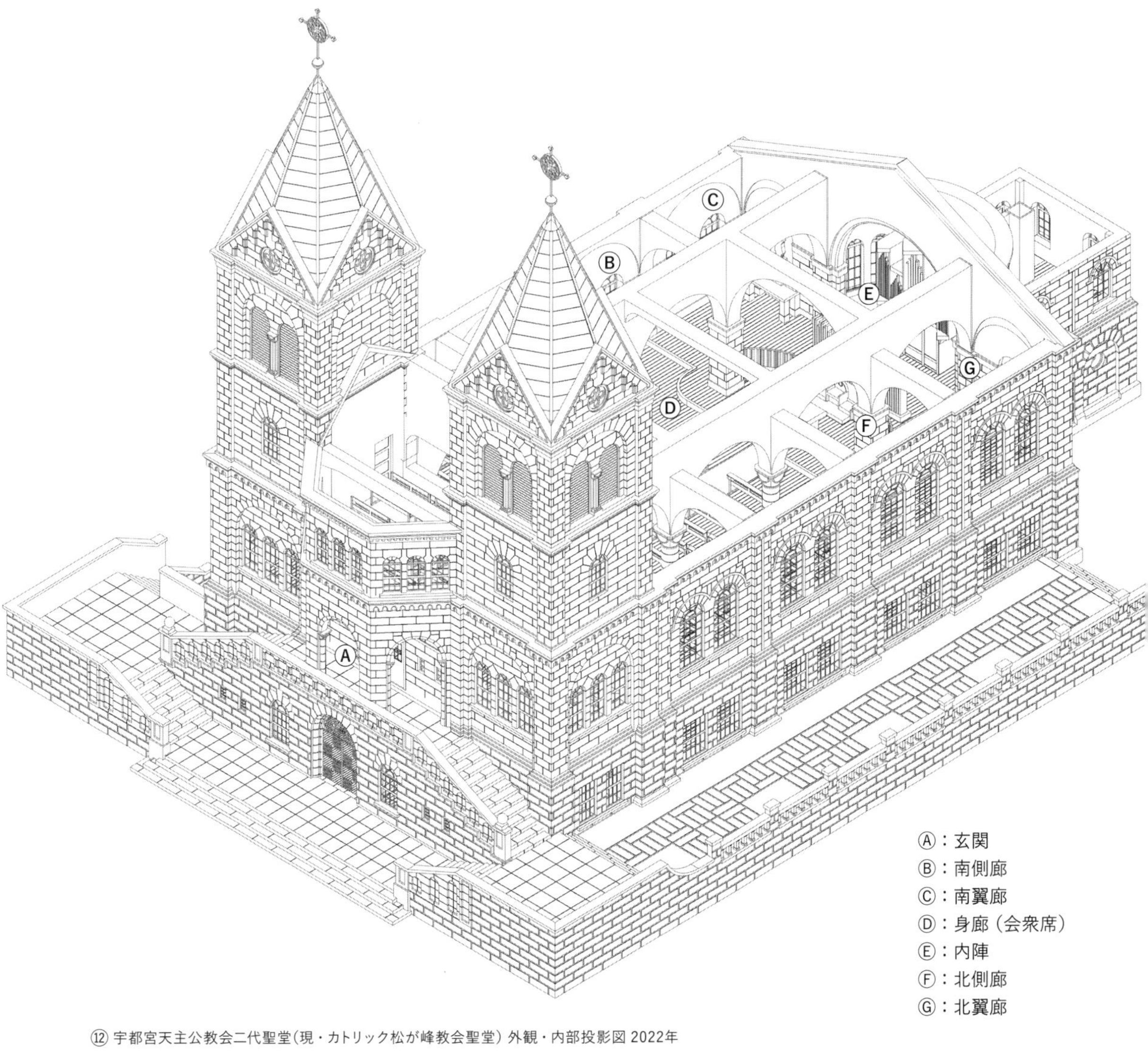

Ⓐ：玄関
Ⓑ：南側廊
Ⓒ：南翼廊
Ⓓ：身廊（会衆席）
Ⓔ：内陣
Ⓕ：北側廊
Ⓖ：北翼廊

⑫ 宇都宮天主公教会二代聖堂（現・カトリック松が峰教会聖堂）外観・内部投影図 2022年

第一章第一節

［注］

（注1）本節における教会の歩みと、カディヤック司祭の経歴については、次の文献に多くを拠っている。同じ事柄について、記述内容がほぼ同じか、少しずつ重なり合う場合、情報を精査してまとめ、出典は割愛した。一方、信徒の証言など、留意すべき個別の記述は、その内容を検証したうえで、詳しく紹介し、出典を明記した。
田中美智子（1978）『歩く宣教師：イポリト・ルイ・カディヤック』宇都宮：田中美智子
カトリック松が峰教会 編（1980）『松が峰教会誌：カヂヤク神父帰天50周年記念号』宇都宮：カトリック松が峰教会
百周年記念誌編集委員会 編（1988）『カトリック松が峰教会宣教100年の歩み』宇都宮：カトリック松が峰教会

（注2）カディヤック司祭は、一八五九年三月十七日、フランス帝国アヴェロン県ラ・キャヴァルリーに生まれ、ペルモン小神学校、ロデ大神学院に学んだのち、一八七九年九月八日、パリ外国宣教会に入会する。司祭叙階は一八八二年九月二十二日で、同年十一月八日にマルセイユを出航、十二月二十六日、横浜に上陸した。来日当初はピエール＝マリー・オズーフ北緯代理区長（一八二九～一九〇六年）に預けられ、築地居留地（東京都中央区明石町）の築地天主公教会で日本語を習得し、一八八三年（明治十六）からヴィグルス司祭の助任として、その巡回伝道に同行する。
Se documenter sur un missionaire: Base de données. In: *L'institut de recherche France-Asie.* https://irfa.paris/
以降については、本文で記す通りである。一九三〇年（昭和五）十一月十九日の帰天後は、同月二十二日に宇都宮天主公教会墓地に埋葬された。

（注3）当時の上三川教会の実情と、カディヤック司祭の立場は、主任司祭として教会に赴任した状況には至っていないという指摘が見られる。
百周年記念誌編集委員会 編、前掲書の「正誤表」による。

（注4）塩山伝道士は、茨城県水戸または栃木県河内郡の出身で、一八八三年（明治十六）二月二十七日、ヴィグルス司祭により、築地教会で受洗した。その後、東京伝道士学校で学び、一八八五年（明治十八）二月、栃木県下都賀郡下石橋村（下野市下石橋）に赴任して教会を築く。一八八六年（明治十九）一月には河内郡上三川村（上三川町）へ転任となり、当地でも教会の礎を置いた。以降、宇都宮（一八八八～一九〇〇年）、上三川（一九〇〇～一九〇二年、一九〇七～一九二三年）、前橋（一九〇二～一九〇七年）の教会を歴任、一九二三年（大正十二）六月一日に帰天した。

（注5）カディヤック司祭が初めて来宇したきっかけは、家族に信仰を反対され、足利から宇都宮へ逃れてきた足利教会の信徒、吉田金三郎を探すためだった。この時、塩山伝道士の友人で弁護士の中山丹治郎（のち栃木県会議員、衆議院議員）が宿を提供し、宇都宮における最初のミサは中山宅で行われる。やがてカディヤック司祭は吉田を見つけ出し、以降、吉田を中心にして教会設立の準備が進められ、一八八八年（明治二十一）の発足に至る。一八九〇年（明治二十三）には河内郡宇都宮川向町（宇都宮市川向町）の民家を取得し、活動の場に充てた。
以上、信徒の橋田林次郎による。カディヤック司祭が吉田を見つけ出したのは、宮の橋の工事現場だったという。

田中、前掲書。

信徒の吉田初江によると、父・金三郎は鬼怒川で砂利採取・運搬の仕事に従事しており、その最中、宇都宮のどこかでカディヤック司祭に見出されたという。

カトリック松が峰教会 編、前掲書。

（塩山伝道士については、前注（4）参照）

（注6）前注（5）参照。

（注7）一八五八年（安政五）、日本が欧米各国と締結した修好通商条約（安政の仮条約）には外国人遊歩規定が盛り込まれ、外国人の移動範囲を居留地の周囲十里四方に限っている。一八七四年（明治七）になると、外国人内地旅行允準条例に基づく外国人内地旅行免状の発行が始まり、内地（遊歩区域外）への移動が認められる。ただし、場所と日数、目的（学術研究または病気療養）の制限があったうえ、内地における日本人との売買・取引・約定（内地通商）、日本人宅の賃借・寄留（内地居住）は禁じられた。これらが完全に撤廃されたのは、一八九九年（明治三十二）の通商改正条約（陸奥条約）発効後である。

（注8）ヴィグルス司祭は、一八四二年十月十四日、フランス王国アヴェロン県サン＝マルタン・ド・ブルースに生まれ、マッサル小神学校、ロデ大神学院に学んだのち、一八六六年一月二十六日、パリ外国宣教会に入会する。司祭叙階は一八六七年十二月二十一日で、一八六八～一八七二年の間、イギリス領のペナン神学校で教鞭を執る。キリシタン禁制下の一八七二年（明治五）に来日し、当初は神戸に居留、翌年から東京府第三大区三番町（東京都千代田区千鳥ヶ淵周辺）のラテン学校で教えた。一八七四年（明治七）には学校とともに東京府第一大区猿楽町（千代田区西神田）、一八七七年（明治十）になると、学校の閉鎖に伴い、築地教会へ移る。翌年から関東・福島の巡回伝道を始め、一八八三年（明治十六）にカディヤック司祭がその助任となった。一八九一年（明治二十四）、築地教会へ戻ったのち、静岡県駿東郡御厨町神山（御殿場市神山）の復生病院院長を経て東京大司教区司教総代理を拝命する。一八九九年（明治三十二）、病気のために帰国を余儀なくされ、一九〇九年二月二日にアヴェロン県コナックで帰天した。
Se documenter sur un missionaire: Base de données. *op.cit.*

（注9）県・地区名、分担巡回の始まった年代、担当司祭は、次の通りである。
埼玉県（一八九二年）…オーギュスタン・プラシッド・メイラン司祭
千葉地区（一八九二年または一八九五年）…ジャン＝マリー・フェリックス・シェレル司祭、エドモン・オーギュスト・ジョセフ・カロワン司祭
水戸地区（一八九六年）…ヴィクトル・ジュリアン・フルニエ司祭
群馬県（一九〇八年）…マリー＝ガブリエル・ジョセフ・ジロウディアス司祭
福島県については、一八八五年（明治十八）に会津若松教会が設立され、ジャン・アンリ・ラフォン司祭が赴任した。
田中、前掲書。
百周年記念誌編集委員会 編、前掲書。

（注10）本節における当時の交通事情については、次の文献に拠っている。
川上幸義（1968）『新日本鉄道史』下巻　東京：鉄道図書刊行会
宇都宮市史編さん委員会 編（1980）『宇都宮市史』第7巻（近・現代編1）宇都宮：宇都宮市
中川浩一（1981）『茨城県鉄道発達史』土浦：筑波書林
あかぎ出版 編（2006）『群馬の鉄道 私鉄・廃線含む群馬鉄道全史1884－2006』太田：あかぎ出版

（注11）大通りが田川を渡る宮の橋の架設は、一八八六年（明治十九）である。
とちぎの小さな文化シリーズ企画編集会議 編（2004）『とちぎ歴史ロマンぶらり旅：道と水路を訪ねて』（とちぎの小さな文化シリーズ5）宇都宮：下野新聞社

（注12）カディヤック司祭は鉄道を頻繁に利用し、駅からは主に徒歩で、旅行用トランクを自転車で運んでくれる信徒もいた。他の交通手段としては、人力車、馬車、舟などが挙げられる。二等運賃を支給されながら、三等車に乗っていた倹約ぶりや、移動中の車内で隣の席の人に話しかけ、他の乗客にも聞こえるよう教理を説いたことなど、鉄道にまつわるエピソードも伝えられる。

（注13）『聲』３１３号（１９０４年６月）東京：三才社

（注14）百周年記念誌編集委員会 編、前掲書。

（注15）一八九五年（明治二十八）は、宇都宮町池上町（宇都宮市池上町）の細谷太郎吉から松峯町（松が峰）の土地二、四〇〇坪を購入した。
百周年記念誌編集委員会 編、同前。
一九〇五年（明治三十八）には、松峯町の土地一、四五〇坪を購入している。
信徒の船戸川武四による（登記簿コピーに基づく）。
角 幸博（１９９５）『マックス・ヒンデルと田上義也：大正・昭和前期の北海道建築界と建築家に関する研究』札幌：北海道大学

（注16）東京府東京市小石川区関口台町（東京都文京区関口）に所在したローマ・カトリック教会の児童福祉施設を指す。一八七七年（明治十）、東京府第五大区浅草猿屋町（東京都台東区浅草橋）に開設の玫瑰学校（仏語学校）が源流で、これが浅草教会に発展し（同年）、児童福祉施設の玫瑰学校（男子孤児院）に改組された（一八七九年）。一八八八年（明治二十一）になると、浅草教会信徒で玫瑰学校幹事の高木甚三郎（一八四六～一九二八）により、関口台町に青年教育福祉施設の聖母仏語学校（全寮制男子工芸学校）が開校する。一九〇〇年（明治三十三）、その付属聖堂が小石川聖マリア教会として独立し、一九〇四年（明治三十六）には学校が児童福祉施設の玫瑰塾に改組・改称された。
青山 玄（１９７７）『百年のめぐみ：カトリック浅草教会創立百周年記念誌』東京：カトリック浅草教会
カトリック関口教会創立百周年記念事業実行委員会 編（２０００）『日本近代カトリック史料集：関口教会創立百周年記念』東京：カトリック関口教会

（注17）カディヤック司祭には、幼きイエズスの愛徳女子修道会（サン・モール修道女会）を招聘し、松峯町の敷地に女学校を開設する構想があった。だが、実現には至らず、その予定地だったところに多数の桐を植えた。（敷地の利用状況については、注(22)参照）
以上、フェルナン・アンリ・マリウス・デルボス司祭による。
田中、前掲書。

（注18）初代聖堂は木骨大谷石造と考えられ、内部の床は畳敷だったという。一方、木造下見板張の司祭館は、建物正面と初代聖堂との間が大谷石畳で、周囲に数多くの無花果の木が植えられていた。（敷地の利用状況については、注(22)参照）

（注19）大欅の北西に建つ司祭館は、建物正面がどの方角を向いていたのか定かではない。よって、南または北ならば、初代聖堂は南北に長く、東または西の場合、東西に長かったことになる。（敷地の利用状況については、注(22)参照）

（注20）宇都宮監獄署は、一八七二年（明治五）、宇都宮県河内郡宇都宮の旧・宇都宮藩藩校修道館跡地に開設された宇都宮懲役場に始まる。その後、栃木県監獄署宇都宮支署（一八七七年）、宇都宮監獄署（一八八三年）、宇都宮刑務所（一九二二年）と名を変え、一九二九年（昭和四）には宇都宮市西原町（明保野町）へ移転した。松峯町（宮園町）の跡地は東武鉄道に払い下げられ、一九三一年（昭和六）には東武宇都宮駅と、この駅を終点とする東武宇都宮線が開業する。同駅と新栃木駅を結ぶ新線は、教会敷地の西側に向かって高い河岸段丘の地形を利用し、大谷石で築堤を築き、その上に線路が敷かれた。
宇都宮市制１００周年記念事業実行委員会 編（１９９６）『写真でつづる宇都宮百年』宇都宮：宇都宮市制１００周年記念事業実行委員会

（注21）同前。

（注22）松峯町の敷地の利用状況は、次の通りである。
北（現・聖堂付近）…七・八軒の長屋
東（現・司祭館付近）…茶畑
南（現・いちょう通り側）…桐の植林（約一〇〇本）、柿の木と竹藪
南西（同前）…野菜畑
大欅（現・松ヶ峰幼稚園園庭内）の下…山羊小屋
同・北西…司祭館と初代聖堂、両者の間は大谷石畳、司祭館の周囲に無花果の木が多数、茱萸の木
他に、躑躅の植栽（随所）、伝道士住宅（場所不明）
以上、信徒の山根寛吉、永島寛三郎による。
カトリック松が峰教会 編、前掲書。
田中、前掲書。

（注23）一八五一年（嘉永四）六月二十一日生まれの小林秀行伝道士は、宇都宮教会の伝道士学校で学び、一八八九年（明治二十二）四月二十二日に受洗している。一八九四年（明治二十七）六月八日、上三川教会に赴任となり、一九〇〇～一九一八年（明治三十三～大正七）の間、松峯町の敷地に家族で居住、カディヤック司祭に仕え、一九三一年（昭和六）九月八日に帰天した。

（注24）一八九〇年六月十三日生まれの小林定安伝道士は、千葉県松戸の出身で、前任者の小林秀行伝道士の養子となる。一九一八～一九三八年（大正七～昭和十三）の間、松峯町の敷地に居住、カディヤック司祭、イヴ・ギュスターヴ・ポール・コッサール司祭、イッポリト・ピエール・ジャン・アルマン・プージェ司祭に仕え、一九八一年（昭和五十六年）三月十八日に帰天した。

（注25）カディヤック司祭は、日本の食べ物が合わなかったこともあり、きわめて質素な自炊生活を送った。山羊の乳、手づくりのチーズとバター、敷地内で採れた野菜と果物、手づくりのジャム（無花果や茱萸の実）と、富貴堂（市内江野町）のパンが主な献立で、時には豚肉を食したという。山羊の乳は、信徒や、長屋に暮らす人々にも分け与えた。

（注26）長屋は貸家だったが、家賃はただ同然で、カディヤック司祭は住民の面倒も見ていた。（敷地の利用状況については、注(22)参照）

（注27）東京大司教区に帰属する東京市、千葉地区、水戸地区、栃木県、群馬県、八王子地区、神奈川県、甲府地区、松本地区、沼津地区、静岡地区、愛知県、岐阜県の一九〇〇年（明治三十三）の布教金のトップ五件と、栃木県の内訳は、次の通りである。
一、東京市（四教会）…八一〇円五六銭
二、神奈川県（三教会）…一六四円九一銭
三、栃木県（四教会）…一一〇円六五銭
一、宇都宮教会…六一円二〇銭
二、足利教会…二三円五五銭
三、上三川教会…二二円九〇銭
四、石橋教会…三円
四、八王子地区（七教会）…一〇三円一七銭
五、静岡地区（三教会）…八七円三九銭
この一覧を見ると、カディヤック司祭を支える熱心な信徒たちにより、宇都宮教会は経済面で優秀な成績の教会だったことがわかる。
カトリック松が峰教会 編、前掲書。

（注28）『カトリックタイムス』１９２８年４月11日号 東京：公教青年会
二代聖堂の工法・構造に鑑みて、また、鋼管の仕様が不明なため、その使途は定かではない。

（注29）信徒の入倉 晴による。
カトリック松が峰教会 編、前掲書。

（注30）カディャック司祭は当時、信徒（高木省一の父）の名前で市内の下野中央銀行に預金をしていた。この銀行は、一九二五年（大正十四）二月の設立時点では、県内最大の金融機関だった。だが、昭和不況により、一九三〇年（昭和五）四月以降、徐々に預金者の預金引き出しが始まり、十月にはそれが増大し、十一月二十日から臨時休業に入る。十二月には経営が破綻、のち解散を余儀なくされた。一九〇九年（明治四十二）に来日し、翌年から一年間、宇都宮教会の助任司祭を務めたジョセフ・マリウス・シャルル・フロージャック司祭（一八八六～一九五九年）は、水戸、浅草の教会を経て、一九一六年（大正五）、関口台町の小石川聖マリア教会に赴任する。
フロージャック司祭は大正末期もしくは昭和初期、関口教会に児童館を設けた。この施設はフランスからの資金援助によるものだったが、国際送金が滞ったので、やむなくカディャック司祭に借金を申し入れ、下野中央銀行の預金で賄われる。奇しくも、預金を下ろした直後に取り付け騒ぎが起こり、銀行が機能停止したという。ちなみに信徒たちは、事の顛末を後で知った。
以上、信徒の高木省一、金子荘一郎による。
田中、前掲書。
宇都宮市史編さん委員会 編（１９８１）『宇都宮市史』第８巻（近・現代編２）宇都宮：宇都宮市
Se documenter sur un missionaire: Base de données. *op.cit.*
その頃の二万八千円は、今日の二、三一八万八千円程度に相当する。（昭和五年と令和三年の企業物価指数に基づいて計算）
日本銀行 時系列統計データ検索サイト　https://www.stat-search.boj.or.jp/

（注31）前注（30）参照。

（注32）田中、前掲書。
ルルドとは、フランス共和国オート・ピレネー県に所在するローマ・カトリック教会の巡礼地を指し、一八五八年に聖母マリアが出現したとされる。当地で聖母マリアの出現を目撃したベルナデット・スビルー（一八四四～一八七九年）は、一八六六年にヌヴェール愛徳修道会に入会した。その後、カディャック司祭の妹も同会の修道女となり、修道院長を務める。

（汘33）コッサール司祭は、一九〇五年三月十六日、フランス共和国ユール県ブリオンに生まれ、サン・シュルピス大神学院に学んだのち、一九二八年九月十五日、パリ外国宣教会に入会する。司祭叙階は一九二九年六月二十九日で、同年（昭和四）秋に来日した。一九三〇年（昭和五）十一月十九日にカディャック司祭が帰天後、宇都宮教会の主任司祭となるが、東京公教大神学校の指導者に抜擢され、その準備のため、翌年六月に宇都宮を去り、いったんは帰国する。一九三三年（昭和八）、日本に帰来して大神学校で教鞭を執る。第二次世界大戦期は、一九四〇年（昭和十五）にフランス領インドシナに動員されるものの、すぐさま送還となり、日本で終戦を迎える。一九四六年七月十七日に鎌倉で遊泳中、溺れて帰天した。日本の古典文学に傾倒し、『万葉集』の翻訳や、俳句に親しんだことで知られる。
Se documenter sur un missionaire: Base de données. *op.cit.*

（注34）プージェ司祭は、一八六九年十一月十九日、フランス帝国アヴェロン県プラード＝サラールに生まれ、一八八八年、パリ外国宣教会に入会する。司祭叙階は一八八九年五月二十七日で、一八九三年（明治二十六）夏に来日した。函館司教区の仙台、佐渡、小樽、盛岡の教会を歴任したのち、東京大司教区へ移り、一九三一年六月に宇都宮教会の主任司祭となる。一九三八年（昭和十三）には横浜司教区へ移り、若葉町教会を最後に引退、一九四三年（昭和十八）四月三日に横浜で帰天した。刀剣の鍔の収集家として知られる。
Ibid.

（注35）カディャック司祭は、二代聖堂の青写真を見て「よし」と言ったとされる。
信徒の荒井平吉による。
田中、前掲書。
ただし、青焼図面を見た年代や状況は不明である。

（注36）カディャック司祭は、自然物や身近な事物を取り上げ、それらを通じて教理をわかりやすく説くという伝道方法を採った。その相手は信徒とは限らず、移動中、巡回先で出会った未知の老若男女も含まれる。
同前。

（注37）注（32）参照。

［画像所収文献］

（文献A）『聲』３１３号（１９０４年６月）東京：三才社
（文献B）百周年記念誌編集委員会 編（１９８８）『カトリック松が峰教会宣教１００年の歩み』宇都宮：カトリック松が峰教会
（文献C）カトリック松が峰教会 編（１９８０）『松が峰教会誌：カヂヤク神父帰天50周年記念号』宇都宮：カトリック松が峰教会
（文献D）『下野新聞』１９３１年12月27日号 宇都宮：下野新聞社

宇都宮天主公教会二代聖堂（現・カトリック松が峰教会聖堂）内部 2018年撮影

第二節

マックス・ヒンデルの生涯と活動
—札幌と横浜を拠点にして—

角 幸博

ヒンデルの出自と来日

マックス・ルドルフ・ヒンデル（図①）は一八八七年（明治二十）一月二十日、スイスのチューリヒで生まれた。父ルドルフ・ルートヴィヒ・ヒンデルと母エミーリエ・シェーネンベルガー（ヒンデル）の三人兄妹の長男として誕生し、同年四月十七日に家近くの改革派教会（注1）で洗礼を受けている。

二人の妹は、エミーリエ・ガートルートとルイーズ・シャーロッテで、ルイーズはのちに東北帝國大学農科大学（一九一八年から北海道帝國大学。現・北海道大学）予科ドイツ語講師ハンス・コラー（注2）夫人となり、ヒンデルに札幌移住を勧めた人物である。コラーは一九〇八年（明治四十一）に赴任し、札幌で初めてスキーを紹介した人として知られる。

ヒンデル家は十五世紀以来、スイス、トゥールガウ州の小村ヴィレンで代々農業を営んでいたが、祖父グレゴル・パンクランツの時代、一八四五年にチューリヒへ移転し、商人となった。父のルドルフは教師勤めののち、チューリヒ市社会福祉局上級公務員となった（注3）。母方も、チューリヒ湖に近いヘーリベルクという町で、十八世紀まで農家を営む家系であった（図②）。

ヒンデルは一八九七年、チューリヒの小学校に入学し、一九〇三年に十六歳で下級ギムナジウムを卒業後、国内の二つの建築設計事務所（注4）で四年間の製図訓練を受け、一九〇六年、アーラウへ転じ、一九〇七年から七年間をヨーロッパ各地（注5）で修業した。この間、一九〇九年に長男ハンスの誕生後まもなく、マリア夫人が他界している。

第一次世界大戦中の一九一四～一九一六年にスイス軍技術将校として兵役後、一九一六年、チューリヒで建築設計事務所を開設。翌年からオーストリアのウィーンで四年間を過ごし、一九二一年から同国のチロル地方にも滞在したが、一九二四年一月に二度目の妻のアニー夫人を伴ってフランスのマルセイユから乗船し、同年（大正十三）三月、日本に到着した。この航海では偶然、のちに施主となる柳壮一夫妻も同乗していた（注6）。

① マックス・ヒンデル 1924年撮影（札幌藤高等女学校上棟式記念写真より）（文献A）

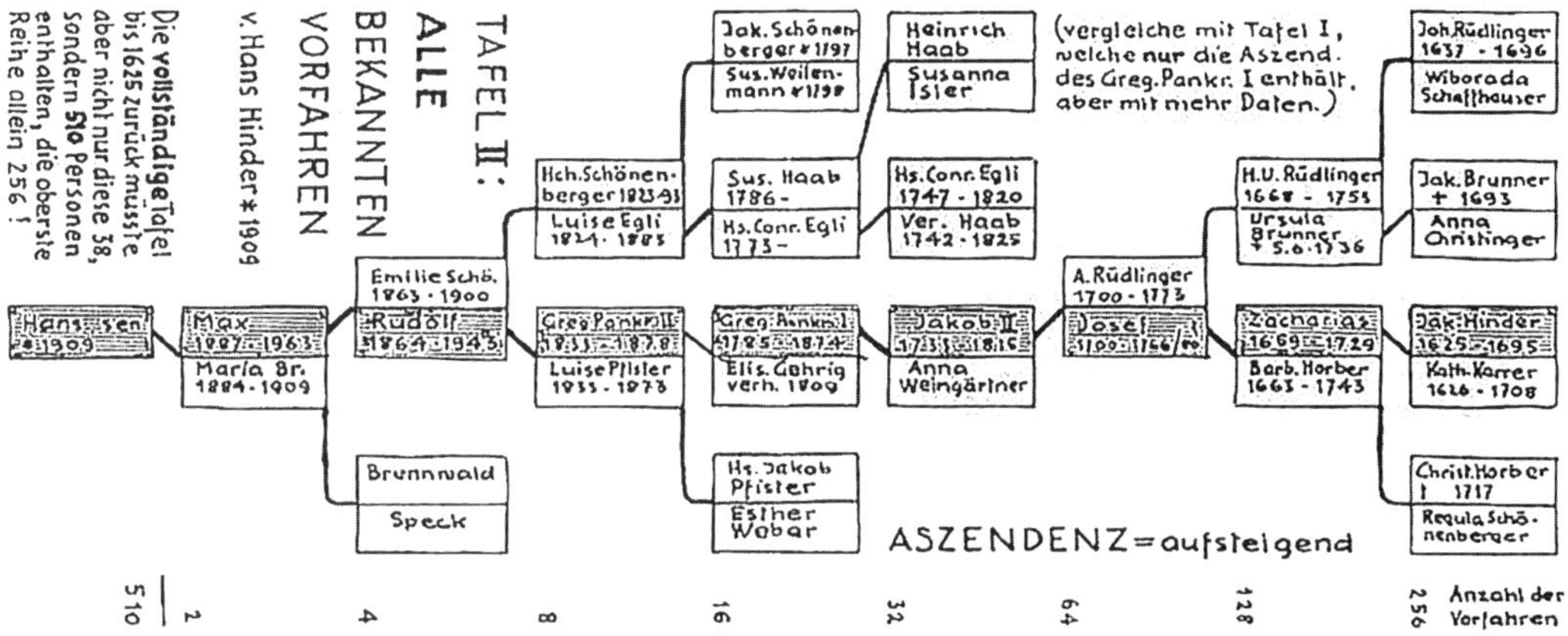

② ヒンデル家の家系図（文献A） ハンス・ヒンデル氏作成

札幌時代（一九二四〜一九二七年）

北海道永住の決意は、わずか三年半で覆されることにはなるが、札幌滞在期間中、柳壮一、山崎春雄、大野精七（注7）、アーノルト・グブラー（注8）ら北海道帝國大学教授たちと交わり、彼らの支援も受けながら、精力的に設計活動を行った。

札幌では、北星女学校宣教師館

上③ ヘルヴェチア・ヒュッテ 1994年撮影　下④ 空沼小屋 2017年撮影

（一九二六年。現・北星学園創立百周年記念館、国登録有形文化財。終章「建造物めぐり2」参照）、ヘルヴェチア・ヒュッテ（一九二七年。図③）、秩父宮殿下ヒュッテ（一九二八年。現・空沼小屋、国登録有形文化財。図④）などの現存作品を始め、札幌藤高等女学校校舎（一九二四年。本章「建造物めぐり8」参照）、フランシスコ会札幌修道院二代修道院（一九二五年。同1参照）、同・小

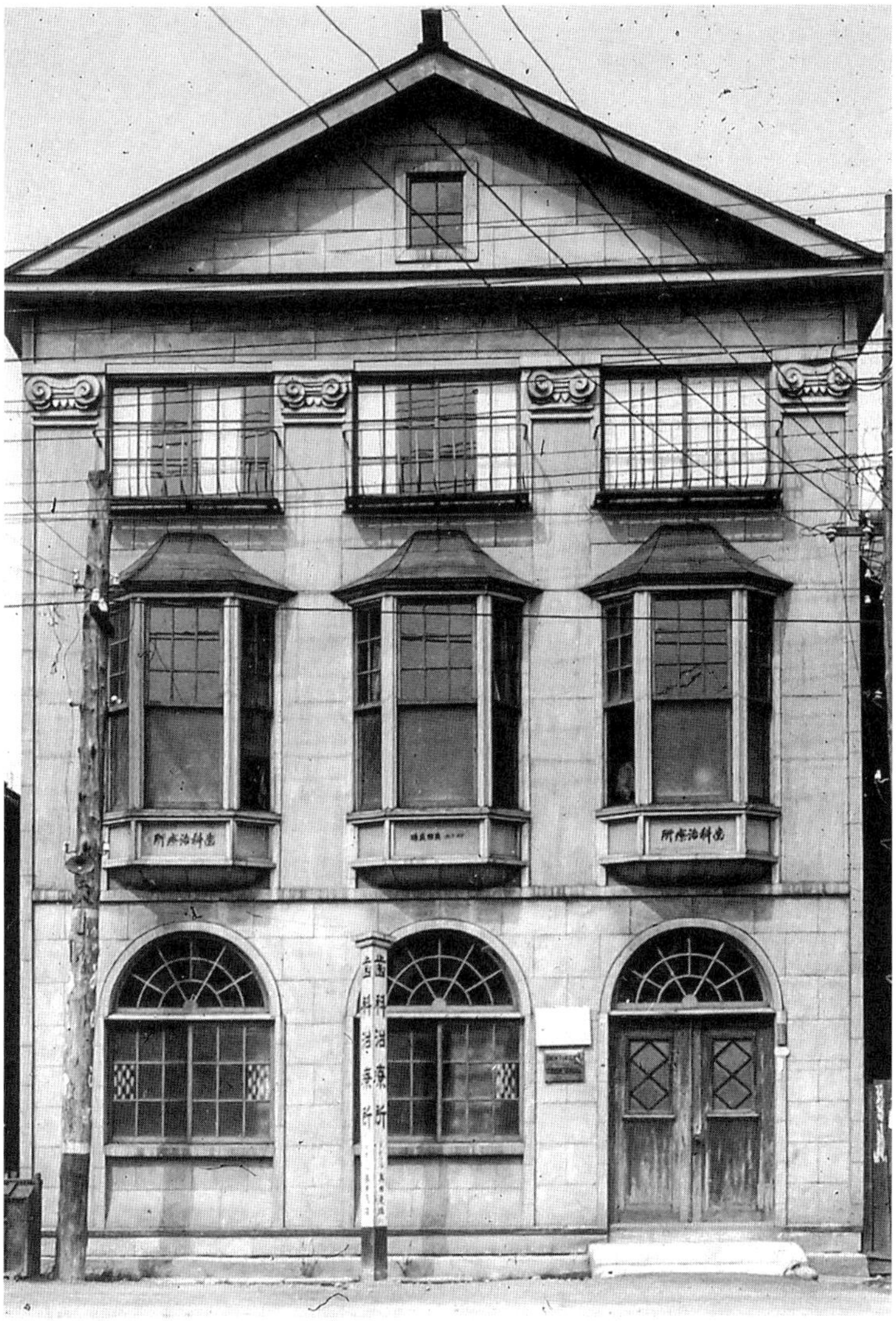

⑤ 奥田歯科診療所（文献A） 1926年頃撮影（竣工当時）

⑥ 東光園円い家（文献A） 1950年代撮影

神学校（一九二六年。同前）、パラダイス・ヒュッテ（同年。一九九四年倒壊、同年復元）、北星女学校寄宿舎（同年。終章「建造物めぐり2」参照）や、奥田歯科診療所（同年。図⑤）ほか、住宅作品として、東光園円い家（図⑥）、柳邸（図⑦）、山崎邸（図⑧）、大野邸（図⑨）、自邸、林邸、ノートン記念館の七棟を手がけた。

函館のトラピスチヌ修道院二代本館・聖堂（一九二七年。本章「建造物めぐり

上⑦ 柳邸（文献A） 1925年頃撮影（竣工当時）　下⑧ 山崎邸（文献A） 1925 ～ 26年頃撮影（竣工当時）

⑨ 大野邸（文献A） 1925年頃撮影（竣工当時）

3」参照）、新潟カトリック教会聖堂（同年。同2参照）、日本基督教会札幌教会案（同年）、上智大学基本案（同年）や、ジュネーヴ国際聯盟会館設計競技案（一九二六年。図⑩）などもこの時期のものである。

来札当初はコラー家に身を寄せたが、その年、一九二四年（大正十三）に建築設計事務所併設の白邸「東光園円い家」（図⑪）を建設した。十六角形平面の柿張り木造二階建て住宅は、「北海道建築にひとつのヒントを与えるもの」（注9）として、新聞にも取り上げられた。円錐屋根頂部の魚をモティーフとした鉄製風見や、屋根裾が緩勾配で折れるフレアード・ルーフ（注10）が異国風の趣を添えたが、窓はすべて引違い窓で、上げ下げ窓や開き窓に比べてガタガタしない日本的手法などの理由から、ヒンデルは好んで採用した。

一階は八角形の物置を中心に、仕事室（図⑫）、小応接室、浴室、女中室、二階は中央八角形の客室周囲に、階段室ホール、談話室、台所、食堂、書斎、寝室、主婦室を配置し、客室と周囲の部屋は引違い戸で仕切り、一室としての利用も可能であった。台所と来客室の間にはストーヴを置き、寒い台所の改善や、客室とハッチで結ばれた主婦室など、主婦への細かな配慮も成されていた。

同年、札幌藤高等女学校校舎の設計を手がけるが、準備はヒンデル来札前から始まっていたと考えられ、ヒンデルの起用にはコラーの強い推薦があったと思われる。上棟式が同年九月であることから、設計には相当のスピードが要求されたであろう。切妻大屋根を強調するデザインや、裾広がりの急勾配屋根（フレアード・ルーフ）が特徴的で、大きな破風面に小屋裏採光用の丸窓を設える。主棟中央の小塔もヒンデル好みのモティーフで、北星女学校案（一九二八年）や上智大学案（一九二七年）などにも見られる。鉄板張り外壁も

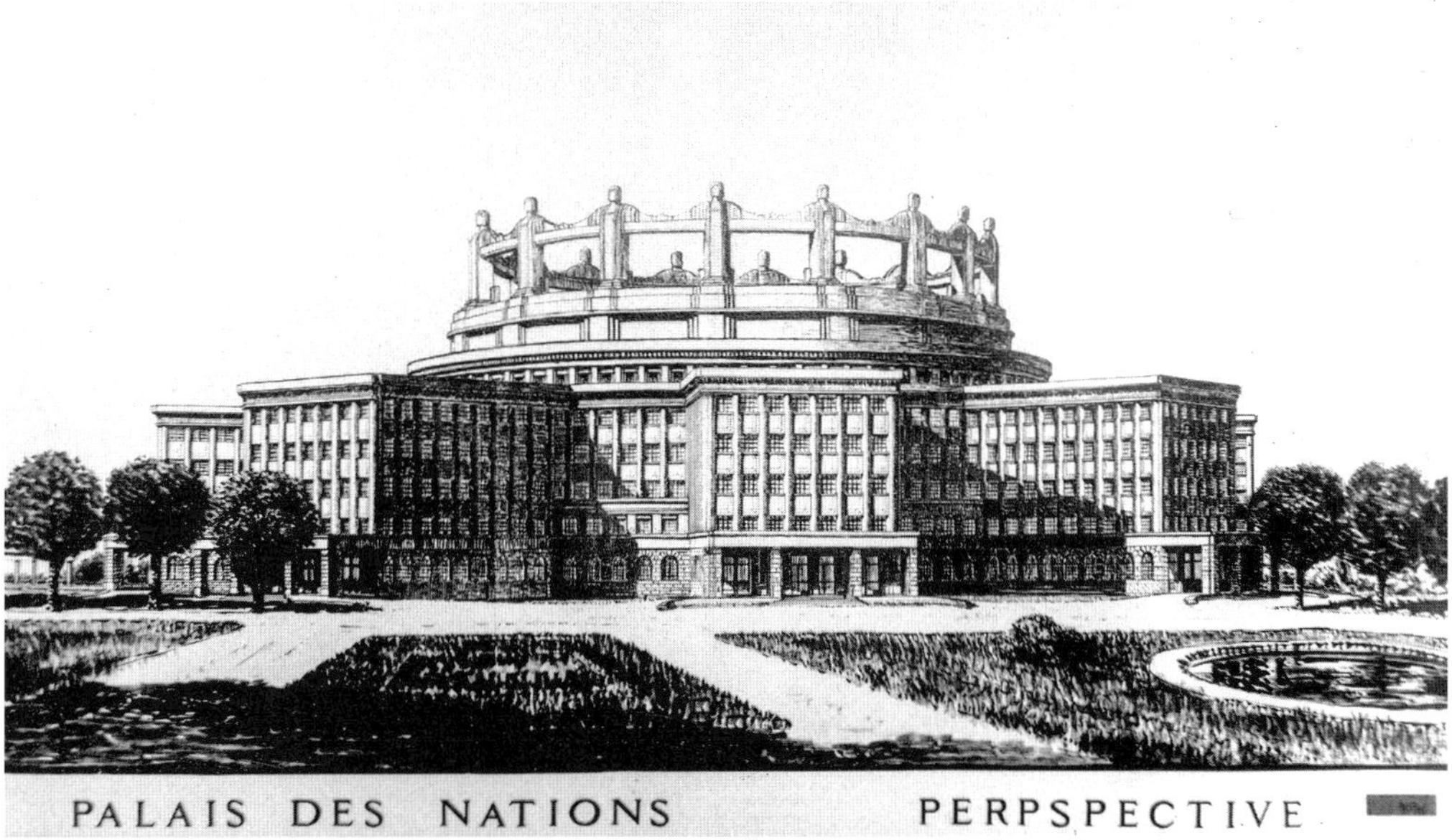

⑩ ジュネーヴ国際聯盟会館設計競技案（文献A）1926年

⑪ 東光園円い家にて(文献A) 1924年頃撮影(竣工当時)

⑫ 東光園円い家仕事室(ジュネーヴ国際聯盟会館案模型を前にして) 1926年頃撮影

好んで多用された。

設計にあたり、札幌の気候や風土がスイスに似ていることも幸いした。当時の札幌の住宅を見て、在来型住宅は北海道の冬に適さぬこと、急勾配の屋根や南からの採光といった北海道向きの建築をつくるべきと主張した。鬼門などの家相を戒める一方で、当時の日本建築界における「コンクリートの函が頻に建つ」(注11)傾向を憂えている。

一九二五年(大正十四)に設計の一連の木造住宅は、多くは北海道帝國大学関係者の住まいであるが、外壁を柿張りや亜鉛鉄板張りとする防寒仕様や、南側の大きなガラス開口、フレアード・ルーフなど、共通の特徴が見られる。また、引き戸や引違い窓ほか和風建具の性能に着目し、多くの作品で採用した。

平面構成も、居間、食堂、台所、ユーティリティなどを連続させる空間処理、南面するサロン、居間ほか団らんの場の重視、主婦室その他、主婦空間の確保、個室群の確立など、札幌の建築界に新風を送った。

建築家としての使命感と固い信念は、「新らしく家を建てる人々へ」と題して五回にわたり投稿した新聞記事(注12)にも見ることができる。建築家の職能や、住宅を建てる際の施主の心構えなど、広く市民啓発に努め、「建築家は、医師・裁判官・社会学者と同一である」「医師と同様建築家を信頼せよ」「真の建築家は又金銭さえ貰えば如何なる要求にも応ずる奴僕ではない」といった主張は、現在も新鮮である。

一九二六年(大正十五)のパラダイス・ヒュッテ(図⑬)は、北海道帝國大学スキー部十五周年事業として計画されたもので、ヒンデルも無償で協力した。日本初のスイス式山小屋とも言われるログ・キャビン(丸太小屋)で、ヘルヴェチア・ヒュッテ(一九二七年)、秩父宮殿下ヒュッテ(一九二八年)と続くスキー・ヒュッテ三部作の第一号となり、その

⑬ パラダイス・ヒュッテ 1981年撮影

後の札幌近郊のスキー・ヒュッテ・ブームにも影響を与えた。

　一九二七年（昭和二）のヘルヴェチア・ヒュッテは、札幌時代の最後を飾る作品であり、ヒンデルとグブラーの共同出資、山崎春雄（注13）名義の個人ヒュッテである。一九二七年五月着工、同年九月竣工、請負は、丸木舟作りの名人として知られた漁《いざり》の水本小判治、途中から銭函《ぜにばこ》の大工・田頭も雇用された。小品であるが、「王宮を建てたよりも…深い喜悦であった」（注14）と述べるほど力を注いだ作品であり、離日する前年の一九三九年（昭和十四）八月に再訪

⑭ 離日前年のマックス・ヒンデル（ヘルヴェチア・ヒュッテにて）（文献A） 1939年8月撮影

（図⑭）するなど、思い出の深い作品でもあった。

　また、横浜移転前の一九二六年には、樺太の大泊町（現ロシア、サハリン州コルサコフ）役場庁舎（図⑮）の設計に携わり、敷地確認のため、同年三月二十二日に大泊まで出張もしている（注15）。この庁舎は、北海商行（棚田正一）の施工で、一九二七年六月二十五日着工、九月五日に上棟式、十二月五日竣工し、一九二八年（昭和三）八月三日に落成式を挙げている。総坪数四九六坪五合、木造スタッコ仕上げ二階建て、鉄筋コンクリート造地階付きの建物で、一階に事務室、商工会議室、町長室、助役室などを充て、二階は会議場とした。二階正面の連続する半円アーチ窓や、屋根上に塔屋を見せるなど、ヒンデル好みの意匠であった。また、大泊高等女学校の設計も依頼され、設計図まで完成したが、予算等の問題もあって最終的に樺太庁土木課の設計に変更されている。

横浜時代（一九二七〜一九四〇年）と離日後

一九二七年（昭和二）十月、ヒンデルは横浜市中区本牧満坂に自邸兼建築設計事務所（現存。図⑯）を開設した。北海道永住の志を捨てて移転を決心した動機には、コラーの死去（一九二五年一月二十九日）や、コラー未亡人のスイス帰国（同年三月頃）などが挙げられるが、より広い活動領域を求めての転出でもあった。

　新潟カトリック教会聖堂は、ヒンデルの横浜移転と同年の一九二七年九月十八日に聖別式を行うが、竣工絵葉書の全景写真（本章「建造物めぐり2」図⑤参照）の下には、「マックス ヒンデル建築設計（横浜・札幌）」とあり、すでに横浜転出の準備を進めていたことが窺える。

　横浜の事務所では、札幌の事務所開設以来のチーフ楽間利一郎、札幌から転居した竹内一次のほか、鈴木熊作、

⑮ 大泊町役場［絵葉書《最近の樺太 大泊市街》］年代不詳 北海道立図書館蔵

川喜田一雄(注16)らが勤めていた。

この時期には、札幌の北星女学校校舎(一九二九年。終章「建造物めぐり2」参照)、秩父宮殿下ヒュッテ(一九二八年。現・空沼小屋)、横浜の旭シルク住宅(一九二七年。司令官ハウス)、名古屋の熱田天主公教会初代聖堂(一九二九年)、恵方町天主公教会初代聖堂(一九三一年)、岐阜天主公教会初代聖堂(一九二九年。本章「建造物めぐり5」参照)、同・幼稚園旧園舎(同前)、聖霊修道院付属聖堂(一九三一年。同6参照)などの木造建築のほか、東京の国際聖母病院(同年。同11参照)、上智大学二代校舎(一九三二年。同10参照)、名古屋の南山中学校校舎(同年。同9参照)、宇都宮天主公教会二代聖堂(同年。本章第三節参照)といった鉄筋コンクリート造の作品が見られる。

この時期の作品活動では、新潟カトリック教会聖堂の設計を通じて出会ったドイツ人、ヨーゼフ・ライネルス神父の存在も無視できない。ライネルス神父は、一九一二年(大正元)に新潟知牧区長に就任し、一九二二年(大正十一)から名古屋知牧区長を兼ね、一九二六年に名古屋専任となった人物であり、南山中学校のほか、熱田、恵方町、岐阜、金沢の聖堂建設でもヒンデルを起用した。

ヒンデルの聖堂は、宇都宮天主公教会二代聖堂に代表されるように、双塔ないしは単塔を擁するロマネスク風の意匠を基調とし、内部にも半円アーチの多用、彫刻を施した方円柱頭飾りの採用などが見られるが、宇都宮では大谷石を用い、金沢の聖霊修道院付属聖堂は内部の柱に黒漆の塗りを施す、という地域性に配慮した姿勢も見られる。クリアストーリー(高窓)の円窓はヒンデル好みの意匠で、熱田、恵方町、岐阜、金沢などの聖堂でも共通していた。

一九二九年(昭和四)にはドイツ東洋文化研究協会(OAG(注17))。現・公益財団法人オーアーゲー・ドイツ東洋文

⑯ 横浜自邸のマックス・ヒンデル(文献A) 1927年頃撮影

化研究協会）会館改築の計画を無償で手がけ、一九三三年（昭和八）十月八日には、同年一月から建築が開始されていた東京市大森区大森（東京都大田区大森）のドイツ学園が落成式を迎えた（注18）。

設計活動のほか、一九二七年十一月にはOAGに入会し、翌年から新メンバーとして活動した。一九二九年（昭和四）一月のOAGにおける講演では「日本の建築風習」（注19）と題し、家相から地鎮祭、地曳之式、釿初之式、上棟之式など、建築に関わる風習や祭事について詳しく言及し、日本文化を深く理解しようとしたヒンデルの姿勢が窺える。

一九三五年（昭和十）五月三十一日、ヒンデルは事務所を解散する。解散時の事務所は、「東京市麹町区平河町弐丁目七番地」（東京都千代田区平河町）にあった（注20）。一九三六年（昭和十一）四月一日にOAGを脱会し、一九三九年（昭和十四）、最後のヘルヴェチア・ヒュッテ行のため札幌を再訪し、翌年に離日した。

在日中に映画への出演もあった。「新しき土」（ドイツ語タイトル「侍の娘」（注21））と題した日独合作映画ではドイツ語教師役で出演し、ヒンデルの声も収録されている。日本で一九三七年（昭和十二）二月、ドイツで三月に公開された。アーノルド・ファンク（注22）と伊丹万作（注23）の共同監督で計画されたが、両者の対立があり、同タイトルでファンク版（ドイツ語版）と伊丹版（米英版）の二本が撮影された。監督以外のキャストは、原節子（大和光子役）や早川雪洲（大和巌役）、撮影協力で円谷英二、音楽に山田耕作が名を連ねた。

この映画の制作過程には、日本とナチス・ドイツの政治的、軍事的接近の目論見があった。一九三六年（昭和十一）二月八日の撮影隊訪日には、日独軍事協定交渉の秘密使命を帯びたフリートリヒ・ヴィルヘルム・ハックが同行し、同年十一月二十五日に日独防共協定が締結されている。

　離日後、ヒンデルはシベリア経由でドイツのベルリンに渡り、一九四一年から一九四五年までベルリンに滞在した。のち、戦禍を避けて、ベルリンからチェコ国境近くのドイツ経由でチューリヒに逃れる途中、空襲に遭い、三度目の妻のレニ夫人（注24）が同年七月、レーゲン郡ツヴィーゼルの病院で他界した。

　妻を失ったヒンデルは、一九四五年から同郡のレーゲンに居を構え、赤十字のメンバーの一人として活動、また、レーゲンのシュラフィア協会（注25）の設立に奔走した。一九五〇～五二年、レーゲン職業学校（注26）（設立一九四八年）の校長を務めたのち、一九六〇年にジークフリート・ガイスバウアー（注27）と設計事務所を設立した。ヒンデルが逝去するまでの三年間に、二十～三十件のプロジェクトを手がけたとされるが、いずれも実現しなかった。この間、ヒンデルは一九五九年十二月二十八日にマルガレータ（グレーテ）（注28）と四度目の結婚をしている。

　ヒンデルは重い喉頭癌を患い、一九六三年（昭和三十八）一月二十七日に七十六歳で世を去り、レーゲン市内の旧墓地（注29）（図⑰）に埋葬された。私が訪問した一九八四年（昭和五十九）には、素朴な木製十字架の墓標（図⑱）に「一八八七年一月二十日／M・R・ヒンデル／建築家」（注30）とあった。マルガレータ（グレーテ）夫人は、二〇〇三年（平成十五）九月二十三日に他界し、ヒンデルとともに葬られた。二〇〇八年（平成二十）の再訪の際には、石の墓碑に改変され、「M・R・ヒンデル／一八八七年一月二十日／一九六三年一月二十七日」「グレーテ・ヒンデル／一九〇八年七月五日／二〇〇三年九月二十三日」（注31）と記されていた（図⑲）。

⑮画像提供　北海道立図書館
①②⑤⑥⑦⑧⑨⑩⑪⑫⑭⑯画像提供　角 幸博
③④⑬⑰⑱⑲撮影　角 幸博

⑰ レーゲンの旧墓地 2008年撮影

⑲ ヒンデル家の墓碑 2008年撮影

⑱ マックス・ヒンデルの墓碑 1984年撮影

第一章第二節

[注]

（注1）チューリヒのアルテ・キルヒェ・フルンテルン（Alte Kirche Fluntern, Zürich）を指す。

（注2）一九〇八年（明治四十一）より一九二五年（大正十四）まで、東北帝國大学農科大学（のち北海道帝國大学）予科ドイツ語教師として在任。

（注3）マックス・ヒンデルの子息ハンス・ヒンデル氏の書簡（一九八八年四月十四日付）による。

（注4）チューリヒのビショフ＆ヴァイデリ（Bischoff & Weideli, Zürich）、ションのシュミット＆ロセ（Schmid & Rosset, Chillon）を指す。ハンス・ヒンデル氏の書簡（一九七六年四月十三日付）による。

（注5）チューリヒを皮切りに、スイスのロールシャハ、アーラウ、クール、サン・モリッツ、ドイツのミュンヘン、ベルリン、フランスのパリ、ベルギーのブリュッセルなど。

（注6）柳福子氏の書簡（一九七六年三月五日付）による。

（注7）当時、北海道帝國大学医学部教授（産婦人科学講座）、同大学スキー部部長。一八八五年（明治十八）八月十七日、茨城県河内郡生板村（稲敷郡河内町）生まれ。一九二六年、東京帝國大学卒業。北海道帝國大学（のち北海道大学）時代は助教授（一九二二年）、教授（一九二四年）、附属病院長（一九三一～三三年）を経て、医学部長（一九三五～三七年）、また、北海道スキー連盟会長（一九三五年）、札幌スキー連盟会長（同）、全日本スキー連盟副会長（一九三六～四〇年）、北海道立女子医学専門学校長（一九四五年）を務める。一九四八年、退官。その後、札幌医科大学長・教授（一九五〇年）、北海道大学名誉教授（同）、札幌医科大学名誉教授（一九六一年）、北海道スキー連盟最高顧問（一九六八年）、札幌スキー連盟名誉会長（同）、宮様スキー大会終身大会長（同）、東日本学園大学長（一九七四年）などを歴任。一九七三年、秩父・高松・三笠宮家より米寿、一九七五年、同三宮家より卒寿の祝を下賜された。一九八二年（昭和五十七）十二月三十日、逝去。

（注8）一九二五年（大正十四）より一九三二年（昭和七）まで、北海道帝國大学予科ドイツ語講師として在任。手稲のパラダイス・ヒュッテ建設地の選定に協力、ヘルヴェチア・ヒュッテ建設ではヒンデルとともに共同出資した。また、一九二六年の北海道帝國大学山岳部の創立に立会い、山岳部の呼称A.A.C.H.（Academic Alpine Club Hokkaido）の選定を助言。

（注9）「雪國に相應しい新しい建築」『北海タイムス』１９２５年10月30・31日記事。

（注10）屋根勾配を軒近くで緩勾配とする裾広がりの屋根を指す。

（注11）注（6）参照。

（注12）『北海タイムス』１９２５年12月13～20日記事。

（注13）当時、北海道帝國大学医学部教授。一八八六年（明治十九）、群馬県前橋町（前橋市）生まれ。一九一一年、東京帝國大学医科大学卒業、一九一三年から一九一八年まで熊本医学専門学校教授。アメリカ、フランス、スイスに留学後、一九二一年、北海道帝國大学医学部に解剖学講座を開設。第三代（一九二九～三一年）、第八代（一九三七～三九年）医学部長を歴任。一九四九年、退官。一九六一年（昭和三十六）、逝去。

（注14）山﨑春雄（１９２７）「ヘルヴェチアヒュッテの建設」『山とスキー』第78・79号

（注15）『樺太日日新聞』　１９２６年３月23日。

（注16）一九〇三年（明治三十六）十二月二十日生まれ。一九二一年、神奈川県立工業学校卒業後、同年、横浜市技手補として勤務。一九二四年、神奈川県警察部で建築申請事務を扱っていたが、一九二九年一月からマックス・ヒンデル建築設計事務所所員として勤務し、一九三五年五月三十一日の事務所解散まで勤めた。一九八八年（昭和六十三）七月二十三日、逝去。

（注17）OAG: Deutsche Gesellshaft für Natur und Völkerkunde Ostasiens

（注18）Kollmar, E. F. J. ed.（1974）*70 Jahre Deutsche Schule Tokyo*. Tokyo: Deutscher Schulverein Tokyo, p.25.
この建物は、新校舎建設のため、一九六六年十一月二十六日から一九六七年一月十四日にかけて解体された。

（注19）“Japanische Bausitten”

（注20）所員の川喜田一雄に与えた『證』（川喜田敬忠氏所蔵）による。

（注21）“Die Tochter des Samurai”

（注22）映画監督。一八八九年三月六日、ドイツのフランケンタール生まれ。一九一〇年代から映画制作に携わるかたわら、スイスのチューリヒ大学で地質学を学び（博士号取得は一九二九年）、南ドイツで登山とスキーに没頭し、山岳映画の先駆者となる。「新しき土」では、脚本、原作、制作総指揮を任じた。一九四〇～四四年の間、ナチス・ドイツの国策映画を制作。一九七四年九月二十八日、西ドイツ（現・ドイツ）のフライブルクで逝去。

（注23）映画監督、脚本家。一九〇〇年（明治三十三）一月二日、愛媛県松山市生まれ（本名は池内義豊）。愛媛県立松山中学校卒業後、挿絵画家を経て一九二七年、映画界に入り、革新的時代劇で知られる。一九三八年から闘病生活を送り、著述に専心。一九四六年（昭和二十一）九月二十一日、逝去。

（注24）一九〇六年十二月六日生まれ。一九四一年十一月十二日、ドイツ、ベルリンのシャルロッテンブルグ区でマックス・ヒンデルと結婚。一九四五年七月九日、逝去。

（注25）シュララフィア協会（Gesellschaft Schlaraffia）とは、一八五九年にオーストリア帝国（現・チェコ）のプラハで設立されたドイツ語圏の音楽・芸術・文化組織（現・プラハ・シュララフィア協会）を指し、その後、各地で地域の協会 が発足。

（注26）Regener Berufsschule

（注27）一九三二年、ドイツのミュンヘン生まれ。一九五九年に二十八歳でレーゲンへ移住し、一九六〇年、マックス・ヒンデルとS・ガイスバウアー設計事務所（Ingenieurbüro S. Gaisbauer）を設立。

（注28）一九〇八年七月五日、ドイツ、レーゲン郡リンヒナハのゼルデン生まれ。一九五九年十二月二十八日、ヒンデルと結婚。二〇〇三年九月二十三日、逝去。

（注29）Alter Friedhof, Regen

（注30）“20.1.1887 / M. R. HINDER / ARCHITEKT”

（注31）“M. R. HINDER / 20.1.1887 / 27.1.1963” “GRETE HINDER / 5.7.1908 / 23.9.2003”

［画像所収文献］

（文献A）角 幸博（1995）『マックス・ヒンデルと田上義也：大正・昭和前期の北海道建築界と建築家に関する研究』札幌：北海道大学

第三節 宇都宮天主公教会二代聖堂
—その建築について—

角 幸博

聖堂の戦後と近年

宇都宮天主公教会二代聖堂（現・カトリック松が峰教会聖堂）は、一九三二年（昭和六）七月に着工し、翌年十一月二十日に竣工、同月二十三日に聖別式を挙げた。

一九四三年（昭和十八）の秋には、教会の名物であったフランス製の「アンジェラスの鐘」を供出させられる。一九四五年七月十二日の宇都宮空襲に際しては、焼夷弾で屋根や聖堂内部が被災したが、一九四七年（昭和二十二）四月六日には、ほぼ旧状通りに復旧されている。

一九七〇年（昭和四十五）、大谷石造の祭壇を白大理石製に変更し、一九七六年（昭和五十一）にも祭壇の改修を行う。一九七八年（昭和五十三）は、教会創立九十周年を記念して、パイプ・オルガンを設置した（図①）。

一九八〇年（昭和五十五）には、聖堂の大屋根を銅板に葺き替え、翌年の夏、地階中央の木製扉をアルミニウム製に変更、左右の壁灯も新設する。

一九八二年（昭和五十七）は、聖堂聖別五十年を迎えて、東側塔屋に新しい「アンジェラスの鐘」を設置した（図②）。

一九八五年（昭和六十）に新祭壇の祝別式を挙げ、翌年、双塔の八角屋根の修理を実施し、塔上部の十字架も塗り替えている。そして一九八八年（昭和六十三）、教会創立百周年を迎えた。

一九九八年（平成十）十二月十一日には、国登録有形文化財として登録される。

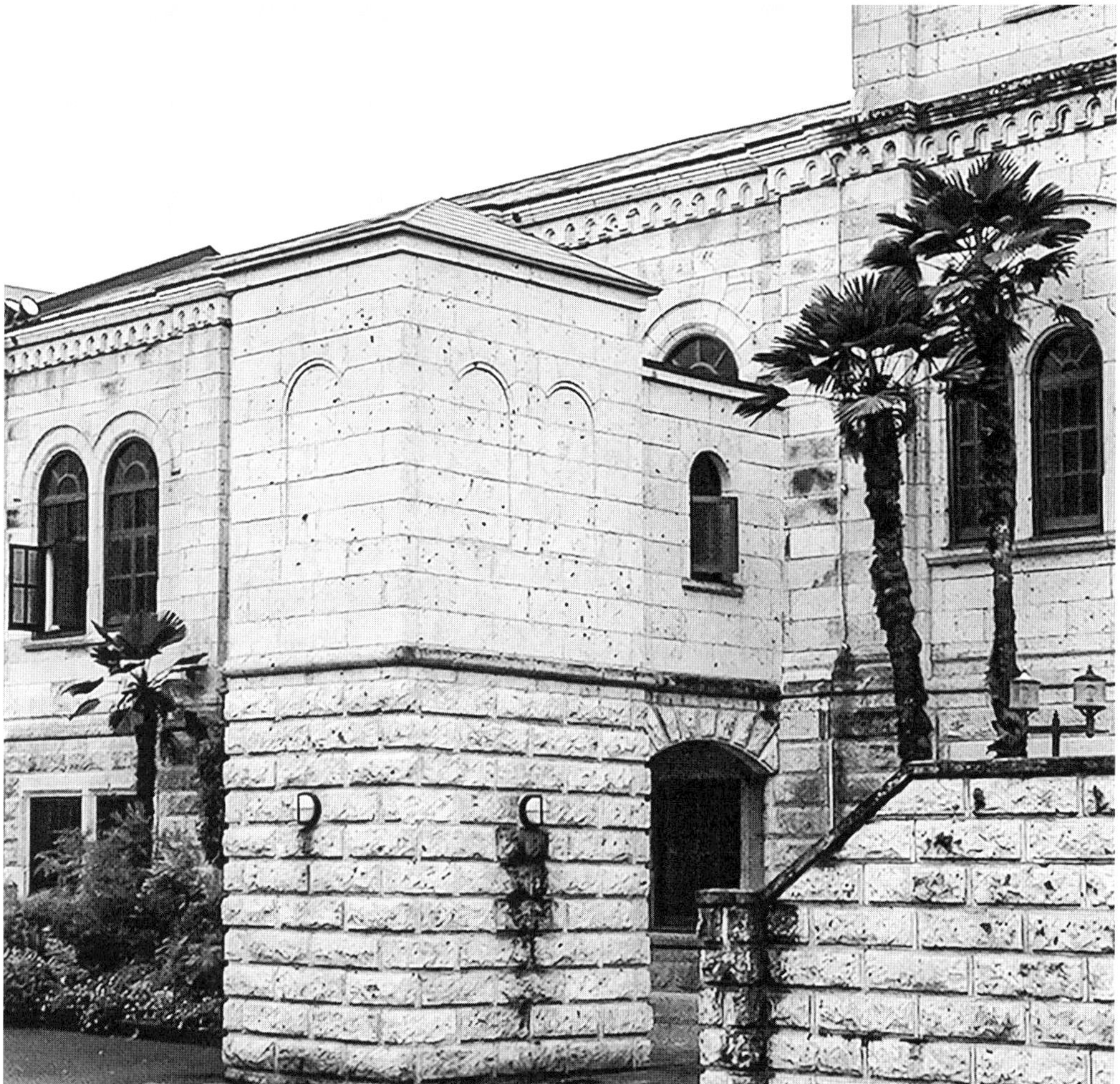

上左① 教会創立90周年の際に設置のパイプ・オルガン 1979年撮影　上右② 1982年に設置の「アンジェラスの鐘」 2022年撮影
下③ 2000年に増築のエレベーター棟 2022年撮影

④ 東側正面立面図 1979年実測調査

二〇〇〇年（平成十二）十二月、エレベーター棟を増築し（図③）、翌年四月には橘設計建築研究所（設計監理）、中村土建（施工）により、聖堂の外壁修復を中心とする工事が完了した。二〇〇三年（平成十五）は、うつのみや百景に選定され、二〇〇六年（平成十八）に聖堂天井の塗り替えを行う。

その後、二〇〇七年（平成十九）に聖堂聖別七十五周年、二〇一二年（平成二十四）に八十周年を迎え、二〇二二年（令和四）十一月二十三日には、九十周年を祝っている。

聖堂の建築概要

東側に正面を向ける聖堂は、高さ約三〇メートルの双塔を構える。双塔上には、かつて厚い金箔を貼った（注1）とされる十字架（成約一・八メートル、支持体を含めて約二・七メートル）を掲げる（図④・⑤）。

アプス（後陣）、聖具室（香部屋）部分を除き、間口一五・〇五メートル、奥行二六・五五メートル（芯々寸法、以下同）の建築で、鉄筋コンクリート造の内外両面に白目大谷石を張っている。アプス、聖具室、東側階段部まで含めると、

⑤東側正面外観 1979年撮影

⑥ 西側遠望 2022年撮影

⑦ ルスティカ仕上げの地階外壁 2022年撮影

東西長六六・二メートルに及ぶ聖堂である(図⑥)。

『日本カトリック新聞』では、「外部と内面全体に大谷石を以て覆ひ内外両面の間四、五寸を鉄筋コンクリート造とせる厚さ数尺の堅牢無比なる石造」(注2)と記される。基礎下には、松杭を二本程度ずつ連結し、一丈三尺(約三・九メートル)ほどの深さに打ち込んだ(注3)という。

外観一層目(地階)の外壁はルスティカ仕上げ(注4)とし(図⑦)、ビレット(切り棒状の飾り縁)で縁取った正面地階入口のテュンパノン(注5)には、組紐模様と、竣工年を示す「1932」の数字が刻まれる。一九八一年(昭和五十六)にア

⑧ 地階正面入口 1979年撮影

上⑨ ポーチのアーチ下面の幾何学文様 2022年撮影
下⑩ 整層切石積みの一階外壁 2022年撮影

ルミニウム製の建具に変更するまでは、小さな菱形窓や、菱形のノブを特徴とするいかにもヒンデルらしい木製扉を建て込んでいた(図⑧)。

正面左右、幅二・五メートルの階段を上ると、吹き放ちのポーチから聖堂入口に通じる。ポーチのアーチ下面には、細かな幾何学文様の彫りが施される(図⑨)。

二層目（一階）の外壁は、びしゃん仕上げ(注6)の整層切石積みで（図⑩）、軒下にロンバルド帯(注7)を廻し、外観を引き締めている（図⑪）。付け柱で分節された四ベイ（柱間）の身廊部には、切妻屋根を架け、創建時は半円形の屋根窓が四カ所、ベイに対応するかたちで敷設していた(図⑫)。コーニス(軒蛇腹)と屋根裾の間には横樋が走り、竪樋は、付け柱一つおきに埋め込んでいる。

窓開口は、当初は鉄製のサッシュで、聖堂部については、半円形欄間付きの突き出し窓に色ガラスが嵌まっていた。

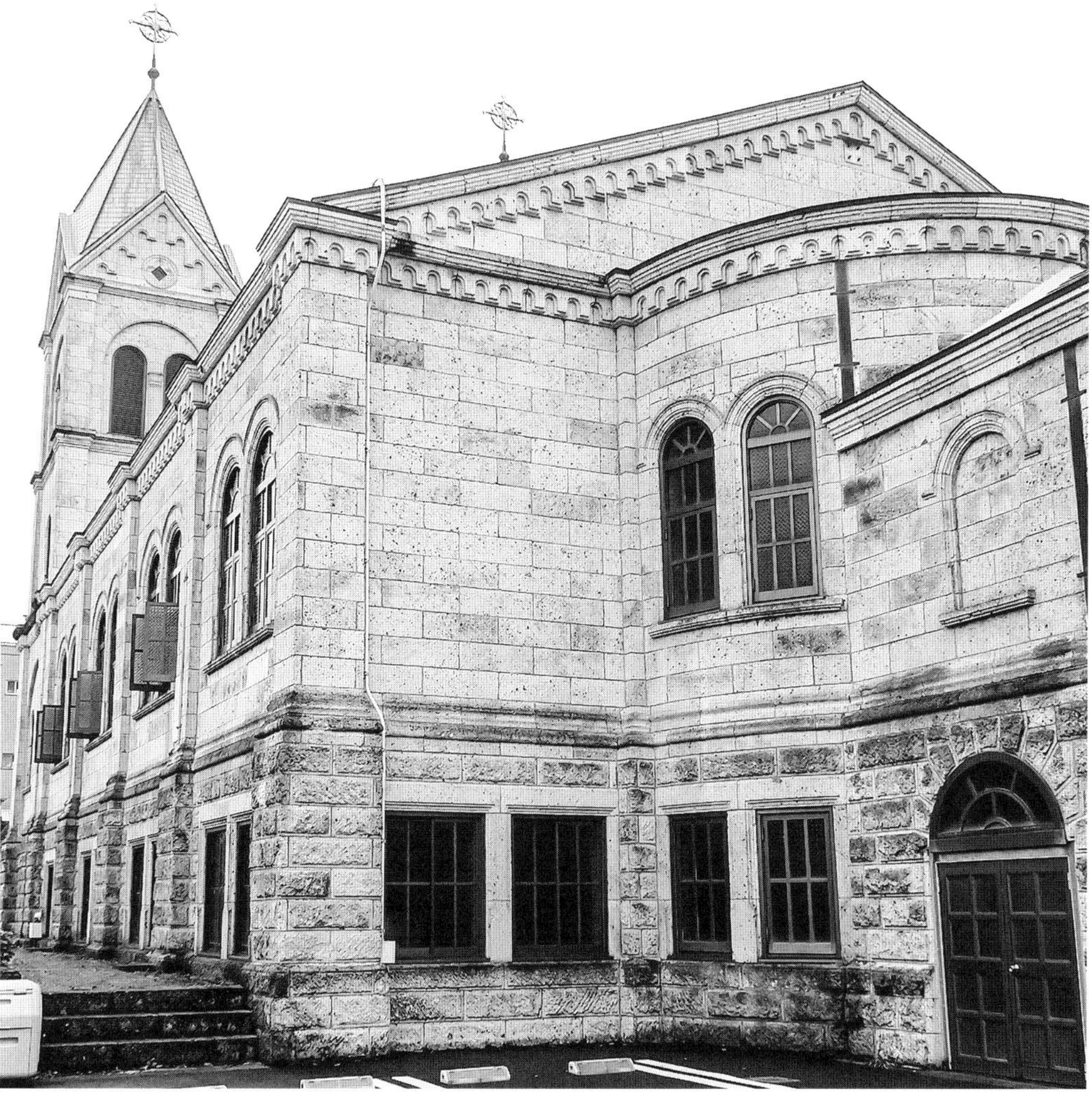

⑪ 一階軒下のロンバルド帯 2022年撮影

⑫ 北側外観 1932年頃撮影(竣工当時) 1979年資料調査

⑭ 南側側廊の現在のガラス窓 2022年撮影

⑬ アプスのかつての色ガラス窓 1979年撮影

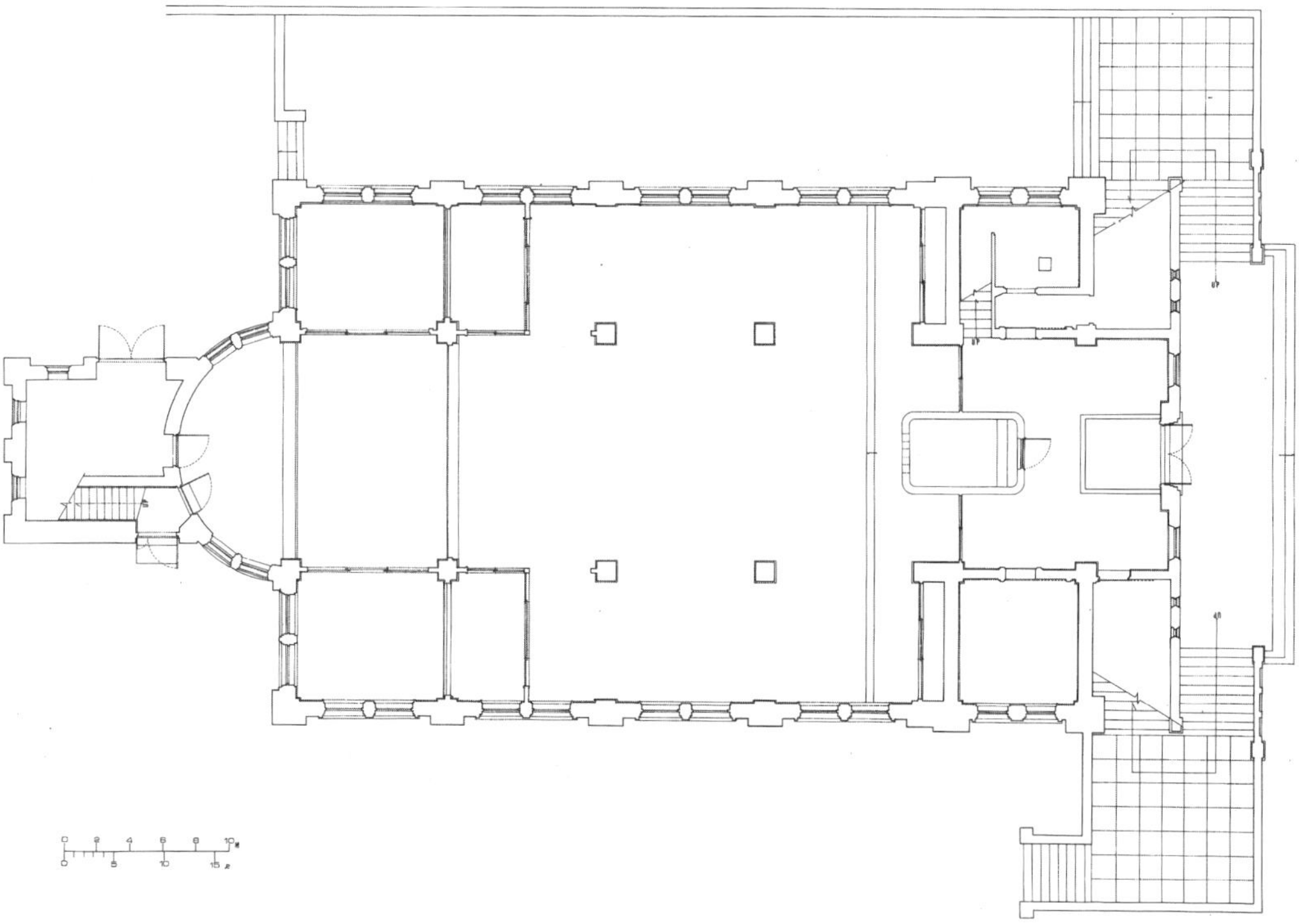

⑮ 地階平面図 1979年実測調査

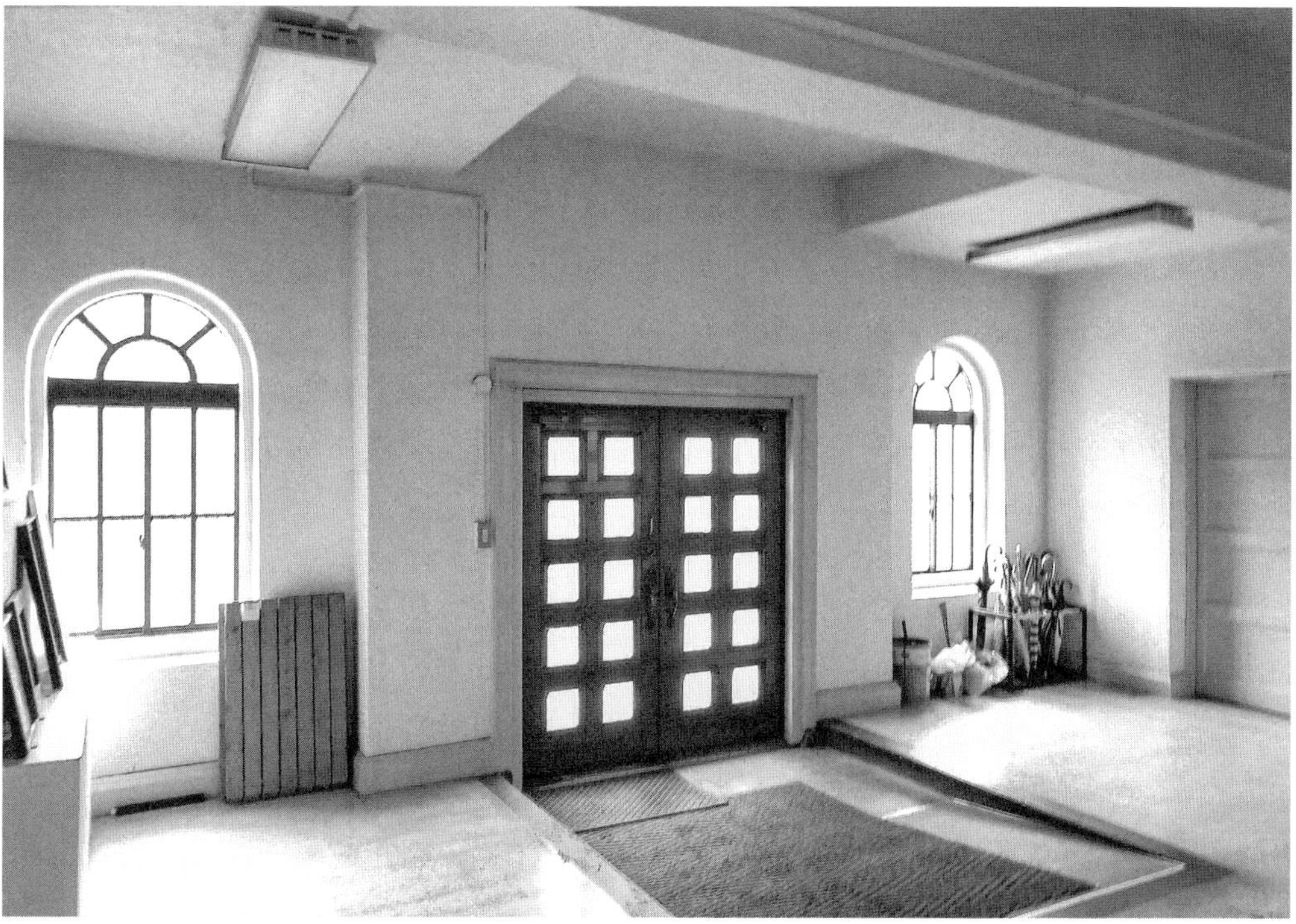

⑯ 地階玄関ホール(東正面を望む) 2022年撮影

だが、現在は、薄黄色のダイヤガラス（型板ガラス）を嵌めたアルミニウム製の窓建具に変更されている（図⑬・⑭）。

地階は、床面積が四四一・二三平方メートルで（図⑮）、東側に六・九五×六・五五メートルの玄関ホール（図⑯）を配置する。その東側に映写室（図⑰）を突出させ、北側に階段室、南側に四・〇五メートル四方の聖具室が置かれる。西側は、講壇を備える集会室（図⑱・⑲）で、一九三八年（昭和十三）から新園舎完成の一九六八年（昭和四十三）までの間、松ヶ峰幼稚園として利用された。

一階は、床面積が四〇三・六〇平方メートルで、東側の前面中央に六・九五×四・〇五メートルのナルテックス（玄関

⑰ 地階玄関ホールの映写室 2022年撮影

間）があり（図⑳）、北側に四・〇五メートル四方の階段室、南側に同寸の聖具室を配置する。西側は、中央の身廊と、南北の側廊から成る三廊式の聖堂である（図㉑）。

身廊は、幅六・九五メートル、天井高六・四メートル、側廊は、幅四・〇五メートル、天井高四・八メートルで、西

上⑱ 地階集会室 2022年撮影 中⑲ 地階集会室［《宇都宮教会献堂式記念絵葉書》より］ 1932年 カトリック松が峰教会蔵 下⑳ 一階ナルテックス 2022年撮影

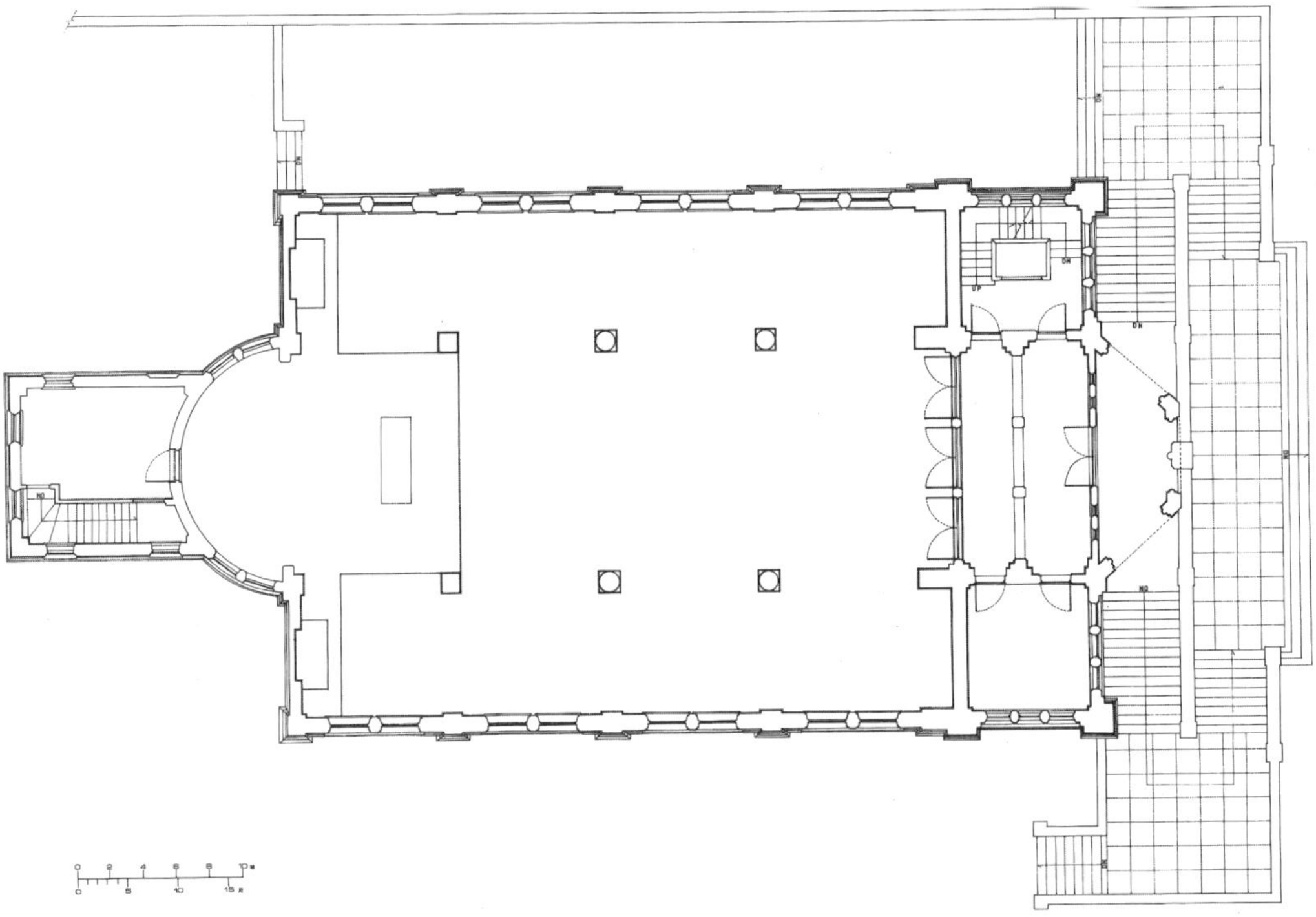

上㉑ 一階平面図 1979年実測調査
下㉒ 聖堂内部 2022年撮影

側に一八・七四平方メートルのアプスと、二二・九平方メートルの聖具室を突出させる。身廊は平天井、側廊については、柱間を交差ヴォールトとしている（図㉒）。創建時は、身廊部が畳敷き、側廊部は椅子式だった（図㉓）。

左右四本の円柱の方円柱頭（ブロック状の柱頭）には、組紐文様が刻まれる（図㉔）。アプス側の角柱間には横断アーチが架かり、アプス部のアーチ縁部には当初、金文字でラテン文が記されていた（図㉕）。正面左右の小祭壇（図㉖）、入口脇の聖水盤（図㉗）も大谷石製で、細かな幾何学文様の彫りで彩られる。

二階は、ナルテックスの上部を四〇・五二平方メートルのギャラリー（中二階）とし（図㉘）、北側に階段室と鐘楼へ通じる通路階段、南側に四・〇五平方メートルの納骨室を配置する。北側塔屋には、「アンジェラスの鐘」が納められている。

㉓ 聖堂内部［《宇都宮教会献堂式記念絵葉書》より］1932年　カトリック松が峰教会蔵

㉔ 方円柱頭詳細　2022年撮影

㉕ 聖別式の聖堂内部（横断アーチにラテン文字）（文献A） 1932年撮影

㉖ 南側小祭壇 2022年撮影

㉗ 大谷石の聖水盤　2022年撮影

おわりに

本聖堂は、マックス・ヒンデルの数多い教会建築群の最後を飾る代表作であり、ヒンデルが好んで採用した塔への強い思い入れを大規模な双塔のかたちで実現し、加えて積極的な展開を行ったロマネスク様式を集大成する建築でもあった。

さらに、建物の規模の大きさばかりではなく、良い石工に恵まれたことにより、ヒンデルが得意とした装飾的な意匠が細部に至るまで具現化され、教会建築に関する素養を遺憾なく発揮できた作品でもあった。屋内外の大谷石は、フランク・ロイド・ライトの「旧・帝国ホテル ライト館」（竣工一九二三年）のために採掘が始まった「ホテル山」（旧・東谷採掘場）（注8）の良質な石材を用い、加工に携わった職人が「ライト館」の経験者だった点においても貴重である。

聖堂設計の背景には、イッポリト＝ルイ＝オーギュスト・カディヤック司祭（注9）が希望した「重厚なモニュメントの創造」に対する意識があったに違いないが、鉄筋コンクリート造を主体としつつ、大谷石を全面的に張った構造は、地域性をとりわけ配慮し、大切にするヒンデルの建築思想を十二分に反映した作品と評すことができる。

⑲㉓ 画像提供　カトリック松が峰教会
㉕ ©カトリック松が峰教会
①②③⑤⑥⑦⑧⑨⑩⑪⑫⑬⑭⑯⑰⑱⑳㉒㉔㉖㉗㉘ 撮影　角 幸博
④⑮㉑ 製図・画像提供　角 幸博

㉘ 祭壇側から東側ギャラリーを望む　1979年撮影

第一章 第三節

[注]

（注1）信徒の高木省一氏談（一九七九年）。

（注2）『日本カトリック新聞』1932年10月30日号。

（注3）伝道士の小林定安氏、信徒の高木省一氏談（一九七九年）。

（注4）自然のままの粗い仕上げとする石材の表面加工を指す。粗面仕上げともいう。

（注5）西洋中世の建築で、窓や出入口など、開口部のアーチ同士を支持する壁の間に水平に渡した梁と、アーチで囲まれた半円形の小壁を指す。ティンパヌム（ラテン語）、タンパン（フランス語）ともいう。

（注6）石工事用の工具「びしゃん」（柄頭の端面に碁盤目に切った突起が付く槌）で叩き、平滑に仕上げる石材の表面加工を指す。

（注7）ロマネスク建築に特徴的な外壁上部の小アーチ列を指す。イタリア、ロンバルディア地方に発祥した。

（注8）栃木県河内郡城山村（宇都宮市田下町）の旧・東谷採掘場は、一九一九年（大正八）、「旧・帝国ホテル ライト館」の着工とともに採掘が始まる。請負は大日本亀田組の亀田易平で、東谷石材商店の名の下、「ライト館」専用の石山として大谷石を産した。一九二〇年（大正九）には石材の調査と買付のために、東京のライト事務所の所員アントニン・レーモンド、内山隈三が訪れ、一九二三年（大正十二）、「ライト館」の竣工に際して、石山は閉鎖となる。それ以前は、ライトが手がけた他の建造物にも石を供し、閉鎖後、いくつかの採掘業者の手を経るなかで、宇都宮天主公教会二代聖堂のほか、遠藤新の仕事でも「ホテル山」の石が使われている。

（注9）本章第一節参照。

[画像所収文献]

（文献A）百周年記念誌編集委員会 編（1988）『カトリック松が峰教会宣教100年の歩み』宇都宮：カトリック松が峰教会

第一章コラム

マックス・ヒンデルの建造物めぐり

橋本 優子

このコラムでは、マックス・ヒンデルが手がけ、現存するローマ・カトリック教会の建造物を厳選し、今日の名称（所在地）、設計・施工者、工法・構造、様式、年代、施主組織の歩み、建築的な特質をポイント的に紹介する。ただし、フランシスコ会札幌修道院二代修道院、小神学校、岐阜天主公教会初代聖堂、司祭館、札幌藤高等女学校校舎はいずれも建物が現存しないが、ヒンデルの業績において重要であることから、例外として取り上げた。なお、宇都宮天主公教会二代聖堂（現・カトリック松が峰教会聖堂）は本章第一・三節で詳しく記しているため、コラム内では扱わない。

【凡例】

一、建造物の名称は、「竣工・聖別時の施主組織名」に「建物種別」を付すかたちで記した。同一の施主組織名で代替わりした場合は、「〇代」を加えた。

一、今日の地名は、（　）内で示した。

一、注は、本章のコラム全体で通し番号を振り、「（注〇）」と記した。注の内容は、コラム末尾に一覧した。

一、画像は、一つのコラムごとに通し丸付き番号を振った。

一、画像キャプションは、建造物の名称、撮影アングルと年代、図面などについては表題や内容を記した。近年撮影のものは、（　）内に現在の名称を加えた。画像クレジットは、一つのコラムごとに末尾でまとめて記した。文献から転載の場合は、本章のコラム全体で通しアルファベットを振った所収文献を「（文献〇）」で表した。所収文献の書誌情報は、コラム末尾に一覧した。

1 フランシスコ会札幌修道院 二代修道院、小神学校

①フランシスコ会札幌修道院 二代修道院 北西側外観 1977年撮影（天使幼稚園園舎時代）

今日の名称（所在地） 現存せず ※現在の修道院はフランシスコ会日本聖殉教者管区札幌修道院（北海道札幌市北11条東2丁目）

設計・施工者 マックス・ヒンデル（設計）、施工者不詳

工法・構造、様式 煉瓦造半地下、木造地上三階建、鉄板張
特定の様式によらない（修道院の聖堂はロマネスクを基調とする）

年 代 修道院…聖別1925年（大正14）
小神学校…竣工1926年（大正15）

修道院の歩み

一九〇七年（明治四十） 一月十九日、フランシスコ会チューリンゲン管区からキノルド司祭、カナダ準管区からベルタン司祭が来日し、北海道札幌区苗穂町（札幌市中央区）北一条東六丁目の北一条教会に居住。当時、札幌地域のローマ・カトリック教会は、パリ外国宣教会に委託された函館司教区に帰属。
四月中旬、両司祭が札幌区（札幌市中央区）北一条東三丁目へ転居。
六月、フランシスコ会カナダ準管区から司祭と修道士が合流し、独・仏・英語塾が開設。

一九〇八年（明治四十一） 春、札幌郡札幌村（札幌市東区）北十五条東一丁目に初代修道院が着工。
十一月十二日、初代修道院の聖別。

一九一一年（明治四十四） 修道院がフランシスコ会フルダ管区に帰属。

一九一五年（大正四） 二月十二日、函館司教区から札幌知牧区（のち札幌代理区を経て札幌司教区）が独立し、フランシスコ会フルダ管区に委託、キノルド司祭は知牧区長に就任。札幌地域は同知牧区に帰属。

一九二〇年（大正九） 春、札幌郡札幌村（札幌市東区）北十一条東二丁目に知牧区長館が竣工し、北十一条教会の発足。

一九二二年（大正十一） 七月末、北十一条に仮聖堂が竣工。

一九二五年（大正十四） 十一月十九日、北十一条に二代修道院が聖別。

一九二六年（大正十五） 北十一条に小神学校が竣工。

一九五二年（昭和二十七） 十二月十一日、北一条教会が司教座聖堂となる。この時、札幌司教区が函館地域を併合。

一九六〇年（昭和三十五） この頃、小神学校の解体。

一九六八年（昭和四十三） 八月二十五日、フランシスコ会フルダ管区分管本部が旭川市神居町の神居教会へ移転。

一九七一年（昭和四十六） 北十一条に新聖堂、三代修道院が竣工。

一九七三年（昭和四十八） 六月、二代修道院がファッションドレスメーカー女学院に供用（翌年二月まで）。

一九七五年（昭和五十） 二月、二代修道院が天使幼稚園に供用。

一九八二年（昭和五十七） 八月、二代修道院の解体。

二代修道院、小神学校の建築

ヒンデルが手がけたローマ・カトリック教会の建造物は、聖堂、修道院、教会付属の各種施設、系列の学校と病院に大別できる。

本修道院と小神学校の場合、札幌地域におけるローマ・カトリック教会の管轄体制、宣教組織が変わったことを受け、新たに発足した北十一条教会の施設整備の一環として建造された。ともにキリスト教の伝統的な建築様式によらず、ヒンデルが北海道で展開した他の建物、すなわち風土に合致し、教派を越えたスタイルの学校、住宅との共通性が窺われる。

修道院の外観は、戒律に従い、祈りと労働を捧げ、神の教えに適う共住生活の場でありながら、十字架や、文字モティーフの装飾さえなければ、宗教色のない寄宿舎のような印象だった。急勾配の大きな切妻屋根を架け、屋根裾を緩勾配とするフレアード・ルーフは、札幌時代のヒンデルの特徴を成し(注1)、建物の随所から突き出す小屋根、庇にも繰り返される。これらの下に並ぶ多くの窓は採光に鑑みて、また、外壁に鉄板を張る仕様は防寒と防火を意図したもので、寒冷な北の大地に相応しい。この独特なスタイルは、ヒンデルの故郷スイスの民家に源泉があると考えられ、西洋の建築文化に則る点で、キリスト教との相性が良かったに違いない。小神学校は、よりスイス民家風の外観を呈した。

修道院の内部は、一階の北側東寄りに玄関、中央には東西に長い廊下を設け、応接室、図書室、玄関番室、食堂、食器室、厨房、食料庫などを配する。北側西寄りは、一階から二階まで吹き抜けの聖堂で、祭壇が西端部に東を向いて設置され、その奥(西)に香部屋を置く。聖堂の入口側階上はギャラリーを成し、二階の廊下へ通じていた。二階と三階には修道士の個室が並び、各階の廊下に連なる階段室は、建物の東側にあった。

上② フランシスコ会札幌修道院 二代修道院 全景(文献F)[絵葉書《フランシスコ会札幌修道院》] 1925年頃(竣工当時) 下③ フランシスコ会札幌修道院 小神学校 全景(文献F) 1926年頃撮影(竣工当時)

④ フランシスコ会札幌修道院 二代修道院 聖堂内部(文献F) 1925年頃撮影(竣工当時)

① 撮影 角 幸博
②③④ 画像提供 角 幸博

2 新潟カトリック教会聖堂

今日の名称（所在地） カトリック新潟教会聖堂（新潟県新潟市中央区東大畑通一番町）

設計・施工者 マックス・ヒンデル（設計）、コンクリート工業（施工）

工法・構造、様式 コンクリート造基礎、木造二階建、金網張・珪砂入化粧漆喰仕上、五層塔屋付（双塔）
ロマネスク・ルネサンス・リヴァイヴァル

年代 聖別一九二七年（昭和二）

教会の歩み

一八七五年（明治八） パリ外国宣教会のドゥルアール・ド・レゼー司祭により、新潟県新潟町多門通（新潟市中央区上大川前通）に新潟天主公教会が発足。当時、全国のローマ・カトリック教会は、パリ外国宣教会に委託された日本代理区に帰属。

一八七六年（明治九） 五月二十二日、日本代理区が北緯代理区と南緯代理区に分離し、ともにパリ外国宣教会に委託、オズーフ日本代理区長は北緯代理区長に就任。新潟県は北緯代理区に帰属（のち函館代理区を経て函館司教区）。

一八七八年（明治十一） 五月二十八日、オズーフ代理区長の招きにより、シャルトル聖パウロ修道女会の修道女三名が来日し、北海道函館で教育・社会福祉事業に従事。多門通の教会が新潟町東中通一番町（新潟市中央区東中通一番町）へ移転。

一八八二年（明治十五） 八月二十八日、東中通の教会が新潟区東大畑町（新潟市中央区東大畑通一番町の現在地）へ移転。

一八八五年（明治十八） 九月、東大畑町の教会にシャルトル聖パウロ修道女会を招致。

一八八七年（明治二十） 九月四日、教会付属の明道小学校が開設。十一月、聖堂の増築（十二月まで）。

一九〇〇年（明治三十三） 教会付属の女学校が開設。

一九〇七年（明治四十） 九月八日、チェスカ司祭ら神言会の司祭三名が来日。

① 新潟カトリック教会聖堂（現・カトリック新潟教会聖堂）
全景 1982年撮影

一九〇八年（明治四十一） 八月末、チェスカ司祭らにより、新潟市旭町二番町（新潟市中央区旭町二番町）に伝道館が開設。九月四日、新潟大火により、東大畑町の施設が焼失。以降、仮施設を建造。

一九〇九年（明治四十二） 三月十九日、旭町に伝道士養成学校が開設。神言会のライネルス司祭が来日。

一九一二年（大正元） 八月十三日、新潟知牧区（のち新潟司教区）が新設し、神言会に委託、ライネルス司祭は知牧区長に就任。新潟県は同知牧区に帰属。

一九一四年（大正三） 三月十五日、東大畑町に教会付属の印刷所が開設。

一九二四年（大正十三） 六月、旭町の教会が東大畑町へ移転、伝道士養成学校の一部は司祭館として移築（注2）。

一九二六年（大正十五） 六月二十八日、チェスカ司祭が知牧区長に就任。十二月三日、東大畑町に聖堂、伝道館兼幼稚園が着工。

一九二七年（昭和二） 九月十八日、聖堂が聖別し、新潟カトリック教会と改称。伝道館兼幼稚園も竣工。それまでの仮聖堂は教会施設として移築。

一九二八年（昭和三） 別施設を知牧区長館として移築。

一九三一年（昭和六） 十二月七日、旧・仮聖堂に教会付属の託児所が開設（注3）。

一九三五年（昭和十） 八月九日、聖ヴィアンネ館の竣工に伴い、教会付属の神学生・伝道士養成所が開設（のち小神学校）。

一九六二年（昭和三十七） 四月十六日、教会が司教座聖堂となる。

一九六四年（昭和三十九） 六月十六日、新潟地震により、聖堂その他が被災。すぐさま修復が開始。

聖堂の建築

竣工時から今日まで、本聖堂は南東正面に聳《そび》える高さ二二メートル近い双塔で知られてきた（注4）。

建物の規模や年代からすると、鉄筋コンクリート造でも不思議はないが、基礎のみコンクリート造で、躯体が木造、外壁は金網張の珪砂入化粧漆喰仕上（ロック・スタッコ塗）である。この仕上げは、壁に堅牢さ、防火・防水性を与えるため、新潟大火で教会の主要施設を失った過去に鑑みて、当時としては望ましい選択肢の一つだったと考えられる。

教会建築の伝統に即した十字架形平面（バシリカ）は、北西の内陣、その後ろに張り出す後陣、北東・南西軸の翼廊、これに直交する三廊式身廊、南東の玄関間、二つの塔屋で構成される。身廊入口側と玄関間の階上には、ギャラリーが迫り出す。

内陣、翼廊の手前に下がる半円アーチの垂れ壁は、空間を明確に分節し、平天井を高く見せる視覚効果を有する。往年は会衆席が椅子式ではなく、薄縁を敷いた板張の床に座ったので、いっそう高さが感じられたと想像できる。

玄関と左右入口の周囲の造り、ほとんどの窓の形状は半円アーチにより、これらの連続のなかに、意匠上のポイントを添えるのが正面の薔薇窓、翼廊、内陣、後陣の丸い高窓にほかならない。かつて内部の漆喰は、天井が白、壁は淡黄色だった。これも、上方から射し込む光を念頭に置き、崇高感を演出するための工夫と見てよいだろう。

身廊を囲み、翼廊から内陣や入口側の壁に連なる列柱は、トスカナ式の木製角柱とし、基調を成すロマネスクにルネサンスの趣が加味された。

素材、構造、意匠、色彩、様式の特性を活かした聖堂は、全体として優美な印象を湛える。特に池（注5）の畔に佇む南西側の眺めは、同時代の画家を魅了（口絵⑨参照）し、観光絵葉書にも登場する。

上② 新潟カトリック教会聖堂 全景（異人池側）［絵葉書《新潟名所 聳く十字架 カトリック教会》］昭和戦前 個人コレクション　下③ 同 内部（内陣）（文献H）昭和戦前撮影

左④ 新潟カトリック教会聖堂（現・カトリック新潟教会聖堂）内部 2017年撮影
右⑤ 新潟カトリック教会聖堂 全景（文献F）［絵葉書《新潟カトリック教会 聖堂全景 マックス ヒンデル建築設計》］1927年頃（竣工当時）

②画像提供　個人コレクション
③画像提供　カトリック新潟教会
⑤画像提供　角 幸博
①撮影　角 幸博
④撮影　橋本優子

右上① トラピスチヌ修道院（現・天使の聖母トラピスチヌ修道院）外観（煉瓦塀） 2022年撮影　下② 同 二代本館・聖堂、司祭館（現・天使の聖母トラピスチヌ修道院 本館・聖堂、司祭館）全景（塀の右奥＝本館・聖堂、塀の左前＝司祭館） 2022年撮影

3 トラピスチヌ修道院 二代本館・聖堂、司祭館

今日の名称（所在地）天使の聖母 トラピスチヌ修道院 本館・聖堂、司祭館
（北海道函館市上湯川町）

設計・施工者 マックス・ヒンデル（二代本館・聖堂、南西応接室設計）、
川原石太郎（同施工）

工法・構造、様式 司祭館…煉瓦造
聖堂…煉瓦造、鉄筋コンクリート柱による補強、塔屋付
上記以外…鉄筋コンクリート造、煉瓦積
ロマネスク・ゴシック・リヴァイヴァル

年代 司祭館…聖別一九一三年（大正二）
二代本館南西棟・聖堂…聖別一九二七年（昭和二）
二代本館北東棟、南西応接室棟…竣工一九三〇年（昭和五）

修道院の歩み

一八九八年（明治三十一） 四月三十日、パリ外国宣教会のベルリオーズ函館司教の招きにより、厳律シトー会ウプシー修道院の修道女八名が来日し、北海道亀田郡上湯川村（函館市上湯川町の現在地）にトラピスチヌ修道院が発足。当時、北海道のローマ・カトリック教会は、パリ外国宣教会に委託された函館司教区に帰属していたが、厳律シトー会は免属修道会のため、発足時から司教の行政干渉を受けていない。

一九〇五年（明治三十八） 初代本館の一部が竣工。

一九一一年（明治四十四） 十一月、初代本館の四分の三が竣工し、聖別。

一九一三年（大正二） 十月、初代本館・聖堂、司祭館が完成し、聖別。

一九二五年（大正十四） 十月十六日、火災により、初代本館・聖堂が焼失。

一九二七年（昭和二） 七月五日、再建した二代本館南西棟・聖堂の聖別。

一九三〇年（昭和五） 二代本館北東棟、南西応接室棟の竣工。

左上③ トラピスチヌ修道院 初代本館・聖堂、司祭館 全景（塀の右奥＝本館・聖堂、塀の左前＝司祭館）1913年撮影 天使の聖母 トラピスチヌ修道院蔵
左下④ 同 二代本館・聖堂、司祭館 全景（塀の右奥＝本館・聖堂、塀の左前＝司祭館）［天使園献堂式記念絵葉書《函館郊外湯の川 天使園》］1927年 天使の聖母 トラピスチヌ修道院蔵　右⑤ 同 二代聖堂内部［天使園献堂式記念絵葉書《湯の川トラピスチヌ修道院》］1927年 天使の聖母 トラピスチヌ修道院蔵

二代本館・聖堂、司祭館の建築

大正初めに最初の建物群が完成して以来、本修道院の姿は大きく変わっていない。

フランス積の煉瓦の壁に、円形アーチの窓が規則的に並び、本館は切妻屋根の中央と左右、司祭館については寄棟屋根の中央、それぞれの南西側のみ丸窓のドーマー（小屋根付窓）を設け、二つの建造物の正面性が示される。ともに二階建で、軒の高さは等しい。

中庭を囲んでロ字形の平面を呈する本館は、南西棟の中央ドーマー下に円形アーチの玄関が置かれる。北西棟は聖堂で、内陣側の壁が全体のなかで唯一、半円形の曲面を描く。聖堂の北西には、左右にコリント式の付け柱を二本ずつ添え、簡素なペディメントを戴くポーチを有する一階建の棟があり、さらに北西の司祭館へと連なる。

この部分は禁域（ラテン語でクラウストラ）と呼ばれ、ポーチのある棟と、聖堂の間には高い煉瓦塀が築かれ、敷地の南西に向かって伸びる（注6）。よって、円形アーチの玄関を持つ司祭館は、屋根のかたちの違いも相まって、完全に分節された印象を与える。

建物群の様式は、基本的にはロマネスクにより、鋭角なドーマーの意匠はゴシックに通じる。用途が修道院のため、西洋中世の教会建築が備える精神性のうち、戒律と禁欲、静謐や簡素の要素が顕在化され、そのことを時代に即して煉瓦で実現した建造物と評せる。火災を経てヒンデルが設計を担った際も、この点を尊び、当初の姿を再建する方針を採った。

ヒンデルの手腕は、むしろ補強として入れた鉄筋コンクリート柱や、鉄筋コンクリート造の躯体に古い煉瓦を積む工法、すなわち「歴史の保存・継承」に活かされている。一方、北東にあった聖堂の尖塔を南西に移し、存在感のある意匠としたのはヒンデルの創意の賜物で、再建前後の違いとして挙げられる（注7）。

③④⑤ 画像提供　天使の聖母 トラピスチヌ修道院
①② 撮影　橋本優子

4 神田天主公教会三代聖堂

上① 神田天主公教会三代聖堂 内部（内陣）（文献B） 1928年撮影

下② 同（現・カトリック神田教会聖堂）内部 2022年撮影

今日の名称（**所在地**）カトリック神田教会聖堂（東京都千代田区西神田）
設計・施工者 マックス・ヒンデル（設計）、宮内初太郎（施工）
工法・構造、様式 鉄骨・鉄筋コンクリート造二階建
ロマネスク・ルネサンス・リヴァイヴァル
年代 聖別一九二八年（昭和三）

教会の歩み

一八七二年（明治五） 四月、パリ外国宣教会のマラン司祭らにより、東京府第三大区三番町（東京都千代田区千鳥ヶ淵周辺）にラテン学校が開設。当時、日本はキリシタン禁制で、全国のローマ・カトリック教会は、パリ外国宣教会に委託された日本代理区に帰属。

一八七三年（明治六） 二月二十四日、太政官布告により、キリシタン禁制の高札が撤去。

一八七四年（明治七） 一月、ラテン学校が東京府第一大区猿楽町（千代田区西神田の現在地）へ移り、付属聖堂が聖別。

一八七六年（明治九） 五月二十二日、日本代理区が北緯代理区と南緯代理区に分離し、ともにパリ外国宣教会に委託、オズーフ日本代理区長は北緯代理区長に就任。東京は北緯代理区に帰属（のち東京大司教区）。

一八七七年（明治十） 十月、ラテン学校の閉鎖。付属聖堂が独立し、ペティエ司祭により、神田天主公教会の発足。

一八七八年（明治十一） 五月二十八日、オズーフ代理区長の招きにより、シャルトル聖パウロ修道女会の修道女三名が来日し、北海道函館で教育・社会福祉事業に従事。

一八八一年（明治十四） 春、シャルトル聖パウロ修道女会を招致。

八月十五日、教会付属の施療院、孤児院（のち養育院）、小学校（のち白百合学園）が開設。

一八八七年（明治二十） 七月、教会付属の女子仏英学校（のち高等女子仏英和学校を経て白百合学園）が開設。

一八九一年（明治二十四） 聖堂新築を含む施設の改築。

一八九四年（明治二十七） 六月二十日、明治東京地震により、施設が被災。

一八九六年（明治二十九） 一月末、初代聖堂の着工。

十月二十八日、初代聖堂の聖別。

一九一三年（大正二） 二月二十日、三崎町大火により、すべての施設が焼失。

六月二十二日、仮聖堂の聖別。

一九一四年（大正三） 三月十九日、修道院、女学校、小学校その他の施設が竣工。

一九一五年（大正四） 夏、二代聖堂の着工。

一九二三年（大正十二） 三月十四日、二代聖堂の聖別。

九月一日、関東大震災により、すべての施設が焼失。

十月五日、仮聖堂の建造。

一九二七年（昭和二） 九月、三代聖堂の着工。修道院、小学校、女学校が麹町区富士見町（千代田区九段北）に竣工。

一九二八年（昭和三） 十二月九日、三代聖堂の聖別。

一九四五年（昭和二十） 三月九・十日、四月十三・十四日、東京大空襲により、九段のすべての施設（三月）、三代聖堂を除く神田の施設（四月）が焼失。以降、それぞれの施設を復興。

三代聖堂の建築

東京・横浜圏に所在する他の古いローマ・カトリック教会と同様、本教会も災害に見舞われるつど、聖堂の代替わりを余儀なくされてきた。

前身となるラテン学校の聖堂は、旧旗本屋敷の大広間だった。やがて教会が独立すると、修道院を中心に施設が整い、新聖堂が造営される。設計は、建築の心得があったパピノ司祭による（注8）。これを明治東京地震で失い、パピノ司祭はロマネスク調の初代聖堂を手がけるが、三崎町大火で灰燼《かいじん》に帰す。

煉瓦造の二代聖堂は、階段状破風（注9）が特徴的で、甍《いらか》段、パラペット（胸壁）、笠木や、基礎などの要所には石を用いた。しかし関東大震災であえなく焼け落ち、ヒンデルの三代聖堂では天井のヴォールトを含めて鉄骨を組み、鉄筋コンクリート造を採用している。

興味深いのは、この聖堂の外観が初代・二代を彷彿とさせる点にある。三つの切妻屋根の妻面を強調し、破風と軒下にロンバルド帯（注10）を廻らせ、身廊側面の窓と高窓を除く開口部、これらを囲む盲アーチの形状は半円アーチで統一された。

ヒンデルの場合、個々の施設の位置づけと歩み、地域性や風土への配慮を旨としたので、得意とするロマネスク・リヴァイヴァルの展開は多様性を示す。そのことを本作で物語るのが破風の意匠にほかならない。

南西側の内陣、三廊式の身廊、階上がギャラリーの玄関間は四つの破風で三分され、正面に小祭壇を設えた両翼廊を切り詰めている。よって翼廊は、身廊と一体的な長方形平面に組み込まれるが、これに内陣が付くため、ラテン十字形のバシリカを呈する（注11）。

天井は高い筒型ヴォールト、内陣奥と二階ギャラリー東北側の壁も半円アーチとし、トスカナ式の大理石円柱で内陣、身廊を囲む設えは、外観とは対照的なルネサンス風である。

上③ 神田天主公教会三代聖堂 全景（文献B） 1928年撮影 中④ 同 建築工事（上棟式記念写真）（文献A） 1928年撮影 下⑤ 同（現・カトリック神田教会聖堂）全景 2022年撮影

①③ 所収文献所蔵・画像提供 カトリック神田教会
②④ 所収文献所蔵・画像提供 上智大学図書館
②⑤ 撮影 橋本優子

5 岐阜天主公教会
初代聖堂、司祭館

今日の名称（所在地） 現存せず ※現在の教会はカトリック岐阜教会（岐阜県岐阜市青柳町）

設計・施工者 マックス・ヒンデル（設計）、岩永伊勢松（施工）、
浦上天主公教会信徒団（施工協力）、フレベル博士（注12）（大祭壇設計）、
聖ガブリエル神学校生徒（大祭壇制作）、
佐々木松次郎＋黒澤武之輔（注13）（壁画制作）

工法・構造、様式 木造二階建、人造石張、聖堂は四層塔屋付
特定の様式によらない（聖堂内部はロマネスクを基調とする）

年代 聖別一九二九年（昭和四）

① 岐阜天主公教会 正門（右奥＝聖堂、左前＝司祭館） 1929年撮影
カトリック岐阜教会蔵

教会の歩み

一八七八年（明治十一） パリ外国宣教会のヴィグルス司祭により、岐阜県岐阜町（岐阜市）で伝道が開始。当時、岐阜県は、パリ外国宣教会に委託された北緯代理区に帰属（のち東京大司教区）。

一八八七年（明治二十） 岐阜町内に仮教会が設立。約一年で閉鎖。

一八九四年（明治二十七） 岐阜市内に巡回教会が設立。のち閉鎖。

一九〇七年（明治四十） 九月八日、チェスカ司祭ら神言会の司祭三名が来日。

一九〇八年（明治四十一） 十月、聖霊奉侍布教修道女会の修道女五名が来日し、秋田県秋田市築地中町（秋田市南通みその町）で教育事業に従事。

一九二二年（大正十一） 二月十八日、名古屋知牧区が新設し、神言会に委託、ライネルス新潟知牧区長は名古屋知牧区長を兼任。岐阜県は同知牧区に帰属（のち名古屋司教区）。

一九二六年（大正十五） 六月二十八日、チェスカ司祭が新潟知牧区長に就任し、ライネルス知牧区長は名古屋知牧区の専任となる。
七月十六日、神言会のプリカ司祭により、岐阜市長住町に岐阜天主公教会が発足。

一九二八年（昭和三） 八月、岐阜市西野町（青柳町の現在地）に初代聖堂、司祭館、聖霊奉侍布教修道女会の修道院、幼稚園旧園舎が着工。

一九二九年（昭和四） 二月二十八日、初代聖堂の聖別。他の施設も竣工。

一九三〇年（昭和五） 秋、初代聖堂に大祭壇を設置し、内陣垂れ壁の壁画が完成。

一九四五年（昭和二十） 七月九日、岐阜空襲により、すべての施設が焼失。
八月下旬以降、仮施設の建造。

一九五三年（昭和二十八） 教会が聖心布教会に帰属。

一九六四年（昭和三十九） 四月以降、幼稚園仮園舎が解体、新園舎の竣工。

一九六五年（昭和四十） 九月、仮聖堂の解体。

一九六六年（昭和四十一） 四月二十四日、二代聖堂の聖別。

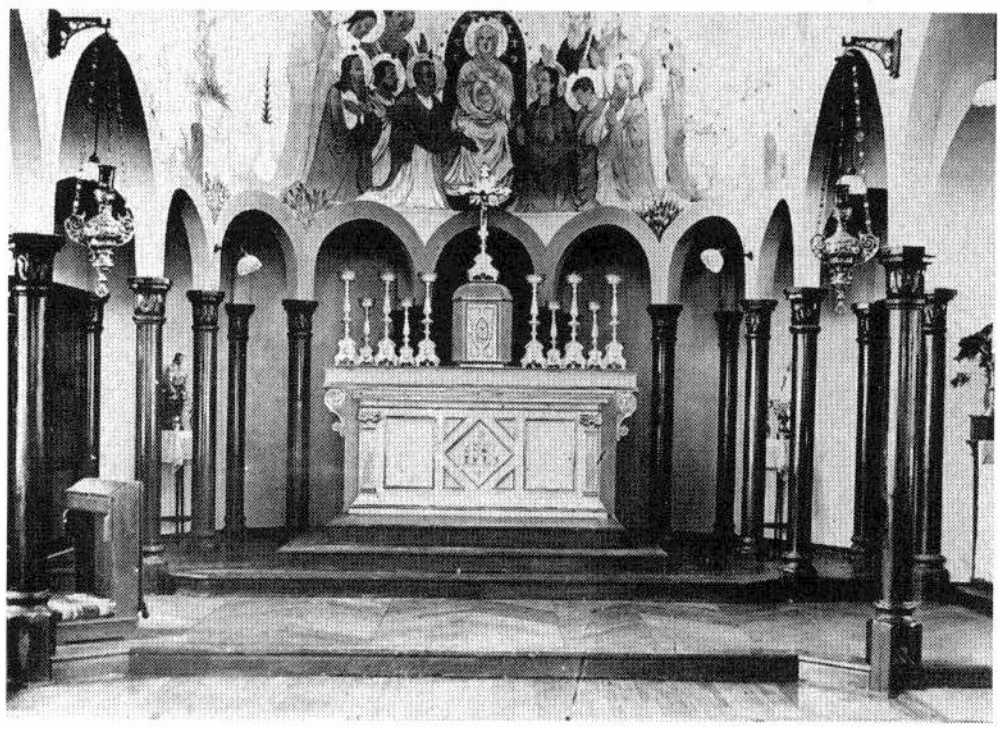

左上② 岐阜天主公教会初代聖堂、司祭館 北側全景（左＝聖堂、右＝司祭館）1929年撮影 カトリック岐阜教会蔵 右上③ 同 内部 1929年撮影 カトリック岐阜教会蔵 左下④ 同 内部（ミサの様子）1929年頃撮影（竣工当時）カトリック岐阜教会蔵 右下⑤ 同 内部（内陣）1930年撮影（大祭壇設置・壁画完成後）カトリック岐阜教会蔵

初代聖堂、司祭館の建築

ヒンデルが札幌に居を定めた一九二四年（大正十三）に先立つ二十年は、日本のローマ・カトリック教会の変革期に相当する。

幕末以来、居留地や開港場を拠点に、全国で伝道を進めたのはパリ外国宣教会だった。明治末期から大正年間にはさまざまな組織の来日が相次ぎ、地域の管轄体制も一新される。伝道の一環として教育・社会福祉事業が盛んになった反面、関東大震災はキリスト教界と一般社会に大きな衝撃を与えた。

このような状況の下、一九三五年（昭和十）に横浜の事務所を閉めるまで、ヒンデルはローマ・カトリック教会の施設設計に力を注ぐ（注14）。なかでも神言会については、ライネルス新潟知牧区長兼名古屋知牧区長との縁により、両区の建造物をいくつも手がけた。

その一つが本作で、聖堂、司祭館、修道院、幼稚園はすべてヒンデルによる。伝統的な様式に囚われない外観は注目に値し、聖堂と司祭館の屋根がフレアード・ルーフの寄棟造、しかも濃色の瓦葺のため、和洋折衷の印象さえ受ける。塔屋は一・二層目が建物と一体化され、三層目は四角柱、末広な釣鐘形の八角屋根を戴く四層目が八角柱を呈した。内陣と身廊に高い寄棟、側廊は緩勾配の差掛、翼廊も平たい半六角形の屋根を架けるなど、この聖堂は複雑な造りの屋根に特徴があった。司祭館も同じことが言える。

記録写真から類推すると、敷地の南西に位置した門の正面が聖堂、左手に司祭館が建ち、両者は直角に向き合っていた。どちらも東西に長く、十字架形平面（バシリカ）の聖堂は、内陣が東側だったと考えられる（注15）。三廊式の身廊は板張・一部畳敷で、内陣とともに方円柱頭を付した木製円柱で囲まれ、円形アーチの垂れ壁、窓、高窓がヒンデルらしいロマネスク調を示した。

①②③④⑤ 画像提供　カトリック岐阜教会

6　聖霊修道院付属聖堂

① 聖霊修道院付属聖堂（現・金沢聖霊修道院「三位一体」聖堂）全景
2021年撮影

今日の名称（所在地）　金沢聖霊修道院「三位一体」聖堂（石川県金沢市長町）

設計・施工者　マックス・ヒンデル（設計）、岩永伊勢松（施工）、
コンスタンチン・マチョシェク司祭（注16）（壁画・天井画制作）

工法・構造、様式　木造二階建、三層塔屋付
特定の様式によらない（内部はロマネスクを基調とする）

年 代　聖別1931年（昭和6）

修道院の歩み

一八八九年（明治二十二）　パリ外国宣教会のクレマン司祭により、石川県金沢区片町（金沢市片町）に金沢天主公教会が発足。当時、石川県のローマ・カトリック教会は、パリ外国宣教会に委託された北緯代理区に帰属（のち東京大司教区）。

一八九六年（明治二十九）　片町の教会が金沢市広坂へ移転。初代聖堂が聖別し、司祭館も竣工。

一九〇七年（明治四十）　九月八日、チェスカ司祭ら神言会の司祭三名が来日。

一九〇八年（明治四十一）　十月、聖霊奉侍布教修道女会の修道女五名が来日し、秋田県秋田市築地中町（秋田市南通みその町）で教育事業に従事。

一九〇九年（明治四十二）　神言会のライネルス司祭が来日し、広坂の教会に着任。教会が神言会に帰属し、ライネルス司祭の病院新設運動の拠点となる。

一九一二年（大正元）　八月十三日、新潟知牧区が新設し、神言会に委託、ライネルス司祭は知牧区長に就任。石川県は同知牧区に帰属。

一九一三年（大正二）　四月、金沢市長町（現在地）に聖霊病院、聖霊奉侍布教修道女会の修道院が着工。

一九一四年（大正三）　七月七日、病院の開院、院内聖堂、修道院の聖別。

一九二二年（大正十一）　二月十八日、名古屋知牧区が新設し、神言会に委託、ライネルス新潟知牧区長は名古屋知牧区長を兼任。石川県は同知牧区に帰属（のち名古屋司教区）。

一九二六年（大正十五）　六月二十八日、チェスカ司祭が新潟知牧区長に就任し、ライネルス知牧区長は名古屋知牧区の専任となる。

一九三〇年（昭和五）　病院本館の増築。

一九三一年（昭和六）　七月四日、修道院の付属聖堂が着工。十一月十二日、付属聖堂の聖別。

一九三二年（昭和七）　病院付属の慈善館（社会福祉施設）が開設。

一九三三年（昭和八）　慈善館が聖霊愛児園と改称し、託児・児童養育事業が開始（のち聖霊愛児園・乳児院・こども園）。

一九四〇年（昭和十五）　付属聖堂内陣の増改築、内陣垂れ壁の壁画・天井画が完成。

一九四四年（昭和十九）　病院が石川県中央病院と改称。

一九四五年（昭和二十）　戦後、病院が聖霊病院と再称。

二〇二一年（令和三）　十二月、付属聖堂の文化財修復が完成。

左上② 聖霊修道院付属聖堂 全景（文献E） 1931年撮影　右上③ 同 内部（文献G） 1940年撮影（壁画・天井画完成後）　左下④ 同（現・金沢聖霊修道院「三位一体」聖堂）内部 2021年撮影　右下⑤ 同 内部（内陣の壁画・天井画） 2021年撮影

付属聖堂の建築

新潟、名古屋の知牧区を歴任したライネルス知牧区長は、ローマ・カトリック教会として社会に貢献する事業を二つの区域で成し遂げた。

石川県金沢市では、司祭時代から近代的な病院の設置に奔走し、聖霊奉侍布教修道女会の協力を得て、医療・社会福祉事業を実現する。これが本修道院、聖霊病院と、関係施設の出自となり、ヒンデルは修道院の聖堂新築に参画した。後年、他の施設は建て替わったが、特徴的な聖堂は竣工時の姿が維持されている。

外観で眼を引くのは北東角の尖塔で、二層目の四隅を水切りのある控え壁の形状に設え、鐘を擁する三層目は八角形、その上に鍔付きのとんがり帽子のような八角屋根が聳える。内部との関係で見ると、北側の内陣、半円形の後陣を囲む周歩廊の東端に当たり、塔屋のない西端とともに香部屋の機能を持つ。

東西の翼廊を切り詰め、内部に収めた十字架形平面（バシリカ）に則るため、三廊式の身廊は南北に長い箱形を呈する。差掛屋根を架けた側廊には半円アーチの二連窓、切妻屋根の身廊上部は円形の高窓が並ぶ。いずれも色ガラスを嵌めた抽象的な意匠で（注17）、南妻面も半円アーチ窓が続き、正面玄関は南東角に位置する。ロマネスクが基調の内部は、板張・一部畳敷の身廊にも増して、色使いに驚かされる。方円柱頭の木製円柱は黒漆塗、列柱と、これらが支える垂れ壁や、筒形ヴォールトの横断アーチに金彩を施し、垂れ壁の内側は青の顔料で半円形をくっきりと彩る（注18）。

簡素な造りに尖塔が一つという外観は、スイスに見られる素朴な教会堂を下敷きにしたと考えられ（注19）、内部は加賀の伝統工芸（口絵⑦参照）を踏まえている。この両者の融合は、風土に根ざす建築を主張したヒンデルならではの創意の賜物と言えるだろう。

②③ 所収文献所蔵・画像提供　社会福祉法人聖霊病院
①④⑤ 撮影　橋本優子

7　三本木天主公教会二代聖堂、司祭館、幼稚園旧園舎

今日の名称（所在地）　カトリック十和田教会聖堂、司祭館（青森県十和田市稲生町）
※幼稚園旧園舎は現存せず

設計・施工者　マックス・ヒンデル（設計）、宮内初太郎（施工）

工法・構造、様式　木造二階建、聖堂は三層塔屋付
特定の様式によらない（内部はロマネスクを基調とする）

年代　聖別一九三二年（昭和七）

①三本木天主公教会二代聖堂（現・カトリック十和田教会聖堂）全景　2022年撮影

教会の歩み

一八八四年（明治十七）　十一月二日、パリ外国宣教会のフォーリー司祭により、青森県上北郡三本木村（十和田市）で伝道が開始。当時、青森県は、パリ外国宣教会に委託された北緯代理区に帰属。

一八九一年（明治二十四）　四月十七日、北緯代理区から函館代理区が独立し、青森県は後者に帰属（のち函館司教区を経て仙台司教区）。

一九一一年（明治四十四）　パリ外国宣教会のアンチェン司祭により、上北郡三本木町（十和田市）に三本木天主公教会が発足。

一九一二年（大正元）　三本木町稲生町（十和田市稲生町の現在地）へ移り、初代聖堂が聖別。

一九二八年（昭和三）　十一月十九日、教会付属の幼稚園が開設。
ドミニコ会カナダ管区の司祭四名が来日。

一九三〇年（昭和五）　教会がドミニコ会カナダ管区に帰属。

一九三一年（昭和六）　十一月、函館司教区がドミニコ会カナダ管区に委託。

一九三二年（昭和七）　一月十日、二代聖堂、司祭館、幼稚園旧園舎の着工。
八月四日、二代聖堂の聖別。司祭館、幼稚園旧園舎も竣工。

一九三六年（昭和十一）　函館司教区が仙台司教区と改称。

一九五〇年（昭和二十五）　教会がケベック外国宣教会に帰属。

一九五五年（昭和三十）　火災により、幼稚園旧園舎の一部が焼失。

一九五八年（昭和三十三）　十月、十和田カトリック教会と改称。

一九六四年（昭和三十九）　三月、火災により、幼稚園旧園舎が焼失。
七月、敷地内に二代聖堂、司祭館が移設・改修。幼稚園新園舎の竣工。

一九六八年（昭和四十三）　五月十六日、十勝沖地震により、二代聖堂が被災。事後、改修。

一九八一年（昭和五十六）　二代聖堂の改修、正面改築。

左上② 三本木天主公教会二代聖堂、司祭館、幼稚園旧園舎 全景（文献C） 1949 ～ 1964年頃撮影　右上③ 同 内部（文献C） 撮影年代不詳　左下④ 同 司祭館 移設・改修工事（文献D） 1964年撮影　右下⑤ 同（現・カトリック十和田教会聖堂）内部 2022年撮影

二代聖堂、司祭館、旧園舎の建築

竣工当時、この聖堂は司祭館、幼稚園と一体的な複合施設だった。そして、教会、住宅や学校をめぐるヒンデルの建築思想が一つに凝縮された事例と評すことができる。

往年の聖堂は、内陣が北西にある十字架形平面（バシリカ）で、身廊、側廊に切妻屋根、内陣・後陣と翼廊には空間の形状に従う半八角形の屋根が架かり、身廊入口側に錣付きとんがり帽子形の八角屋根を戴く四角い塔屋が聳えていた。この姿かたちは、戦後の移築・改修を経ても変わらない。

ただし、かつての聖堂は、その南東に位置する二階建の幼稚園と接合され、両者の玄関間が同一の空間だったので、聖堂の南東妻面は一部のみ表に現れていた。やはり二階建の司祭館は、聖堂の南西中央から翼廊手前までの位置に突き出し、ポーチの向きが南東、幼稚園のポーチも南西のため、施設の正面は尖塔上の十字架を横に見る南西側とされた。

模式的に記せば、クローヴァー形の聖堂の柄の延長上に幼稚園を配し、左側の葉の下に司祭館が伸びる。塔屋を別にすると、棟の高さは聖堂、幼稚園、司祭館の順である。すべての屋根は勾配が少しずつ異なるフレアード・ルーフで、幼稚園と司祭館の二階には小屋根を付した採光窓を設けている。よって、全体の外観は非常に複雑だった。

聖堂内部は、板張・一部畳敷の身廊を方円柱頭の木製円柱、垂れ壁で囲み、現在はない聖体拝領台が内陣の手前に置かれた。身廊入口側と側廊の階上は列柱、垂れ壁が並ぶギャラリーで、平天井を擁し、側廊のギャラリー下には四分ヴォールトが連なる。これらの垂れ壁、側廊の高窓は半円アーチで統一し、聖体拝領台の意匠も同様だった。二階円柱の造作は日本の伝統工法により、背割りに埋木のうえ、随所に楔を打ち込んでいる（注20）。

②③④ 所収文献所蔵・画像提供　カトリック十和田教会
①⑤ 撮影　橋本優子

8　札幌藤高等女学校校舎

今日の名称（所在地）現存せず　※藤学園キノルド資料館（北海道札幌市北区北十六条西二丁目）は縮小・部分復元

設計・施工者　マックス・ヒンデル（設計）、三浦建築工務所（三浦才三：施工）

工法・構造、様式　木造三階建、鉄板張、建物中央に塔屋付
特定の様式によらない

年代　竣工一九二四年（大正十三）

① 藤学園キノルド資料館（札幌藤高等女学校校舎の縮小・部分復元）全景（南側）2022年撮影

学校の歩み

一九二〇年（大正九）　八月十五日、フランシスコ会フルダ管区のキノルド札幌知牧区長の招きにより、クサヴェラ・レーメ修道女ら殉教者聖ゲオルギオのフランシスコ修道会の修道女三名が来日し、北海道札幌区（札幌市）で教育事業に従事。当時、札幌地域のローマ・カトリック教会は、フランシスコ会フルダ管区に委託された札幌知牧区に帰属（のち札幌代理区を経て札幌司教区）。

一九二三年（大正十一）　札幌市（札幌市北区）北十六条西二丁目に修女会修道院が着工。

一九二四年（大正十二）　来日して間もないヒンデルに校舎を設計依頼。
九月二十八日、校舎の上棟。
十二月二十四日、高等女学校令による札幌藤高等女学校が認可。

一九二五年（大正十四）　四月八日、女学校の開校。のち、校舎の増築。

一九三二年（昭和七）　二月二日、火災により、校舎が被災し、すぐさま修復工事。同月下旬、増築工事の開始。
三月五日、修復工事の完了。同月末、増築工事も竣工。

一九四七年（昭和二十二）　専門学校令に基づく藤女子専門学校が認可。女学校校舎が専門学校に供用（のち短期大学、大学）。

一九四八年（昭和二十三）　学校教育法による藤女子高等学校・藤女子中学校の発足。専門学校が藤学園と改称。

一九五〇年（昭和二十五）　藤女子短期大学の発足。

一九六一年（昭和三十六）　藤女子大学の発足。女学校校舎の一部が取り壊し。

一九六七年（昭和四十二）　四月、女学校校舎がキノルド記念館と改称し、同窓会、学生の諸活動に供用。

二〇〇一年（平成十三）　一月、キノルド記念館の解体。

二〇〇三年（平成十五）　キノルド記念館を縮小・部分復元した藤学園キノルド資料館の開館。

校舎の建築

一九二四年（大正十三）の自邸兼事務所「東光園円い家」（本章第二節参照）を別にすると、日本におけるヒンデル作品のなかで、本女学校は着手・実現年代が最も早い。そして、ローマ・カトリック教会との関わりの端緒にもなった。

キノルド札幌知牧区長と殉教者聖ゲオルギオのフランシスコ修道会により、学校の設立準備はヒンデルの来日以前から進められ、それを具現化する建築家だけが未定だった。よって依頼から着工までの期間は短いが、その後のヒンデルの建築の特徴を示すものとして竣工する。なお、開校の七年後に起きた火災は、煙突に用いた土管の亀裂が原因で、わが国の建築材料について、設計当時はヒンデルの理解が不十分だったと指摘されている（注21）。

東西に細長い中央棟と、その両端で直角に交わる西翼、東翼から成る校舎は、中央棟が北に寄った逆凹字形の平面を呈する。西翼の西端中央にはポーチと教職員用の玄関があり、そこから始まる廊下は、突き当たりの東端で北に折れて段を下り、スキップ・フロアの中央棟北側の廊下に至る。両者に共通の階段は、廊下の曲がり角に置かれる。左右対称な東翼も造りは変わらず、東端中央の玄関は生徒の出入りに供した。

いずれの棟もフレアード・ルーフの切妻屋根を擁し、平側にも妻側にも連続的な窓が数多く並び、ブロックごとに庇が付される。西翼と東翼は屋根が大きいため、南北妻面の窓の列は壮観である。外壁には鉄板張が採用された。これらはすべて、十分な明るさの確保と、降雪・寒さ対策のための実用的で理に適った意匠と言える。

一方、立方体の上に六角柱を重ね、玉葱形の屋根を載せた塔屋は、中央棟の中心に据えることで、校舎に風格や象徴性を与えた。

④ 撮影　モーリ写真工芸
②③④ 画像提供　角 幸博
① 撮影　橋本優子

上② 札幌藤高等女学校 鳥瞰図（文献F） 1933年　中③ 札幌藤高等女学校校舎 全景（文献F） 1924～25年頃撮影（竣工当時）　下④ 同 全景（南側） 1975年頃撮影（藤学園キノルド記念館時代）

9 南山中学校校舎

① 南山中学校校舎（現・南山学園 南山アーカイブズ）全景 2022年撮影

今日の名称（所在地） 南山学園 南山アーカイブズ（愛知県名古屋市昭和区五軒家町）

設計・施工者 マックス・ヒンデル（設計）、大倉土木（施工）

工法・構造、様式 鉄筋コンクリート造三階建
モダニズム

年 代 竣工1932年（昭和7）

学校の歩み

一九〇七年（明治四十） 九月八日、チェスカ司祭ら神言会の司祭三名が来日。当時、愛知県のローマ・カトリック教会は、パリ外国宣教会に委託された東京大司教区に帰属。

一九〇九年（明治四十二） 神言会のライネルス司祭が来日。

一九二二年（大正十一） 二月十八日、名古屋知牧区が新設し、神言会に委託、ライネルス新潟知牧区長は名古屋知牧区長を兼任。愛知県は同知牧区に帰属（のち名古屋司教区）。

一九二六年（大正十五） 六月二十八日、チェスカ司祭が新潟知牧区長に就任し、ライネルス知牧区長は名古屋知牧区の専任となる。ライネルス知牧区長により、学校新設運動が開始。

一九三一年（昭和六） 七月十三日、愛知県名古屋市中区五軒家町（昭和区五軒家町の現在地）に校舎が着工。

一九三二年（昭和七） 一月二十一日、中学校令に基づく南山中学校が発足。二月二十八日、校舎の竣工。

一九三三年（昭和八） 十二月、付属教師住宅の竣工。

一九四六年（昭和二十一） 七月、南山中学校が南山学園に改組。専門学校令に基づく南山外国語専門学校が発足し、旧・中学校校舎を専門学校に供用。

一九四七年（昭和二十二） 四月、学校教育法に基づく南山中学校が発足。

一九四八年（昭和二十三） 四月、学校教育法に基づく南山高等学校が発足。十月、学園の経営が名古屋知牧区から神言会へ移管。

一九四九年（昭和二十四） 四月、南山大学が発足。翌年にかけて旧・中学校校舎を増築し、大学に供用。

一九六四年（昭和三十九） 四月、旧・中学校校舎を中学校に供用。

一九七五年（昭和五十） 旧・中学校校舎がライネルス館と改称。

一九七七年（昭和五十二） ライネルス館の増築西翼が取り壊し。

一九七九年（昭和五十四） 四月、ライネルス館が中学校に供用。

一九八一年（昭和五十六） 四月、ライネルス館が中学校国際部に供用（翌年以降、高等学校国際部にも供用）。

一九九三年（平成五） 四月、ライネルス館の一部が学園の用務に供用。

二〇一四年（平成二十六） 九月、南山学園史料室と南山大学史料室が統合し、ライネルス館に南山アーカイブズが開設。

二〇一五年（平成二十七） 五月、ライネルス館の増築東翼が取り壊し。

校舎の建築

石川県金沢市で医療・社会福祉事業を実現したライネルス新潟・名古屋知牧区長は、名古屋の専任になると、この地におけるローマ・カトリック教会のミッション・スクール設立に向けて動き出す。一方でヒンデルは、本校の構想から開学までの六年間、この校舎のほかに四つの聖堂を同知牧区のために設計した(注22)。

ミッション・スクールで重要なのは、キリスト教の精神に基づく学び、共同生活と、祈りの場の整備である。理想的には校舎、講堂、運動場を始め、寮や教師住宅、ローマ・カトリック教会ならば付属聖堂を持つキャンパスが求められる。本作もそうした全体構想の中心に位置づけられ、他に教室棟、体育館、講堂の計画があり、教師住宅には小聖堂が付属した(注23)。

左右対称な凸字形平面の校舎は、南南東の街路側中心にポーチ、正面玄関を置く。この空間は北北西に伸び、階段と、スキップ・フロアのため低い運動場側の出入口を設けている。鉄筋コンクリート造の低層ビルヂングという近代的な学校建築のスタイルを採るが、ポーチが前に張り出すので、全体として十字架形をかたちづくり、ミッション・スクールであることの示唆とも考えられる。

廊下は校舎の北北西側、階段に直結して東北東から西南西へと貫通し、運営・管理部門、特別教室(一階)、一般教室(二・三階)が南南東側に並ぶ。天井と内壁はカゼイン塗装の漆喰で、床や腰壁を濃色の板張とし、落ち着いた趣を湛える。正面玄関、花崗岩のトスカナ式円柱が並ぶポーチは人造石洗出仕上により、外観との意匠的な統一が図られた。

ここにも風土を尊重するヒンデルの思想が窺われ、玄関回りの腰壁に張った施釉タイルは、陶磁器産業の集散地、名古屋ならではの仕様としてよい。

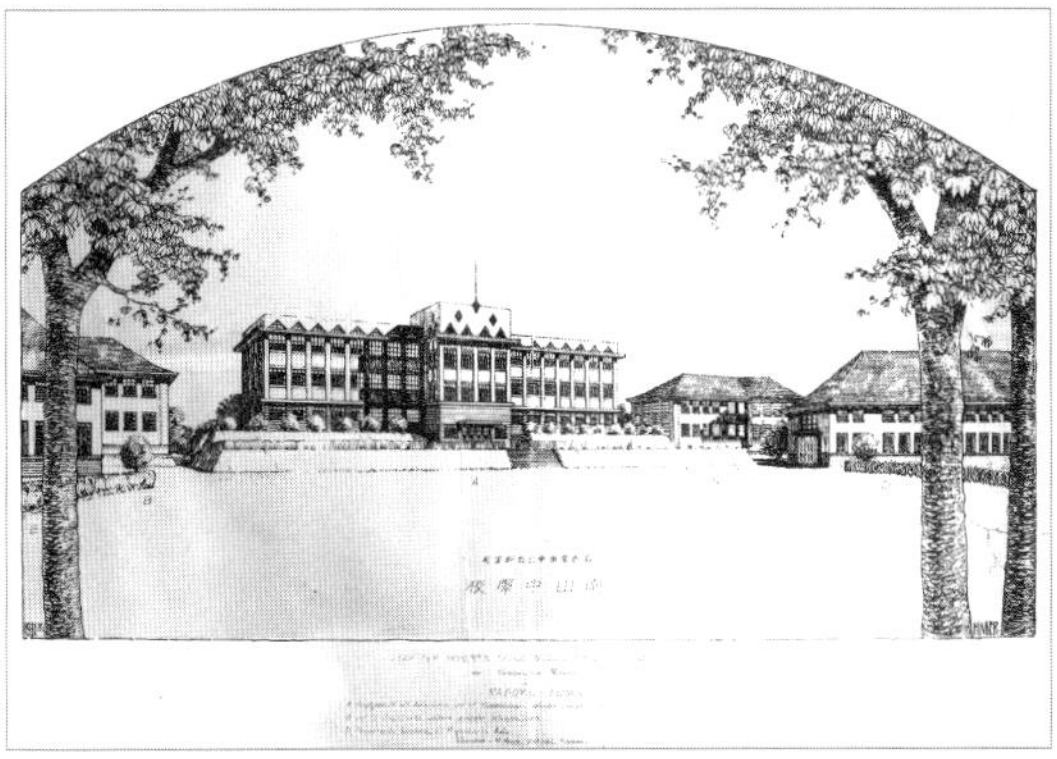

上② 南山中学校 完成予想図［マックス・ヒンデル建築設計事務所《名古屋市中区五軒家町 南山中学校》］1932年 南山学園 南山アーカイブズ蔵
中③ 同 全景 1932年撮影 南山学園 南山アーカイブズ蔵
下④ 同 全景（運動場側）1932年撮影 南山学園 南山アーカイブズ蔵

⑤ 南山中学校校舎（現・南山学園 南山アーカイブズ）内部 2022年撮影

②③④画像提供 南山学園 南山アーカイブズ
①⑤撮影 橋本優子

10 上智大学二代校舎

① 上智大学二代校舎（現・上智大学一号館）全景 2016年撮影

今日の名称（所在地） 上智大学一号館（東京都千代田区紀尾井町）

設計・施工者 マックス・ヒンデル（設計）、木田保造（施工）

工法・構造、様式 鉄筋コンクリート造地下二階（地下一階は半地下）・地上四階建、屋上付
モダニズム

年代 竣工一九三二年（昭和七）

学校の歩み

一九〇八年（明治四十一） 十月十八日、ヨゼフ・ダールマン司祭らイエズス会の司祭三名が来日し、ローマ・カトリック教会の大学新設を準備。当時、東京のローマ・カトリック教会は、パリ外国宣教会に委託された東京大司教区に帰属。

一九一〇年（明治四十三） 二月二十四日、イエズス会のヘルマン・ホフマン司祭（のち学長）が来日し、新設準備に参加。

一九一一年（明治四十四） 四月七日、上智学院の発足。

一九一三年（大正二） 三月二十八日、専門学校令による上智大学が認可。四月、東京府東京市麹町区紀尾井町（東京都千代田区紀尾井町の現在地）の既存邸宅を仮校舎とし、授業が開始。十二月八日、初代校舎の定礎。

一九一四年（大正三） 秋、ヤン・レツェル建築設計事務所による初代校舎の竣工。

一九二三年（大正十二） 九月一日、関東大震災により、初代校舎が被災。以降、初代校舎の一部を取り壊し、全面改築。

一九二七年（昭和二） 札幌在住のヒンデルに二代校舎の設計依頼。

一九二八年（昭和三） 大学令による上智大学が認可。

一九三〇年（昭和五） 六月十五日、二代校舎の着工。六月二十九日、二代校舎の定礎。

一九三二年（昭和七） 六月十四日、二代校舎の落成。

一九三七年（昭和十二） 開学前から校地に建つ旧・高島鞆之助邸を学内聖堂クルトゥルハイムとして開設。

一九四五年（昭和二十） 四月十三・十四日、東京大空襲により、旧校舎（改築した初代校舎）が焼失。

一九四七年（昭和二十二） 校地の拡張。以降、施設が順次増備。

一九四八年（昭和二十三） 新制の上智大学が発足し、二代校舎を大学に供用。

左上② 上智大学二代校舎 全景 1933年頃撮影　左下③ 同 内部（ロビー）1932～1945年撮影　右④ 同 内部（廊下）1961年撮影

二代校舎の建築

戦国時代、日本にキリスト教を伝えたイエズス会の聖フランシスコ・ザビエルは、わが国にローマ・カトリック教会の大学設立を願いながら、この夢が叶わないまま離日した。

明治時代には各地でミッション・スクールが築かれるが、一八九九年（明治三十二）の文部省訓令第十二号により、官公私立学校での宗教教育が禁じられると、キリスト教を掲げる学校は苦境に立つ。また、戦前に大学昇格を果たした学校は限られ、それを実現し、ザビエルの期待に応えたのが本学である。

こうした背景と初代校舎がレツェルの設計だったことを受け、ヒンデルは基本設計を何度も推敲している。結果、左右対称配置に則り、その中心に塔屋を置くスタイルを脱し、L字形平面の近代的なビルヂングに至る。

東北東・西南西に長い主棟は、中央が一階から四階まで、両端は四階をセットバックした逆凹字形平面を呈し、スキップ・フロアで半階低い西翼に連なる。西翼も三・四階がセットバックされるので、立面は変化に富み、正面玄関は西翼の北北西側、主棟との接続部に設けられた。

他のモダニストと一線を画するヒンデルの力量は、多様な外装材、これらと内部空間の関連づけにも見て取れる。地階、一階、ポーチ、玄関ホールに張ったルスティカ仕上げ（注24）の花崗岩は、西棟の管理部門、地下の食堂や機械室など大学の骨格を象徴する。主棟においては、石張の壁上に半円アーチの窓とテラコッタ装飾板を交互に並べ、図書館機能を示すとともに、教会建築に通じる趣をもたらした。

講堂、教室、教授室が占める二階以上を簾《すだれ》煉瓦張とし、水平性を強調した意匠は、いかにも昭和戦前らしい（注25）。だが、主棟の両端、西翼は全面的に三・四階を黄土、他は赤茶の簾煉瓦で覆う仕様は珍しく、材に対するヒンデルの興味が窺われる。

① 撮影・画像提供　上智大学 総務局 広報グループ
②③④ 画像提供　上智学院 ソフィア・アーカイブズ

11 国際聖母病院

① 国際聖母病院（現・聖母病院）全景 2004年撮影

今日の名称（所在地）	聖母病院本館（東京都新宿区中落合）※第一期・第二期増築は現存せず
設計・施工者	マックス・ヒンデル（設計）、宮内初太郎（施工）、 山村力松（第一期・第二期増築施工）、松本敏之（第二期増築施工）
工法・構造、様式	鉄筋コンクリート造地下一階（半地下）・地上三階建、屋上に塔屋付（双塔） モダニズム
年 代	開院1931年（昭和6）

病院の歩み

一八九八年（明治三十一） 十月十五日、マリアの宣教者フランシスコ修道会の修道女五名が来日し、熊本県飽託郡花園村（熊本市西区花園）でハンセン病患者の世話にあたる。当時、九州のローマ・カトリック教会は、パリ外国宣教会に委託された長崎司教区に帰属。

一九〇〇年（明治三十三） 飽託郡花園村（熊本市西区島崎）にマリアの宣教者フランシスコ修道会の新病院が開院。以降、各地に施設を整備し、医療・社会福祉事業を展開。

一九二二年（大正十一） 麻布カトリック婦人会「聖心聖マルグリット会」により、東京府荏原郡大森町（東京都大田区大森）に聖心聖マルグリット会養老院が開設。

一九二八年（昭和三） シャンボン東京大司教により、マリアの宣教者フランシスコ修道会を招致し、病院新設運動が開始。

一九二九年（昭和四） 五月二十五日、東京府豊多摩郡落合町大字下落合（東京都新宿区中落合の現在地）に修道院が発足。マリアの宣教者フランシスコ修道会の諸活動を包括する社団法人マリア奉仕会が認可。

一九三〇年（昭和五） 五月二十四日、下落合に国際聖母病院が定礎。

一九三一年（昭和六） 四月三十日、修道院の霊的指導をフランシスコ会カナダ管区に委託（のち養老院、病院も指導）。九月八日、下落合に養老院が竣工。十二月十五日、病院の聖別。同・二十一日、開院。開設者は大日本東京大教区天主公教宣教師社団（代表者 アレキシス・シャンボン大司教）、初代病院長は戸塚文卿。

一九三二年（昭和七） 聖心聖マルグリット会養老院がマリアの宣教者フランシスコ修道会に譲渡（のち聖母ホーム）。

一九三四年（昭和九） 二月、病院の第一期増築が竣工。四月、病院の第二期増築が竣工。七月九日、付属聖堂の聖別。

一九三五年（昭和十） 病院の経営主体が社団法人マリア奉仕会となる。

一九四三年（昭和十八） 病院が聖母病院と改称。

一九四四年（昭和十九） 三月、社団法人マリア奉仕会が社団法人大和奉仕会と改称。

一九五二年（昭和二十七） 五月二十四日、社団法人大和奉仕会が社会福祉事業法制定により社会福祉法人聖母会として認可。

二〇〇三年（平成十五） 病院（本館）外観を竣工当時に復元。

病院の建築

マリアの宣教者フランシスコ修道会の献身により、ローマ・カトリック教会が進めた医療事業は、社会福祉の精神に基づく包括的な施設として具現化される（注26）。

このうち本作は、ヒンデルが手がけた唯一の病院で、第二期増築は日本における最後の仕事となった。現存する本館は、聖堂、修道院、司祭館、幼稚園、学校、大学などの設計を通じて培った知見に基づき、施設のあり方に応える優れた近代建築と評せる。

今日の聖母坂通りに沿って、南北に長い敷地の最北に建つ本館は、西棟と南棟から成るL字形平面の近代的なビルヂングが採用された。二つの棟は直角に連なり、その接合部の内側、すなわち建物の正面にもL字形の空間が付される。外来のある一階は、この部分に庇を架けてポーチとし、地階から屋上までエレベーター、塔屋には階段が通じていた。地階はルスティカ仕上げの石張、一階以上が簾煉瓦張という外観は、上智大学二代校舎（本章「建造物めぐり10」参照）に準じる。ただし、利用者、施療・看護者に対する配慮、施設管理の観点から、空間はセットバックせず、スキップ・フロアも採用していない。立面の意匠的な工夫は、手前に張り出す両棟の接合部、その上に聳える八角屋根の双塔、屋上の高いパラペット下に設けた庇で図られた。

竣工時は三階の一部を修道院に供し、その後は二階と同じく病室になったが、当初から採光、通風に鑑みて大きな窓を数多く並べ、外気浴のためのバルコニー、平時と緊急用の外階段も完備している。これらの実際的な設えが寒々しく見えないのは、塔屋の屋根が丸みを帯びた帽子形で、三階の窓に円形アーチを用いたからにほかならない。いずれも、ロマネスクの建築言語の巧みな転用である。

①©社会福祉法人聖母会　聖母病院
②③④©マリアの宣教者フランシスコ修道会・日本管区資料館

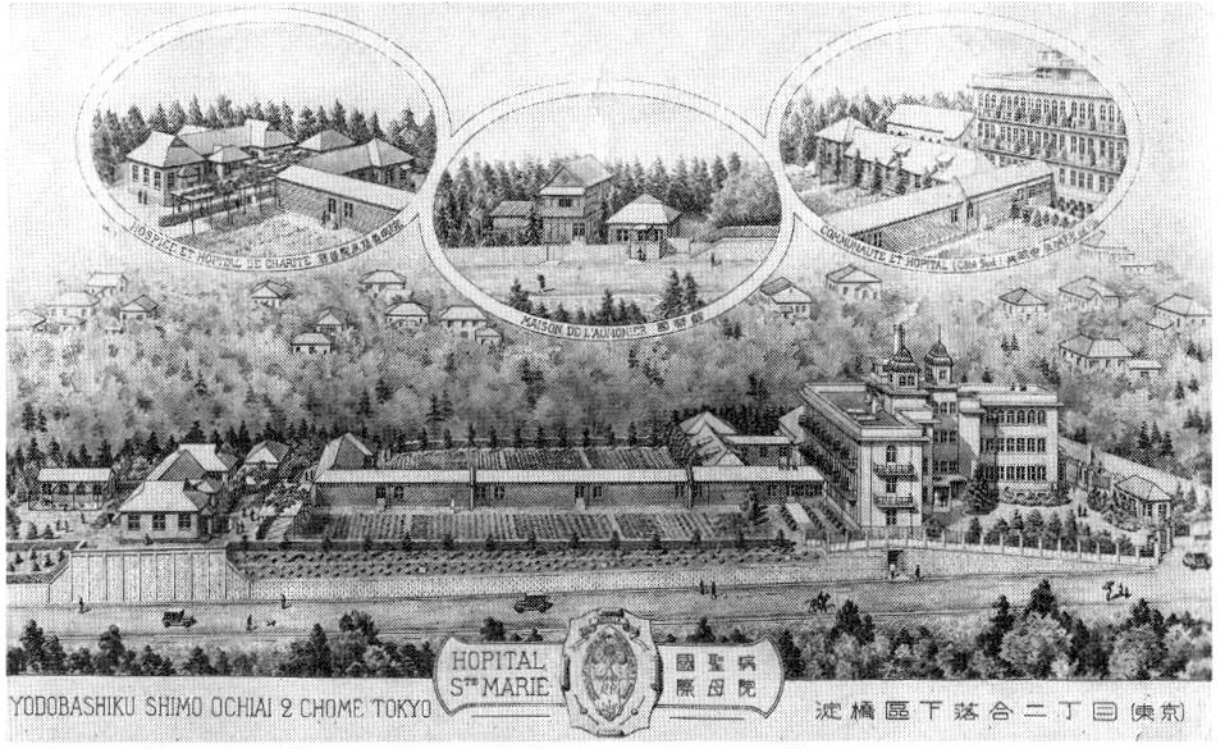

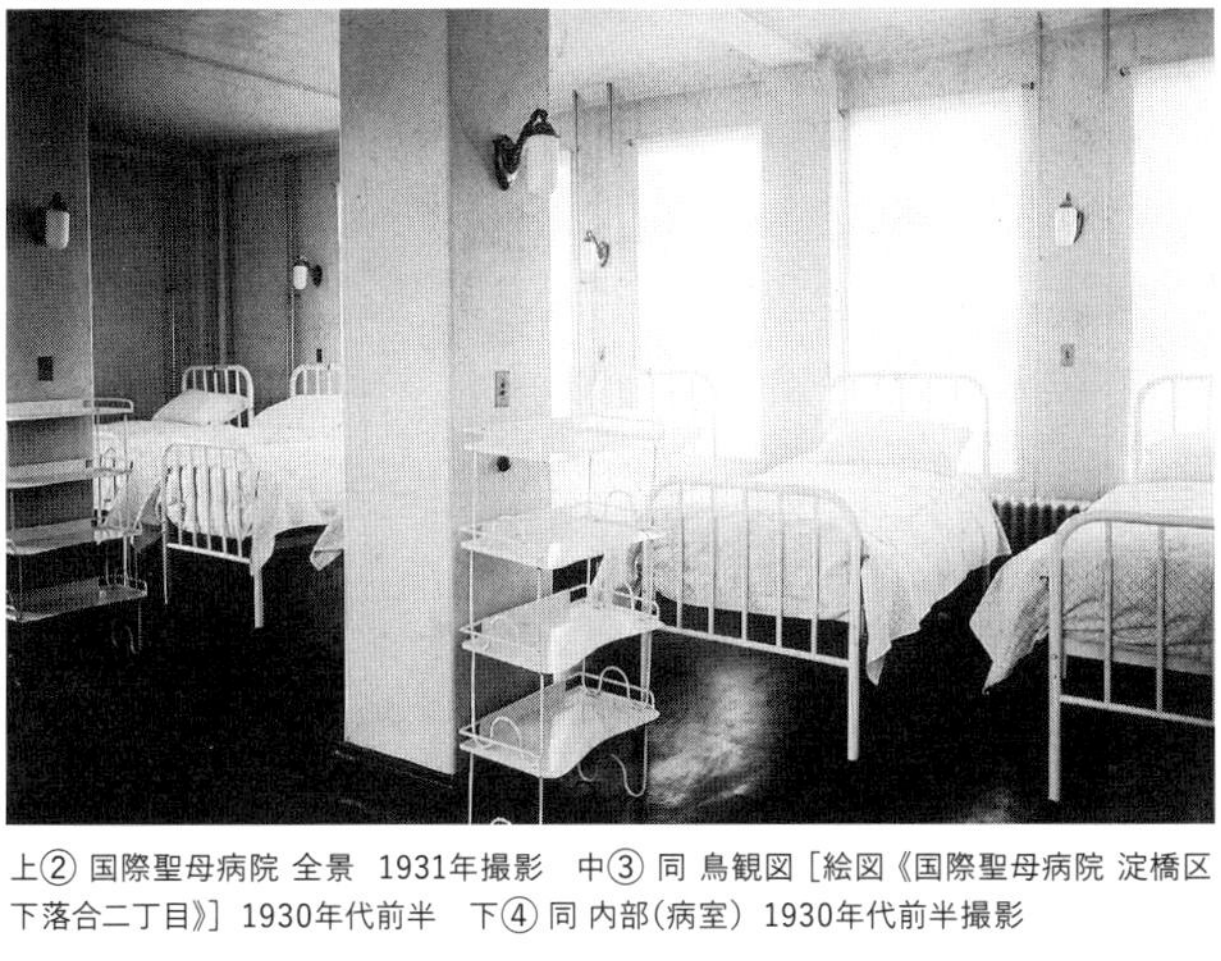

上② 国際聖母病院 全景　1931年撮影　中③ 同 鳥観図［絵図《国際聖母病院 淀橋区下落合二丁目》］1930年代前半　下④ 同 内部（病室）1930年代前半撮影

第　章コラム「マックス・ヒンデルの建造物めぐり」

[注]

（注1）本章第二節参照。

（注2）一九二五年（大正十四）、チェスカ司祭（のち知牧区長）は新潟県新潟市旭町二番町（新潟市中央区旭町二番町）の教会所有地を売却し、東大畑町（中央区東大畑通一番町の現在地）における聖堂新築の資金に充てた。
新潟カトリック教会献堂八〇周年記念実行委員会 編（2007）『新潟カトリック教会献堂八〇周年記念誌』新潟：新潟カトリック教会

（注3）この託児所はベビーホームと称し、一九三四年（昭和九）に経営が聖心愛子会に委託された。一九三五年（昭和十）には建物を新築し、戦後はみその保育園となったが、二〇一一年（平成二十三）に閉園している。
同書

（注4）ヒンデルの図面では、塔屋に付された十字架頂部まで二一・八メートル（七二尺）だが、当時の新聞には、塔屋の高さが二二・七メートル（七五尺）と報じられた。
角 幸博（1995）『マックス・ヒンデルと田上義也：大正・昭和前期の北海道建築界と建築家に関する研究』札幌：北海道大学

（注5）この池は異人池と呼ばれ、明治十年代（一八七〇年代末）から昭和二十年代末（一九五〇年代前半）まで、教会敷地の南西（新潟県新潟市中央区西大畑町）に広がっていた。池の出現については、付近で砂の採掘をした際に水源から湧水（明治十年代初め）、あるいは東大畑の教会施設の建設に伴って井戸から噴水（明治十八年）のいずれかとされる。その消滅は、都市化で埋め立てられたことによる。
新潟市 編（2004）『新潟歴史双書』8巻（新潟の地名と歴史）新潟：新潟市
橋本博文、清水美和 編（2018）『異人池復元プロジェクト記録集』新潟：新潟大学旭町学術資料展示館

（注6）煉瓦塀の建物寄りには、神と人々への奉仕に一生を捧げることを志願し、入会が許された者が潜る白い「入会者の門」が設けられている。これは、創建時も現在も変わらない。

（注7）当初の尖塔はほっそりとした六角形で、本館の北西棟（聖堂）と北東棟の屋根が交差するところ（聖堂の入口側）にあった。再建に際してヒンデルは、これをやや太い八角形とし、その位置を南西棟の屋根との交差部（聖堂の内陣側）に変えている。あわせて、内陣側の外壁、小屋根の下に聖女ジャンヌ・ダルクの彫像が設置されたので、再建後は南西側の正面性や、建物群の象徴的な意味合いが増した。

（注8）一八八八年（明治二十一）四月、神田教会に着任したパピノ司祭は、神学を修め、宣教師になる前、フランス国立エクス＝アン＝プロヴァンス高等工芸美術学校で学んだ。
Se documenter sur un missionaire: Base de données. In: *L'institut de recherche France-Asie.* https://irfa.paris/
一八八七年（明治二十）一月に来日してからは、新潟県賀茂郡夷町（佐渡市両津夷）の夷教会聖堂（現・カトリック佐渡教会聖堂）を皮切りに、東京の浅草、麻布、神田の各教会の新しい聖堂や、横浜の聖心教会初代聖堂の改築などに携わる。
神田教会百年のあゆみ編集委員会 編（1974）『カトリック神田教会百年のあゆみ』東京：カトリック神田教会創立百周年記念祝賀委員会
横浜天主堂献堂・カトリック山手教会150年史編纂委員会 編（2014）『横浜天主堂献堂150周年記念誌：横浜天主堂・カトリック山手教会150年史』横浜：カトリック山手教会

（注9）北ヨーロッパにおける中世の煉瓦造建造物を特徴づけ、破風を棟より高く、階段状とする造りを指す。フランドル地方のロマネスク建築に発祥し、十三世紀になると、ハンザ同盟地域、周辺の国に広まり、聖俗の建物で採用された。十六世紀にはスコットランドへ伝わり、十九世紀以降はアメリカで実践されたほか、世界各地の北方ルネサンス・リヴァイヴァル、オランダ・コロニアル・リヴァイヴァルの様式建築に見ることができる。

（注10）本章第三節注（7）参照。

（注11）バシリカの源泉は、集会の機能を供する古代ローマの公共建築（裁判所や取引所）に求められ、長方形平面のなかに列柱から成るアーケード（廊）と、採光用の高窓を設ける建造物だった。これがキリスト教の教会建築に転用され、東西に長い長方形平面の東（ヨーロッパから見てエルサレムの方向）に内陣を設け、西は会衆のための身廊、内陣と身廊を分かつ部分を翼廊とし、独自の発展を遂げる。やがて翼廊が南北に突き出るラテン十字形の平面が編み出され、高度で複雑なものとなっていく。

（注12）一九三〇年（昭和五）に設置の大祭壇は、オーストリア共和国ウィーンの聖ガブリエル神学校教授フレベル博士の設計により、同校で制作され、日本に贈られた。
『カトリックタイムス』1928年12月21日号 東京：公教青年会

（注13）一九三〇年（昭和五）に完成の内陣垂れ壁の壁画《ペンテコストの聖母と使徒たち》は、佐々木松次郎と黒澤武之輔の協働制作による。静岡県浜名郡浜松町元城（浜松市中区元城町）出身の佐々木は、東京美術学校西洋画科で学びながら帝国劇場背景部に勤め、関東大震災後、浜松で宗教画の制作、後進の指導に専心した。本作を手がけた同年にはカトリック美術協会（現キリスト教美術協会）の創立会員となり、翌年開催の第一回展に六作品（西洋画部門）を出品している。一方の黒澤は、大正末期から絵本・挿絵画家として知られ、キリスト教の児童書や、公教雑誌『聲』などで活躍した。
浜松市 編（2012）『浜松市史』第4巻 浜松：浜松市
『カトリックタイムス』1928年12月21日号、1930年4月1日号 東京：公教青年会
『日本カトリック新聞』1932年6月12日号 東京：日本カトリック新聞社

（注14）ヒンデルの場合、自身はプロテスタント改革派教会の信徒にもかかわらず、日本で実現したキリスト教の建築は、北星女学校（終章「建造物めぐり2」参照）を除き、すべてローマ・カトリック教会の施設だった。これらの建造物を設計依頼があった当時の管轄体制ごとに列記すると、次の通りとなる。
[札幌知牧区]
フランシスコ会フルダ管区（キノルド知牧区長はドイツ人）
●フランシスコ会札幌修道院
●札幌藤高等女学校…母体組織は殉教者聖ゲオルギオのフランシスコ修道会（校長のサロモン修道女、のちレーメ修道女はともにドイツ人）
[函館司教区]
パリ外国宣教会（ベルリオーズ司教、のち任命管理者のウット司祭はともにフランス人）、のちドミニコ会カナダ管区（任命管理者のデュマス司祭はフランス語圏カナダ人）
●トラピスチヌ修道院…母体組織は厳律シトー会（免属修道会）
●三本木天主公教会（ヒンデルの関与はドミニコ会カナダ管区時代）
[東京大司教区]
パリ外国宣教会（レイ大司教、のちシャンボン大司教はともにフランス人）
●神田天主公教会
●宇都宮天主公教会
●上智大学…母体組織はイエズス会北ドイツ管区（学長のホフマン司祭はドイツ人）

●国際聖母病院…母体組織はマリアの宣教者フランシスコ修道会
[新潟知牧区]
神言会（ライネルス知牧区長、のちチェスカ知牧区長はともにドイツ人）
●新潟カトリック教会
[名古屋知牧区]
神言会（ライネルス知牧区長はドイツ人）
●岐阜天主公教会
●熱田天主公教会＊
●恵方町天主公教会＊
●聖霊修道院
●南山中学校

この一覧から、ドイツ語圏スイス人のヒンデルは、ドイツ出身の聖職者に信頼が厚かったことが読み取れ、札幌時代（一九一四〜二七年）の実績に鑑みて、横浜時代（一九二七〜三五年）は管轄体制を越えて設計依頼があったと考えられる。
＊以外は、本章第一・三節、同「建造物めぐり1〜11」参照

（注15）カトリック岐阜教会には、竣工当時の聖堂と司祭館の外観写真のほか、岐阜空襲の直後、すべての施設が瓦礫と化した様子を写したものが残されている。前者からは、教会の門に対する聖堂と司祭館の正面の向き、聖堂側面と煙突が聳える司祭館背面の姿かたちがよくわかる。後者には、教会敷地の北に長良川の築堤、その手前に焼け残った司祭館の煙突が見られるため、かつて聖堂と司祭館は築堤と平行で、ともに東西に長く、聖堂は内陣が東、玄関と塔屋は西だったと考えられる。幼稚園については、聖堂に隣接し、園舎が北、運動場は南にあったという。
『カトリックタイムス』1929年11月21日号 東京：公教青年会
修道院の概要や、他の建物との位置関係は定かではない。

（注16）一九四〇年（昭和十五）に完成の内陣垂れ壁の壁画・天井画《聖三位一体》は、コンスタンチン・マチョシェク司祭の制作による。ポーランド出身のマチョシェク司祭は、一九三五年（昭和十）十月に来日、名古屋知牧区（のち名古屋教区）の教会を歴任した。一九五七年（昭和三十二）四月から一九八四年（昭和五十九）三月の間は、愛知県知多郡知多町長浦（知多市長浦）のカトリック長浦教会の主任司祭を務め、着任の年に長浦聖母幼稚園を開設し、一九九八年（平成十）まで園長として貢献する。二〇〇〇年（平成十二）九月に帰天。
カトリック名古屋教区のご教示、カトリック長浦教会公式サイトによる。http://nagaurakyokai.web.fc2.com/index.html

（注17）矩形や扇形の色ガラスで構成した半円アーチ、円形のステンドグラスは、ヒンデルの聖堂の特徴で、新潟カトリック教会聖堂（本章「建造物めぐり2」参照）、三本木天主公教会二代聖堂（同7参照）などに見られる。宇都宮天主公教会二代聖堂も当初の窓は同様だった（本章第三節参照）。

（注18）ローマ・カトリック教会では、青が天を意味する典礼色とされるほか、聖母マリアを「マリス・ステラ（海の星の聖母）」の名で讃えてきた。これらに基づき、キリスト教美術における聖母マリアは、この色（濃紺・群青）のマントが持物となる。「マーテル・ドロローザ」（哀しみの聖母）を象徴する色も青（マントの色）である。
一方、加賀五彩の青は藍を指すが、焼き物だと紺青（九谷五彩）、伝統的な建造物では鮮やかな群青の塗色も見られる。

（注19）ヒンデルが洗礼を受けた当時、チューリヒのアルテ・キルヒェ・フルンテルンは、このような姿かたちの会堂だった。一七六二年、改革派教会の集会所として開設された本教会は、一八六二年になると、切妻屋根に尖塔を持つ小教会堂に建て替わる。会衆の増加により、一八九一年には増築が行われるが、一九二〇年、市内の別の場所に新しい大教会堂（ノイエ・キルヒェ・フルンテルン）が聖別された。以降、しばらくの間は市有施設として人々に供し、一九三五年に再び改革派教会の会堂となる。
Kreutzberg, Martin. "Flunterns Stolz." In: *Fluntern.* (September 2015) Zürich: Fluntern Quartierverein.
Reformierte Kirche Zürich. https://reformiert-zuerich.ch/

（注20）一階円柱は、厚さ約一三ミリメートルの板材（中空円筒に加工した製材を繊維方向に四分割したような材）を円柱に張り付けている。
青森県立十和田工業高等学校の福田和臣氏のご教示による。

（注21）施工を担った三浦建築工務所の三浦才三による。
角、前掲書

（注22）注（14）参照。

（注23）この建物は、木造三階建の共同住宅で、すべての階に居室があり、応接室、図書室、食堂、台所などが一階、小聖堂は二階に置かれた。ヒンデルの基本設計に基づくとされ、元所員の鈴木熊作が実施設計を担っている。
角、前掲書

（注24）本章第三節注（4）参照。

（注25）簾煉瓦（スクラッチタイル）とは、表面に細い平行な溝を施した湿式成形の無釉煉瓦を指す。原料の粘土に含まれる鉄分が焼締で発色し、その含有率や焼成火度より、深い赤茶から明るい黄土まで、さまざまな色合いを呈する。近代の常滑で生まれ、外装材としての利用は、一九二三年（大正十二）竣工の「旧・帝国ホテル ライト館」（設計＝フランク・ロイド・ライト）が嚆矢とされる。関東大震災後の震災復興期から昭和初期（一九二〇年代後半〜一九三〇年代初め）に流行した。

（注26）一八九八年（明治三十一）に遡る最初の施設は、熊本県飽託郡花園村（熊本市西区花園）におけるハンセン病診療所、慈善診療所、孤児院で、それぞれ待労院診療所、琵琶崎聖母慈恵病院（熊本市西区島崎の慈恵病院）、琵琶崎聖母愛児園に発展した。熊本県球磨郡人吉町、北海道札幌郡札幌村、同・広島村でも医療・社会福祉事業を推進し、人吉町の保育所が幼稚園（人吉市寺町の人吉幼稚園）、札幌村の診療所は病院（札幌市東区北十二条東三丁目の天使病院）、広島村の孤児院が児童養護施設（北広島市中央の天使の園）として今日に至る。東京での活動は、本書92ページの国際聖母病院の「病院の歩み」で記す通り。
日本管区歴史編纂チーム 編（２０１１）『日本におけるマリアの宣教者フランシスコ修道会の歴史 １８９８―１９７２』東京：マリアの宣教者フランシスコ修道会日本管区

［画像所収文献］

（文献A）『カトリックタイムス』1928年7月11日号　東京：公教青年会

（文献B）神田教会百年のあゆみ編集委員会編（1974）『カトリック神田教会百年のあゆみ』東京：カトリック神田教会創立百周年記念祝賀委員会

（文献C）畔柳武編（1984）『光を受けて：カトリック十和田教会堂の建築』十和田：カトリック十和田教会

（文献D）100周年記念事業実行委員会編（1984）『100年：十和田カトリック教会100周年記念誌』十和田：カトリック十和田教会

（文献E）社会福祉法人聖霊病院記念誌編集委員会編（1984）『聖霊の力を受けて：社会福祉法人聖霊病院創立70周年記念誌』金沢：社会福祉法人聖霊病院

（文献F）角幸博（1995）『マックス・ヒンデルと田上義也：大正・昭和前期の北海道建築界と建築家に関する研究』札幌：北海道大学

（文献G）金沢工業大学建築史研究室編（2005）『平成16年度金沢市保存建造物 金沢聖霊総合病院聖堂調査報告書』金沢：金沢大学建築史研究室

（文献H）新潟カトリック教会献堂八〇周年記念実行委員会編（2007）『新潟カトリック教会献堂八〇周年記念誌』新潟：新潟カトリック教会

第二章
日本聖公会 宇都宮聖ヨハネ教会と上林敬吉

宇都宮聖約翰教会礼拝堂（現・日本聖公会 宇都宮聖ヨハネ教会礼拝堂）南西妻壁の壁龕 2022年撮影

宇都宮聖約翰《ヨハネ》教会仮礼拝堂兼園舎、宇都宮聖約翰教会礼拝堂

今日の名称（所在地） 宇都宮聖約翰教会仮礼拝堂兼園舎…学校法人聖公会北関東学園 認定こども園愛隣幼稚園大谷石園舎（栃木県宇都宮市桜）
宇都宮聖約翰教会礼拝堂…日本聖公会 宇都宮聖ヨハネ教会礼拝堂（栃木県宇都宮市桜）

設計・施工者 宇都宮聖約翰教会仮礼拝堂兼園舎…設計・施工者不詳
宇都宮聖約翰教会礼拝堂…上林敬吉（設計）、坪谷熊平（施工）

工法・構造、様式 宇都宮聖約翰教会仮礼拝堂兼園舎…大谷石組積造平屋建、特定の様式によらない
宇都宮聖約翰教会礼拝堂…鉄筋コンクリート造平屋建、大谷石張、三層塔屋付、モダン・アングリカン

年代 宇都宮聖約翰教会仮礼拝堂兼園舎…聖別一九一二年（大正元）
宇都宮聖約翰教会礼拝堂…聖別一九三三年（昭和八）

教会の歩み

一八九三年（明治二十六） この年の二月以降、米国聖公会のチング司祭、東京府東京市深川区深川西元町（東京都江東区常盤）の真光教会の杉浦義道執事（のち司祭）の管理により、栃木県河内郡宇都宮町（宇都宮市）で集会・夜学を通じた伝道が開始し、日本聖公会東京地方会に帰属。

一八九五年（明治二十八） 三月以前、伝道士の転出で活動が一時停止。

一八九六年（昭和二十九） 四月、日本聖公会に成立した東京北部地方部（翌年から北東京地方部、のち北関東地方部を経て北関東教区）に帰属。

一九〇三年（明治三十六） 三月、杉浦司祭の管理により、宇都宮市塙田町（宇都宮市塙田）で伝道が再開。
十一月、伝道士の転任で活動が一時停止。

一九〇四年（明治三十七） 六月一日、真光教会の伴君保司祭が宇都宮に赴任し、市内小幡町（宇都宮市小幡）の司祭宅兼仮講義所で伝道が再開。

一九〇七年（明治四十） 九月一日、小幡町の司祭宅隣接地に講義所が開設（県の認可は翌年）。

一九一〇年（明治四十三） 五月、マン婦人宣教師が宇都宮市西原町（宇都宮市桜の現・さくら児童公園所在地）の宣教師館へ転居。
九月一日、伴司祭が宇都宮市西原町（宇都宮市桜の現在地）の司祭館へ転居。

一九一一年（明治四十四） 十一月二十七日、教会として独立し、宇都宮聖約翰教会と称す。

一九一二年（明治四十五） 五月、西原町に愛隣幼年園が開設（県への届出は翌年）。
六月一日、幼年園の保育開始。同・二十七日、県により、教会の改称と移転が許可。

（大正元） 十一月十日、西原町で仮礼拝堂兼園舎の聖別。

一九二七年（昭和二） 二月二日、幼稚園令による愛隣幼稚園の認可。

一九三二年（昭和七） 秋、礼拝堂の実施設計。

一九三三年（昭和八） 五月二十二日、礼拝堂の聖別。

一九四二年（昭和十七） 単立の宇都宮聖公教会となる。

一九四三年（昭和十八） 日本聖公会の組織解消。

一九四五年（昭和二十） 日本聖公会の再組織（十月十八日付）に伴い、同会に復帰し、宇都宮聖約翰教会と再称。

一九九八年（平成十） 五月二十七日、宇都宮聖ヨハネ教会と改称。

二〇一一年（平成二十三） 三月十一日、東日本大震災により、礼拝堂が被災。
七月二十一日、礼拝堂の修復工事（十月二十二日まで）。
十一月二十日、修復工事の終了した礼拝堂で感謝礼拝。

第一節

宇都宮聖約翰教会の成立と歩み

―種を蒔き、苗を育て、礼拝堂を花咲かせる―

橋本　優子

最初に種を蒔いた人

教派の違い、組織規模の大小に拘らず、教会（伝道拠点）の始まりとは、決して建物（教会建築）の造営ではない。信仰を掲げて広める営みの芽生えと、それに共鳴する人々の活動が根を下ろすことを指す。

ただし、教会の歩み（教会史）がどれほど緻密に編纂されても、芽生えの頃の伝道の有り様や、最初期の活動が徐々に根を下ろしていく状況は、端的に書き表すのが難しく、それが無数に積み重なっている。そのため、いつ、どのようにして始まったのかを、年譜式に綴ることには限界がある。出来事の当事者や証言者、その報告者と記録者、編集者により、さまざまな内容がそれぞれの意図で少しずつ違って伝えられることも起こる。

宇都宮における聖公会の始まりは、まさにそうだった。よってまず、伝道と活動の種を蒔いた人の視点に立ち、彼らが力を注いだ「種蒔き」の様相をひもとき、宇都宮聖約翰《ヨハネ》教会（現・日本聖公会 宇都宮聖ヨハネ教会。図①②）の出立を顧みる。

日本聖公会の機関誌『日曜叢誌』（一八八九～一九一〇年）によると、同会の東京地方会として栃木県河内郡宇都宮町（宇都宮市）を伝道の対象地域に確定したのは、一八九三年（明治二十六）

① 礼拝堂(現・礼拝堂) 塔屋 2014年撮影

② 礼拝堂(現・礼拝堂) 塔屋内の鐘 2019年撮影

である（注1）。一月下旬に東京府東京市深川区深川西元町（東京都江東区常盤）の真光教会の杉浦義道執事（のち司祭）（注2）が鎌田正七郎伝道士（注3）を伴い、町を視察し、それから鎌田伝道士が当地に定住する（注4）。

使命を負った鎌田伝道士は、活動と報告に熱心な人物だった。活版印刷所の職工を中心に、キリスト教を知らない一般の人々を集め、夜十一時まで英語や数学を教え、主日（日曜日）になれば、談話会を通じてその意味と遊蕩ではなく、もっと有効な日曜日の過ごし方を説いている（注5）。そして、参集した人々のなかにキリスト教を求道したいという者が現れることを願いつつ、夜学と集会の状況や、自身の思いを活き活きとした調子で『日曜叢誌』へ書き送った。

その一方で、栃木県内のプロテスタント教会の教役者たちと「下野伝道士会」を起ち上げ、年四回の持ち回りで、各地において説教、演説、祈祷、相談、懇談の場を設けた（注6）ことは特筆に値する。同会の成果を始め、キリスト教徒とは限らない県内名士との交流、宇都宮監獄署（注7）の慰問、街角での説教会の広告掲出、説教に伴う冊子頒布などについて、実況中継さながらの報告（注8）を読むと、当時の「種蒔き」の詳細を窺い知ることができる。

では、このような活動のどこからが教会の始まりなのかを考えると、明確な判断はできない。この時、鎌田伝道士の居住地は宇都宮町松峯町（宇都宮市松が峰）で（注9）、夜学と日曜談話会こそ自宅が充てられたが、多くの聴衆を集める活動は、必然的に町内・県内の各所で催された。したがって、具体的な場所（住所）という意味でも、宇都宮の聖公会の始まりを示すのは困難と言える。

一八九五年（明治二十八）四月に開催された日本聖公会東京地方部第十回

地方会の『決議録』では、前年度（明治二十七）の宇都宮講義所の場所が宇都宮町二條町（宇都宮市西周辺の二条町通り界隈）、設立年月日と司祭は空白、伝道士が鎌田正七郎と記される（注10）。しかも会議に出席した鎌田伝道士は、その時点で宇都宮を転出していたので、最初の「種蒔き」はわずか一年から二年以内の出来事で、その間に松峯町から二條町へ移ったものと思われる。

続いて種を蒔いた人

それから八年後の一九〇三年（明治三十六）三月、日本聖公会の別機関誌『基督教週報』（一九〇〇～一九四四年）は、栃木県庁至近の宇都宮市塙田町（塙田）に菅春斎伝道士（注11）が定住し、活動が再開されたと報じている（注12）。

本記事で注目したいのは、この街では以前、日本聖公会のほか、プロテスタント教会の日本基督教会、長老派教会、メソジスト教会の伝道が盛んだったこと、それが日本基督教会とメソジスト教会だけになった一九〇三年の状況、それぞれの教会が抱える問題や、キリスト教に対する市民の不信があったものの、人々の受け止め方は好転した（注13）という指摘にほかならない。

ローマ・カトリック教会についての言及はないが、すでに宇都宮天主公教会（第一章参照）は川向町から松峯町へ移っており、初代聖堂と司祭館を着々と整備していた時期に相当する（注14）。したがって日本聖公会としても、目下の信徒が一名のみとは言え、改めて伝道の機運を高めよという主旨（注15）で報告が締め括られる。

しかしながら菅伝道士は同年十一月、埼玉県浦和町仲町（さいたま市浦和区仲町）の浦和諸聖徒教会へ転任となる（一九〇三年）。菅伝道士の場合、当事者として綴る「種蒔き」の記録は見当たらない。それでもなお、当地に根を下ろした教会は、少しずつ生長を始めたとしてよい。

それから苗を育てた人

このようにして、年譜には現れない先人の弛まぬ努力により、宇都宮の聖公会の礎が置かれた。幸いにも一九〇四年（明治三十七）六月に着任した次の伝道者は、家族（妻・母・長男・次男・長女の全員が信徒）で定住の司祭のうえ、教役者としての経験も豊富だった。一八八七年（明治二十）に大阪で受洗後、伝道士（のち執事を経て司祭）として関西、東北、東京の拠点を歴任し、来宇の直前は東京の真光教会を牧した伴君保司祭（注16）が宇都宮地方裁判所至近の小幡町（小幡）に居を定め、自宅二階に仮講義所を設けたのである。

以降、伴司祭は、当地で精力的な活動を展開し、信徒とともに教界から地域まで、宇都宮の聖公会を息づかせることに尽くす。近隣・県外の教会を管理するようになり（一九〇四年）、宇都宮購買組合を組織した（一九〇五年）（注17）。やがて司祭宅の隣に工場を持ち、他教派から転会したばかりの信徒の厚意で、その土地・建物が講義所として提供される（一九〇七年）（注18）。「種蒔き」から「苗の育成」へと次元が上がると、いよいよ活動のための「建物」が求められる。だが伴司祭は、場所を確保し、礼拝堂を建てるには時期尚早で、何よりも教会の礎を固めることが肝要（注19）と語っている。

一九一〇年（明治四十三）に入り、教会は宇都宮市西原町（宇都宮市桜の現在地）への移転を段階的に進めていった。講義所が所在する小幡町の土地・建物の所有者が変わったことを受けて、当時は郊外だった西原町の畑地三件（注20）を取得したのである。まず五月に米国聖公会のアイリーン・ポーター・マン婦人宣教師（注21）が宣教師館、続いて九月には伴司祭一家が司祭館（図③）へ移り住んだ（注22）。翌年になると、宇都宮聖公会講義所から宇都宮聖約翰教会への改称が日本聖公会で認められ（一九一一年）、さらに明くる年の五月十五日付で、栃木県にも名称・所在地の変更と、礼拝堂新築に係る書類一式を提出した（一九一二年）（注23）。

並行して一九一二年（明治四十五）五月、人々が待ち望んだ市内初の幼稚園、愛隣幼年園が西原町で開設となり、六月一日から保育が始まる。同月の二十七日付で、改称と移転、建築工事に係る県の許可も下りた（注24）。そして元号が大正に変わった十一月十日、西原町の新しい礼拝堂、すなわち宇都宮聖約翰教会仮礼拝堂兼園舎が聖別式を挙げる。このように列記すると、伴司祭の時代は物事が順調に進み、礼拝堂・園舎、宣教師館や司祭館という施設を擁するまでの年月が短く感じられる。しかしそれは、飽くまでも編年的な記述に過ぎない。「苗の育成」という過程、キリスト教に基づく社会的な活動があったからこそ、建物がもたらされた点に留意する必要がある。

花咲いて実を結ぶ

一九一二年（明治四十五）に花開いた仮礼拝堂兼園舎（現・学校法人聖公会北関東学園 認定こども園愛隣幼稚園大谷石園舎。図④は竣工当時、⑤⑥は近年の様子）は、大谷石組積造の和洋折衷な建物で、長方形平面の北西端に内陣、これに単廊式身廊が続き、南東端には園庭に面するポーチと玄関間が張り出していた。内陣・身廊部と、ポーチ・玄関間を瓦葺の切妻屋根が覆い、側面に並ぶガラス窓は細長い矩形の上げ下げ式で、人の背丈より高い位置から軒下近くまで伸びる。

ポーチの開口部は半円アーチ形、玄関扉の上部に半円形のガラスを嵌め、

③ 西原町で最初の司祭館（文献A）昭和戦前撮影

④ 仮礼拝堂兼園舎（愛隣幼年園第一回卒園式記念写真）1913年撮影 日本聖公会 宇都宮聖ヨハネ教会蔵

上⑤ 仮礼拝堂兼園舎（現・学校法人聖公会北関東学園 認定こども園愛隣幼稚園大谷石園舎）2008年撮影

下⑥ 同 2014年撮影

これを妻壁に設えた同じ形状のペディメントが囲む。小ぶりなアーチながらも迫石を積み、要石を中央に嵌めた西洋式の造りを採用している。

これに対して黒い瓦屋根は和風で、大棟などの要所に漆喰を施し、ポーチ頂部の鬼瓦は十字架図案の特注だった(図⑦)。その上に十字架を戴く。大谷石を積む工法は地域に貢献する教会に相応しく、信徒であろうとなかろうと、好ましいものと受け止められたに違いない。

内部は、身廊の床が板張りで、一部に畳を敷いている。内陣と身廊の間には板戸があり、平日の昼間は板戸を引いて内陣を隠し、畳敷きの部分に座卓を置くことで幼年園の教室となる。日曜は板戸を開け、板張りの部分に椅子を並べて礼拝堂の機能を果たす。その様子や、よく考えられた仕組みは、米国聖公会の機関誌を通じて海外にも紹介された(注25)。

十九年前に蒔かれた種は、ついに建物という花を咲かせ、新しい種が詰まった実りを結ぶ。

総工費の約二千円が米国聖公会の関係者、伴司祭とマン婦人宣教師の寄付、信徒たちの自助努力で賄われたことは、聖別式の記事のなかで『基督教週報』が伝える(注26)。この時の司式者はジョン・アレクサンダー・ダンバー・マキム日本

⑦ 仮礼拝堂兼園舎の鬼瓦(現・愛隣幼稚園大谷石園舎の壁に移設・保存)
2022年撮影

聖公会主教(注27)で、補式は伴司祭が担い、二十八名の会衆が参集している。

礼拝堂内で始まった幼稚園は、伴司祭が自ら園長を務め、保母二名で園児二十五名(定員)を預かった。「愛隣幼年園」の名称は、新約聖書で示されるイエス=キリストの言葉「己の如く爾の隣を愛すべし」(隣人を自分のように愛しなさい)(注28)に因む。

市民に向けた幼児教育のほかに、東京から聖公会人を招く講演会も積極的に行われる。高等女学校や女子師範学校においては女性の意識向上を説き(注29)、市内の男女職工が聴衆の場では人の生き方を語る内容だった(注30)。伝道の一環ではあるものの、今日ならば地域の学校教育、生涯学習への民間協力に該当し、ミッション・スクールがなくても、草の根の活動としてそれが可能なこと、この教会の目ざした方向性が見て取れる。

時代が昭和戦前に差し掛かり、信徒も増えると、今度は人々の間から次なる礼拝堂の建造を祈念する声が上がる。計画的に献金を募り、それを積み立てたところ、一九二七年(昭和二)末に一、三九八円余まで達した(注31)。それ以降も各所へ呼びかけ、アメリカで運動した結果、実に二万ドル(約八万円)(注32)という莫大な資金が準備される。

期待の新礼拝堂、より正確には上林敬吉の宇都宮聖約翰教会礼拝堂(一九三三年、本章第三節参照。図⑧⑨)は、総工費が仮礼拝堂兼園舎の十倍の二万円(注33)に及ぶが、これをはるかに上回る余剰金は、茨城県多賀郡助川町(日立市城南)の助川聖アンデレ教会礼拝堂(一九三三年)、埼玉県北足立郡大宮町(さいたま市大宮区桜木町)の大宮聖愛教会礼拝堂(一九三四年、本章「建造物めぐり8」参照)の新築に役立てられる(注34)。

最初に種を蒔いた人、続いて種を蒔いた人、それから苗を育て、花を咲かせ、実りを得た人は、それぞれに自らの使命と、時代に即したかたちで宇都宮の聖公会に身を投じ、この教会を介して社会に働きかける努力を惜しまなかった。また、この地に咲いた仮礼拝堂兼園舎（一九一二年）、礼拝堂（一九三三年）の聖別式を二回とも司ったマキム主教は、後者の資金繰りについて一九二九年（昭和四）に相談を受けた際、「種蒔き」や「苗の育成」に勤しむ礼拝堂を持たない教会が各地にあるため、「夫れらを建築して後のことにならねばならぬ」（注35）と援助を断っている。けだし名言である。

ほんの数年ではあるけれども、計画を延期したことで、上林の仕事の成熟度は著しく上がり、教会建築という意味での実りも大きかったと言えよう。

③©日本聖公会 宇都宮聖ヨハネ教会
④画像提供　日本聖公会 宇都宮聖ヨハネ教会
①②⑤⑥⑦⑧⑨及び98・111ページ 撮影　橋本優子

⑧礼拝堂（現・礼拝堂）南東側面のステンドグラス 2014年撮影

⑨礼拝堂（現・礼拝堂）内扉のドア・ノブ 2022年撮影

第二章第一節

［注］

（注1）『日曜叢誌』第40号（1893年3月1日号）東京：聖教社

（注2）杉浦司祭は、一八六四年五月二十日（元治元年四月十五日）、若狭国小浜（福井県小浜市）に生まれ、立教学校で学ぶ。一八八一年（明治十四）に米国聖公会のチャニング・ムーア・ウィリアムズ日本主教より受洗し、以降、大阪三一神学校、立教学校（復学）、東京の三一神学校で教育を受ける。在学中に伝道士となり、執事按手は一八九一年（明治二十四）、司祭按手は一八九五年（明治二十八）だった。全国各地で伝道、社会事業に携わり、執筆も旺盛に行う。一九三〇年（昭和五）十一月六日、東京府東京市京橋区明石町（東京都中央区明石町）の聖路加国際病院で逝去。

（注3）鎌田伝道士の経歴は明らかではない。一八九五年（明治二十八）四月は栃木県河内郡宇都宮町（宇都宮市）から転出した後で、一九〇三年（明治三十六）三月以前、朝鮮へ渡り、釜山の倉庫会社の支配人となった。
『基督教週報』7巻4号（1903年3月27日号）東京：基督教週報社

（注4）『日曜叢誌』第40号、前掲書。

（注5）『日曜叢誌』第43号（1893年6月1日号）東京：聖教社

（注6）『日曜叢誌』第48号（1893年11月1日号）東京：聖教社

（注7）鎌田伝道士が最初に居住した宇都宮町松峯町（宇都宮市松が峰）は当時、監獄署が建つ寂れた場所だった。道路を挟み、その反対側に宇都宮天主公教会が移転してきたのは、一八九五年（明治二十八）のことである。
第一章第一節注（20）参照。

（注8）『日曜叢誌』第48号、前掲書。

（注9）同前。

（注10）『日本聖公会東京地方部第十回地方会決議録』（1895年4月）東京：日本聖公会

（注11）菅伝道士は、東京の三一神学校で学び、一九〇二年（明治三十五）、大阪府大阪市西区川口町（川口）の川口基督教会に赴任した。その後、滋賀県滋賀郡大津町（大津市）の大津基督教会を経て、一九〇三年（明治三十六）二月に東京北地方部へ転任し、三月から宇都宮市塙田町（塙田）に居住、県内で日光と足利の伝道も兼務する。同年十一月、埼玉県北足立郡浦和町仲町（さいたま市浦和区仲町）の浦和諸聖徒教会へ転任した。一九〇五年（明治三十八）九月、群馬県西群馬郡高崎町（高崎市）の聖公会高崎講義所を最後に、聖職を辞す。以降、東京に居住。
『基督教週報』3巻19号（1901年7月5日号）、5巻5号（1902年4月4日号）、6巻23号（1903年2月6日号）、25号（2月20日号）、26号（2月27日号）、7巻1号（3月6日号）、10号（5月8日号）、8巻12号（11月20日号）、13号（11月27日号）、10巻10号（1904年11月4日号）、11巻20号（1905年7月14日号）、12巻6号（10月6日号）、10号（11月3日号）東京：基督教週報社

（注12）『基督教週報』7巻1号、前掲書。
菅伝道士は在宇中、両毛基督教徒懇親会を通じて日本基督教会、メソジスト教会の教役者、信徒と交流している。

『基督教週報』7巻10号、前掲書。

（注13）『基督教週報』、7巻1号、前掲書。

（注14）第一章第一節参照。

（注15）『基督教週報』、7巻1号、前掲書。

（注16）伴司祭は、一八六四年二月六日（文久三年十二月二十九日）、筑後国久留米（福岡県久留米市）に生まれ、古川塾、長崎余行学舎で学ぶ。一八八七年（明治二十）四月、大阪府西区阿波座一番町（大阪市西区阿波座）の聖救主教会で米国聖公会のジョン・アレクサンダー・ダンバー・マキム司祭（のち主教）より受洗した。立教学校で教育を受け、奈良県、大阪の聖救主教会、三重県で伝道に携わったのち、東京の三一神学校で学びを深める。日清戦争に従軍後、青森県、東京を歴任し、この間、一八九八年（明治三十一）に執事按手、一九〇〇年（明治三十三）に司祭按手を受ける。一九〇二年（明治三十五）から東京市深川区深川西元町（江東区常盤）の真光教会に勤務、一九〇四年（明治三十七）六月に来宇する。以降の活動については、本章で記す通りである。一九四〇年（昭和十五）十二月に宇都宮を退職し、一九五六年（昭和三十一）十一月十一日、京都で逝去。
日本聖公会宇都宮聖ヨハネ教会 編（2004）『宇都宮聖ヨハネ教会 宣教100年記念誌』宇都宮：日本聖公会宇都宮聖ヨハネ教会

（注17）『基督教週報』14巻1号（1906年9月7日号）東京：基督教週報社

（注18）日本聖公会宇都宮聖ヨハネ教会 編、前掲書。
栃木県への願出は一九〇八年（明治四十一）九月十九日付、その認可は十二月十六日だった。

「基督教講義所設置之件」に対する栃木県知事文書（1908年12月16日）

（注19）『基督教週報』14巻1号、前掲書。

（注20）教会の不動産売渡証書によると、宇都宮市西原町字大谷北道、宇都宮市戸祭堺、住所不明の畑地で、いずれも現在地（宇都宮市桜）と、その至近を指す。このうち、一九一〇年（明治四十三）五月以前に竣工した宣教師館の敷地は、一九五一年（昭和二十六）一月に宇都宮市へ売却され、さくら児童公園となる。
日本聖公会宇都宮聖ヨハネ教会 編、前掲書。

（注21）マン女史は、アメリカ合衆国ヴァージニア州に生まれ、スタントンのオーガスタ女性アカデミー教員を経て、米国聖公会の婦人宣教師となる。一八九六年（明治二十九）に来日し、青森県弘前市で成人と子どもの教育に携わり、一九〇〇年（明治三十三）、健康上の理由で帰国した。一九〇三年（明治三十六）に帰来し、弘前を経て、一九一〇年（明治四十三）五月、宇都宮市西原町（桜）の宇都宮聖公会講義所宣教師館に入居する。のち日光真光教会に活動の拠点を移すが、宇都宮と日光の両教会を往来したと考えられ、両地で幼児教育を推進している。一九二七年（昭和二）初めに帰国し、五月十九日、スタントンで逝去。
Episcopal Church, Domestic and Foreign Missionary Society ed. *The Spirit of Missions*. (July, 1927) Burlington: J.L. Powell.

（注22）当時の教会敷地は現在より広く、宣教師館、和風家屋の司祭館（ともに一九一〇年）、仮礼拝堂兼園舎（一九一二年）のほか、礼拝堂（一九三三年）の聖別時には、婦人伝道師及保母館、小集会場などがあった。
『基督教週報』66巻12号（1933年5月26日号）東京：基督教週報社

礼拝堂（現・礼拝堂）内陣 2022年撮影

（注23）栃木県への願出は一九一二年（明治四十五）五月十五日付、その認可は六月二十七日だった。
「日本聖公会宇都宮講義所ヲ宇都宮西原町二九六一番地へ移転ノ上日本聖公会聖約翰教会ト改称ノ件」に対する栃木県知事文書（1912年6月27日）

（注24）同前。

（注25）Episcopal Church, Domestic and Foreign Missionary Society ed. *The Spirit of Missions*. (June, 1930) Burlington: J.L. Powell.

（注26）『基督教週報』26巻13号（1912年11月29日号）東京：基督教週報社

（注27）マキム主教の経歴については、本章第二節注（36）を参照。

（注28）『新約聖書』より「マタイによる福音書」22章39節

（注29）開催年月日は一九一六年（大正五）十月十九日、講師は立教大学の元田作之進学長（一八六二～一九二八）で、会場は第一部が宇都宮市西大寛町（操町）の栃木県立宇都宮高等女学校、第二部は宇都宮市塙田町（塙田）の栃木県女子師範学校だった。
『曙光』1巻7号（1916年11月18日号）宇都宮：木村金之助（宇都宮聖約翰教会）
一九二七年（昭和二）十月七日は、東京市赤坂区青山南町（港区南青山）の聖三一教会から多川幾蔵司祭を講師に招き、栃木県立宇都宮高等女学校で開催された。
『基督教週報』55巻11号（1927年11月18日号）東京：基督教週報社

（注30）開催年月日は一九二七年（昭和二）十月八日、講師は聖三一教会の多川司祭で、会場は宇都宮市旭町（旭）の宇都宮地方専売局だった。
『基督教週報』同前。

（注31）その頃の一、三九八円は、今日の一〇一万五千円程度に相当する。（昭和二年と令和三年の企業物価指数に基づいて計算）
日本銀行 時系列統計データ検索サイト https://www.stat-search.boj.or.jp/

（注32）その頃の八万円は、今日の六、一六五万三千円程度に相当する。（昭和八年と令和三年の企業物価指数に基づいて計算）
同前。

（注33）その頃の二万円は、今日の一、五四一万三千円程度に相当する。（昭和八年と令和三年の企業物価指数に基づいて計算）
同前。

（注34）日本聖公会宇都宮聖ヨハネ教会 編、前掲書。

（注35）一九二九年（昭和四）三月に教会会計から信徒に宛てた報告による。
日本聖公会宇都宮聖ヨハネ教会 編、前掲書。

【画像所収文献】

（文献A）日本聖公会宇都宮聖ヨハネ教会 編（2004）『宇都宮聖ヨハネ教会 宣教100年記念誌』宇都宮：日本聖公会宇都宮聖ヨハネ教会

第二節

上林敬吉の生涯と活動
―信徒建築家という生き方―

橋本　優子

少年時代

一八八四年（明治十七）五月十二日、京都府京都市上京区に生まれた上林敬吉（図①）は、明治、大正、昭和戦前・戦後を通じて、聖公会の「信徒建築家」という姿勢を貫いた人物である。大正末期までは世俗の建物も手がけたが、生涯全体を見渡すならば、圧倒的に教会建築（礼拝堂）が多く、聖公会に関わる他の施設の設計・監理にも携わった。

ご遺族によると、出生地は京都御所の蛤御門付近とされ（注1）、縦の通りで言えば烏丸通と室町通、横の通りは上長者町通と下長者町通に囲まれた区域と考えられる。範囲を広げたとしても、縦はせいぜい新町通まで、横も中立売通（北）と出水通（南）の内側という可能性が高い。母は市内の幼稚園の保母で、右京区鳴滝、金映山妙護国院三宝寺の檀家だったが、のちに聖公会の信徒になったという（注2）。幼少期の状況は曖昧で、生前の上林も近親者に多くを語っていない。しかし母の影響力は大きく、それが上林の人生を決定づけたことは明らかと言える。

上林が尋常・高等小学校の頃、彼の生活圏で何が起こったのかを、以降の人生に照らして分析するならば、興味深い事実が浮かび上がる。上京区に聖公会の伝道の種が蒔かれ、その拠点が敬吉少年にとっては身近な場所だったのである。一八九二年（明治二十五）、米国聖公会のアンブローズ・ダニエル・

① 盛岡聖公会二代礼拝堂 建築工事 監理現場の上林敬吉（文献F）1929年撮影（部分拡大）

グリング司祭（注3）により、烏丸下立売上ル（桜鶴円町）に宣教師館が置かれ、翌年二月には今出川小川下ル（針屋町）に小川講義所が開設される（一八九三年）。宣教師館は前述の区域のなか、小川講義所は徒歩十五分程度の場所に位置する。

宣教師館の眼と鼻の先、烏丸下立売西入ル（五町目町）では、米国聖公会の女子ミッション・スクール平安女学院の新校舎（アレクサンダー・ネルソン・ハンセル（注4）設計）建設が一八九四年（明治二十七）に始まり、明くる年の四月に開校する（一八九五年）。その隣接地、烏丸下立売角（堀松町）において、一八九六年（明治二十九）十月七日に定礎されたのがジェームズ・マクドナルド・ガーディナー（注5）設計の京都聖三一教会初代礼拝堂（本章「建造物めぐり9」参照）だった（図②）。この時、敬吉少年は高等小学校を中退して半年、十二歳になっていた。

程なくして敬吉少年は、母からガーディナーに預けられて上京する（一八九六年以降）。母が聖公会に入信したのも、ガーディナーとの出会いがきっかけだという。この逸話はご遺族の話に基づいており（注6）、おそらく彼女は、敬吉少年の小学校時代に聖公会に触れ、教会を通じて上洛中のガーディナーを知り、息子の行く末を相談したものと思われる。米国聖公会執事のガーディナーは、建築設計と並行して、いったんは辞めた立教学校での教職に返り咲いたばかりで（一八九四年）、その頃に設計を進めていた関西の聖公会建造物の一つが京都聖三一教会にほかならない。

一方、京都で最も古い聖公会の伝道拠点、五条講義所（一八八九年開設、のち京都聖ヨハネ教会）は、一八九五年（明治二十八）に米国聖公会のチャニング・ムーア・ウィリアムズ司祭（元主教）（注7）を専従の聖職者として迎える。この講義所は洛外の下京区五条橋東（東山区五条橋東）に所在したので、敬吉少年の生活圏からは離れている。だが幕末のキリシタン禁制下、わが国に聖公会の礎を置き（一八五九年）、明治になり、禁制の高札が撤去されたのち立教学校を開設し（一八七四年）、ガーディナーの招聘に動いた（一八八〇年）ウィリアムズ元主教は、京都伝道にも重要な役割を果たした。

このような人間関係と時代背景のもと、高等小学校に通っていた敬吉少年は、周囲に建ち始めた洋風建築に眼を見張り、母や、聖公会の人々を通じてキリスト教と、西洋文化に触れ、ガーディナーに従って東京を目ざしたので

② 京都聖三一教会初代礼拝堂（現・日本聖公会 聖アグネス教会礼拝堂）烏丸下立売交差点から見た全景（右奥は現在の平安女学院高等学校、同・中学校）2022年撮影

はないだろうか。ただし母とは異なり、その受洗は上京後だった。

水戸・横浜時代

上林の自筆経歴書では、一九〇二年（明治三十五）一月、茨城県水戸市上市三ノ丸（水戸市三の丸）の茨城県土木課に就職し、現場監理を担当したことが最初に挙げられる。

これは、一九五〇年（昭和二十五）十二月付の『一級建築士選考申請書』（以下『自筆申請書』）（注8）の二枚目、「建築に関する業務の経歴」（以下「業務経歴」）の冒頭に当たり、上林の几帳面な性格を表すかのように、全一頁のなかにさまざまな事柄が細かに綴られている。一部の複雑な年代については辻褄合わせが見られるものの、内容はおおむね正確と受け止めてよい。

水戸で担当したのは、初代茨城県立図書館（茨城県土木課技師 駒杵勤治（注9）設計）で、部署の設置が一九〇三年（明治三十六）二月、上林の退職は三月、水戸城跡（水戸市三の丸）における建物の竣工が十一月となる（注10）。よって主な業務は、同じく城跡に所在した県庁での内勤と、最初期の現場監理だったと思われる。

「業務経歴」によると、次の就職先は一九〇四年（明治三十七）一月より二カ年、神奈川県横浜市山下町（横浜市中区山下町）の下田建築合資会社と記される。

ここで、上林が上京して水戸で職を得るまで、水戸時代、水戸を去って横浜に出るまで、横浜時代に向き合った人生の節目を、彼の視点に立って考察してみたい。

上京当時に関しては、京都を後にした事情に鑑みて、東京の聖公会関係者の助力を得ながら生活の基盤を築き、ガーディナーのもとで行儀作法、一般教養や建築の基礎を身に着けたのは疑いようもない。ガーディナーは一九〇一年（明治三十四）に中近東・欧州各地を経て一時帰国し、長期にわたって日本を離れているので、上林の精神的な自立はそれ以前としてよい。水戸での職の斡旋は、茨城県第二課からガーディナー建築設計事務所へ移った荒木賢治（注11）の関与が指摘される（注12）。

水戸時代で見逃せないのは、一九〇二年十二月二十五日、十八歳の上林が水戸の聖公会講義所で受洗したことである（注13）。その頃、講義所は水戸市上市仲町（大町）の宣教師館にあり、聖被得《ペテロ》教会と称した（注14）。県庁からの距離は徒歩十分程度で、米国聖公会のR・W・アンデルス司祭（注15）が定住しており、上林が入信した年の会員は十八名、うち受聖餐者が十一名を数える（注16）。ついに上林は聖公会信徒としての自覚を持つに至り、約三カ月後に職場を辞した。以降、「信徒建築家」を目ざす意志を固めていったと想像される。

横浜で就職するまで、九カ月に及ぶその後の時期は、日本に帰来したガーディナーが一九〇三年、東京府東京市京橋区明石町（東京都中央区明石町）の自邸に建築設計事務所を設けた事実と切り離して考えるわけにはいかない。上林にとって幸いなことに、ガーディナーは自らと同様、本格的に建築学を修めた人物ではなかった。その代わり、非聖職宣教師（レイ・ミッショナリー）という立場で、教会施設とミッション・スクールの設計、英語や英文学の教育に携わり、人脈にも恵まれた文化人のため、身の振り方を相談するには理想の先達だった。

ガーディナーの側においては、もはや居留地ではない明石町から山の手へ出て、米国聖公会伝道局との関係を保ちながら、宣教建築家（ミッション・アーキテクト）の枠組みを超え、その知見を活かして活動を展開する時期に来ていた。したがって上林を所員として迎え、育てる心積もりが芽生えたとしても不思議はない。ただしそれを実現するには、一流の事務所における上林の実務経験と、ガーディナー自身の体制づくりが前提となる。

結果、上林が下田建築合資会社に入社した年、ガーディナーは東京市麹町区五番町（千代田区一番町）で事務所を構える（一九〇四年）。それまでの間、上林は聖公会信徒としての活動にも時間を割きながら、新しい就職先を探したものと考えられる。

上林の場合、横浜の二年間は、ガーディナー事務所で送ることになる十九年に勝るとも劣らない充実の年月だったに違いない。というのも下田建築合資会社は、上林が入所する半年前に下田菊太郎（注17）が起ち上げたばかりの設計・施工会社で、対象顧客を外国人としたからだ。代表の下田は、指導教官の辰野金吾（注18）と袂を分かって帝國大学工科大学を飛び出し、文部省営繕課を経てアメリカへ渡り、アーサー・ページ・ブラウン（注19）、ダニエル・ハドソン・バーナム（注20）の事務所に勤務、シカゴで自身の事務所を主宰した経験も有する。鉄骨建築の造詣が深く、野心が溢れる異色のエリートだった。

そんな下田の新会社で、上林は現場監理に携わり、横浜市日ノ出町（中区日ノ出町）の横浜聖安得烈《アンデレ》教会二代礼拝堂（一九〇五年）、山下町（中区山下町）のスタンダード・オイル横浜支社社屋（一九〇四年）を担当している。下田の手腕と個性、刺激的な職場環境、英国聖公会や米国石油トラストという未知の大施主は、上林の視野を広げ、ゆえに横浜時代はまたとない経験をもたらしたと言える。

横浜における同時代の教会建築としては、ローマ・カトリック教会の聖心教会初代聖堂（ジャック・エドモン・ジョセフ・パピノ司祭（注21）による屋根・窓改築後、図③）と、英国聖公会の横浜クライスト・チャーチ二代礼拝堂（ジョサイア・コンドル(注22)設計、図④が挙げられる。一八九八年（明治三十一）の改築により、聖別時（一八六二年）から様変わりした前者は、一九〇六年（明治三十九）に解体、教会が山手町（中区山手町）へ移る(注23)。これに先行して山下町から山手町へ転じた後者は、一九〇一年（明治三十四）に聖別された(注24)。

ガーディナー事務所時代

上林は「業務経歴」の約三分の一を、一九〇六年（明治三十九）一月より一九二四年（大正十三）十二月に至るガーディナー事務所での事柄に割いている。ただし紙面が全一頁に限られるため、設計助手・現場監理（一九〇六

③ 聖心教会初代聖堂 正面・側面（文献H）1906年頃撮影

〜一九一〇年）、設計主任（一九一一〜一九二四年）として関わった建造物のすべてが網羅されているわけではない。だが書類が求める「選考上重要と思われる事項」、すなわち自ら記載必須と考えたものは丁寧に記しており、その種別、名称、竣工年代（礼拝堂は聖別年）、所在地は次の通りである。

教会建築（米国聖公会）…京都聖ヨハネ教会初代礼拝堂（一九〇七年、京都）、日光真光教会礼拝堂（一九一六年、栃木県）

ミッション・スクール（米国聖公会）…立教女学院三代校舎（一九一一年以降順次、東京）

外国公館…イタリア大使館官舎（一九一一年頃、東京）、ドイツ大使館参事官官舎（同）、ロシア大使館舞踏室（一九一三年、東京）、ポルトガル公使館（一九一七年頃、東京）、オランダ公使館参事官官舎（同）

住宅建築…村井吉兵衛京都別邸 長楽館（一九〇九年、京都）、大山巌公爵邸（一九一一年頃、東京）、徳川頼倫侯爵森ヶ崎別邸（一九一三年、東京）

これらのうち、業績内容をさらに詳しく述べる全四頁（計八件）の「重要な設計工事監督又は施工の経験」（以下「監督経験」）で再掲されるのは、京都市下京区円山町（東山区円山町）の長楽館にとどまり、一九〇六年（明治三十九）一月から一九〇九年（明治四十二）三月までの間、現場監理を担った。工事そのものは上林の入所以前、一九〇四年（明治三十七）に始まり、日露戦争のため中断、彼が入所してから再開し、その一年後に上棟（一九〇七年）、さらに二年を経て竣工する（一九〇九年）。

ガーディナー事務所における採用時の身分は「京都出張所技手」で、下京区本塩竈町の京都聖ヨハネ教会初代礼拝堂（本章「建造物めぐり10」参照、図⑤）の「新築工事監督」を拝命する（注25）。本礼拝堂は入所した年の四月に定礎され

④ 横浜クライスト・チャーチ二代礼拝堂 全景［絵葉書《横浜山手教会堂》］明治末期・大正年間 個人コレクション

（一九〇六年）、およそ一年後の五月に聖別式を挙げた（一九〇七年）。したがってガーディナー事務所時代の最初の三年は、生まれ故郷の京都を職住の地とし、聖公会の大規模な礼拝堂と、自身を含めて四人もの所員（注26）が携わった実業家の豪邸、長楽館の現場監理に注力している。

ここで留意すべきは、念願の初仕事とも言える京都聖ヨハネ教会が「教会（組織）とその建造物（教会建築）に対する関わり方」を、上林の眼に顕在化させたことである。

まず「聖公会の建築家」を名乗るには、個別の伝道拠点ではなく、在外の母体組織（米国・英国・カナダ聖公会）、日本に派遣された要人聖職者、わが国における中枢組織（日本聖公会）の信任が不可欠なのは言うまでもない。次に、たとえ信徒であっても、建築の実績や、教界の人脈がない場合、母体・中枢組織、要人聖職者に通じた人物の指導を仰ぎ、学びと場数を重ね、継続的な奉職が求められる。そうした人物とは、キリスト教の伝統、国内外の諸事情に詳しい日本在住の外国人建築家で、しかも当時は、もっと言えば昭和戦前を通じて、重要な建造物のほとんどが彼らの独占市場だった。

このような現実を前向きに受け止めたうえで、純粋な学びという観点からすると、この礼拝堂はガーディナーの教会建築のなかでも完成度が高く、良き手本になったと言える。

施主が日本人の住宅建築、長楽館についても、古今東西の建築文化を実地で知り、それを建てる技術を習得するには格好の事例だった。「監督経験」で上林が記す通り、大楽間がルイ十六世式（ロココ様式）、納涼室はポンペイ式（新古典主義）、食堂がジャコビアン式（イギリス・ルネサンス様式）で、三階和室は桃山調、これに茶室、西洋式の植物温室が付されるという驚くべき造

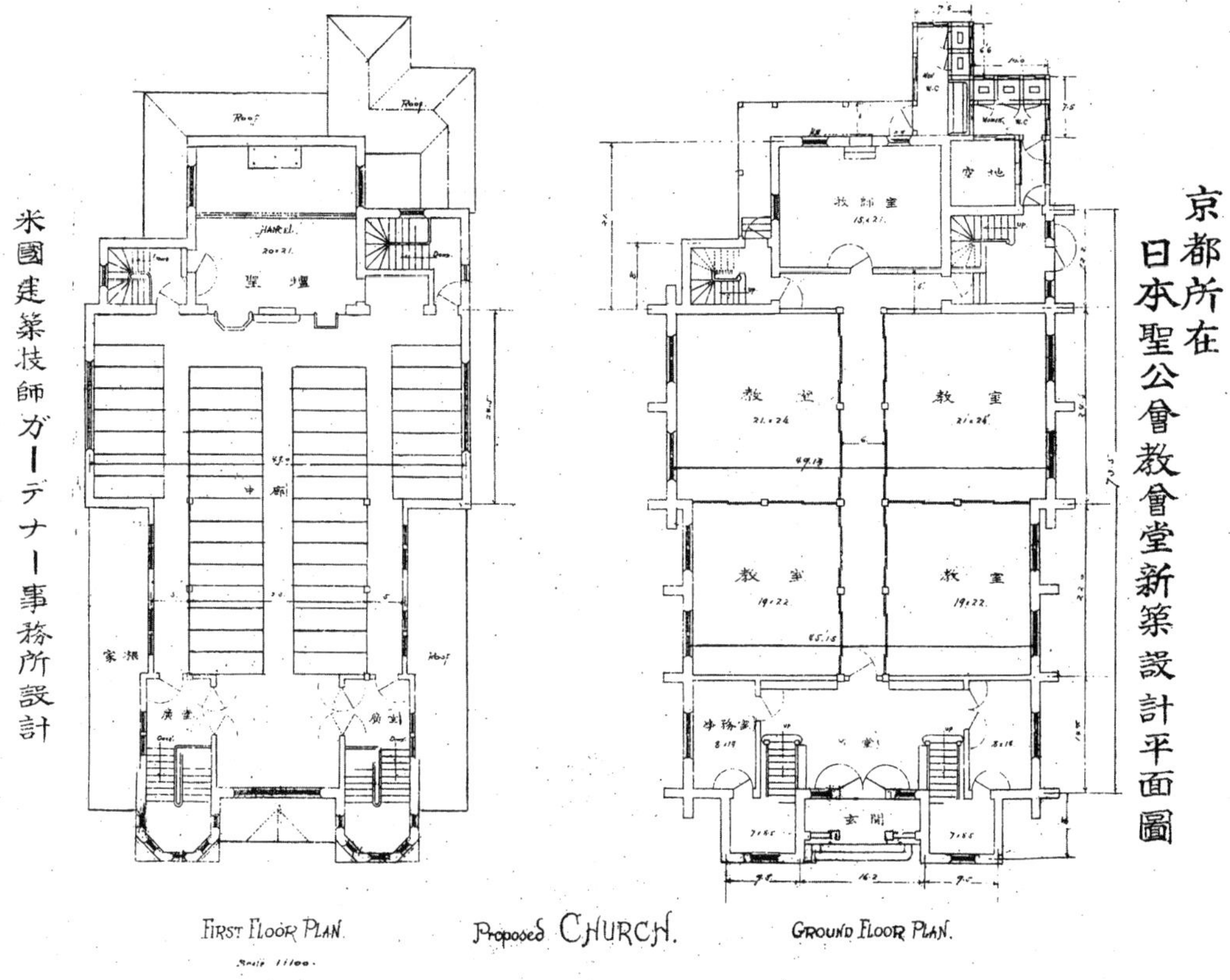

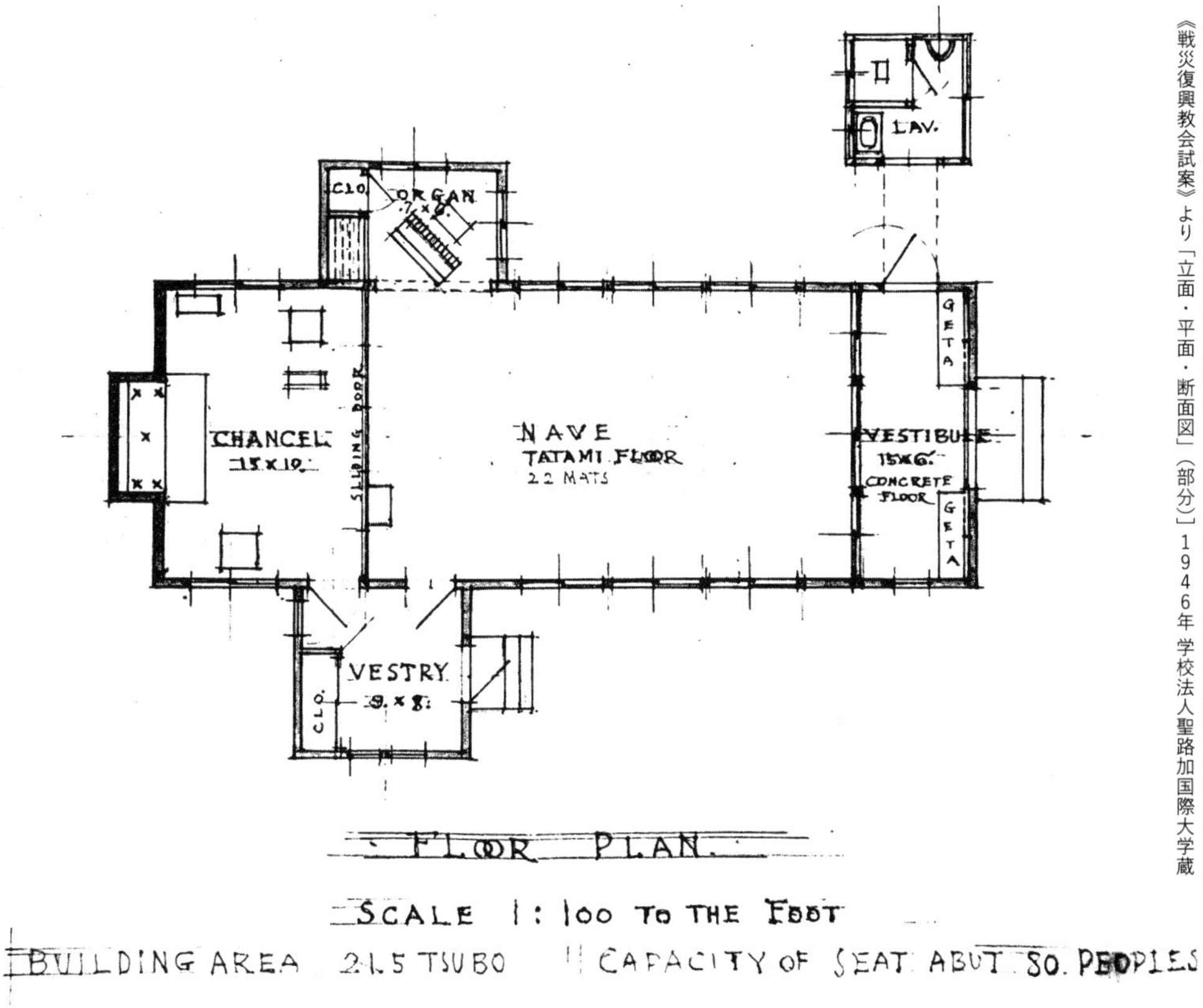

上⑤ 京都聖ヨハネ教会初代聖堂 一階・地下一階平面図［米国建築技師ガーデナー事務所設計《京都所在 日本聖公会教会堂 新築設計平面図》（文献G） 下⑥ 戦災復興教会 平面図［上林建築設計《戦災復興教会試案》より「立面・平面・断面図」（部分）］1946年 学校法人聖路加国際大学蔵

りを呈した。他にも中国風など部屋ごとに異なる設えは凝っており、内装と家具、美術工芸品は欧米からの輸入で、一部は国内の特注による(注27)。

一九〇九年(明治四十二)三月末、上林は東京のガーディナー事務所へ帰任し、四月から神田区神田錦町(千代田区神田錦町)の正則英語学校英語専修科、すなわち夜学に入学する。

働きながら英語を学ぶ身となったのは、仕事上の理由が大きい。昭和戦後に至るまで、上林の教会建築のスケッチ、図面の多くが英語のみ(図⑥)、もしくは和英併記なのは注目に値する。前者は、先に挙げた要人聖職者、具体的には日本在住の米国聖公会関係者に対する説明を尽くし、決裁を得るための基本資料として描かれ、建築に関する英語が不自由では業務に支障を来した。一方の後者は、施工者や職人に出す指示、日本人の教役者と信徒の理解に鑑みて、そして英語が母国語の人々にも内容が伝わるよう配慮が成された。

翌年、ガーディナー事務所は麹町区土手三番町(千代田区五番町)へ移り(一九一〇年)、上林も至近の下宿住まいだったことが建築学会の記録で判明している(注28)。準員とは言え、学会名簿にその名が現れるまでになり、水戸時代から数えると、建築に従事して九年目に入った。

ガーディナー事務所時代の上林にとって、一九一一年(明治四十四)は転機の年だった。一月は設計主任に昇格、三月二十五日になると、ガーディナーが手がけた麹町区上二番町(千代田区一番町)の聖愛教会二代礼拝堂で湯山為子と結婚式を挙げる(注29)。これに伴い、住所は東京府豊多摩郡大久保町大字百人町(新宿区百人町)へ変わった。所内での責務が重くなり、家庭を持つことで、夜学通いは止めざるを得なかった反面、夫の信仰と仕事に深い理解を示した妻・為子(日本基督教会 横浜海岸

⑦ 晩年の上林敬吉・為子夫妻 1950年代後半撮影 上林敬吉ご遺族蔵

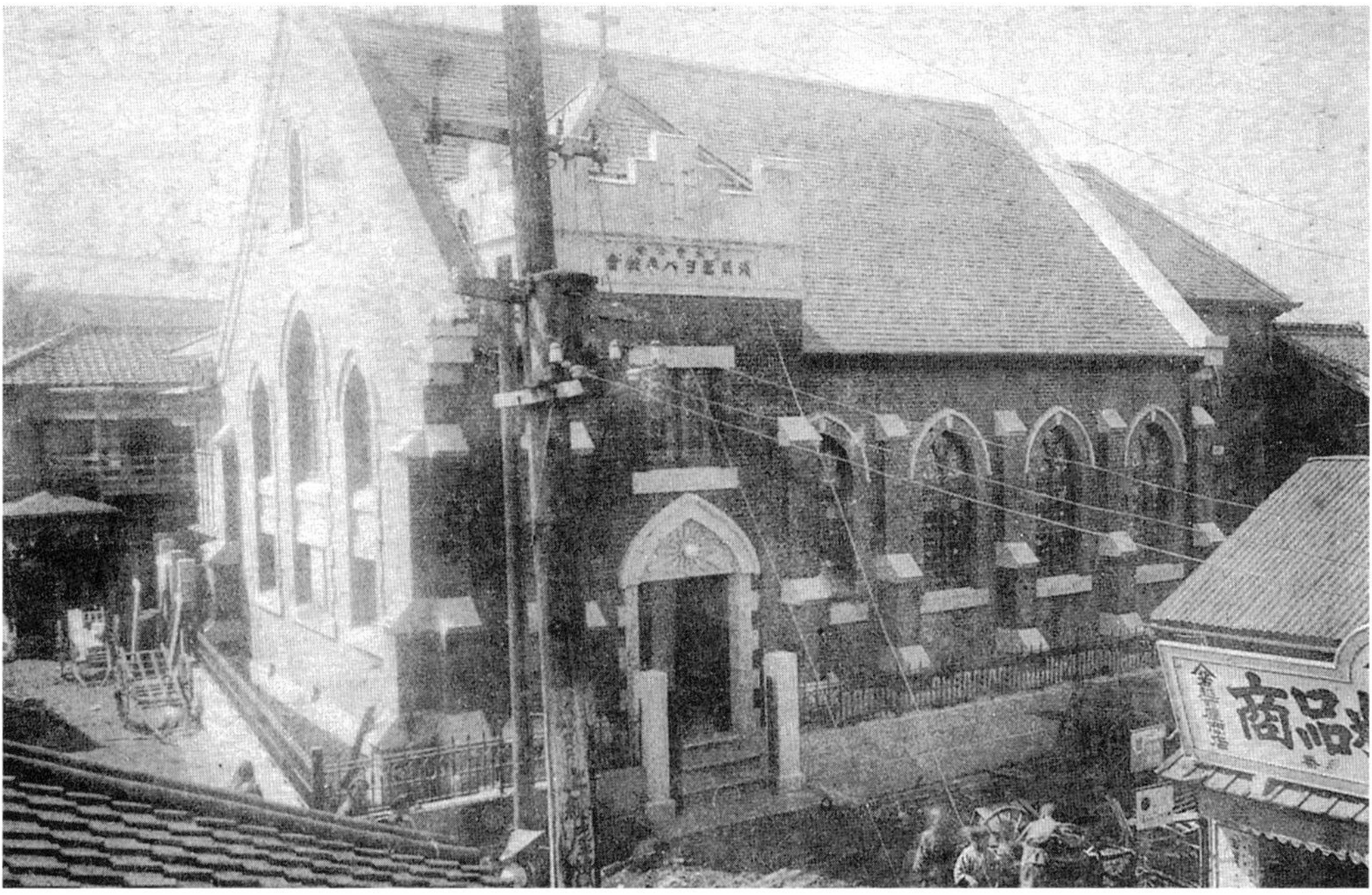

⑧ 浅草聖ヨハネ教会二代礼拝堂 全景（文献E） 1922年頃撮影（竣工当時）

教会信徒)とは仲睦まじく(図⑦)、やがて七男二女に恵まれる。

以降、ガーディナーの右腕として、設計主任の立場で担った建造物も増え、「業務経歴」に見る通り、外国公館、貴顕の邸宅を主体にした。聖公会の建造物では、京橋区明石町(中央区明石町)の立教女学院三代校舎(一九一一年以降順次竣工)(注30)、栃木県日光町四軒町(日光市本町)の日光真光教会礼拝堂(一九一六年聖別、本章「建造物めぐり11」参照)、浅草区栄久町(台東区蔵前)の浅草聖ヨハネ教会二代礼拝堂(一九二一年聖別、図⑧)(注31)が目ぼしい。ところが「監督経験」に登場するものは一つとしてなく、浅草聖ヨハネ教会は「業務経歴」で別欄に分類されている。

立教女学院に関しては、コンドル設計の二代校舎(和風)を増備する目的で建てられたので、木造の実用的な学校建築だった。二つの礼拝堂は、ガーディナーの晩年における教会建築の特徴を示し、基本的にはアングリカン・ゴシック・リヴァイヴァル(注32)だが、堅苦しい印象の初期、華やかさを湛える中期の礼拝堂とは明らかに異なる。特に日光真光教会の外観は、上林が昭和戦前に展開したモダン・アングリカン(注33)との共通性も窺われて興味深い。浅草聖ヨハネ教会も、塔屋の意匠などにその片鱗が認められる。

事務所の継承と自営、自由契約から病院勤務の時代—その概要

一九二三年(大正十二)九月一日に起こった関東大震災は、国内外に大きな衝撃をもたらし、上林の身辺、心中も穏やかではなかった。進行中の案件や現場、被災・消失を余儀なくされた建造物、ガーディナー事務所、日米の聖公会、自身と家族の行く末に対する不安など、列挙すれば切りがない。日光で避暑中だったガーディナー一家の

無事がせめてもの救いになったと言えよう。だが、それから二年余を経た一九二五年（大正十四）十一月二十五日、明石町の聖路加国際病院でガーディナーが亡くなる（図⑨）（注34）。
この年の一月より一九五〇年（昭和二十五）十二月に至る年月について、「業務経歴」の記載事項を額面通り受け止め、上林の後半生を辿ると、次の通りとなる。

Ⓐガーディナー建築事務所の継承・自営
一九二五年（大正十四）一月～一九三二年（昭和七）十二月
麻布区麻布三河台町（港区六本木）
上林の肩書は所長

Ⓑ上林建築事務所の自営
一九三三年（昭和八）一月～一九三七年（昭和十二）一月
麻布区麻布三河台町（港区六本木）
上林の肩書は所長

Ⓒ聖路加国際病院に勤務
一九三八年（昭和十三）一月～一九五〇年（昭和二十五）十二月…「業務経歴」記載時
京橋区明石町（中央区明石町）
上林の肩書は営繕課長

しかしながら、この内容と、設計図書、工事記録、建造物・施主組織の年史など他の資料と照合するならば、さまざまな矛盾が生じ、実際は以下の流れだったと考えるのが妥当である。

Ⓐガーディナー建築事務所＋Ⓑ上林建築事務所
ガーディナー逝去前、Ⓐに勤務
一九二五年（大正十四）一月～十一月末頃（遅くとも同年末）
麹町区土手三番町（千代田区五番町）…ガーディナー自宅兼事務所の所在地
上林の肩書は設計主任
ガーディナー逝去後、Ⓐを継承・自営
一九二五年（大正十四）十二月初め頃（遅くとも翌年初め）～一九二〇年代末（昭和初期）

⑨日光真光教会礼拝堂（現・日本聖公会 日光真光教会礼拝堂）内陣ガーディナー夫妻の墓（右奥＝ガーディナー、左前＝ガーディナー夫人）2022年撮影

麻布区麻布三河台町（港区六本木）
…Ⓐの所在地
Ⓐ名義の仕事が終わるまで組織名称
は存続、上林の肩書は所長

Ⓑの自営
一九二五年（大正十四）年内（遅くとも
翌年初め）～一九三七年（昭和十二）
一月
麻布区麻布三河台町（港区六本木）
…Ⓑの所在地
ⒶとⒷは同一住所、Ⓐ名義とⒷ名義
の仕事は区別、上林の肩書は所長

Ⓒ聖路加国際病院理事会指名建築家
→Ⓓ同病院営繕課長

Ⓒの受命
一九三七年（昭和十二）二月～十二月
京橋区明石町（中央区明石町）…病
院所在地
上林の肩書は特になし

Ⓓとして勤務
一九三八年（昭和十三）一月～
一九六〇年（昭和三十五）三月九日…
上林の逝去年月日
京橋区明石町（中央区明石町）…病
院所在地
上林の肩書は営繕課長（一九五七年
から汽缶課長兼務）

では、万事において慎重な上林はなぜ、『自筆申請書』という重要な書類を作成するにあたり、年代その他の辻褄合わせを行ったのだろうか。それは、ⒶⒷⒸⒹの時代に上林は、自身、他の建築家、日米の聖公会をめぐる複雑な関係のなかで、「信徒建築家」としての活動を主体としたからにほかならない。

その前段として、明治末期のガーディナーは、一九〇八年（明治四十一）に米国聖公会伝道局を退職し、よりいっそう施主対象、仕事内容の幅を広げていった。一方の米国聖公会は、一九一〇年（明治四十三）の校地取得で現実味を帯びた立教大学の池袋移転に際して、ガーディナーを蚊帳の外に置いた（注35）。大正年間になると、次世代のミッション・アーキテクトと、特定の宣教組織に帰属しない建築家の来日が相次ぎ、わが国を活動の舞台としてきたミッション・アーキテクトと肩を並べ、それぞれに教界と接点を持つ。

関東大震災後の東京・横浜圏では、さまざまな次元の震災復興が進行し、都市基盤の整備、近代建築の設計・監理・施工を担うことができる人材の需要が増した。米国聖公会もキリスト教の精神に基づく復興事業に乗り出すが、それには伝道拠点の再生が先決だった。この未曽有の災害が起こって間もなく、ジョン・アレクサンダー・ダンバー・マキム日本主教(注36)がアメリカの米国聖公会本部へ送った電報文の通り、まさに「神への信仰のほかはすべて失われた」(注37)状況にあったからだ。

このような時代にガーディナーが亡くなり、ジョン・ヴァン・ウィー・バーガミニ(注38)が登場する。バーガミニは一九一四〜一九一九年(大正三〜八)の間、超教派プロテスタント外国伝道組織アメリカン・ボードのミッション・アーキテクトとして中国に滞在したのち、一九二〇年(大正九)から米国聖公会伝道局に帰属、震災復興の使命を帯びて来日した。聖別が一九二七年(昭和二)十月十七日の聖三一教会二代礼拝堂(図⑩)など、わが国における最初期の仕事の年代に照らすと、伝道局による招聘は一九二五年(大正十四)としてよい。

バーガミニがガーディナーと決定的に相違したのは、母国アメリカで建築の専門教育を修め、豊富な実務経験を有したこと以外に、東京に事務所を構えなかった点にある。連絡先(兼居住地)を東京府下池袋(立教大学)とし(図⑪)(注39)、業務が長期にわたり、規模も大きい聖路加国際病院の場合、病院を仕事場に充てた(図⑫)(注40)。このやり方は、合理的で経費を軽減できる分、常勤の部下を欠く。複数案件の同時進行や、遠方の監理現場をいくつも抱える

⑩ 聖三一教会二代礼拝堂 全景（文献A） 1927年撮影

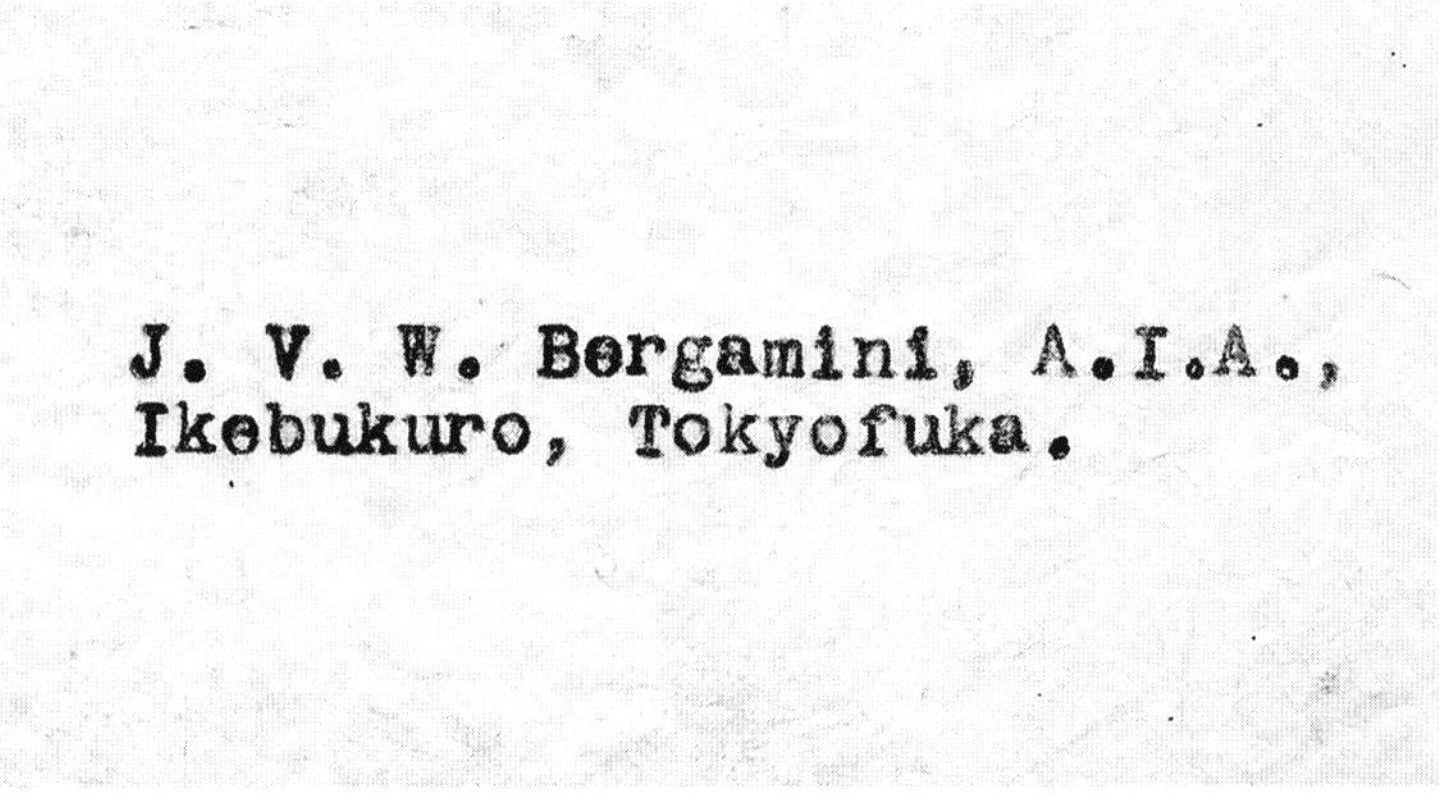

J. V. W. Bergamini, A.I.A.,
Ikebukuro, Tokyofuka.

右⑪『東京諸聖徒教会礼拝堂新築工事仕様書』表紙（部分） 1931年 日本聖公会 東京諸聖徒教会蔵　※「東京府下 池袋 J・V・W・バーガミニ」のタイピング
下⑫ 聖路加国際病院新築工事図面（部分） 1932年 学校法人聖路加国際大学蔵 ※「東京 築地 聖路加国際病院 J・ヴァン・ウィー・バーガミニ 東京在建築家 チャールズ・バトラー＆ロバート・D・コーン建築設計事務所帰属」の押印

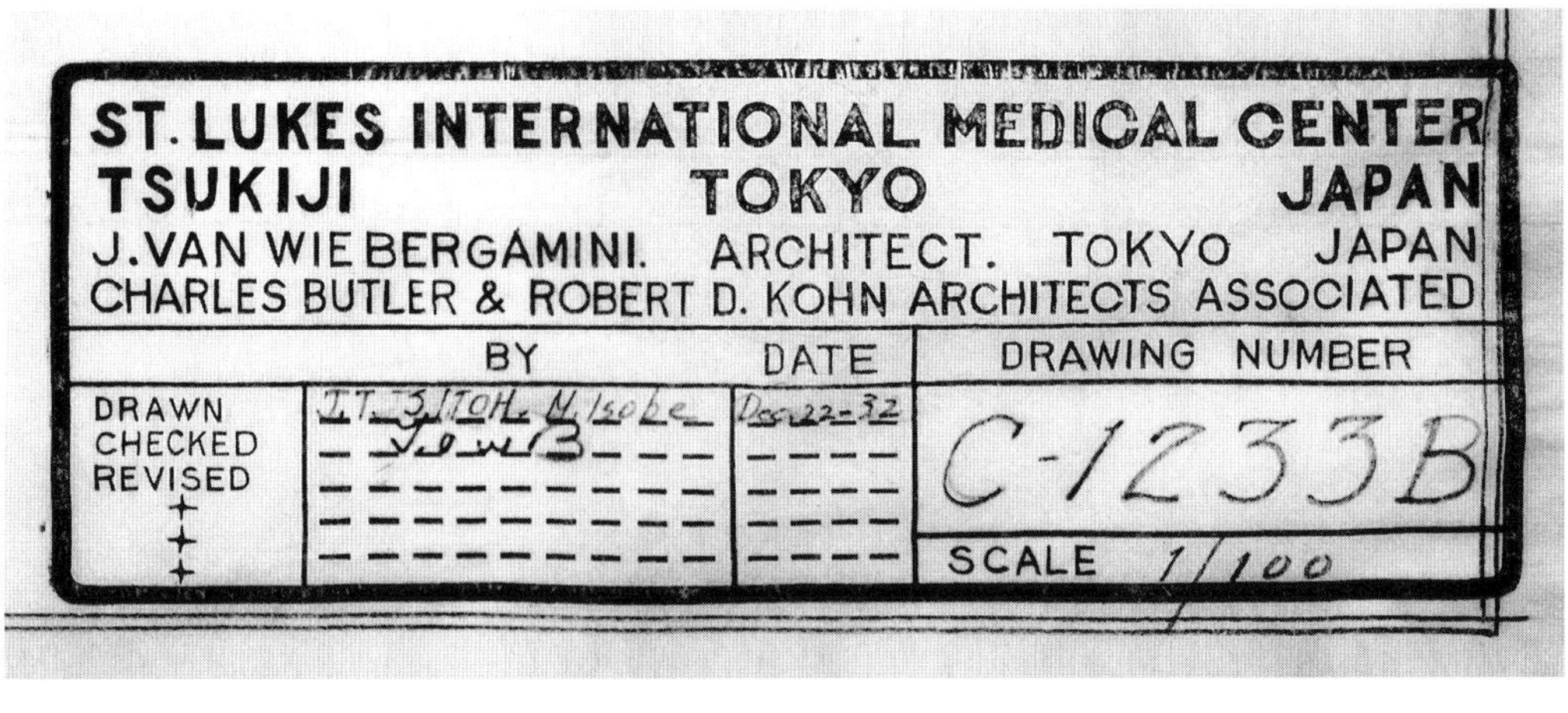

ST. LUKES INTERNATIONAL MEDICAL CENTER
TSUKIJI TOKYO JAPAN
J. VAN WIE BERGAMINI. ARCHITECT. TOKYO JAPAN
CHARLES BUTLER & ROBERT D. KOHN ARCHITECTS ASSOCIATED

	BY	DATE	DRAWING NUMBER
DRAWN CHECKED REVISED		Dec-22-32	C-1233B
			SCALE 1/100

局面では、これらを統括する人物と窓口が求められる。そこで、上林に白羽の矢が立ったのである。

当時の上林は、ガーディナーを失い、残された「Ⓐガーディナー事務所」の取りまとめ役として、すでに話が進んでいた案件、工事中の監理現場を継承し、最後まで見届ける責務を負っていた。ガーディナー白邸から麻布三河台町へ移した事務所の経営にも腐心せねばならない。これに対して米国聖公会伝道局は、バーガミニの支えとなる日本人の協力者を必要としていた。聖公会建造物に携わった実績、英語で実務を遂行できる能力を有し、東京在住の個人事業主が望まれたのは想像に難くない。中堅の「信徒建築家」ならば、なお適任と言える。

結果、麻布三河台町の「Ⓑ上林建築事務所」は、バーガミニとの協働を行うための受け皿を供し、わが国における米国聖公会の守備範囲、すなわち日本聖公会の北東京地方部（のち北関東教区）、東北地方部（のち東北教区）、京都教区に誕生した数多くの礼拝堂、教会施設の揺り籠となった。「Ⓑ上林建築事務所」の業務の一環だった聖路加礼拝堂（終章「建造物めぐり7」参照）の現場監理は、上林に聖路加国際病院の「Ⓒ理事会指名建築家」「Ⓓ営繕課長」ということこれまでにない立場、建築との関わり方をもたらすことにつながる（図⑬）。

問題は、「Ⓐガーディナー事務所に勤務」「Ⓐ同事務所を継承・自営」「Ⓑ上林建築事務所の自営」「Ⓒ聖路加国際病院理事会指名建築家を受命」「Ⓓ同病院に勤務」の年代、仕事が有機的に重なり合い、紙面が限られる「業務経歴」では正確に書き表せないところにある。『自筆申請書』の提出時点（一九五〇年）で上林は、自他ともに認める「信徒建築家」だったので、それまで彼が気遣い、彼を育んだ聖公会の母体・中枢組織、要人聖職者、組織内外の外国人建築家

⑬聖路加国際病院で仕事中の上林敬吉（文献C）1955年頃撮影

に対する思いもあり、書類の記載内容をできるだけ平易なかたちにまとめたに違いない。

事務所の継承と自営、自由契約から病院勤務の時代—その建築

バーガミニと協力体制を築いてからの上林は、麻布三河台町の事務所を維持する理由、その経営を確実なものとする。以降、一九三七年（昭和十二）一月に事務所を解散するまで、「Ⓐガーディナー事務所名義の継承設計」「Ⓑ上林建築事務所名義の協働・単独設計」という二足の草鞋を履き、迷うことなく「信徒建築家」の道を歩んだ。

居住地に眼を向けると、大正年間は家族とともに麹町区上六番町（千代田区三番町）の監理現場至近（一九二〇年）、麻布区鳥居坂（港区六本木）の監理現場地内（一九二四年）の仮住まいを転々としたが、麻布三河台町の事務所時代を迎えて、麻布区麻布霞町（港区西麻布）に落ち着く。『自筆申請書』で本籍と記される住所である（注41）。

公私ともに安定したこの時期は、かなりの数の建造物を手がけ、前述の通り「業務経歴」の記載に調整・省略が見られるため、ここでは本書で取り上げたものを中心に列記する。（年代は竣工・聖別年、「本章」「終章」は本書の「建造物めぐり」、※印は上林の「業務経歴」「監督経験」、＊印は「業務経歴」のみ、＊＊印は「監督経験」のみで言及される建造物を指す）

Ⓐガーディナー事務所名義の継承設計

外国公館…スペイン公使館※（一九二七年、東京）、オランダ公使館※（一九二八年、東京）

住宅建築…小田良治邸※（一九二四年、東京）

Ⓑ上林建築事務所名義の協働・単独設計

【バーガミニとの協働設計】

礼拝堂（米国聖公会）…浦和諸聖徒

教会二代礼拝堂＊（一九二八年、埼玉県、本章1）、浅草聖ヨハネ教会三代礼拝堂※（一九二九年、東京、本章2）、盛岡聖公会二代礼拝堂（同、岩手県、本章3）、聖オーガスチン教会礼拝堂（同、群馬県、本章4）、秋田聖救主教会二代礼拝堂（一九三〇年、秋田県、本章5）、福井聖三一教会礼拝堂＊（一九三二年、福井県、本章6）、郡山聖ペテロ聖パウロ教会礼拝堂＊（同、福島県、本章7）

【上林の単独設計】

住宅建築…藤原銀次郎邸＊（年代不詳、東京）、小田良治別荘＊＊（一九三七年、神奈川県）

礼拝堂（米国聖公会）…宇都宮聖約《ヨ》翰《ハネ》教会礼拝堂＊（一九三三年、栃木県、本章第一・第二節）、大宮聖愛教会礼拝堂＊（一九三四年、埼玉県、本章8）

礼拝堂以外の教会施設（米国聖公会）…京都聖マリア教会付属会館＊（一九三〇年、京都）、ニコルス京都主教邸＊（一九三二年、京都）、仙台基督教会付属会館※（一九三二年、宮城県）

この一覧で明らかなように、上林はガーディナーの門下生、継承者から完全に脱し、必然と、自らの意思により、新たな世界を拓いた。それは、建造物の種類、工法・構造、様式はもちろんのこと、仕事の進め方や、施主、同業者を含む人間関係にまで及んでいる。

昭和初期には短い期間に集中して、鉄筋コンクリート造の白い礼拝堂群を生み出した（図⑭⑮⑯⑰）。その多くが単塔付で、四隅に付した水切りのある控え壁、ノルマン風の頂部を特徴とする。単廊式身廊はシザーズ・トラス（鋏形洋小屋）が上部を横断し、空間の分節にチューダー・アーチ（四心尖頭アーチ）を用い、主な開口部がゴシック・アーチ（尖頭アーチ）の質実で簡素な礼拝堂である（注42）。

⑮ 郡山聖ペテロ聖パウロ教会礼拝堂（現・日本聖公会 郡山聖ペテロ聖パウロ教会礼拝堂）内部（洗礼盤）2022年撮影

⑭ 秋田聖救主教会二代礼拝堂（現・日本聖公会 秋田聖救主教会礼拝堂）外観（塔屋）2022年撮影

⑰ 盛岡聖公会二代礼拝堂（現・日本聖公会 盛岡聖公会礼拝堂）内部（身廊入口扉と玄関扉）2022年撮影

⑯ 聖オーガスチン教会礼拝堂 建築工事（上棟式記念写真）1929年撮影　日本聖公会 高崎聖オーガスチン教会蔵

これらに関しては、あまりにも年代が連続的なうえ、物理的に離れた各地に所在し、設計図書や工事記録が必ずしも完全に残されていないため、建築家の特定、関与の度合いが曖昧にされがちだった。バーガミニが基本設計、上林は実施設計という体制について、両者の役割をめぐる誤解も多い。バーガミニの図面が皆無なので、その参画は名目に過ぎなかったという見方さえある。

おそらくは米国聖公会伝道局と日本聖公会の指針、教区と伝道拠点の意向に沿ってバーガミニが基本計画を立て、上林と二人で基本設計を考え、図面は上林に委ねる方法を採った可能性が高い。それから個別の事情に合わせた実施設計、現場監理を上林が進めるなかで、さまざまな工夫が図られた(注43)。ゆえに各段階の図面はすべて「上林建築事務所」と記され、おおむね英語で、仕様書は日本語で綴られた(図⑱⑲)。

この礼拝堂群で注目に値するのは、一件ごとの完全受注型の設計ではなく、共通の雛形を確立し、そのヴァリエーション展開を試みた点にある。聖公会の伝統と、歴史的な様式を尊重しつつ、近代の視点に則り、礼拝堂の標準化を目ざした取り組みと評せる。だからこそ短期集中で、質の高い建造物を次々と実現することが可能だった。所在地域で初の鉄筋コンクリート建築として知られる礼拝堂もあり、地方における施工技術の向上につながった。

優れた協働・分業を行ったバーガミニと上林は、それぞれが個人名義で別種の建造物を手がけており、当然ながら趣が異なる。聖公会における両者の仕事の棲み分けも歴然としている。上林の場合、単独設計の礼拝堂では、地域性の反映を探り(図⑳)、教会に集う人々、つまり信徒の視点も反映した(図㉑)(注44)。京都聖マリア教会付属会館(一九三〇年)、仙台基督教会付属会館

⑱郡山聖ペテロ聖パウロ教会礼拝堂 北立面図［上林建築事務所《日本聖公会郡山教会新築工事実施設計図》より「東・北立面図」（部分）］1931年 日本聖公会郡山聖ペテロ聖パウロ教会蔵

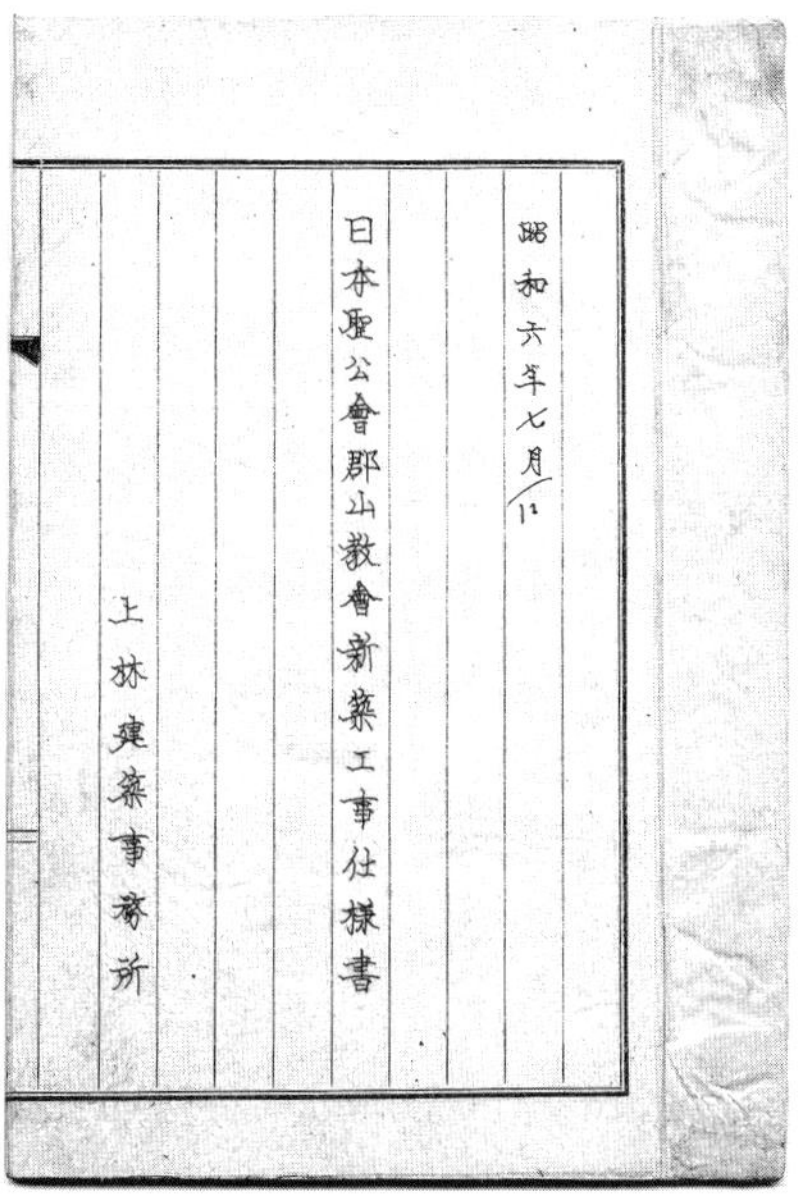

⑲『日本聖公会郡山教会新築工事仕様書』表紙 1931年 日本聖公会 郡山聖ペテロ聖パウロ教会蔵

（一九三二年）など礼拝堂以外の施設は、より機能的で、共作に通じる感覚が窺われる。

　ガーディナーの存命時に担当した瀟洒な住宅建築は、「(A)ガーディナー事務所名義の継承設計」の小田良治邸（一九二四年）を最後に縁遠くなる。ところが「監督経験」で記される通り、この住宅は直営工事で、竣工後も施設管理に携わり、施主との付き合いが続く。その縁で、小田良治別荘（一九三七年）を引き受け、飾り気はないが、品格ある造りの住まいを提案した。かつての優美な洋館に近い傾向は、むしろニコルス京都主教邸（一九三一年）と言える。

　一九三七年（昭和十二）は、上林、バーガミニのみならず、国内外のすべての人々と、社会が時局の厳しさに直面した年だった。戦時下体制に突入するのは必至で、キリスト教界、建築界も例外ではなかった。

　この年の一月、上林は麻布三河台町の事務所を閉め、二月から「(C)聖路加国際病院理事会指名建築家」という新たな立場で、米国聖公会が誇る医療センターの施設設計を受託する（一九三七年）。翌年の一月には自由契約の身分ではなくなり、「(D)同病院営繕課長」に迎えられ、家族で明石町の職員住宅へ引っ越す（一九三八年）（注45）。だが上林と聖路加国際病院（終章「建造物めぐり7」参照）は、これらの動きよりも前にバーガミニを介してつながりがあったのである。

　医療設備・技術と同様、その建築も時代の最先端をいくはずだった当病院は、開院するまでの経緯が困難の連続だった。一九二三年（大正十二）の関東大震災直後から、灰燼と化した施設の復興が始まり、並行してアントニン・レーモンド（注46）が将来計画の基本構想に着手する。その二年後、火災により、再建されたばかりの仮施設が失われる（一九二五年）。一方、レーモンドの新

⑳宇都宮聖約翰教会礼拝堂（現・日本聖公会 宇都宮聖ヨハネ教会礼拝堂）外観（南西妻面）2022年撮影

構想は着々と進み、構造面で内藤多仲(早稲田大学)(注47)、佐野利器(東京帝國大学)(注48)、清水組(施工者)の助言を受け、技術的な問題を解決するために、アメリカの総合工事業レーモンド・パイル社を動員し、いつでも着工できる準備が整えられた。

しかしながら一九二六年(大正十五)、米国聖公会宣教医師のルドルフ・ボリング・トイスラー病院長(注49)、同会伝道局と、レーモンドの間で建物の意匠に関する対立が表面化する。そして、あろうことかレーモンド事務所のベドジフ・フォイエルシュタイン(意匠

㉑ 大宮聖愛教会礼拝堂(現・日本聖公会 大宮聖愛教会礼拝堂)外観(ポーチ右側上部の装飾) 2022年撮影

担当）（注50）、ヤン・ヨセフ・スワガー（構造担当（注51）が病院・伝道局側に与することで事態は紛糾をきわめ、着工は一九二八年（昭和三）まで遅れた（注52）。その後、病院・伝道局側はレーモンドを解約し、実施設計をバーガミニに委ねる。定礎となった一九三〇年（昭和五）にはスワガーが横浜で独立、フォイエルシュタインはチェコへ帰国している。

　バーガミニが引き継ぐことで、姿かたちが先鋭（図㉒）から穏やかなものとなり（図㉓）（注53）、一九三三年（昭和八）六月五日に開院、さらに二年を経て聖路加礼拝堂（終章「建造物めぐり7」）が着工し（一九三五年）、一九三六年（昭和十一）十二月十三日に聖別される。「業務経歴」「監督経験」によると、上林はバーガミニのもとで礼拝堂の現場監理を担い、以降、聖路加国際病院と密接な関わりを持つことになる。

　一九三七年、同病院理事会の指名により、スワガーと二人で始めた外来棟・事務部新築計画は、同年七月に勃発した日中戦争のため、工事延期とせざるを得なかった（注54）。この時点で上林は、病院と、日米の聖公会にとって掛け替えのない人材、今後を託すことができる「信徒建築家」と評価されたに違いない。こうして上林は、世の中が戦争に向かうなか、大病院の営繕課長という役職に就き（一九三八年）、勤務先においては建築設計から施設管理まで担い、個人の立場では日本聖公会のために献身する。やがてバーガミニとスワガーは日本を離れた（一九三八年・一九四一年）。

　以下、戦争の予兆とともに始まり、終戦を経て、一九六〇年（昭和三十五）に聖路加国際病院で生涯をまっとうするまでの上林の仕事を、本書で取り上げた建造物を軸にして一覧する。（年代は竣工・聖別年、「本章」「終章」は本書の「建造物めぐり」、※印は上林の「業務経歴」「監督経験」、＊印は「業務

㉒ 聖路加国際病院 完成予想図（文献B）［ヒュー・フェリス《聖路加国際病院案》］1928年

経歴」のみで言及される建造物を指す）

ⒸⒹ聖路加国際病院時代

【聖路加国際病院関連】

病院建築…聖路加国際病院外来棟・事務部新築計画（一九三七年、東京、終章7）、同病院外来待合室＊（一九五〇年代、東京）

礼拝堂（米国聖公会）…聖路加礼拝堂※（一九三六年、東京、終章7）

【他の聖公会施設】

礼拝堂（日本聖公会）…三光教会二代礼拝堂＊（一九四〇年、東京）、戦災復興教会試案（一九四六年、本節）、福井聖三一教会礼拝堂復元（一九四九年、福井県、本章6）、前橋聖マッテア教会マキム主教記念礼拝堂（一九五二年、群馬県、終章9）、浅草聖ヨハネ教会三代礼拝堂復元（一九五五年、東京、本章2）

【備考】

一級建築士の認可（一九五一年）

一九四五年（昭和二十）九月十二日、聖路加国際病院は米軍に接収され、それが解除となったのは、旧館が一九五三年（昭和二十八）二月十三日、本館は一九五六年（昭和三十一）五月二十五日のことだった。

　この間、病院が職住の地だった上林は、本務が非常に多忙だったとしてよい。というのも関東大震災の直後と同じく、社会が甚大な痛手を受け、困難な時期こそ医療活動が求められるからだ。病院自体の施設確保、迅速な復興が不可欠なのは言うまでもない。接収から二カ月後の十一月、中央区明石町の仮病院（閉鎖中の都立整形外科病院）で診療が開始され（一九四六年）、二年後の一九四八年（昭和二十三）には最初の新築が仮病院で行われる。

　病院が米軍から返還されると、戦前に着手した新築計画に改めて向き合い、一九五九年（昭和三十四）十二月に外来棟が着工となる。工事延期から実に二十二年後、すでに上林は勤務先に

㉓聖路加礼拝堂（現・聖ルカ礼拝堂）外観（左前＝礼拝堂、右奥＝聖路加国際病院旧館 保存棟部分）2022年撮影

入院中の身だった。

日本聖公会もさまざまな苦節を味わった。組織解消（一九四三年）に揺れ、戦争で人命と施設を失ったなか、終戦後の再組織（一九四五年十月十八付）に起ち上がらねばならなかった。上林は戦災復興委員会に加わり、「信徒建築家」の立場で実際的な提案と寄与を行う。

なかでも一九四六年（昭和二十一）の「戦災復興教会試案」（図㉔㉕）は、半世紀も前にガーディナーに連れられて上京して以来、上林が建築と信仰の現場で培ってきた知見、その人生観に立脚する珠玉の提案にほかならない。英語の図面（平面・立面図）、和文の簡潔な仕様、戦災復興委員会に宛てた文書「設計図と同時に御知らせ願ひしたき事項」から成る本案は、建物坪数二十二坪、総工費概算五万五千円（東京の場合）（注55）の標準化された礼拝堂兼牧師館である。

立地を問わず、木造平屋建の外壁

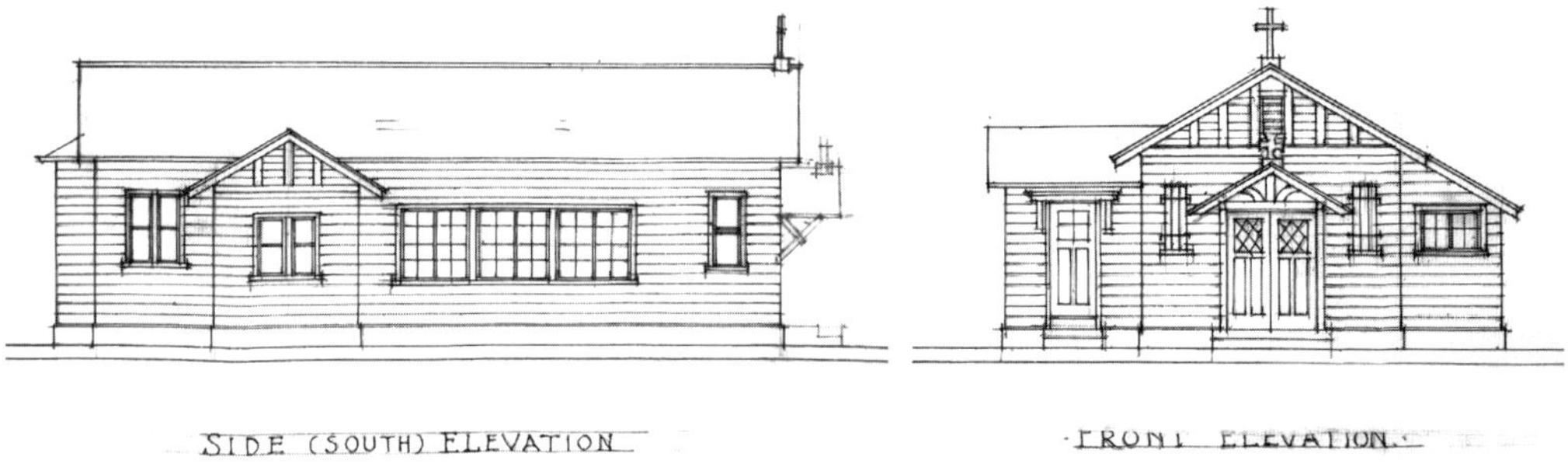

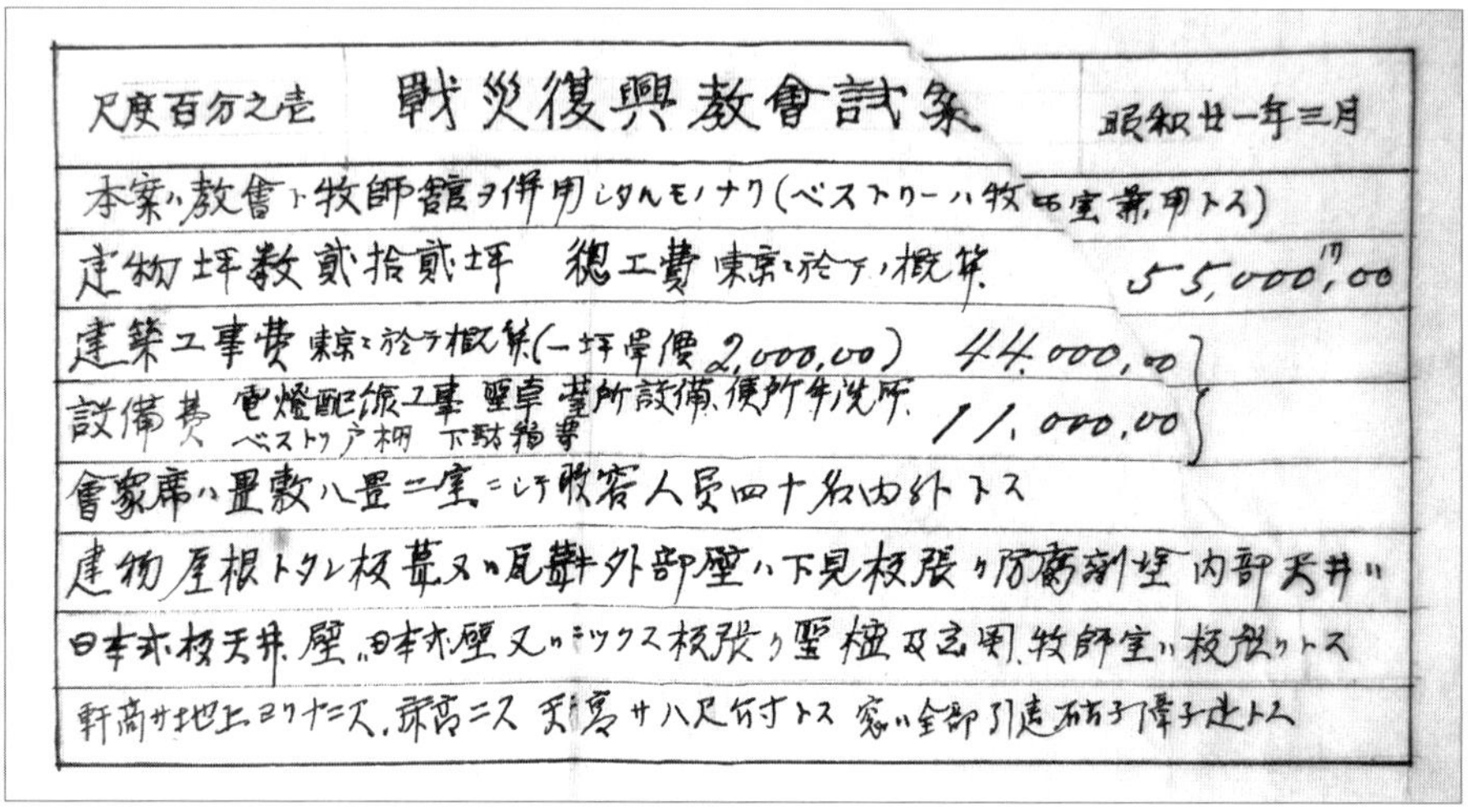
尺度百分之壱　戦災復興教會試案　昭和廿一年三月
本案ハ教會ト牧師館ヲ併用シタルモノナリ（ベストリーハ牧師室兼用トス）
建物坪数貳拾貳坪　總工費東京ニ於テノ概算　55,000.00
建築工事費東京ニ於テ概算（一坪単価2,000.00）　44,000.00
設備費　電燈配線工事 聖卓 台所設備 便所手洗所 ベストリ戸棚 下駄箱等　11,000.00
會衆席ハ畳敷八畳二室ニシテ收容人員四十名内外トス
建物屋根トタン板葺又ハ瓦葺 外部壁ハ下見板張リ防腐剤塗 内部天井ハ
日本式板天井 壁ハ日本式壁又ハテックス板張リ 聖檀及玄関 牧師室ハ板敷トス
軒高サ地上ヨリ十二尺 棟高二十尺 窓高サ八尺位トス 窓ハ全部引違硝子障子建トス

上㉔上林敬吉建築設計《戦災復興教会試案》より「側面立面図」「正面立面図」（部分）1946年 学校法人聖路加国際大学蔵
下㉕同「建物概要」（部分）1946年 学校法人聖路加国際大学蔵

左ページ：
上㉖ 上林敬吉建築設計《日本聖公会北関東教区 前橋聖マッテア教会マキム主教記念礼拝堂案》より「正面立面図」「側面立面図」（部分）1948年 学校法人聖路加国際大学蔵　中㉗ 同「東側立面図」「南側立面図」（部分）1948～1949年頃 学校法人聖路加国際大学蔵　下㉘ 同「東側立面図」「南側立面図」（部分）1950～1951年頃 学校法人聖路加国際大学蔵

は下見板張とし、緩勾配の切妻屋根をトタン（亜鉛鍍金《めっき》鋼板）か瓦で葺く。内部は土壁または板張、天井が和風の板天井で、会衆席には畳を敷き、窓は引違式のガラス障子を想定している（注56）。内陣と会衆席を仕切る板戸を閉めれば、畳の間は住まいとなり、左翼廊は礼拝準備室と牧師執務室を兼ねる。右翼廊はオルガン空間と収納を成し、コンクリート床の玄関間に下駄箱を置く。これに別棟の小さな便所が付随する。

提案内容もさることながら、日々の生活も儘ならなかった時代に、あり合わせの粗末な紙に鉛筆で罫線を引き、インクで丹念に図面、仕様、文書を記した上林の真摯な姿勢に、教会建築の原初的なあり方が見て取れるとしても過言ではない。

施設の本格的な戦後復興という意味では、空襲で被災した礼拝堂の復元に携わった。このうち浅草聖ヨハネ教会に関しては、ガーディナー事務所時

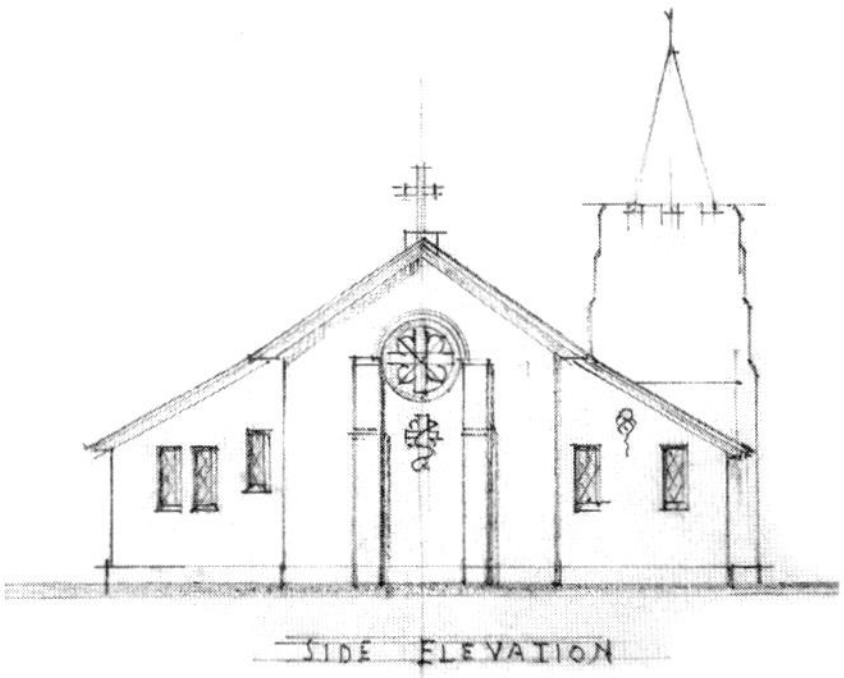

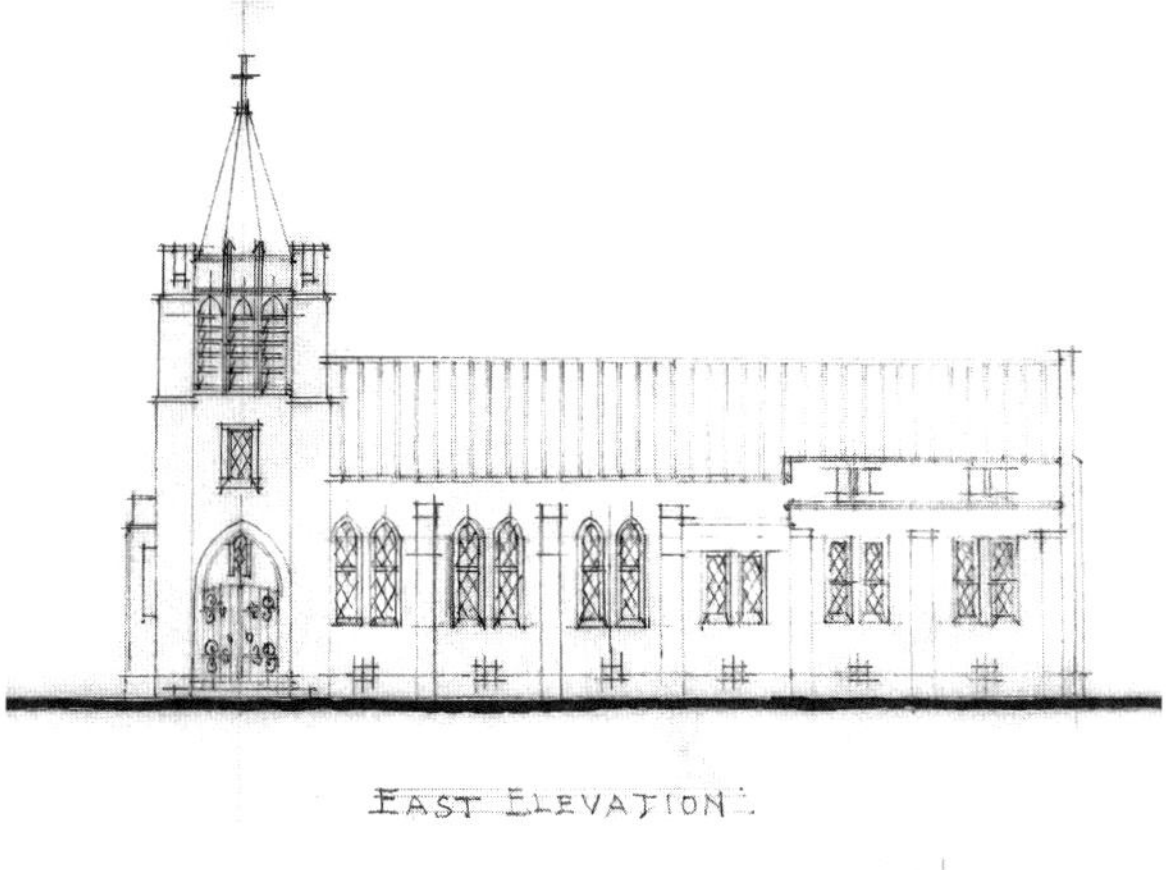

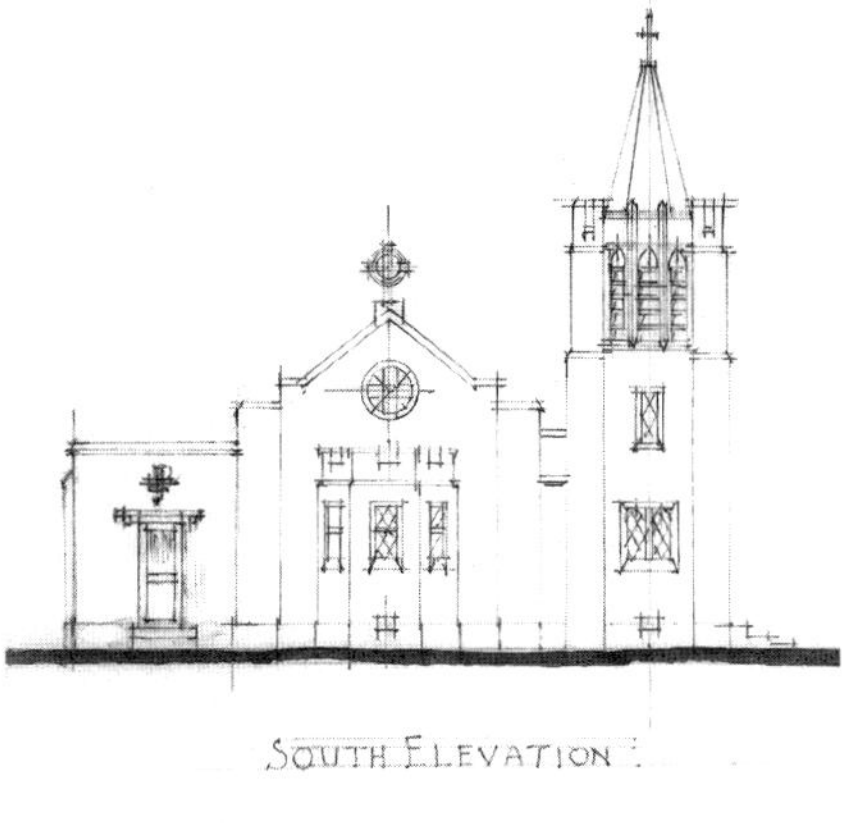

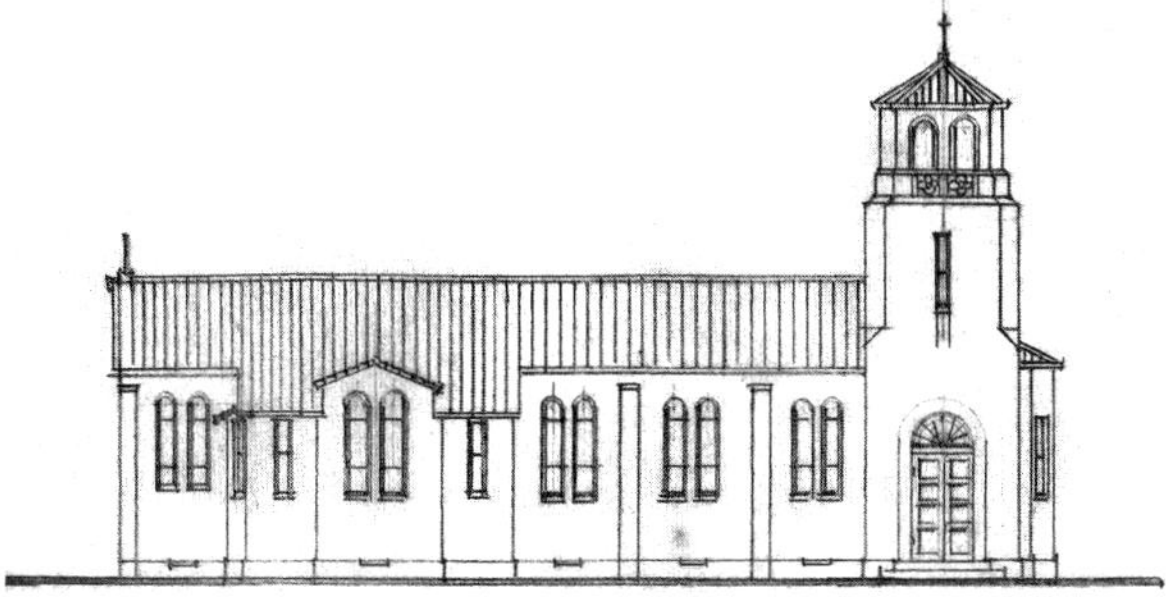

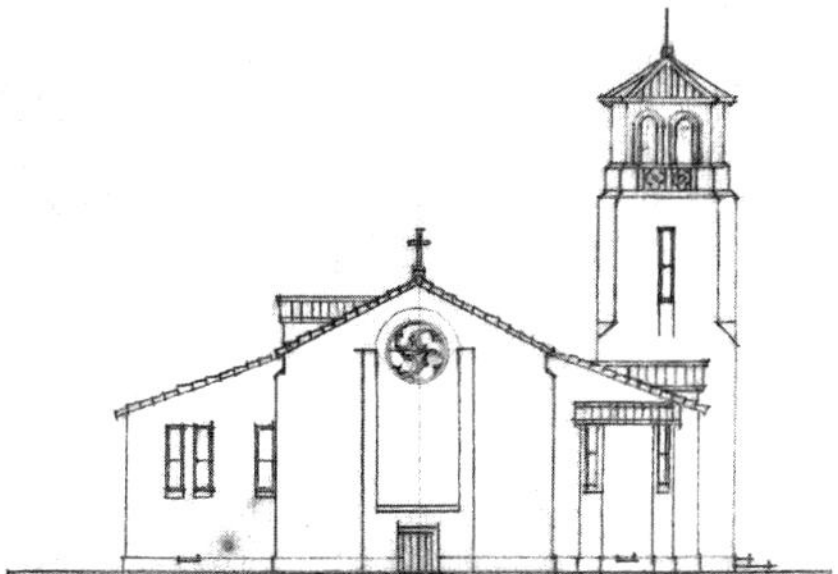

代に担当した二代礼拝堂（一九二三年）が関東大震災に際して倒壊を免れず、バーガミニとの協働による三代礼拝堂（一九二九年、本章「建造物めぐり2」参照）は東京大空襲で屋根が焼け落ち、家具を含めて、自らの手で丁寧に復元している（一九五五年）。

上林の「信徒建築家」という生き方は、日本聖公会 前橋聖マッテア教会マキム主教記念礼拝堂（終章「建造物めぐり9」参照）で総集される。本礼拝堂も一九四〇年（昭和十五）の設立決議後、戦雲が晴れるまで計画延期となったが、戦後三年目の一九四八年（昭和二十三）一月、同礼拝堂設立委員会により、前橋における北関東教区主教座聖堂の設置が決定する。設計者は当初から上林が念頭に置かれていた。

よって基本設計は早々に着手され、最初期の図面は一九四八年（昭和二十三）二月に遡る（図㉖）。それからの検討は入念で、着工を直前に控えた一九五一年（昭和二十六）まで試行錯誤が重ねられた（図㉗㉘）。本作において上林は、明治末期から直面してきた「教会建築の設計をめぐる暗黙の縛り」から解き放たれ、ロマネスクを基調とする新境地に至る（図㉙）（注57）。信徒として、建築家として到達した落ち着きのある控えめな味わいの主教座聖堂は、一九五二年（昭和二十七）五月七日に聖別式を挙げた。

本礼拝堂の完成を見届けて四年後（一九五六年）より、最晩年の上林敬吉（図㉚）は聖路加国際病院に入退院を繰り返すが、最期まで自ら帰属する聖公会と、その建築への溢れる思いに支えられ、一九六〇年（昭和三十五）三月九日、現役の「信徒建築家」として生涯を終えた——一級建築士第三〇三一号、享年七十五歳。戦前・戦後にわたり、丹精を込めて取り組んだ工事中の外来棟は、明くる年の十月十八日に完成を迎える（図㉛）。

①所収文献所蔵・画像提供　日本聖公会 盛岡聖公会
③所収文献所蔵・画像提供　上智大学図書館
④画像提供　個人コレクション
⑤所収文献所蔵・画像提供　個人コレクション
⑥⑫㉔㉕㉖㉗㉘㉛ 画像提供　学校法人聖路加国際大学
⑬所収文献所蔵・画像提供　学校法人聖路加国際大学　©医学書院
⑦㉚ 画像提供 上林敬吉ご遺族
⑧所収文献所蔵・画像提供　日本聖公会 浅草聖ヨハネ教会
⑩所収文献所蔵　立教大学図書館、画像提供　立教学院史資料センター
⑪画像提供　日本聖公会 東京諸聖徒教会
⑯画像提供　日本聖公会 高崎聖オーガスチン教会
⑱⑲画像提供　日本聖公会 郡山聖ペテロ聖パウロ教会
㉒所収文献所蔵・画像提供　立教大学図書館
②⑨⑭⑮⑰⑳㉑㉓㉙ 撮影　橋本優子

左㉙ 日本聖公会 前橋聖マッテア教会マキム主教記念礼拝堂 外観（塔屋）2022年撮影
上㉚ 最晩年の上林敬吉 1950年代後半撮影 上林敬吉ご遺族蔵

㉛ 聖路加国際病院 本館全景（文献D）1961年撮影（完成時）

上林敬吉の生涯年譜

※は本書で取り上げていない建造物

年代	上林敬吉の生涯	上林敬吉が関わった建造物※	一般・関連事項、関係する建造物※
一八八〇年（明治十三）			十月十四日、米国聖公会のガーディナーが来日し、東京の立教学校校長に就任。
一八八四年（明治十七）	五月十二日、京都府京都市上京区に生まれる（〇歳）。		
一八八七年（明治二十）			二月、日本聖公会の成立。
一八八九年（明治二十二）			二月十一日、大日本国憲法の公布により、信教の自由が保障。 七月、新橋・神戸間の鉄道が全通（のち東海道線）。 十一月十六日、京都市下京区に米国聖公会の五条講義所が開設。
一八九一年（明治二十四）	三月、京都市上京区の尋常小学校に入学（六歳）。		
一八九二年（明治二十五）			この年、京都市上京区に米国聖公会の宣教師館が開設。 ガーディナーが立教学校校長を辞し、以降、築地居留地（のち明石町）の自邸で建築設計に注力。
一八九三年（明治二十六）			二月十四日、京都市上京区に米国聖公会の小川講義所が開設。
一八九四年（明治二十七）	四月、尋常小学校を卒業（九歳）、高等小学校に入学。		この年、ガーディナーが立教学校教授に就任。
一八九五年（明治二十八）			六月、五条講義所に米国聖公会のウィリアムズ司祭（元主教）が着任。
一八九六年（明治二十九）	四月、高等小学校を中退（十一歳）。 この年以降、母の意向により、ガーディナーとともに上京（十二歳以降）。		四月、日本聖公会に京都地方部（のち京都教区）が成立。 十月七日、京都市上京区に京都聖三一教会初代礼拝堂（ガーディナー設計、本章「建造物めぐり9」）が定礎。
一八九八年（明治三十一）			五月二十五日、同礼拝堂の聖別。 八月、下田菊太郎が帰国し、東京に建築設計事務所を開設。 この年、五条講義所が独立し、京都聖約翰教会（のち京都聖ヨハネ教会）と改称。

一八九九年（明治三十二）			七月十七日、陸奥条約の発効により、治外法権の撤廃、居留地廃止、内地雑居が開始。
一九〇一年（明治三十四）			一月三日、東京に聖愛教会二代礼拝堂※（ガーディナー設計）が聖別。 三月、下田事務所が横浜へ移転。
一九〇二年（明治三十五）	一月、茨城県水戸の茨城県土木課に勤務、現場監理となる（十七歳）。 十二月二十五日、水戸の聖公会講義所で受洗（十八歳）。		
一九〇三年（明治三十六）	三月、茨城県土木課を退職（十八歳）。	二月、茨城県水戸に茨城県立図書館（部署）の設置。 十一月、初代茨城県立図書館※（駒杵勤治設計、退職前の上林担当）の竣工。	六月十日、下田菊太郎が横浜に下田建築合資会社を設立。 この年、ガーディナーが東京市内明石町の自邸に建築設計事務所を開設。
一九〇四年（明治三十七）	一月、下田建築合資会社に勤務、現場監理となる（十九歳）。	この年の初め、京都に村井吉兵衛京都別邸（長楽館）※（ガーディナー設計、転職後に上林担当）が着工。 この年、横浜にスタンダード・オイル横浜支社社屋※（下田菊太郎設計、上林担当）が竣工。	二月八日、日露戦争の勃発（～一九〇五年九月五日）。 この年、ガーディナー事務所が東京市内五番町へ移転。
一九〇五年（明治三十八）	十二月、下田建築合資会社を退職（二十一歳）。	三月、横浜に英国聖公会の横浜聖安得烈教会二代礼拝堂※（下田菊太郎設計、上林担当）が聖別。	
一九〇六年（明治三十九）	一月十日、ガーディナー事務所に勤務、設計助手、現場監理となる（二十一歳）。同事務所の京都出張所へ赴任。	四月二十四日、京都市下京区に京都聖ヨハネ教会初代礼拝堂（ガーディナー設計、上林担当、本章「建造物めぐり10」）が定礎。	
一九〇七年（明治四十）		五月十六日、同礼拝堂の聖別。 六月九日、長楽館※の上棟。	
一九〇八年（明治四十一）			この年、ガーディナーが米国聖公会伝道局を退職し、建築設計に専心。
一九〇九年（明治四十二）	三月末、東京のガーディナー事務所に帰任（二十四歳）。 四月、東京市内神田錦町の正則英語学校英語専修科に入学。	五月、長楽館※の竣工。	
一九一〇年（明治四十三）	この年（二十五～二十六歳）、建築学会準員の記録。 住所は東京市内土手三番町（ガーディナー事務所至近）。		この年、ガーディナー事務所が土手三番町へ移転。

年代	上林敬吉の生涯	上林敬吉が関わった建造物※	一般・関連事項、関係する建造物※
一九一一年（明治四十四）	一月、ガーディナー事務所の設計主任に昇格（二十六歳）。 三月二十五日、聖愛教会※で湯山為子と結婚。 四月、正則英語学校を中退。 この年（二十六〜二十七歳）、建築学会名簿の住所は東京府下大久保町大字百人町。	この年以降、立教女学院三代校舎※が順次竣工。 この頃、イタリア大使館官舎※、ドイツ大使館参事官官舎※、大山巌公爵邸※も竣工（すべて東京、ガーディナー設計、上林担当）。	
一九一二年（明治四十五）（大正元）			七月二十九日、明治天皇崩御。 同・三十日、大正改元。
一九一三年（大正二）		この年、東京にロシア大使館舞踏室※、徳川頼倫侯爵森ヶ崎別邸※が竣工（ともにガーディナー設計、上林担当）。	
一九一四年（大正三）		十月二十八日、栃木県日光に日光真光教会礼拝堂（ガーディナー設計、上林担当、本章「建造物めぐり11」）が定礎。	七月二十八日、第一次世界大戦の勃発（〜一九一八年十一月十一日）。
一九一五年（大正四）		九月十八日、同礼拝堂の開堂。	
一九一六年（大正五）		八月六日、同礼拝堂の聖別。	この年、ライトが帝国ホテルと新館（ライト館）※の設計契約を締結。
一九一七年（大正六）		この頃、東京にポルトガル公使館※、オランダ公使館参事官官舎※が竣工（ともにガーディナー設計、上林担当）	
一九一九年（大正八）			十二月三十一日、レーモンドが来日し、東京のライト事務所に参加、ライト館※を担当。
一九二〇年（大正九）	この年（三十五〜三十六歳）、建築学会名簿の住所は東京市内上六番町（監理現場至近）。		
一九二一年（大正十）		十二月十一日、東京に浅草聖ヨハネ教会二代礼拝堂※（ガーディナー設計、上林担当）が着工。	二月、レーモンドが独立し、東京に建築設計事務所を開設。
一九二二年（大正十一）		三月二十六日、同礼拝堂の定礎。 十月十四日、同礼拝堂の新築感謝礼拝。	この年、スワガーが来日し、レーモンド事務所に参加。
一九二三年（大正十二）		九月一日、同礼拝堂が関東大震災で倒壊。	夏、東京にライト館※の竣工。 九月一日、関東大震災の発生。
一九二四年（大正十三）	この年（三十九〜四十歳）、建築学会名簿の住所は東京市内鳥居坂（監理現場の小田邸敷地内仮住宅）。	この年、東京に小田良治邸※（ガーディナー設計、没後に上林が継承設計）が竣工。	この年以降、帝都復興事業の実施（〜一九三二年）。

一九二五年（大正十四）	ガーディナーの逝去に伴い、この年以降、東京市内麻布三河台町でガーディナー事務所の仕事を継承（書類上は一九二五年一月〜一九三二年十二月まで、四十〜四十八歳）。同じ住所で自身の建築設計事務所も運営（書類上は一九三三年一月〜一九三七年一月、四十八〜五十二歳）。		この年、バーガミニが来日し、東京の立教大学（池袋）を連絡先（兼居住地）として建築設計を開始。 十一月二十五日、ガーディナーが東京の聖路加国際病院（震災復興中・火災後の仮病院）で逝去。同・二十七日、日光礼拝堂（前出11）に埋葬。
一九二六年（大正十五）（昭和元）			この年、フォイエルシュタインが来日し、レーモンド事務所に参加。以降、聖路加国際病院（終章「建築めぐり7」）の意匠をめぐり、レーモンドと、トイスラー院長、米国聖公会伝道局、スワガー、フォイエルシュタインらが対立。 十二月二十五日、大正天皇崩御、昭和改元。
一九二七年（昭和二）		三月、東京にスペイン公使館※（ガーディナー設計、没後に上林が継承設計）が竣工。 十二月七日、埼玉県浦和に浦和諸聖徒教会二代礼拝堂（バーガミニと協働設計、本章「建造物めぐり1」）が定礎。	
一九二八年（昭和三）		四月十七日、同礼拝堂の聖別。 十月一日、浅草聖ヨハネ教会三代礼拝堂（バーガミニと協働設計、本章「建造物めぐり2」）の定礎。 この年、東京にオランダ公使館※（ガーディナー設計、没後に上林が継承設計）が竣工。	二月十一日、同病院の着工。のちレーモンドが解約され、バーガミニが実施設計を継承。
一九二九年（昭和四）		四月二十九日、浅草礼拝堂（前出2）の聖別。 七月一日、岩手県盛岡に盛岡聖公会二代礼拝堂（バーガミニと協働設計、本章「建造物めぐり3」）が着工。 八月、群馬県高崎に聖オーガスチン教会礼拝堂(バーガミニと協働設計、本章「建造物めぐり4」)が定礎。 十二月十五日、盛岡礼拝堂（前出3）、同・二十一日、高崎礼拝堂（前出4）の聖別。	五月、同病院の上棟。 十月二十四日、世界恐慌の発生（〜一九三三年）。
一九三〇年（昭和五）		十月五日、秋田県秋田に秋田聖救主教会二代礼拝堂（バーガミニと協働設計、本章「建造物めぐり5」）が聖別。 この年、京都市左京区に京都聖マリア教会付属会館※が竣工。	一月、昭和恐慌の発生（〜一九三一年）。 三月二十八日、聖路加国際病院（前出の終章7）の定礎。 この年、スワガーが独立し、横浜に建築設計事務所を開設。フォイエルシュタインの離日。

年代	上林敬吉の生涯	上林敬吉が関わった建造物※	一般・関連事項、関係する建造物※
一九三一年（昭和六）		七月、福島県郡山に郡山聖ペテロ聖パウロ教会礼拝堂（バーガミニと協働設計、本章「建造物めぐり7」）が着工。 十一月、福井県福井に福井聖三一教会礼拝堂（バーガミニと協働設計、本章「建造物めぐり6」）が竣工。 この年、京都市上京区にニコルス京都主教邸※が竣工。	九月十八日、満州事変の勃発（～一九三二年二月十八日）。
一九三二年（昭和七）		二月二十四日、郡山礼拝堂（前出7）の聖別。 四月二十九日、福井礼拝堂（前出6）の聖別。 この年、宮城県仙台に仙台基督教会付属会館※が竣工。	
一九三三年（昭和八）		五月二十二日、栃木県宇都宮に宇都宮聖約翰教会礼拝堂（本章第一・第三節）が聖別。	六月四日、聖路加国際病院（前出の終章7）の奉献。同・五日、開院。
一九三四年（昭和九）		十月二十日、埼玉県大宮に大宮聖愛教会礼拝堂（本章「建造物めぐり8」）が聖別。	
一九三五年（昭和十）			八月、聖路加礼拝堂（バーガミニ設計、上林現場監理、前出の終章7）の着工。
一九三六年（昭和十一）			十二月十三日、同礼拝堂の聖別。
一九三七年（昭和十二）	一月、麻布三河台町の事務所を解散（五十二歳）。 二月二日、聖路加国際病院（前出の終章7）理事会がスワガーと上林を同病院外来棟・事務部新築の建築家に指名。	この年、神奈川県葉山に小田良治別荘※が竣工。	七月七日、日中戦争の勃発（～一九四五年九月九日）。戦時下体制に突入。 十二月、レーモンドの離日。
一九三八年（昭和十三）	一月、同病院の営繕課長に就任（五十三歳）。以降の住所は東京市内明石町の病院敷地内職員住宅。		この年、バーガミニの離日。
一九三九年（昭和十四）			九月一日、第二次世界大戦の勃発（～一九四五年九月二日）。
一九四〇年（昭和十五）		この年、日本聖公会北関東地方部が前橋聖マッテア教会マキム主教記念礼拝堂（終章「建造物めぐり9」）の設立を決議。 東京に三光教会二代礼拝堂※が聖別。	
一九四一年（昭和十六）			この年の前半、スワガーの離日。 十二月八日、太平洋戦争の勃発（～一九四五年九月二日）。

一九四三年（昭和十八）	この年（五十八～五十九歳）、建築学会正員の記録。住所は東京市内麻布霞町。		この年、日本聖公会が組織解消。
一九四五年（昭和二十）		三月十日、浅草礼拝堂（前出2）が東京大空襲で被災。 七月十九日、福井礼拝堂（前出6）が福井空襲で被災。	八月十五日、日本がポツダム宣言を受諾し、降伏。 九月十二日、米軍により、聖路加国際病院（前出の終章7）が接収。 十月十八日（付）、日本聖公会が再組織。
一九四六年（昭和二十一）		この年、戦災復興教会試案（本節）。	
一九四八年（昭和二十三）		六月二十八日、福井礼拝堂（前出6）が福井地震で被災。	一月二十六日、日本聖公会マキム主教記念礼拝堂（前出の終章9）設立委員会が前橋に北関東教区主教座聖堂の設置を決定。
一九四九年（昭和二十四）		五月、同礼拝堂の復元竣工。	
一九五〇年（昭和二十五）	十二月、一級建築士の申請（六十六歳）。住所は明石町、本籍が麻布霞町。		
一九五一年（昭和二十六）	この年、一級建築士の認可（第三〇三一号）。	十月、前橋礼拝堂（前出の終章9）の着工。	
一九五二年（昭和二十七）		五月七日、同礼拝堂の聖別。	
一九五三年（昭和二十八）			二月十三日、米軍により、聖路加国際病院（前出の終章7）旧館が返還。
一九五五年（昭和三十）		十一月二十日、浅草礼拝堂（前出2）の復元聖別。	
一九五六年（昭和三十一）	六月、勤務先の聖路加国際病院（前出の終章7）に入院（七十二歳）。		五月二十五日、米軍により、同病院本館が返還。
一九五七年（昭和三十二）	四月、同病院営繕課長兼汽缶課長に就任（七十二歳）。		
一九五八年（昭和三十三）	七月まで、同病院に入退院（七十四歳）。		
一九五九年（昭和三十四）	五月、同病院に入院（七十五歳）。		十二月二十一日、同病院外来棟が着工。
一九六〇年（昭和三十五）	三月九日、同病院で逝去（享年七十五歳）。同・十五日、聖路加礼拝堂（前出の終章7）で葬儀。		
一九六一年（昭和三十六）			十月十八日、同病院外来棟の完成・奉献。

第二章 第二節

[注]

（注1）上林敬吉ご遺族（ご令孫）の山岸 洋氏のご教示による。
山岸 洋（2019）講演録「上林敬吉と日本聖公会教会建築」京都：日本聖公会 京都聖ヨハネ教会
本節における上林の経歴については、ご遺族（ご令孫）の石森眞子氏（日本聖公会 大宮聖愛教会信徒）、同・山岸 洋氏（日本聖公会 京都聖ヨハネ教会信徒）、日本聖公会京都教区の高地 敬主教の調査協力、資料提供に多くを拠っている。

（注2）同前。

（注3）グリング司祭は、一八四九年十二月八日、アメリカ合衆国ペンシルヴァニア州ヨーク郡に生まれ、イェール神学校で学んだのち、米国ドイツ改革派教会の牧師となる。一八七九年（明治十二）に来日し、『ハイデルベルク信仰問答』の翻訳（一八八四年）、宮城県仙台区（仙台市）における仙台神学校、宮城女学校の開設に携わった（一八八六年）。一八八七年（明治二十）に帰国し、その後、米国聖公会に転じる。司祭按手は一八九二年で、この年（明治二十五）に帰来し、京都へ赴任する。以降の活動については、本節で記す通りである。一九〇二年（明治三十五）から京都教区の福井県遠敷郡小浜町（小浜市）、京都府加佐郡舞鶴町（舞鶴市）を歴任、一九〇八年（明治四十一）に引退のため帰国した。一九三四年十二月十九日、ニューヨーク州キングス・パークで逝去。
日本聖公会歴史編集委員会 編（1974）『あかしびとたち：日本聖公会人物史』東京：日本聖公会出版事業部

（注4）建築家のハンセルは、一八五七年十月六日、フランス帝国カルヴァドス県カーンに生まれ、大英帝国ウィンチェスターで建築を学ぶ。一八八八年（明治二十一）に来日し、川口居留地（大阪府大阪市西区川口）で大阪三一神学校（英国聖公会）の英語教師となる。その後、京阪神で建築設計に携わり、一九二〇年（大正九）に離日した。一九四〇年、モナコ公国で逝去。
神戸外国人居留地研究会 編（2005）『神戸と居留地：多文化共生都市の原像』神戸：神戸新聞総合出版センター

（注5）ミッション・アーキテクトのガーディナーは、一八五七年五月二十二日、アメリカ合衆国ミズーリ州セントルイスに生まれ、ハーヴァード大学教養課程で学ぶ。同校を中退後、企業勤務を経て、米国聖公会の執事按手を受ける。一八八〇年（明治十三）十月に来日し、築地居留地（東京都中央区明石町）で立教学校の校長となる。以降、一九二五年（大正十四）十一月二十五日に東京府東京市京橋区明石町（中央区明石町）の聖路加国際病院で逝去するまでの活動に関しては、本節、本章「建造物めぐり9・10・11・17」、これらの注を参照。
本節におけるガーディナーの経歴と作品については、次の文献に多くを拠っている。

松波秀子（2012）「新・生き続ける建築1：ジェームズ・マクドナルド・ガーディナー 日光に眠るミッション・アーキテクト」『LIXIL eye』1号 東京：LIXIL

（注6）注（1）参照。

（注7）ウィリアムズ司祭は、一八二九年七月十八日、アメリカ合衆国ヴァージニア州リッチモンドに生まれ、ウィリアム・アンド・メアリー大学、ヴァージニア神学校で学ぶ。一八五五年に米国聖公会の執事按手を受け、中国で伝道に携わり、司祭按手は一八五七年だった。一八五九年（安政六）六月に来日し、一八六二年（文久二）十月、東山手居留地（長崎県長崎市東山手）に英国聖公会の会堂を献堂する。一八六六年（慶応二）、主教按手のため帰国、一八六九年（明治二）に帰来、当初は大阪、のち東京を拠点とした。以降、立教学校の設立などその活動は多岐にわたるため、本書で取り上げた建造物に直接関係する事柄については、本節、本章「建造物めぐり2・6・9・10・12・13・14・16・17」を参照。一九〇八年（明治四十一）にガーディナーが付き添って帰国し、一九一〇年十二月二日、出生地のリッチモンドで逝去。
伊藤俊太郎，松平信久（2007）『立教の創立者 C. M. ウィリアムズの生涯：道を伝えて己を伝えず』（立教ブックレット1）東京：立教学院

（注8）上林敬吉（1950）『一級建築士選考申請書』東京：建設省住宅局
一九五〇年（昭和二十五）十二月に上林が記入・押印した本申請書は、一枚目「氏名、生年月日、本籍地、現住所、連絡先、学歴、著書・帰属団体等」、二枚目「建築に関する業務の経歴」、三～六枚目「重要な設計工事監督又は施工の経験」から成る。翌年、一級建築士の認可を受けていることから（第三〇三一一号）、提出された書類の本人控えと考えられる。本稿を執筆するに際しては、日本聖公会京都教区事務所で保管されてきた申請書のコピーを高地主教にご提供いただき、それをご遺族（ご令孫）の石森眞子氏と確認した。

（注9）建築家の駒杵勤治は、一八七七年（明治十）五月二十四日、山形県最上郡新庄小田島町（新庄市小田島町）に生まれ、東京帝國大学工科大学で建築を学ぶ。一九〇二～一九〇五年（明治三十五～三十八）の間、茨城県に勤務する（営繕工師のち技師）。その後、内務省、海軍省を経て、大正初め（一九一二年頃）、福岡県福岡市で建築設計事務所を開設した。一九一九年（大正八）二月二十七日、福岡市地行東町（地行）で逝去。
茨城県立土浦第一高等学校 編（2019）『ぶらり旧本館』第2号 土浦：茨城県立土浦第一高等学校

（注10）茨城県立図書館 編（2020）『令和2年度 茨城県立図書館要覧』水戸：茨城県立図書館
初代茨城県立図書館の開館は、一九〇四年（明治三十七）四月二十六日だった。

（注11）建築家の荒木賢治は、一八八〇年（明治十三）、青森県に生まれ、工手学校で建築を学ぶ。一九〇三年（明治三十六）は茨城県第二課に勤務、一九〇七年（明治三十八）には東京府東京市麹町区五番町（東京都千代田区一番町）のガーディナー事務所の主任だったことが判明している。その後、一九二一年（大正十）は藤田合名会社技師と久原鉱業会社嘱託を兼務、一九二二年（大正十一）になると、荒木建築工務所を開設した。一九四八年（昭和二十三）、逝去。
松波秀子（1995）「日本聖公会の建築史的研究 4：ガーディナー建築事務所のスタッフ、荒木賢治と上林敬吉について」『学術講演梗概集』（建築歴史・意匠）東京：日本建築学会

（注12）松波秀子（2014）「日本聖公会の建築史的研究6：ガーディナー建築事務所の建築家、上林敬吉について」『建築歴史・意匠』東京：日本建築学会

（注13）聖路加国際病院 編（1982）『聖路加国際病院八十年史』東京：聖路加国際病院

（注14）『基督教週報』第21巻第1号（1910年3月4日号）東京：基督教週報社

（注15）アンデルス司祭は、一八六八年、イギリス連邦ニュー・ファンドランド自治領に生まれ、ロンドン大学、ジョンズ・ホプキンズ大学、同・大学院で学ぶ。卒業後、米国聖公会に帰属し、司祭按手は一八九五年だった。一八九九年（明治三十二）春に来日し、和歌山を皮切りに、茨城、秋田、山形、群馬、栃木の各県を歴任する。一九二一年（大正十）以降は、東京、栃木を拠点とした。一九三六年（昭和十一）三月に定年のため帰国し、一九六二年（昭和三十七）、イリノイ州シカゴで逝去。
日本聖公会歴史編集委員会 編、前掲書。

(注16)『基督教週報』、前掲書。

(注17)建築家の下田菊太郎は、一八六六年(慶応二)六月十四日、出羽国角館(秋田県仙北市角館町)に生まれ、工部大学校(のち帝國大学工科大学)で建築を学ぶ。同校を中退後、文部省営繕課を経て、一八八九年(明治二十二)にアメリカへ渡った。ページ・ブラウン建築設計事務所、D・H・バーナム社に勤務し、一八九五年(明治二十八)、シカゴで自身の事務所を開設する。以降の活動は、本節の年表に記す通りである。その後、上海(一九〇九~一九一一年)、アメリカ(一九一八~一九一九年)を拠点とし、一九一九年(大正八)に帰来、帝冠併合式(帝冠様式)を主張する。一九三一年(昭和六)十二月二十六日、東京府北豊島郡巣鴨町(東京都豊島区巣鴨)で逝去。
林 青梧(1981)『文明開化の光と闇：建築家下田菊太郎伝』東京：相模書房

(注18)建築家の辰野金吾は、一八五四年(嘉永七)十月十三日、肥前国唐津(佐賀県唐津市)に生まれ、工部省工学寮(のち工部大学校)、ロンドン大学で建築を学ぶ。一八八三年(明治十六)に帰国し、翌年、工部大学校(のち帝國大学工科大学、東京帝國大学工科大学)教授となる(一八八四年)。一九〇二年(明治三十五)、同校を辞し、東京で辰野葛西設計事務所(一九〇三~一九一九年)、大阪で辰野片岡建築事務所(一九〇五~一九一九年)を共同主宰する。一九一九年(大正八)三月二十五日、東京市赤坂区(東京都港区)で逝去。

(注19)建築家のブラウンは、一八五九年十二月、アメリカ合衆国ニューヨーク州エリスバーグに生まれ、コーネル大学で建築を学ぶ。一八七九年にニューヨークのマキム、ミード・アンド・ホワイト事務所の所員となり、一八八三~一八八四年の間、欧州に遊学して知見を深めた。一八八四年十二月、シカゴで自身の建築設計事務所を開設する(のちサンフランシスコへ移転)。一八九六年一月、カリフォルニア州バーリンゲイムで逝去。

(注20)建築家のバーナムは、一八四六年九月四日、アメリカ合衆国ニューヨーク州ヘンダーソンに生まれ、シカゴのウィリアム・ル・バロン・ジェニー建築設計事務所の製図工となる。その後、カーター、ドレイク・アンド・ワイト事務所を経て、一八七三年に建築設計事務所を共同設立し、一八九一年、同事務所をD・H・バーナム社と改称する。一九一二年六月一日、ドイツのハイデルベルクで逝去。

(注21)パピノ司祭は、一八六〇年十一月八日、フランス帝国ソーヌ＝エ＝ロワール県シャロン＝シュル＝ソーヌに生まれ、フランス国立エクス＝アン＝プロヴァンス高等工芸美術学校、リモン小神学校、オータン大神学院で学んだのち、一八八五年九月十九日、パリ外国宣教会に入会する。司祭叙階は一八八六年九月二十六日で、一八八七年(明治二十)一月に来日した。以降の活動については、第一章「建造物めぐり」注(5)を参照。健康に不安を抱えていたため、一九〇七~一〇年(明治四十~四十三)は一時帰国、一九一一年(明治四十四)に離日を余儀なくされる。その後、フランスで聖職に携わり、一九四二年十一月二十一日、タルン＝エ＝ガロンヌ県モンブトンで帰天。
Se documenter sur un missionnaire: Base de données. In: *L'institut de recherche France-Asie.*
https://irfa.paris/

(注22)建築家のコンドルは、一八五二年九月二十八日、大英帝国ロンドンに生まれ、サウス・ケンジントン美術学校、ロンドン大学で建築を学ぶ。ウィリアム・バージェス建築設計事務所を経て、一八七七年(明治十)に工部大学校教師、工部省営繕局顧問として来日した。一八八六~一八八八年(明治十九~二十一)の間、帝國大学工科大学講師を務めたのち、東京で建築設計事務所を開設する(一八八八年)。一九二〇年(大正九)六月二十一日、東京市麻布区麻布三河台町(港区六本木)で逝去。

(注23)聖心教会の歩みと歴代の聖堂については、序章と終章「建造物めぐり6」を参照。

(注24)横浜クライスト・チャーチの歩みと歴代の礼拝堂については、序章と終章「建造物めぐり5」を参照。

(注25)山岸、前掲の講演録。

(注26)荒木賢治(ガーディナー事務所主任)、辰野勇記(同・現場主任)、小野武雄(同・現場監督)、上林敬吉(同・現場係)を指す。一九〇七年(明治四十)六月九日の長楽館棟札による。松波(2012)、前掲書。

(注27)松波(2012)、同前。

(注28)本節における上林の居住地については、本人による『自筆申請書』、ご遺族(ご令孫)の石森眞子氏のご教示、日本建築学会名簿の内容を精査してまとめた。(『自筆申請書』については、注(8)参照)。

(注29)上林敬吉ご遺族(ご令孫)の石森眞子氏のご教示による。
『東京教報』51号(1911年3月25日号)東京：東京教報社

(注30)立教女学院の歩みと歴代の校舎については、本章「建造物めぐり16」参照。

(注31)浅草聖ヨハネ教会の歩みと歴代の礼拝堂については、本章「建造物めぐり2」参照。

(注32)本章「建造物めぐり」注(3)参照。

(注33)本章「建造物めぐり」注(1)参照。

(注34)ガーディナーは長期入院ではなく、最期の日まで意識もしっかりとしていた。
Episcopal Church. Domestic and Foreign Missionary Society ed. *The Spirit of Missions.* (March, 1926) Burlington: J.L. Powell.
よって入院の前後に、事務所を後任へ委ねる体制を敷かなかったと考えられる。

(注35)立教大学の池袋移転と、建築家の起用をめぐる詳細については、本章第四節参照。

(注36)マキム主教は、一八五二年七月十七日、アメリカ合衆国マサチューセッツ州ピッツバーグに生まれ、グリスウォルド大学、ナショタ神学院で学ぶ。司祭按手は一八七九年で、翌年に来日し、川口居留地(大阪府大阪市西区川口)の照暗女学校司祭となる(一八八〇年)。一八九三年(明治二十六)には日本聖公会主教、立教の最高責任者に就任し、一九三五年(昭和十)の離日まで、両組織の発展に尽くした。一九三六年(昭和十一)四月四日、アメリカ合衆国ハワイ準州ホノルルで逝去(立教の最高責任者については、終章「建造物めぐり」注(30)参照)。

(注37)英語は「All gone but faith in God.」

(注38)ミッション・アーキテクトのバーガミニは、一八八七年八月十二日、アメリカ合衆国ニューヨーク州アセンズに生まれた。アメリカにおける建築教育と実務経験、日本での活動については、本章「建造物めぐり15」、同・注(15)を参照。日本滞在中の一九二九年(昭和四)、建築家のアントニン・レーモンド、ロバート・D・コーン(一八七〇~一九五三)、米国聖公会のノーマン・スペンサー・ビンステッド日本聖公会東北地方部主教(一八九〇~一九六一)の推薦により、アメリカ建築家協会(AIA)会員となる。一九三四年(昭和九)にはイェール大学の文学士号を取得した。一九三八年(昭和十三)に離日、第二次世界大戦中は日本占領下フィリピンのルソンで日本軍の収容所に幽囚され、終戦とともに米軍に救出された。一九七五年(昭和五十)一月十五日、コネティカット州ロウェイトンで逝去。
The American Institute of Architects ed. (1956, 1962, 1970) *American Architects Directory.* New Providence: R. R. Bowker LCC.

（注39）バーガミニは、東京府北豊島郡巣鴨村（東京都豊島区西池袋）の立教学院校宅の一つに住み、それらの設計も手がけたとされる。
小西正捷（２００４）「追憶の建築群」『史苑』64巻2号 東京：立教大学

（注40）挿図⑫のスタンプに記される「チャールズ・バトラー&ロバート・D・コーン建築設計事務所」とは、一九一七～一九五〇年代初めの間、バーガミニのAIA入会推薦者の一人コーンがバトラーと共同主宰したニューヨークの事務所を指す。ミッション・アーキテクトになる前のバーガミニは、コーンの事務所に勤務していた（一九一二～一九一四年）。（バーガミニのAIA入会については、注(38)参照）

（注41）一九五〇年（昭和二十五）の『自筆申請書』では、本籍が東京都港区麻布霞町、現住所が東京都中央区明石町と記される。日本建築学会名簿によると、一九四三年（昭和十八）の住所は東京府東京市麻布区麻布霞町だが、それ以前の一九三八年（昭和十三）に聖路加国際病院営繕課長となり、家族で明石町の職員住宅へ移っているため、名簿は本籍地の麻布霞町のままだったと考えられる。

（注42）このスタイルの礼拝堂群の詳細については、本章「建造物めぐり1～7」参照。

（注43）盛岡聖公会二代礼拝堂（本章「建造物めぐり3」参照）の場合、教会史（信徒の証言）では、ビンステッド東北地方部主教の指名により、バーガミニが基本設計を担い、その計画に基づき、上林敬吉が実施設計と現場監理を進め、基本設計の不備を補いながら、教会の要望に応える礼拝堂を完成したことが記される。
盛岡聖公会編（１９５９）『盛岡聖公会五十年小史：じゅびらぁて』盛岡：盛岡聖公会
盛岡聖公会には、建築工事の記録写真、「K・上林」と記された英語の実施設計図一式が保存されている。前者には上林が登場し（本節挿図①）、後者を見ると、教会史でいう基本設計と実施設計のすみ分け、上林の仕事ぶりが明確にわかる。このように教会史、設計図書や工事記録が完全に残る事例は少ないが、バーガミニと上林の協働による礼拝堂群は、同じ方法で実現されたとしてよい。

（注44）宇都宮聖約翰教会礼拝堂（本章第一・第三節参照）においては、外装に地域産の大谷石を採用し、大宮聖愛教会礼拝堂（同「建造物めぐり8」参照）では、礼拝堂と信徒会館の一体的な設計が成された。

（注45）上林敬吉ご遺族（ご令孫）の石森眞子氏のご教示による。

（注46）一八八八年五月十日、オーストリア＝ハンガリー帝国クラデン（チェコ共和国クラドノ）に生まれ、一九七六年十月二十五日、アメリカ合衆国ペンシルヴァニア州ニューホープで逝去したレーモンドの経歴については、終章「建造物めぐり」注(24)を参照。

（注47）建築構造家の内藤多仲は、一八八六年（明治十九）六月十二日、山梨県中巨摩郡榊村（南アルプス市曲輪田）に生まれ、東京帝國大学で造船と建築を学ぶ。卒業後、早稲田大学講師（のち教授）となり、一九一七～一九一八年（大正六～七）の間、アメリカに留学、帰国して耐震構造理論を確立する。一九五七年（昭和三十二）に早稲田大学を退職後も、構造設計の第一人者として活躍を続けた。一九七〇年（昭和四十五）八月二十五日、東京都新宿区戸山の国立東京第一病院で逝去。

（注48）建築家の佐野利器は、一八八〇年（明治十三）四月十三日、山形県西置賜郡荒砥村（白鷹町）に生まれ、東京帝國大学、同・大学院で建築を学ぶ。卒業後、同校講師（のち助教授を経て教授）となり、一九一一～一九一四年（明治四十四～大正三）の間、ドイツに留学、帰国して『家屋耐震構造論』を著す。一九二九年（昭和四）に東京帝國大学を退職後は、清水組副社長（一九二九～一九三二年）を務めるかたわら、一九三九年（昭和十四）まで日本大学、東京工業大学で教鞭を執り、後進を指導した。一九五六年（昭和三十一）十二月五日、神奈川県鎌倉市で逝去。

（注49）トイスラー宣教医師は、一八七六年二月二十五日、アメリカ合衆国ジョージア州ロームに生まれ、ヴァージニア医科大学、同・大学院で学ぶ。卒業後、アメリカとカナダで医師としての研修を受けたのち、母校で教鞭を執った。米国聖公会の派遣により、一九〇〇年（明治三十三）二月二日に来日し、翌年二月十二日、東京市京橋区明石町（東京都中央区明石町）に聖路加病院（のち聖路加国際病院）を開設する（一九〇一年）。以降、病院長として同病院の発展に尽くし、一九三四年（昭和九）八月十日、勤務先で逝去。
聖路加国際病院 編、前掲書。

（注50）一八九二年一月十五日、オーストリア＝ハンガリー帝国（チェコ共和国）ドブロヴィツェに生まれ、一九三六年五月十日、チェコスロヴァキア共和国（チェコ共和国）プラハで逝去したフォイエルシュタインの経歴については、終章「建造物めぐり」注(26)を参照。

（注51）一八八五年九月七日、オーストリア＝ハンガリー帝国（チェコ共和国）ペトロヴィツェに生まれ、一九六九年五月二十六日、アルゼンチン共和国クレイポールで逝去したスワガーの経歴については、終章「建造物めぐり」注(19)を参照。

（注52）聖路加国際病院の意匠設計をめぐる紛糾について、レーモンドはトイスラー病院長、米国聖公会伝道局の考え方が保守的なこと、フォイエルシュタインがきわめて繊細、スワガーはあまりにも慎重な性格である点を挙げている。
Raymond, Antonin. (1973) *Antonin Raymond: an autobiography*. Rutland: Charles E. Tuttle.

（注53）バーガミニが引き継ぐことで大きく変わったのは、病院の外観、とりわけ塔屋の意匠と、礼拝堂（屋内外）だった。ただし十字架形平面の南南西と長い両翼に病院、北北東に礼拝堂、両翼に接続する棟に看護学校その他を置く近代的ビルヂングというレーモンドの基本構想は尊重されている。

（注54）聖路加国際病院 編、前掲書。
スワガーと上林敬吉が実施設計を担ったのは、一九三三年（昭和八）六月五日の開院時に未完だった部分（終章「建造物めぐり7」図⑤参照）を指す。

（注55）その頃の五万五千円は、今日の二四七万八千円程度に相当する。（昭和二十一年と令和三年の企業物価指数に基づいて計算）
日本銀行 時系列統計データ検索サイト　https://www.stat-search.boj.or.jp/

（注56）上林敬吉の場合、自身が手がけた礼拝堂に和風建築の要素を取り込むことは、それまで皆無だった。

（注57）上林敬吉の場合、バーガミニとの協働、自身の単独設計によるそれまでの礼拝堂は、ほとんどがゴシックを基調とした。一方、バーガミニは、上林との共作ではない礼拝堂において、さまざまなスタイルを試みる。
このうち立教女学院聖マーガレット礼拝堂（本章「建造物めぐり16」参照）では、校舎との意匠的な調和に鑑みてロマネスク・リヴァイヴァルを採用したこと、及びその頃の日本人信徒がゴシック風を好む点を米国聖公会の広報誌で述べている。
Bergamini, John van Wie. "Christian Architecture in Japan." In: Episcopal Church, Domestic and Foreign Missionary Society ed. *The Spirit of Missions*. (July, 1937) Burlington: J.L. Powell.

[画像所収文献]

（文献Ａ）Episcopal Church, Domestic and Foreign Missionary Society ed. *The Spirit of Missions.* (December, 1927) Burlington: J.L. Powell.

（文献Ｂ）*The Spirit of Missions* (January, 1929)

（文献Ｃ）橋本寛敏（１９５５）『近代病院の設備と機能：写真による解説』（病院全書8巻）東京：医学書院

（文献Ｄ）聖路加国際病院 編（１９８２）『聖路加国際病院八十年史』東京：聖路加国際病院

（文献Ｅ）日本聖公会浅草聖ヨハネ教会百年誌編集・出版委員会 編（１９８６）『浅草に召されて：浅草聖ヨハネ教会百年史』東京：日本聖公会浅草聖ヨハネ教会

（文献Ｆ）盛岡聖公会宣教１００周年記念誌編集委員会 編（２００８）『日本聖公会東北教区 盛岡聖公会宣教１００周年記念誌：じゅびらぁてⅣ（歓ばしき声をあげよ）』盛岡：盛岡聖公会宣教１００周年記念誌編集委員会

（文献Ｇ）光岡義一 編『建築世界』3巻11号（１９０９年11月号）東京：建築世界社

（文献Ｈ）『聲』３１２号（１９０４年6月）東京：三才社

第三節

宇都宮聖約翰教会礼拝堂
―その建築について―

橋本 優子

時代背景

一九三三年（昭和八）五月二十二日、米国聖公会のジョン・アレクサンダー・ダンバー・マキム日本聖公会主教（北東京地方部主教兼務）（注1）、チャールズ・シュライバー・ライフスナイダー北東京地方部補佐主教（立教学院総長兼務）（注2）の司式のもと、栃木県宇都宮市西原町（宇都宮市桜）の宇都宮聖約翰《ヨハネ》教会礼拝堂（現・日本聖公会 宇都宮聖ヨハネ教会礼拝堂、図①②③）は荘厳な聖別式を挙げた（注3）。

まだ河内郡宇都宮町だった頃に、聖公会の伝道の種が蒔かれて四十年後、講義所が西原町へ移り、仮礼拝堂兼園舎が竣工して二十一年の歳月を経たのちのことである。

新しい礼拝堂の聖別式には、来日中のジェームズ・デウォルフ・ペリー米国聖公会総主教（注4）も列席して説教を行い、北東京地方部の重鎮が多数、立教大学の聖歌隊二十四名のほか、二百名もの会衆が参集している（注5）。

ペリー主教については、わが国を開国に導いたマシュー・カルブレイス・ペリー提督（注6）の大甥に当たる人物として知られ、この年に日本各地の伝道拠点と主要都市のほか、ペリー提督上陸の地、神奈川県横須賀市久里浜を訪れた（注7）。

北東京地方部（のち北関東地方部を経て北関東教区）の歩みで見ると、昭和戦前の新礼拝堂としては後発で、上林

① 竣工当時の礼拝堂全景（文献B）1933〜1934年撮影

② 礼拝堂全景 2014年撮影

③ 礼拝堂内部 2022年撮影

敬吉の教会建築においても、ジョン・ヴァン・ウィー・バーガミニ(注8)と協働した礼拝堂群(本章「建造物めぐり1・2・3・4・5・6・7」参照)が一段落してから、上林が単独で取り組んでいる。よって、明くる一九三四年(昭和九)に聖別の大宮聖愛教会礼拝堂(同8参照)と位置づけが似通う。

大谷石を用いた宇都宮の近代建築では、宇都宮商工会議所(一九二八年、安美賀(注9)設計、旧・宇都宮商工会議所)、城山会館(一九二九年、更田時蔵(注10)設計、旧・大谷公会堂)、東武鉄道 野球場前駅駅舎(一九三二年、東武鉄道設計、現・南宇都宮駅駅舎)、宇都宮天主公教会二代聖堂(同年、マックス・ヒンデル(注11)設計、現・カトリック松が峰教会聖堂。第一章第一・三節参照)に続いて登場した。

この年、経済こそ昭和恐慌(一九三〇～一九三一年)が起こる前の水準に戻ったが、政治面では日本が国際連盟を脱退し(三月)、以降、わが国は世界のなかで孤立を深めていく。地域の近代史においては、景気とともに大谷石の出荷が回復した一方で、栃木県特別高等警察課による宗教団体取締内規の制定も同年だった。このような出来事に鑑みると、宇都宮聖約翰教会礼拝堂は、さまざまな意味で時局の結節点に竣工した建造物と言える。

配置・平面計画について

本礼拝堂は、内陣(図⑥Ⓑ)が建物の南西端にあり、北西翼廊(片翼)がオルガン空間(図⑥Ⓔ)を成し、その内陣寄りに広い礼拝準備室が付される(図④⑤⑥Ⓓ)。単廊式身廊の南東側面、その北東寄りにはポーチと玄関間を兼ねる塔屋(単塔)が張り出す(図⑦⑧)。身廊(図⑥Ⓒ)の北東側には、壁で隔てた小礼拝堂が位置する。言い換えると、南西・北東方向に長く、翼廊が一つの

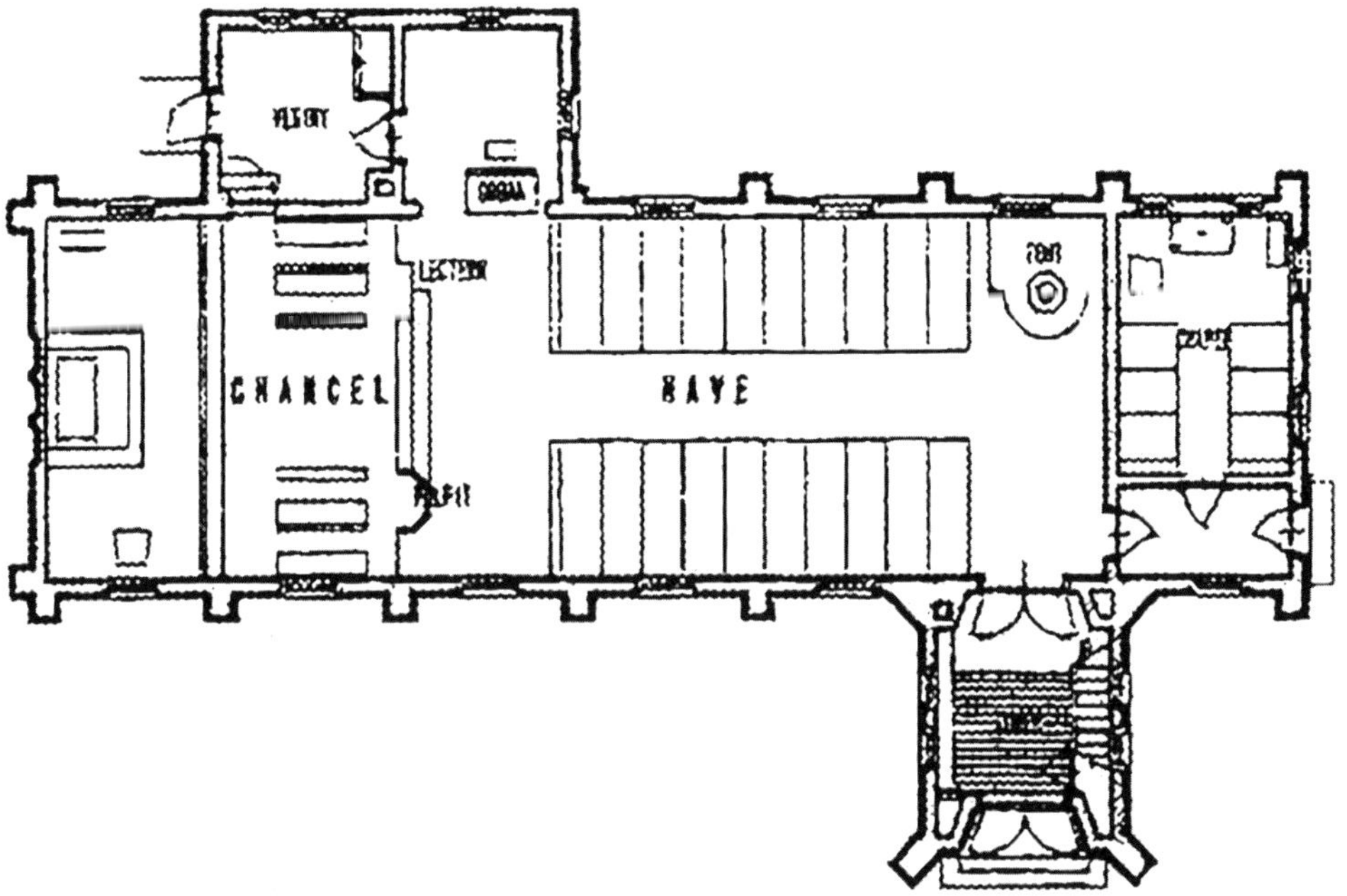

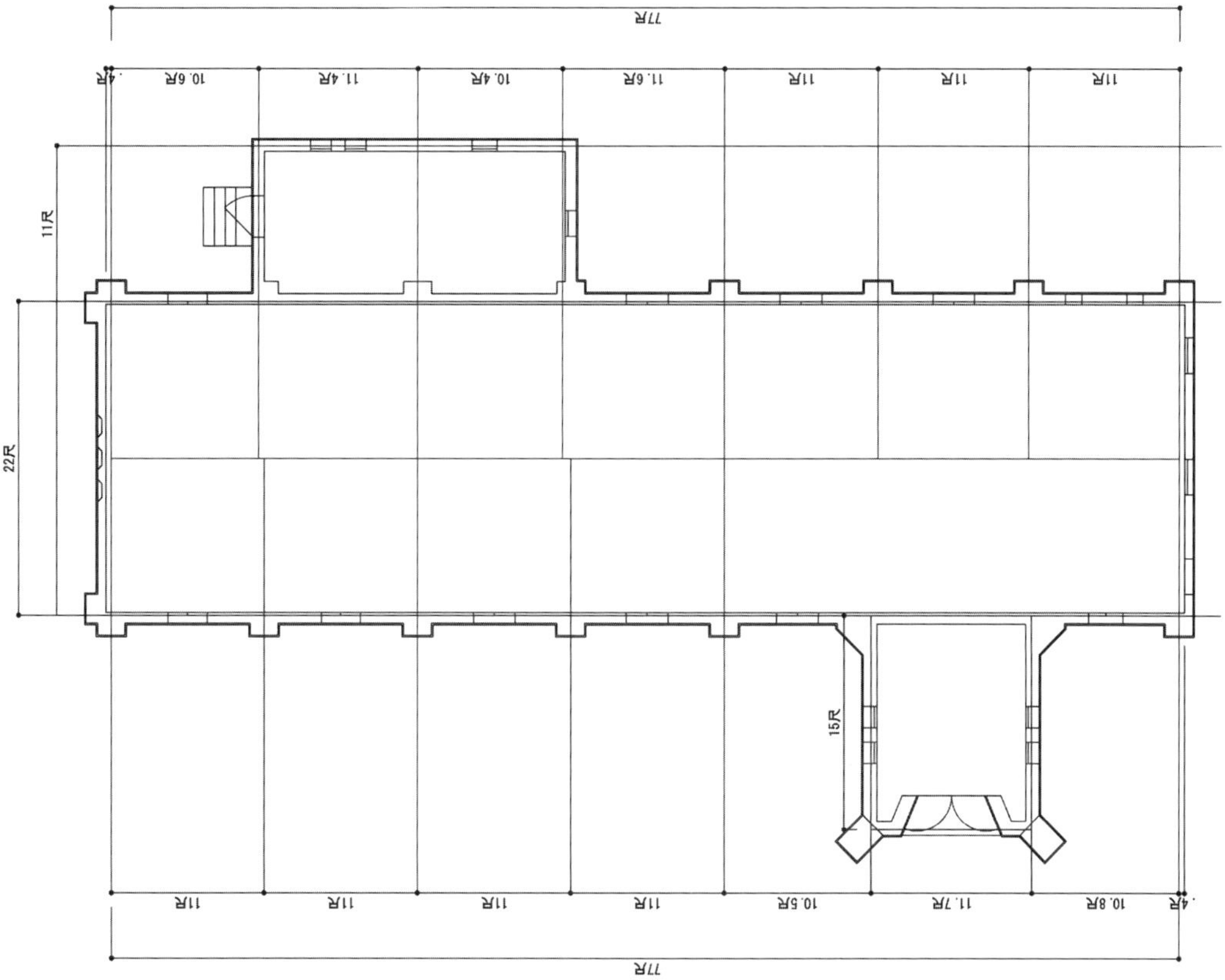

上④ 平面図［上林建築事務所《宇都宮教会新築案》より「一階平面図」（部分）］（文献C） 1932年
下⑤ 平面図（上林敬吉の図面に基づく） 2016年

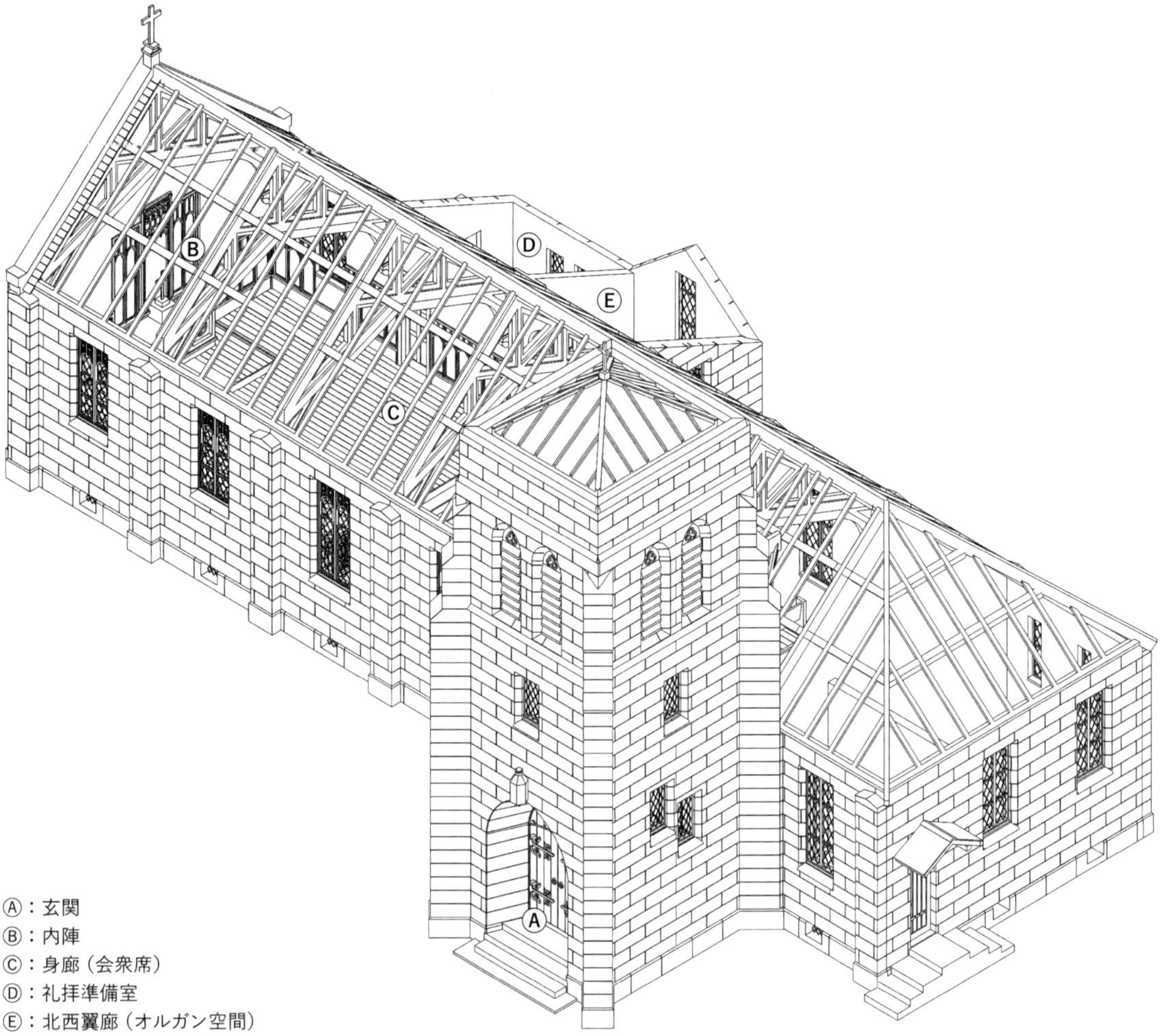

Ⓐ：玄関
Ⓑ：内陣
Ⓒ：身廊（会衆席）
Ⓓ：礼拝準備室
Ⓔ：北西翼廊（オルガン空間）

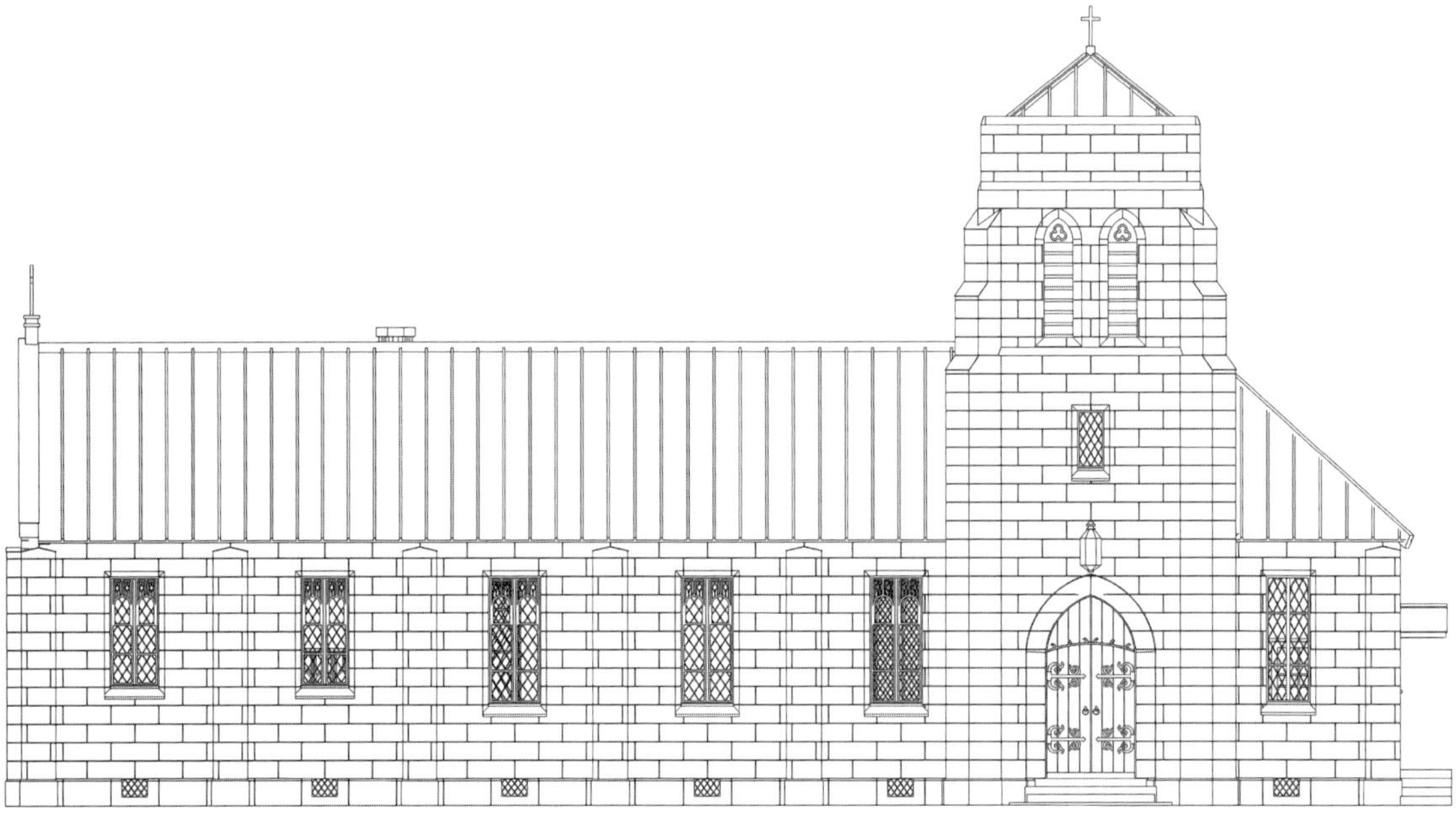

上⑥ 外観・内部投影図　下⑦ 南東立面図

不完全なバシリカ（十字架形平面）を呈し、南東翼廊を欠く代わりに、それが北東へずれたかたちで塔屋となっている。凸の字の右横に、逆凸の字を接合した形状の横長な平面と言い表すこともできる。

バーガミニとの共作によるそれまでの礼拝堂群でも、内陣・身廊部の側面から礼拝準備室、他の用途の小空間と、塔屋が随所に突出する平面がしばしば採用された。機能的に不可欠な礼拝準備室は内陣に近く、おおむね向かって右に設け、小空間の有無と場所、塔屋の位置についてはそれぞれに異なる。ポーチと玄関は、必ず会衆を身廊の最後部へ導くよう置かれる。ただし側面

⑧ ポーチ 2022年撮影

とは限らず、妻側の事例も見られる。

本礼拝堂の場合、玄関から入堂してすぐ右、扉の向こうには短い廊下が続き、これに面する小礼拝堂（図⑨）が特筆に値する。つまり建物の北東端は身廊の最後部ではなく、完全に独立した小礼拝堂と廊下で、祭壇は小礼拝堂の北西壁面にある。玄関間の横に、応接などに供する小部屋を有する事例としては、盛岡聖公会二代礼拝堂（本章「建造物めぐり3」参照）、福井聖三一教会礼拝堂（同6参照）が挙げられる。だが、小礼拝堂がこの位置を占める配置は珍しい。

上林はバーガミニと組んで仕事を行うなかで、聖公会の礼拝堂で約束事となる内陣、礼拝準備室、身廊、玄関の位置関係を踏まえ、これらが構成する凸字形の横長な平面を基本とし、他の要素を選択的に付す手法を編み出している。すなわち「礼拝堂の標準化」と、その「カスタマイズ」で、後者は敷地の条件や、教会の要望に沿って成された。設計もさることながら、造営においても有効な近代建築の発想としてよい。

この手法に則り、それを成熟させた

⑨ 小礼拝堂（文献C）昭和戦前撮影

本礼拝堂では、当初から敷地の中央（建物の南東）に枝を張る大きな藤、道路側の他の樹々、北東に建つ既存の仮礼拝堂兼園舎（一九一二年）、北西の司祭館との関係により、独特な平面になったと考えられる。道路が敷地の南西を走るため、盛岡聖公会のように、ポーチと玄関間を成す塔屋が道路に面する一直線形の平面もあり得た。しかしこの配置では、必然に内陣が北東端に配され、礼拝準備室、小礼拝堂の扱いが難しい。

そこで、新しい礼拝堂は門から見て敷地の左に置き、その玄関（南東側面の北東寄り）と、奥の仮礼拝堂兼園舎の玄関（南西側面の南東寄り）を直角に向かい合わせることで、二つの建物を有機的に結び付け、門から敷地内へ人々を誘う動線を意図したに違いない（図⑩）。結果、新旧の大谷石建造物が緑に映える美しい景観がもたらされた。礼拝準備室が司祭館、小礼拝堂は仮礼拝堂兼園舎に近接する利便性も生まれる（注12）。

小礼拝堂の役割は、実際的な機能に加えて、祭壇背後の漆喰壁に嵌めた木製のリアドス（背障。図⑪⑫）の継承にある。

このリアドスは、大阪の聖慰主教会（一八八二年発足）（注13）から川口基督教会（一八九一年発足）（注14）へと伝えられ、一八九五年（明治二十八）、奈良県磯城郡田原本村（田原本町）の田原本聖救主教会（注15）初代礼拝堂に移設された。その後、宇都宮と同時期に田原本の教会が礼拝堂を改築するに際して（一九三三年）、貴重なリアドスを宇都宮で譲り受けることになり、上林が実施設計に組み込んだという経緯を辿る（注16）。

スタイルと石づかいについて

本礼拝堂については、鉄筋コンクリート造（以下、RC造）・大谷石張の工法を採用し、昭和戦前の宇都宮に出現し

⑩ 竣工当時の正門側全景(文献A) 1933年撮影

⑫ 小礼拝堂の祭壇(リアドス詳細) 2022年撮影

⑪ 小礼拝堂の祭壇(壁面にリアドス) 2022年撮影

た教会建築のため、聖別が一年早い宇都宮天主公教会二代聖堂（一九三二年。第一章第一・三節参照）との比較において語られることが多い。確かに工法は同一で、ともに旧・帝国ホテル ライト館（一九二三年）の影響もしばしば指摘される（注17）。

とは言え、二つの教会は、教派、立地条件、建物規模、設計者と、その建築思想がまったく異なる。わずか十年の違いで、ライト館は煉瓦型枠を使わざるを得ず、RC造の技術が未熟な段階にとどまった（注18）。世俗の建物のうえ、設計者との直接的な接点もない。したがって、三つの建造物をスタイルと石づかい、工法の観点で対比させて、簡単に論じるのは難しい。

前述の通り、この建物はバーガミニと上林の協働がもたらした「礼拝堂の標準化」の完成形に当たり、かつ上林の単独設計で「カスタマイズ」を極めた事例にほかならない。

水切りのある控え壁を四隅に付した塔屋（図⑬）、その意匠、内陣・身廊部が戴く切妻屋根（図⑭）、これを支え、内部に露出するシザーズ・トラス（鋏形洋小屋。図⑮）、屋内外の開口部の形状などは、標準化が示す近代的なスタイ

⑬ 塔屋全景 2022年撮影

⑭ 正門(南西)側全景 2014年撮影

⑮ シザーズ・トラス 2022年撮影

ル、つまりモダン・アングリカン(注19)の特徴を成す。躯体をRC造とし、室内の壁を白い漆喰で仕上げることも(図⑯)、同じ発想に則る。

木を用いた内陣の造りと内装、祭壇や椅子、これらの加飾は、むしろ聖公会の伝統と直結している(図⑰⑱)。よって標準化ではなく、どの礼拝堂にも共通の普遍的な仕様であり、区別して考えねばならない。

以上を踏まえて、上林の仕事で最も留意すべきは、前述の配置・平面計画と、意匠、工法が一体的なかたちで固有なスタイルを呈するところにある。言い換えると、西洋の建築史的な「様式の復興・混淆」の範疇を越えており、近代建築における「特異な雛形の提案」と捉えるのが望ましい。確かに基調はゴシックで、バーガミニのみならず、米国聖公会の聖職者が指摘する通り、当時の日本人信徒の強いゴシック志向(注20)に見合っている。だが、純然たるゴシック・リヴァイヴァルや、同時代のジェームス・マクドナルド・ガーディナー(注21)、ウィリアム・ウィルソン(注22)らのアングリカン・ゴシック・リヴァイヴァル(注23)とは一線を画する。

そのことを明確に表すのが各部のさまざまな意匠で、塔屋の頂部にノルマン風の低いパラペット(胸壁)を設け、建物の随所に水切りのある控え壁をできるだけ単純化した形状で付し、小ぶりの窓をゴシック・アーチ(尖頭アーチ)や細長い矩形とすることは、RC造に適した雛形のディテールである。小屋組については、天井で隠す、もしくは鉄骨造でもよいが、建物がそれほど大規模ではないため、構造面と、内部の普遍的な仕様、視覚的な印象に鑑みて、シザーズ・トラスを標準とした可能性が高い。堂内を分節するチューダー・アーチ(四心尖頭アーチ)は、その形状に従う。

外壁に大谷石を張る設えは、地域の建材を活用した「カスタマイズ」の最た

⑰ 内陣の祭壇 2022年撮影

⑯ 塔屋の階段室 2022年撮影

⑱ 内陣の聖櫃と聖体ランプ 2022年撮影

る部分で、上林の作品では唯一の事例となる。それまでのRC造の礼拝堂群は、いずれも白い外観を呈するものの、コンクリートの冷たい印象を和らげるため、仕上げに工夫を凝らしている。本礼拝堂を石張りとしたのは、そのことに加え、大谷石組積造による仮礼拝堂兼園舎との親和性を図るためだった。

　この石材は、物性も質感も土に近い軽さ、軟らかさを有し、採掘の時点でいくつかの定尺寸法に加工される。すなわち煉瓦に似た特性を持ち、RC造と組み合わせるならば、堅固で、しかも積石の建造物と同じ外観を創出することができる（図⑲）。三次元的な彫刻表現には不向きな一方で、幾何学文様のレリーフや、石が本体的に備える色・柄（不定形なミソ（注24））を活かした最小

⑲ 塔屋外壁 2022年撮影

限の加飾に打って付けと言える。
　ある意味では難易度の高い素材の大谷石を前にした上林は、何よりもその風合いに着目し、過剰な細工を排し、石の性質に寄り添い、雛形のディテールと融和させる選択肢に至った。ゆえに、自然な肌理の美しい虎目《とらもく》(注25)(図⑳)を用い、基本的には材をそのまま外壁に張っている。塔屋頂部の造りを簡素にせざるを得なかった反面、RC造だと形骸化しがちで、空々しくも見える控え壁や、開口部回りの意匠に実在性を与え、礼拝堂らしさの度合いが高まった(図㉑)。

　上林の石づかいには、宇都宮の風土性とともに、本来の簡素な石造礼拝堂の姿を示唆するという「カスタマイズ」も見て取れる。そして、西洋の歴史的な建築と、その様式、とりわけ教会建築が石材、ひいては概念としての「石」と不可分な事実を物語る。時代や地域ごとに、さまざまな石が使われてきたが、それらを代替する煉瓦、コンクリートでさえも、実は別種の「石」にほかならないことを、本礼拝堂は秘かに訴求する。

　その表れこそが南西妻壁に穿たれた三つの細長い壁龕(アプス)、具体的には内陣上部にあるはずのステンドグラスを模した張石壁上の尖頭窓形レリーフとしてよい(図㉒㉓)。実際に窓を造作し、色ガラスを嵌めると、その象徴性が薄れてしまう。ところが壁龕として塞がれているため、教会建築が「石」に由来する建造物で、その具現化に供する石材が地域に見出される点も簡潔明瞭に示された。上林ならではの控えめで、しかし意志の感じられる石づかいである。

①⑩ 所収文献所蔵・画像提供　立教大学図書館
④⑨ ©日本聖公会 宇都宮聖ヨハネ教会
⑤ ©宇都宮美術館
⑥⑦㉓ 制作　模型工房「さいとう」
⑳ 石材提供　大谷石産業
②③⑧⑪⑫⑬⑭⑮⑯⑰⑱⑲⑳㉑㉒ 撮影　橋本優子

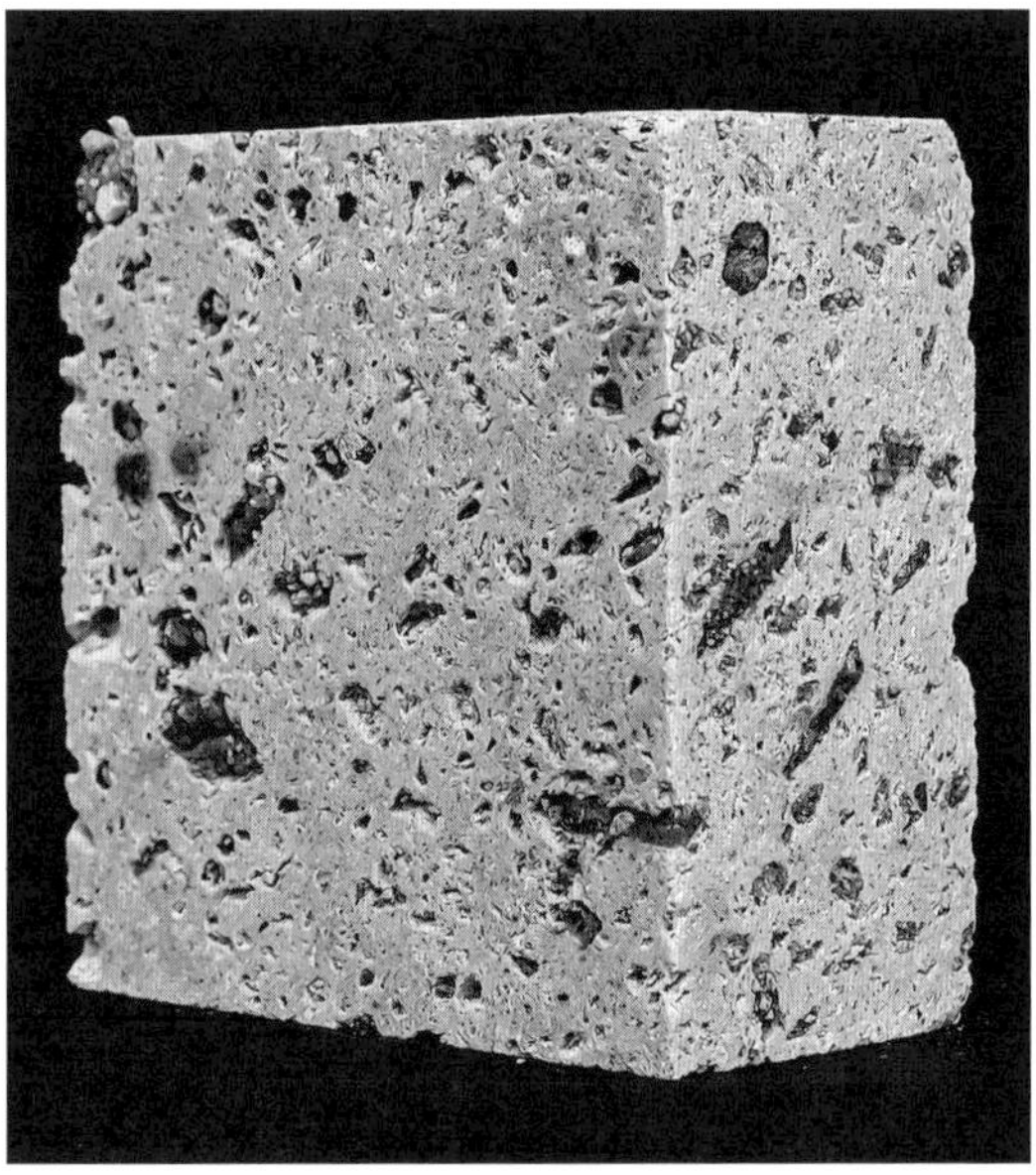
⑳ 虎目の大谷石石材 2016年撮影

㉑ 塔屋外壁と窓 2022年撮影

㉒ 南西妻壁の壁龕 2014年撮影

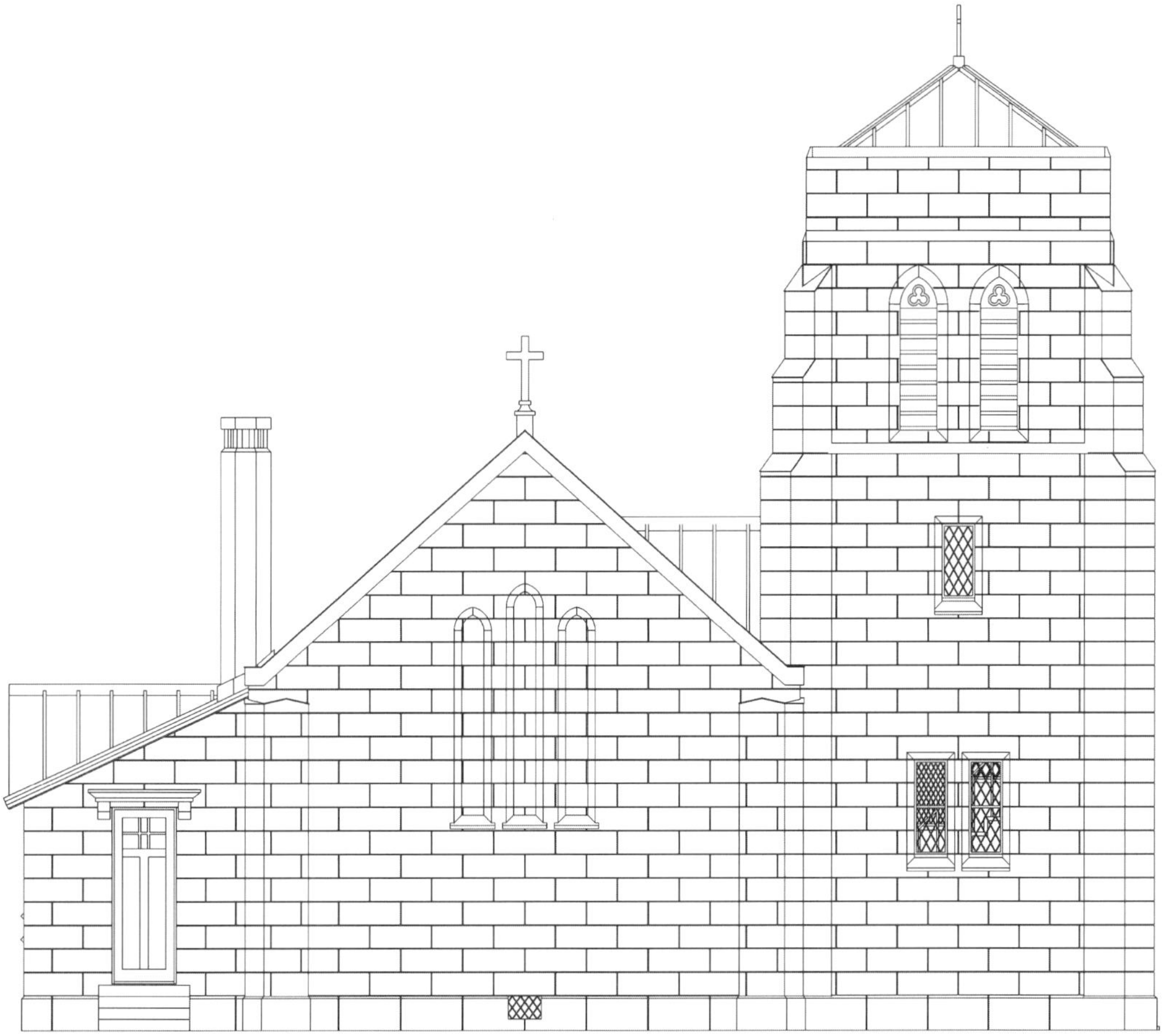

㉓ 南西立面図

第二章 第三節

［注］

（注1）マキム主教の経歴については、本章第二節注（36）を参照。

（注2）ライフスナイダー補佐主教は、一八七五年十一月二十七日、アメリカ合衆国メリーランド州フレデリックに生まれ、ハイデルベルグ大学、ベクスレー館（聖公会神学校）、ケニオン大学で学んだのち、一九〇一年に米国聖公会の司祭按手を受ける。同年（明治三十四）十一月に来日し、奈良県、福井県で伝道活動と英語教育に携わった。一九一二年（大正元）三月には立教学院総理（のち総長）を経て理事長、再び総長）となり、以降、学校の発展に尽くす。一九二四年（大正十三）から日本聖公会北東京地方部補佐主教（のち主教）を兼務する。一九四〇年（昭和十五）、日本におけるすべての要職を辞任、翌年（一九四一年）十月に帰国した。一九五八年三月十六日、カリフォルニア州パサデナで逝去。

（注3）『基督教週報』66巻12号（1933年5月26日号）東京：基督教週報社

（注4）ペリー総主教は、一八七一年十月三日、アメリカ合衆国ペンシルヴァニア州ジャーマンタウンに生まれ、ペンシルヴァニア大学、ハーヴァード大学、ニューヨークの聖公会神学院で学ぶ。一八九五年に米国聖公会の執事按手を受けて以来、聖職に携わり、司祭按手は一八九六年だった。一九一一年からロード・アイランド教区主教を務め、一九三〇年には米国聖公会総主教に着任し、一九三七年の引退まで二つの要職を兼務する。この間、海外伝道局の活動に深い関心を寄せ、一九三三年（昭和八）、五カ月に及ぶフィリピン、中国、日本、ハワイへの視察の一環として来日した。一九四七年三月二十日、サウス・カロライナ州サマーヴィルで逝去。

（注5）『基督教週報』、前掲書。

（注6）ペリー提督は、一七九四年四月十日、アメリカ合衆国ロード・アイランド州ニューポートに生まれ、一八〇九年に米国海軍に入隊し、士官候補生となる。以降、昇進を重ね、実務と士官教育に携わった。一八五三年七月八日（嘉永六年六月三日）、相模国浦賀（神奈川県横須賀市浦賀）に入港、七月一四日（旧暦六月九日）には久里浜に上陸して幕府に親書を渡す。一八五四年二月十三日（嘉永七年一月十六日）に帰来し、三月三十一日（旧暦三月三日）、武蔵国横浜（神奈川県横浜市中区）で日米和親条約を締結する。一八五五年に海軍を退任し、一八五八年三月四日、ニューヨークで逝去。

（注7）Episcopal Church, Domestic and Foreign Missionary Society ed. *The Spirit of Missions.* (August, 1933) Burlington: J.L. Powell.

（注8）建築家バーガミニの経歴と業績については、本章第二節注（38）を参照。

（注9）建築家の安 美賀は、一八八五年（明治十八）、茨城県那珂郡中野村（ひたちなか市部田野）に生まれ、東京高等工業学校附設工業教員養成所で建築を学ぶ。卒業後、青森県立工業学校（のち青森県立弘前工業学校）教諭（のち校長）となる。一九二三年（大正十二）、栃木県内務部土木課に招聘され、栃木県立宇都宮工業学校長を兼務した。一九四二年（昭和十七）に栃木県立足利工業学校へ転任し、一九四六年（昭和二十一）の退職後、東鉄工業千葉支社建築課に勤務する。一九五三年（昭和二十八）、千葉県千葉市で逝去。
橋本優子 編（2015）『大谷石をめぐる連続美術講座論集：大谷石の来し方と行方』 宇都宮：宇都宮美術館

（注10）建築家の更田時蔵は、一八九三年（明治二十六）、鳥取県東伯郡松崎村（湯梨浜町）に生まれ、早稲田工手学校で建築を学ぶ。卒業後、東京府東京市本郷区本郷の飯田徳三郎設計事務所、栃木県内務部土木課、神戸電気局電気事業拡張工事部、宇都宮市設計主任を経て、一九二三年（大正十二）、栃木県宇都宮市で更田建築事務所を開設する。一九六二年（昭和三十七）、栃木県宇都宮市で逝去。
橋本優子 編、同前。

（注11）建築家ヒンデルの経歴と業績については、第一部第二節を参照。

（注12）本礼拝堂の場合、敷地（園庭）に面する玄関とは別に、礼拝準備室の南西側、建物の北東端（小礼拝堂前の廊下の端）にも出入口があり、それぞれ当時の司祭館、仮礼拝堂兼園舎に近かった。

（注13）聖慰主教会（のち川口基督教会）の歩みについては、本章「建造物めぐり13」を参照。

（注14）同前。

（注15）奈良県磯城郡田原本村（田原本町）における聖公会の伝道は、一八八三年（明治十六）の説教会に始まる。翌年に教会が発足し（一八八四年）、礼拝堂の竣工は一八九五年（明治二十八）だった。

（注16）田原本聖救主教会の礼拝堂改築に際して、古いリアドスが不要になることを知った京都教区の伴我何人司祭は、米国聖公会のシャーリー・ホール・ニコルス日本聖公会京都教区主教（一八八四〜一九六四年）に願い出てリアドスを譲り受け、父の伴君保司祭が牧する宇都宮聖約翰教会へ送った。というのも伴君保司祭は、一八八七年（明治二十）、大阪府西区阿波座一番町（大阪市西区阿波座）の聖慰主教会礼拝堂でマキム司祭（のち主教）より受洗し、その時このリアドスは同礼拝堂の壁にあり、由緒ある思い出の品だったからである。宇都宮の新礼拝堂における利用については、上林敬吉と相談の結果、小礼拝堂の祭壇背後の壁を飾ることになった。
伴我何人（1937）『聖き美しきもの：実際的に見た聖公会の特色』 —でなり社

（注17）大谷石を用いた教会建築と、ライト館の工法については、第一部第三節、終章「建造物めぐり3・4・5」を参照。

（注18）煉瓦型枠RC造については、終章「建造物めぐり5」を参照。

（注19）本章「建造物めぐり」注（1）参照。

（注20）当時の日本人信徒のゴシック志向については、本章第二節注（57）、同「建造物めぐり5・13」、同・注（5）（12）を参照。

（注21）建築家ガーディナーの経歴と業績については、本章第二節注（5）を参照。

（注22）建築家ウィルソンの経歴と業績については、本章「建造物めぐり12・13・14」を参照。

（注23）本章「建造物めぐり」注（3）参照。

（注24）大谷石を特徴づける不規則で黒味を帯びた大小の斑点（孔）を指す。石の変質部で、主体は粘土鉱物である。

（注25）肌理が細かく、縞文様を呈する種類の石材を指す。

[画像所収文献]

（文献A）Episcopal Church, Domestic and Foreign Missionary Society ed. *The Spirit of Missions.* (August, 1933) Burlington: J.L. Powell.

（文献B）*The Spirit of Missions* (May, 1934)

（文献C）日本聖公会宇都宮聖ヨハネ教会 編（２００４）『宇都宮聖ヨハネ教会 宣教１００年記念誌』宇都宮：日本聖公会宇都宮聖ヨハネ教会

第四節

日本近代におけるキリスト教の伝道とミッション建築家たち

―聖公会を中心に―

鈴木 勇一郎

それぞれの伝道と聖公会

一八五八年（安政五）における日米修好通商条約の締結以降、諸外国のキリスト教各教派は日本に宣教師を派遣し、「それぞれの伝道」を始めるようになった。ローマ・カトリック教会は別にして、聖公会とプロテスタント教会は、それぞれの教派がそれぞれの思惑で、それぞれの宣教師を派遣し、それぞれの伝道を始めた。その多くは、アメリカの教会が派遣した宣教師たちであった（注1）。

現在、日本で「聖公会」と呼ばれる教会は、イングランド国教会（アングリカン・チャーチ）を源流としつつも、イギリスの影響が及んだ国・地域を中心に、さまざまな土地でそれぞれの独立した教会をかたちづくった。したがって、ひとくちに聖公会と言っても、それぞれの国・地域に独自の組織を持っている。わが国における伝道に際しても、米国聖公会のほか、イギリスやカナダの聖公会が日本にそれぞれの宣教師を派遣し、それぞれの独自な教会を築き、学校を造っていったのである。

米国聖公会は、そのなかでいち早く日本に宣教師を派遣し、聖路加国際病院（図①）、立教大学（図②）といった系列の病院、学校を設立するなど、中心的な役割を果たしてきた。

①聖路加国際病院(現・聖路加国際病院旧館 保存棟部分 2022年撮影

こうしてそれぞれの国の聖公会は、それぞれの立場で日本各地における伝道を進め、地域ごとに自らの「縄張り」を作っていった。一八八七年(明治二十)にはアメリカとイギリスの聖公会が日本での組織を統一し、日本聖公会を設立したが、それぞれの縄張りは基本的にその後も引き継がれた。二〇二二年(令和四)現在、日本聖公会は全国を十一の教区に分けて管轄しているが、もともとはそれぞれにアメリカ系やイギリス系という色分けがあった。ちな

②立教四代校舎(現・立教大学本館)全景

みに日本聖公会 宇都宮聖ヨハネ教会（図③）を管轄する北関東教区は、米国聖公会系である。

聖公会に限らず、幕末以降、諸外国から日本に派遣されてきた宣教師の最大の使命は、自らが属する教派の勢力の拡大、言い換えれば一人でも多くの信徒を獲得することにあった。新たな地域で伝道を進める場合、礼拝を始め、信徒の活動の拠り所となる教会が必要なのは言うまでもない。しかし日本のような非キリスト教国で、自らの教派の勢力を拡大していくためには、さまざまな工夫が必要であった。

病院と学校が伝道に果たした役割

たとえば「病院を造る」という方法は、伝道に有効な一つの手だ。ヘボン式ローマ字で知られるジェームズ・カーティス・ヘボンは、アメリカ合衆国長老教会（PCUSA）から派遣された宣教医師であり、伝道の一方で多くの患者の治療にあたった人物として知られている。聖路加国際病院（図④）も米国聖公

③ 宇都宮聖約翰教会礼拝堂（現・日本聖公会 宇都宮聖ヨハネ教会礼拝堂）外観（塔屋と南東側面） 2014年撮影

会が設立した病院である。病院を経営し、病気や怪我に苦しむ人々を治療することは、キリスト教の理念とも合致するうえ、実利上の効果が大きい。だが病院を建て、さらにそれを維持するのは、かなりの困難を伴う。実際のところ、病院経営を続けられた教派は多くない。

もう一つの大きな手段が「学校」(ミッション・スクール)であった。日本にやってきた各教派は、伝道の手段の一つとして数多くの学校を設立した。当初は宣教師個人の私塾的なこじんまりとしたものであったが、次第に学校の体裁を整えていくようになった。

初期のミッション・スクールの建物は、設計者の名前がわかる場合もあるが、不祥なものも多い。また、宣教師自身が設計にあたることもあったようだ。当時は宣教師が大まかな図面を示し、日本人大工が施工する事例が多かったとも言われ(注2)、のちに「プロフェッショナルな建築家」が手がけた本格的な様式建築とは、その完成度に大きな差があることが少なくなかった。

築地居留地の聖公会

一八五九年(安政六)に米国聖公会が日本に派遣した最初の宣教師は、チャニング・ムーア・ウィリアムズ司祭(のち日本伝道主教)である。彼は上海を中心に、長らく清代中国での伝道に従事していたが、わが国の開国後、いち早く日本へやってきた。当初は長崎を拠点とし、やがて江戸(東京)へ移って伝道を展開するようになった。

江戸幕府が諸外国と結んだ条約は、わが国にとって不平等な条項が盛り込まれた不平等条約であり、その最たるものは、居留外国人に対して日本の司法権が及ばないという条項であった。一方で居留外国人は、函館や横浜のような貿易港や、主要都市に置かれた居

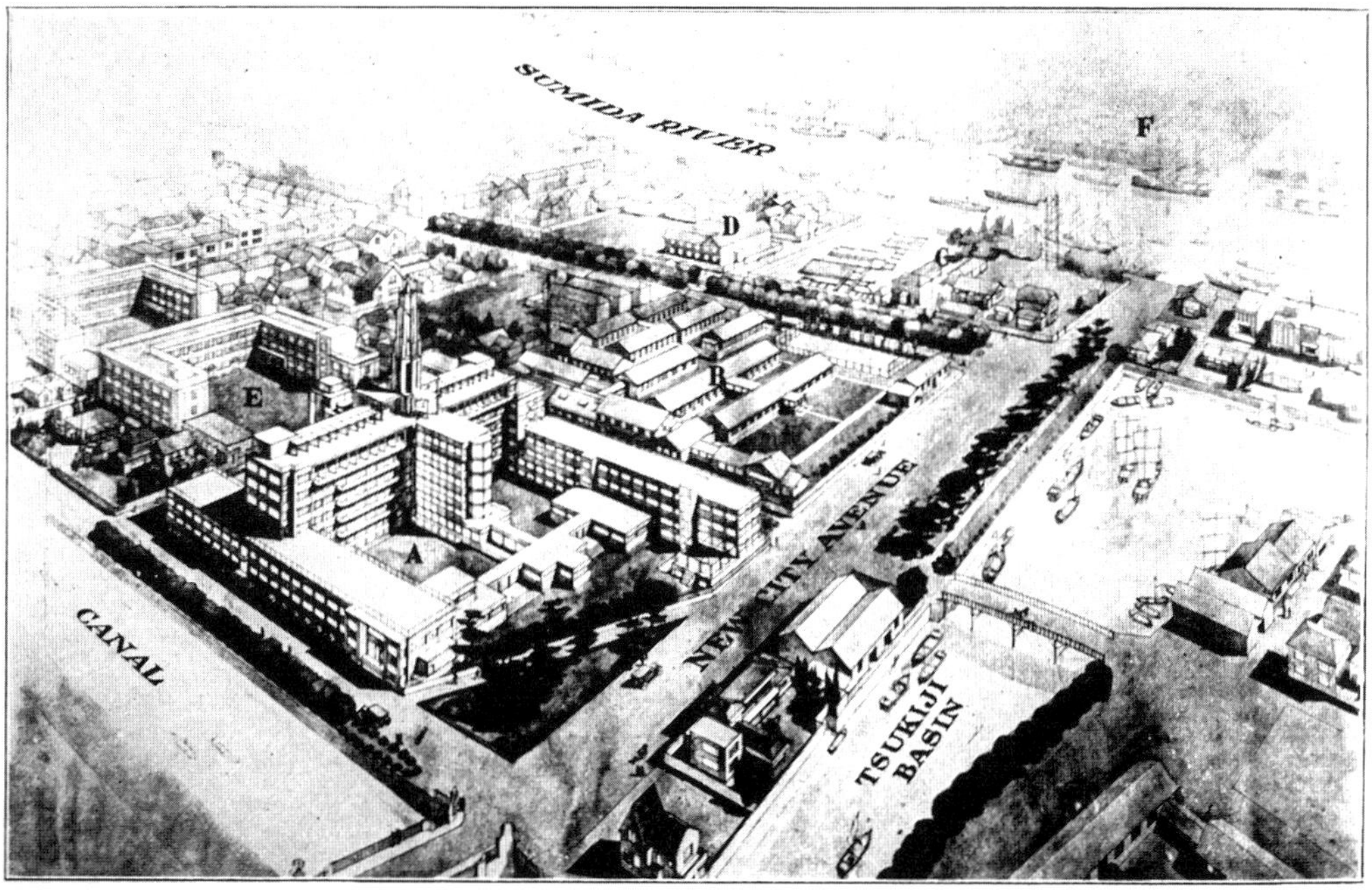

④ 聖路加国際病院 完成予想鳥瞰図(文献F) 1929年頃

留地で生活することが定められていた。諸外国のキリスト教会も、基本的には全国各地の開港場と開市場に設けられた居留地を拠点に活動したのである。

東京での居留地は築地（東京都中央区明石町）に置かれ、米国聖公会もここを拠点に活動していた。ウィリアムズ主教は「築地」に教会だけではなく、学校を設立して伝道を進めようとした。そのため、一八七四年（明治七）に立教学校と呼ばれる学校を作ったが、その場所が築地周辺のどこにあったのか、実は現在に至るまでわかっていない（注3）。要は、キャンパスというほどの施設が存在しなかったのである。

しかし当時、築地を拠点にしたのは聖公会だけではない。他の教派も教会や学校を建て、伝道活動を展開していた。築地に限らず居留地は、せいぜい数百メートル四方の非常に限られたエリアだった。狭い居留地において、さまざまな教派の教会や学校がひしめき合うように建ち始めた（図⑤）。こうした競争状態のなかで、おのずと他の教派に負けない立派な建物が必要とされたであろうことは想像に難くない。築地を拠点に伝道を展開していたウィリアムズ主教も、母教会に対して校舎の建設費と、優秀な教師の派遣を望んだのである。

ジェームズ・マクドナルド・ガーディナーの登場

ウィリアムズ主教の要請に応え、米国聖公会が日本に派遣したのがジェームズ・マクドナルド・ガーディナーであった。一八五七年、ミズーリ州セントルイスで生まれたガーディナーは、ハーヴァード大学で学んだが、のちの時代で言えば教養課程を終えた段階で中退していた（注4）。

その後、彼は一般企業に勤務しつつ、米国聖公会の活動に関わるようになっ

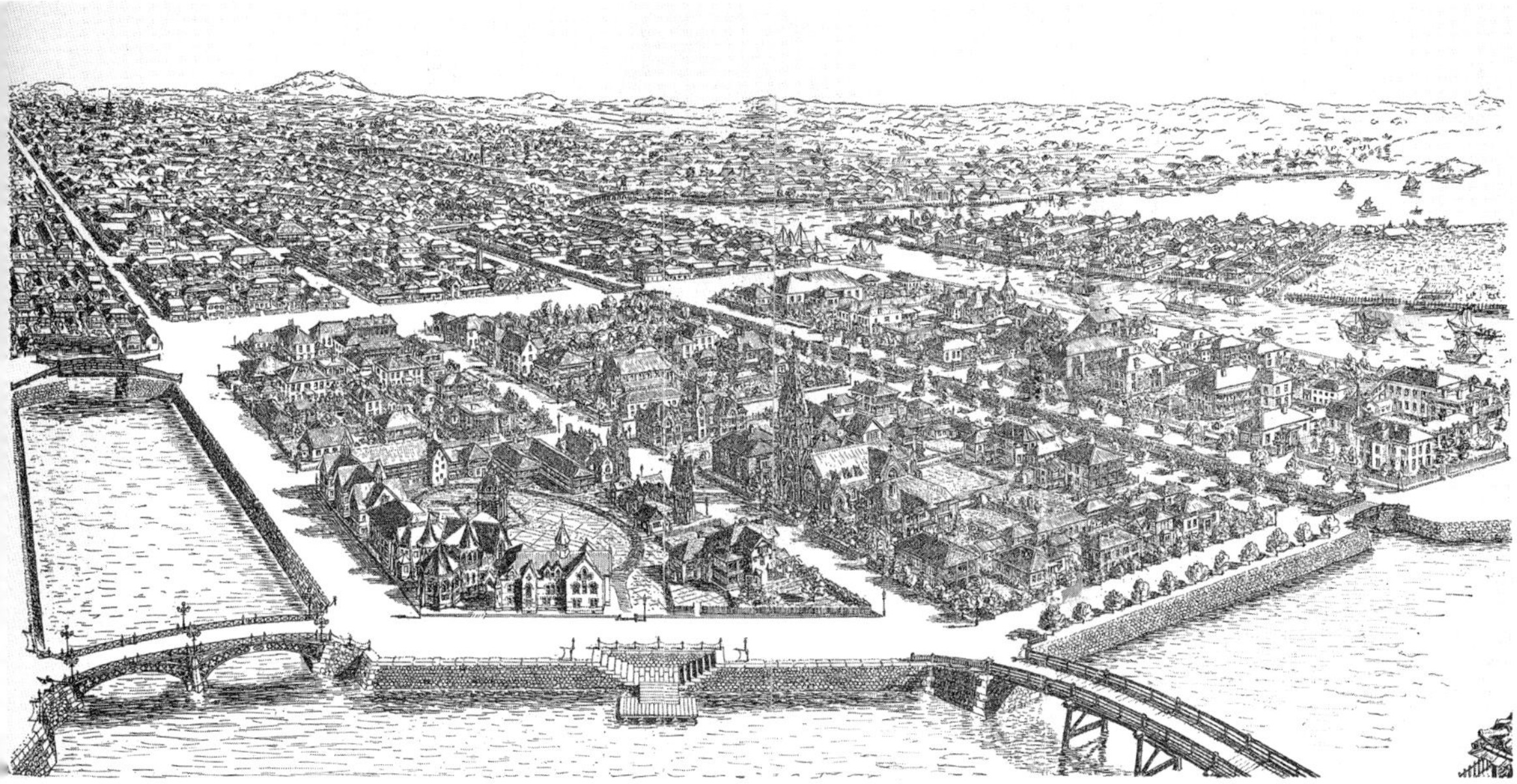

⑤ 築地居留地　鳥観図(文献B)［ジェームズ・マクドナルド・ガーディナー《築地居留地と米国聖公会の施設》］1894年

⑥ 立教初代校舎(立教大学校) 全景(文献L) 1882 ～ 94年頃撮影

た。そうしたなかで米国聖公会は、ガーディナーを日本に派遣し、ウィリアムズ主教が創設した学校の教師とすることにしたのである。彼は神学校での教育を受けていないので、その立場は聖職者ではなく、信徒宣教師であり、その主な任務は学校の教師であった。ガーディナーの日本での役割は、あくまで

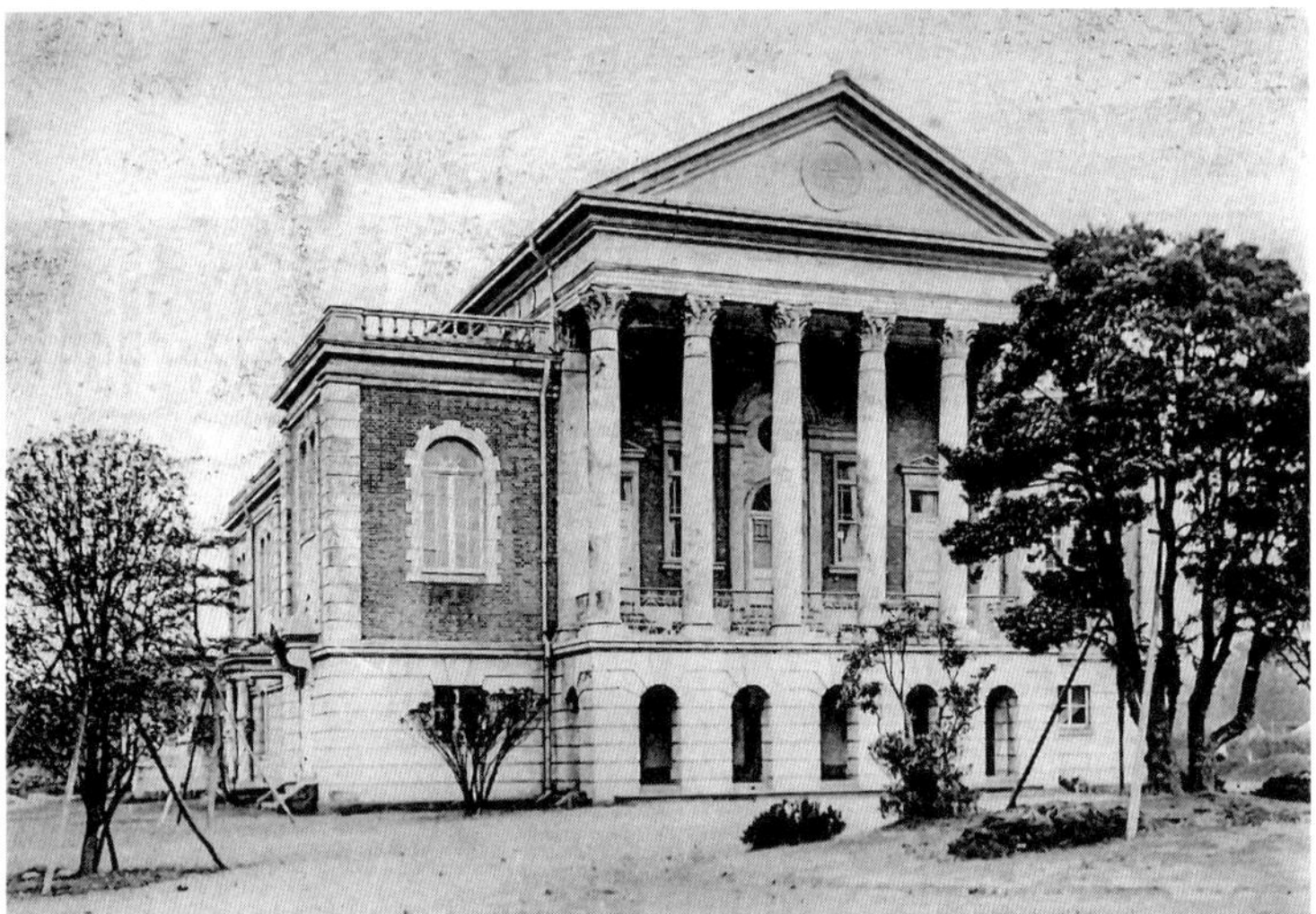

上⑦ 三一会館、三一神学校 全景（文献D）1882 〜 1894年頃撮影
中⑧ 聖三一教会初代礼拝堂 全景 1889 〜 1894年頃撮影 立教学院史資料センター蔵（タイムカプセル資料）
下⑨ 青山学院 弘道館（大講堂） 全景（文献H）1907 〜 1923年

も教育と伝道であり、建築設計ではなかった。

わが国にやってきたガーディナーは立教学校の校長に就任し、そこで眼の当たりにしたのが築地、とりわけ立教学校の建物の貧弱さであった。彼は一八八一年（明治十四）から自らが勤務する立教学校の校舎の設計にあたることになった。ガーディナーが設計を手がけるということを自ら言い出したのか、人から頼まれたのかははっきりとしない。早くから建築に強い関心を持っていたガーディナーは、ハーヴァード大学の在学中も美術史の講義を受けたが、正式に建築学を修めたことはなかった。それでもなお、当時の日本在住の米国聖公会関係者で建築の素養があるのは、ガーディナーくらいしかいなかった状況も確かであった。

ガーディナーは煉瓦造二階建の立教初代校舎（一八八二年。図⑥）を手始めに、立教女学校初代校舎、三一神学校・寄宿舎（図⑦）、聖三一教会初代礼拝堂（図⑧）のほか、数多くの聖公会の施設を手がけた。こうして築地には、アメリカン・ヴィクトリアン・ゴシックの建築群が出現したのである。その間、一八九二年（明治二十五）に立教大学校の校長を辞職し、一八九四年（明治二十七）に再び教授に着任するなど、その立場は時代ごとに変わったが、米国聖公会の信徒宣教師としての職務は続けた。

ガーディナーは日本在住の米国聖公会関係者からの信頼も厚く、人間関係で非常に恵まれ、数多くの施設の設計に携わるようになった。一九〇三年（明治三十六）に事務所を構え、独立して活動を始めてからは、聖公会だけでなく、アメリカ北メソジスト監督教会のミッション・スクールである青山学院（東京）の弘道館（大講堂。図⑨）、新ガウチャー・ホール、遺愛女学校（函館）の校舎、宣教師館など、他教派のミッション・スクールの建築も設計した。

一方でアメリカ本国、とりわけ東海岸の人々からすると、建築の専門教育を受けたわけではなく、母国での実績があるわけでもないガーディナーは、建築家としてそれほど高く評価できる存在でなかったようだ(注5)。

一九〇八年（明治四十一）に米国聖公会伝道局を退職し、完全に独立すると、日本に駐在する各国の大使館及び公使館、外交官や実業家の住宅など、キリスト教関係以外の施設も数多く手がけ、日本を拠点とする有力な外国人建築家に成長していった。その作品のなかには、日光真光教会礼拝堂（本章「建造物めぐり11」参照。図⑩）や、京都の長楽館（村井吉兵衛別邸）のように、現在、県や国の文化財に指定されているものがある。ガーディナーはその後も努力を重ね、優れた作品を残すまでになったのである。

ウィリアム・メレル・ヴォーリズの活躍

二十世紀に入り、日本在住のミッション建築家として存在感を増していったのがウィリアム・メレル・ヴォーリズである。ヴォーリズはコロラド・カレッジを卒業後、キリスト教青年会（ＹＭＣＡ）で活動を始めた。来日して滋賀県蒲生郡宇津呂村（近江八幡市宇津呂町）の滋賀県立商業学校の英語教師となったが、生徒のためにバイブル・クラスを開いたことが原因で解職されている。その後、近江八幡を拠点にキリスト教の伝道のかたわら、建築家としても活動するようになった。

大正時代から昭和戦前にかけてのヴォーリズは、ＹＭＣＡの施設や教会堂(図⑪)、ミッション・スクールの校舎など数多くのキリスト教関係の建築に携わった。その実績は、わが国に拠点を持つ主要なプロテスタント教派のほ

⑩ 日光真光教会礼拝堂 建築工事（開堂式記念写真）（文献J） 1915年撮影

⑪ 日本組合基督教会 大阪基督教会会堂 全景（遠望）［大阪基督教会献堂式記念絵葉書《大阪基督教会会堂遠望》］1922年 個人コレクション

とんどに及んでいる。聖公会のミッション・スクールでもプール高等女学校（大阪）の校舎、礼拝堂を手がけている。

ヴォーリズはキリスト教関係の建築だけでなく、百貨店や民間企業の社屋、個人の住宅に至るまで、さまざまな建物を設計したことで知られる。さまざまな方面の建築で実績を残すことができたのは、彼自身がキリスト教界のみならず、日本社会のなかに幅広い人的ネットワークを築いていたからであった（注6）。しかし彼自身は大学で哲学を学び、建築の専門教育を受けたわけではなかった。よってガーディナーと同じように、アメリカ本国から見ると、「アマチュアの建築家」と受け止められるところがあった（注7）。

だが、日本で実際に建設工事を進める場合、遠隔地のアメリカからその進行をコントロールするのはきわめて困難である。周囲の人々からの人望が厚く、現地に腰を据えて活動しているガーディナーやヴォーリズのような人物は、母教会からも日本のキリスト教関係者からも非常に重宝される存在であった。そのうえで彼らは、そうした関係性のなかで努力を積み重ね、キリスト教界にとどまらない幅広い活動を展開し、非常に多くの優れた作品を残していったのである。

ミッション・スクールとそのキャンパス

ここで話を明治初期の居留地に戻してみたい。米国聖公会は、立教学校などガーディナーの設計による多くの施設を建設し、築地の拠点化を進めた状況は先に触れた。一方で他の教派は、比較的早い段階から、居留地ではない一般の市街地への進出を選ぶことが多かった。

東京でいち早く築地から出て、一般の市街地に「キャンパス」を建設したの

⑫ 東京英和学校・青山学院 ガウチャー・ホール 全景（文献H）1887～1906年

⑬ 明治学院 インブリー館（宣教師住宅）竣工1888/89年 明治学院歴史資料館蔵

がメソジスト監督教会であった。同教会はいくつかの系列の学校を統合し、一八八三年（明治十六）に東京府赤坂区青山南町（東京都港区南青山）に三万坪の敷地を確保すると、東京英和学校を名乗るようになった。この地に神学部校舎、寄宿舎、ガウチャー・ホール（図⑫）など機能別の施設を次々と建て、キャンパスを整備していった。その後、一八九四年（明治二十七）には青山学院と改称している。

続いて長老派教会もいくつかの学校を統合し、ミッション・スクールの設立を計画したが、それには築地の居留地が狭すぎた。一八八七年（明治二十）には東京府芝区白金台町（港区白金台）に新たな土地を購入し、ここに移って創設されたのが明治学院であった。明治学院でも白金キャンパスに寄宿舎、普通教育、伝道者養成の機能を持つ施設が続々と築かれ、キャンパスをかたちづくっていったのである（注8）。これらの建物は、当時、横浜などで活動していたフランス人建築家ポール・ピエール・サルダの手になるものが多いとされるが、設計者が不明な事例（図⑬）も少なくない（注9）。

一般の市街地だと、狭い築地とは異なり、広い敷地に余裕を持ってキャンパスの建設ができる。だが、当時の条約の規定では、外国人は基本的に居留地で生活することが定められており、一般の市街地における外国人の不動産所有は許されなかった。そこでこうした学校では、資金を本国の母教会が出しつつも、表向きは日本人の所有者を立てることで、この問題をクリアした。しかしこの場合、日本人との間に紛争が発生、あるいは日本人が破産した際の対処といった「リスク」を数多く抱え込む事態になる。青山学院や明治学院については、母教会がそのリスクを負っても、一般の市街地で本格的なキャンパス整備に乗り出す選択をしたのである。

一方で立教は、他のミッション・スクールとは違い、その後も築地居留地でキャンパスの整備を進める道を選んでいる。その姿勢は、一八九四年（明治二十七）に不平等条約が改正され、その発効（一八九九年）により、居留地が撤廃されたあとも変わらなかった。

特に立教の初代校舎、二代校舎（図⑭）は、校長を務めるガーディナーが自ら設計した煉瓦造の壮麗な建築として、周囲の眼を引く存在であった。米国聖公会は築地の土地を次々と手に入れ、最終的には同会所有の土地だけで、築地居留地の約四分の一を占めるに至った（注10）。のちに他のミッション・スクールが移転していくなか、居留地の廃止後も築地に留まり続け、学校の発展を図ろうとしたのである。

立教大学の池袋移転

築地が当時の東京の中心部に位置したこともあり、中等教育機関の立教中学校は多くの生徒を集めていた。しかし、高等教育機関の立教専修学校は極度の不振のため、閉鎖せざるを得ない状況に追い込まれた。この時期、他のミッション・スクールも相当苦しい状況にあったが、多くの学校では曲がりなりにも高等教育機関を維持したのに対し、立教は中等教育機関のみという状況に陥っていた。

立教にとって高等教育機関の復興は大きな課題であったが、一九〇七年（明治四十）にようやく立教大学を設立し、高等教育機関が再興された。しかし、名前こそ立派になったものの、敷地面積が二〇〇〇坪に満たない築地キャンパスで、中学校と同居しているという実態であった。この状況を打破し、本格的な大学を造り上げていくには、狭い築地の地では限界があったのだ。

そこで当時の立教学院総理ヘンリー・セント・ジョージ・タッカーは、大学

⑭ 立教二代校舎（立教専修学校、立教中学校）全景（文献C） 1898年撮影

のための新キャンパスの建設を構想した。当初は築地で拡張することも検討したが、本格的なキャンパスを建設するには従来の約十倍の敷地を確保する必要があった。こうして「郊外への移転」を目論むようになった。

新キャンパスの建設には莫大な資金が必要である。タッカーはアメリカへ赴き、資金募集を行った。これを元手とし、一九一〇年（明治四十三）には当時は東京市外であった東京府北豊島郡巣鴨村（豊島区西池袋）に二万七〇〇〇坪の校地を購入したのである（注11）。

その頃の池袋は、まだ東京府下の農村的な性格の強い地域であった。日露戦争後、山手線が電車運転を始めたこともあり、徐々に都市化が進んでいたが、依然として東京の既成市街地とは離れた郊外地域に位置していた。それだけに、敷地の狭隘な既成市街地にある築地とは異なり、「今後の大きな発展」が期待できる場所であった（注12）。

土地の次に、「どのような施設を建てるのか」という課題も解決せねばならなかった。すでに触れたように、築地ではガーディナーが建物の設計を一手に引き受けていた。その流れからすると、池袋においてもガーディナーが担当するのが自然と思われた。

だがガーディナーは、大学で正規の建築教育を受けたことも、アメリカ本国での建築家としての活動実績もなかった。こうした事情から当時の米国聖公会幹部は、ガーディナーへの依頼に対して積極的とは言えなかった。

少なくともアメリカ本国の視点に立つと、せっかく多額の資金を投入し、本格的なキャンパスを建設するのに、ガーディナーのような「アマチュアの建築家」よりは、アメリカ本国で活躍している「プロフェッショナルの建築家」に依頼したいと考えるのが自然であった（注13）。

ラルフ・アダムズ・クラムの和風

　そうしたなかで、ラルフ・アダムズ・クラムという人物が新キャンパスの設計を申し出てきた。日本ではその名がほとんど知られていないが、アメリカ合衆国陸軍士官学校（ウェスト・ポイント）や、プリンストン大学の校舎を手がけるなど、当時のアメリカを代表する建築家の一人であった。

　クラムは米国聖公会の信徒であり、その関係から立教学院総理のタッカーを紹介されたようだ。クラムはゴシック・リヴァイバルの推進者として知られていたが、立教大学の建築には「和風を採用したい」と言い出したのである（注14）。

　アメリカの大物建築家クラムが突然、わが国の大学校舎に和風を提案するのは、一見したところ非常に奇妙だ。だがクラムは、すでに日本建築の歴史に関する書物も著しており、日本の建築文化に深い造詣を持っていた。さらに、明治時代にわが国で国会議事堂の建設計画が持ち上がった時にも、和風の議事堂を提案するなど、自らの知見を実地で試してみたいと考えていたのである（注15）。

　いずれにせよ、アメリカ人であるタッカーは、クラムの申し出に前向きな反応を示した。日本に帰任すると、さっそくクラムの提案を示した。だが、日本人の聖公会や立教学院関係者は、和風に拒否反応を示した。西洋的な文明化を強く標榜していた当時の日本人キリスト者は、「まるで封建時代の牢獄」のような神社仏閣の建築様式に賛意を示すことなどなかったのだ（注16）。

　結局、和風の校舎を持つミッション・スクールは実現しなかったが、クラムは関東大震災後にも、女子英学塾（現・津田塾大学）本館を和風で提案している（注17）。この時は、費用の問題から採用には至らなかったものの、和風建築の設計に対するクラムの執念には強いものがあった。

実は、明治時代から昭和戦前を通じて、キリスト教の学校や教会の施設が和風で設計されることはきわめて稀であった。わかりやすく言えば、和風建築にすると、神社仏閣と見た目があまり変わらなくなるのである。欧米の近代文明を象徴するキリスト教の建物がそうであっては、特に日本人キリスト者が否定的な見解を持ったとしても不思議ではない。立教女学校二代校舎(図⑮)、奈良基督教会二代礼拝堂(現・日本聖公会 奈良基督教会礼拝堂)や松山女学校校門(現・松山東雲学園正門)のような例外がないわけではないとは言え、その多くが外国人の主導(立教女学校)、または景観上の理由(奈良基督教会は奈良公園、松山女学校は松山城に隣接)で採用された(注18)。

ともあれ、「アメリカ人のジャポニズム意識」が色濃い和風建築の提案が浮上したこと自体に、「アメリカ人の主導性」が強い当時の立教大学の性格が反映されていたと言える。

しかし、立教大学のように母教会の影響力の強い学校でさえ、和風の校舎は、さすがに日本人関係者の容れるところとはならなかった。代わってタッカーが提案したのは「カレジエイト・ゴシック」だった(注19)。この様式は、西洋中世の教会建築をモティーフとし、その頃のアメリカの大学で次々と採用された流行の様式だった(注20)。ある意味では、当時のアメリカの大学を象徴する様式であった。

ヘンリー・キラム・マーフィーへの依頼

タッカーの跡を引き継いで立教学院総理となったチャールズ・シュライバー・ライフスナイダーや、ジョン・マキム北

⑮ 立教女学校二代校舎 全景(文献K) 1899年撮影

東京地方部主教といった日本在住の米国聖公会幹部は、立教関係の施設を長らく手がけてきたガーディナーに新しいキャンパスを託すことを望んでいた(注21)。

ところが、ガーディナーの新キャンパス案を見たアメリカ本国の聖公会幹部は、それを評価することはなかった。彼らが新たに推したのは、マーフィー・アンド・ダナ建築設計事務所であった(注22)。この事務所は、ヘンリー・キラム・マーフィー、リチャードヘンリー・ダナという二名の人物の共同経営により、マーフィーはイエール大学、ダナはコロンビア大学で正規の建築学を修め、ともにアメリカ東海岸で活躍を始めていた若手建築家であった(注23)。

マーフィーは、一八八七年にコネティカット州ニュー・ヘイヴンで生まれている。イエール大学を卒業後、ニューヨークのいくつかの建築設計事務所で働いたのち、ヨーロッパ各国を歴訪し、さまざまな建物を実地に見て回った。その後、コロンビア大学で建築を学んだダナを共同経営者に迎え、建築設計事務所を開業した。

いずれにせよ、マーフィー・アンド・ダナへの依頼は、アメリカ本国の聖公会幹部の主導で決まったものであり、日本在住の宣教師を含む立教大学の関係者たちは、実質的には蚊帳の外に置かれていたのである(注24)。

立教大学は主にマーフィーが担当することになり、一九一四年(大正三)には東京を訪問し、設計のための現地調査を行った(注25)。実は、ミッション・スクールの設計のためだけに、本国から建築家が派遣されるようなことは稀であり、当時の米国聖公会が立教大学の「新キャンパスに懸けた期待」の大きさを物語っている(図⑯)。

しかしその後、マーフィーが東京を訪れることはなく、基本的にはニューヨークの事務所で作業を進めていった

⑯ 立教四代校舎、図書館、礼拝堂 完成予想図(中=校舎、左=図書館、右=礼拝堂)(文献E)[マーフィー・アンド・ダナ建築設計事務所《立教大学中庭を囲む校舎群》] 1910年代前半

のである。とは言え、完全な現地任せでは、工事が順調に進まないことをマーフィーはよく認識しており、日本に建築家を派遣し、工事を監理させることを望んだ（注26）。

これを受けて米国聖公会は、日本に常駐し、「工事の進行を監理する建築家」の起用を検討した。その際、日本在住の宣教師たちはヴォーリズを引き合いに出し、現地の事情に通じた建築家の重要性を訴えた（注27）。

先にも触れたが、ヴォーリズはわが国でミッション・スクールを数多く手がけただけでなく、百貨店や住宅など、さまざまな方面の施設を設計したことで知られる。しかし彼自身は、大学で哲学を学び、建築の専門教育を受けてはいなかった。そうした意味で、マーフィーとは対照的なキャリアを持つ建築家であった。

非キリスト教国で「ミッション・スクールの建築を誰がどのように担うか」については、その教派や学校の性格にも関わる大きな問題であった。現地で活動するガーディナーやヴォーリズは便利な存在ではあったが、本国の母教会から見ると、大学で建築学を専攻したわけではなく、本国で建築家としての実績があるわけでもないという点で、心許ないところが幾分あったのである。

ウィリアム・ウィルソンの現場監理

立教大学の新キャンパス建設工事が実際に始まると、さまざまな「トラブル」が多発した。たとえば、発注したつもりのないスティール製サッシュがアメリカから大量に納品されるなど、予想外の事態が続出した。こうした混乱を重く見た米国聖公会は、東京に工事中止の電報を送ったが、その解釈を取り違えた現地では工事をそのまま続行し、混迷の度を深めた（注28）。ニューヨー

⑰ 立教四代校舎（現・立教大学本館） 外観（通路）

クにいながら東京での工事の進行をコントロールするのは、やはり無理があったのである。

そこで米国聖公会は、東京で建設工事の監理を直接担う建築家を派遣することにした。その結果、選ばれたのがウィリアム・ウィルソンであった。コロンビア大学卒業とされるウィルソンは(注29)、一九一六年(大正五)に日本へやってくると、スティール製サッシュの問題

⑱ 熊谷聖パウロ教会二代礼拝堂 外観(ポーチ前の教会関係者記念写真)(文献I) 1930年撮影

ほか懸案事項の解決に取り組んだ。こうして立教の四代校舎（本章「建造物めぐり17」参照。図⑰）は、予定よりだいぶ遅れたが、一九一九年（大正八）にひとまず竣工した。

ウィルソンは、立教大学や大阪の聖バルナバ病院のほか、熊谷聖パウロ教会二代礼拝堂（本章「建造物めぐり12」参照。図⑱）、川口基督教会二代礼拝堂（同13参照。図⑲）、川越基督教会三代礼拝堂（同14参照。図⑳）など、聖公会の教会建築を設計した（注30）。さらに、東北学院中学部校舎のように、他教派のミッション・スクールも手がけている。

ウィルソンは立教大学での仕事を終えたのち、一九二〇年（大正九）にアメリカに帰国したとされるが、その後の動向がよくわからない（注31）。アメリカにおける建築家団体であるアメリカ建築家協会（ＡＩＡ）に入会したという実績は確認できない。当時、日本でミッション関係の建築を手がけた建築家の多くは、中国や朝鮮などアジアで活動しているが、今のところこれらの国・地域での活動も確認できない。ウィルソンは、大正時代の聖公会建築に大きな足跡を残した割には、前歴もその後の動向もよくわからないという「謎の建築家」である。その解明は今後の課題だろう。

大事業を担った日本在住の外国人建築家

キャンパス建設のような「大事業」をニューヨークから遠隔操作するのが難しいことは明らかだ。その反面、キリスト教の精神を理解していない異教徒の日本人建築家の手に委ねるのも不安である。キリスト教関係の施設のなかでもミッション・スクールは、学校や教派によって濃淡があるものの、ほぼ戦前を通じて、アメリカを始めとする外国の母教会からのコントロールが

⑲ 川口基督教会二代礼拝堂（現・日本聖公会 川口基督教会礼拝堂）内部 2022年撮影

⑳ 川越基督教会三代礼拝堂（現・日本聖公会 川越基督教会礼拝堂）外観（東妻面と塔屋） 2022年撮影

㉑ 聖路加国際病院 外観（屋上と塔屋）（文献G） 1933年撮影

相対的に強い状態が続いた。そうした状況における大事業の設計は、やはり「キリスト教の精神を理解している外国人建築家」に依頼するのが無難である。ヴォーリズのような「日本在住の外国人建築家」が活躍した大きな背景には、このような事情があったのかもしれない。

同じ事情は病院建築にも当てはまる。教会にとって病院は、キリスト教の理念を医療というかたちで実践するとともに、自らの教派の勢力を拡大していくうえで、重要な位置づけを与えられた。特に米国聖公会は、大阪に聖バルナバ病院、東京に聖路加国際病院（本章第二節、終章「建造物めぐり7」参照。図㉑）を置くなど、病院の経営には力を入れた。一九二〇年代に建て替えが決まった聖バルナバ病院も、当初はウィルソンに依頼し、彼の帰国後はヴォーリズが引き継いで一九二八年（昭和三）に完成させている。関東大震災で被災した聖路加国際病院は、アントニン・レーモンドの設計により、新病院を建設することになった。ただしレーモンドは途中で手を引き、その仕事を継承したのがジョン・ヴァン・ウィー・バーガミニであった（注32）。

レーモンドは、自らが設計したキリスト教系出版社教文館ビルに事務所を構え、プロテスタント超教派によって設立された東京女子大学（終章「建造物めぐり8」参照。図㉒）の新キャンパスを担うほか、関東大震災で大きな被害を受けた青山学院の復興計画の作成にも従事した。こうした活動は、ローマ・カトリック教会のマックス・ヒンデル（図㉓）、聖公会のガーディナー（図㉔）、プロテスタント教会のヴォーリズ（図㉕）と同じく、「特定の教派の仕事を主に手がける日本在住の外国人建築家」の系譜を受け継いだかのように見える。

しかしレーモンドが彼らと異なっていたのは、小林聖心女学院、聖母女学院高等女学校、清心高等女学校といっ

㉒ 東京女子大学講堂・チャペル チャペル内部（聖壇・南側面ステンドグラス） 2022年撮影

たローマ・カトリック教会の学校も積極的に手がけたことである。戦前の日本では、教派と結びついた建築家の色分けが基本的にはっきりとしていた。とは言え、ヒンデル自身がプロテスタント（改革派教会）だった(注33)ことにも示されるように、必ずしも個人の信仰と連動していたわけではないようだ。レーモンドは戦後になると、教派によらず幅広く活動するが、その萌芽はすでにこの時期に現れていたのである。

一方でバーガミニは、中国北部でアメリカン・ボードの建築に従事したのち、一九二〇年（大正九）から一九五五年（昭和三十）まで米国聖公会伝道局のミッション建築家を務めた(注34)。彼は一九七五年（昭和五十）に没するまで、各国で教会や病院、学校、住宅の設計を手がけ、日本でも聖路加礼拝堂（終章「建造物めぐり7」参照。図㉖）、立教女学院聖マーガレット礼拝堂（本章「建造物めぐり16」参照。図㉗）、平安女学院初代校舎（現・昭和館）、京都聖三一教会二代礼拝堂など、数多くの聖公会の施設を設計した。

明治・大正・昭和戦前を通じて、わが国におけるキリスト教関係の大事業

㉓ 上智大学二代校舎 外観 1932～1945年撮影 上智学院 ソフィア・アーカイブズ蔵

㉔ 大阪英和学舎 聖テモテ教会礼拝堂 全景（スケッチ）（文献A） 1883年

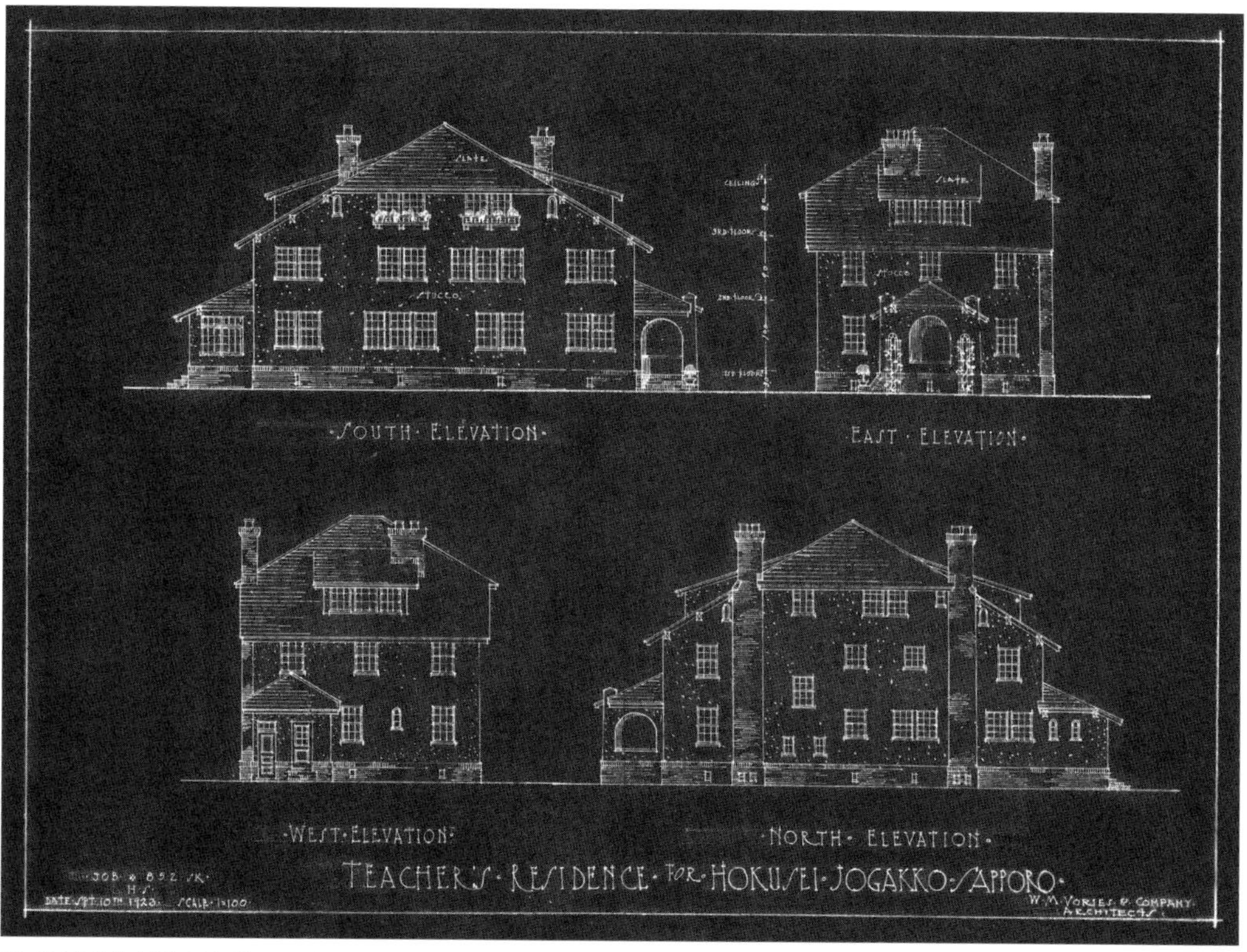

㉕ 北星女学校宣教師館案（基本設計）立面図［ヴォーリズ建築事務所《北星女学校宣教師館案 南・東・西・北立面図》］1923年 北星学園 北星学園創立百周年記念館蔵

に携わる建築家は、ほぼ日本在住の外国人であった。それはキリスト教の学校や病院を設計するには、キリスト教の素養が不可欠と考えられていたからであった。さらに、母教会のある本国から離れた日本で実務を担うため、現地の状況に通じた人々に委ねられることが大半だったのである。

②⑰ 撮影・画像提供　立教大学広報課
④㉑ 所収文献所蔵・画像提供　立教大学図書館
⑤⑦⑭⑯㉔ 所収文献所蔵　立教大学図書館
画像提供　立教学院史資料センター
⑥ 所収文献所蔵・画像提供　立教学院史資料センター
⑧ 画像提供　立教学院史資料センター
⑨⑫ ©青山学院
⑩ 所収文献所蔵・画像提供　日本聖公会 日光真光教会
⑪ 画像提供　個人コレクション
⑬ 画像提供　明治学院歴史資料館
⑮ 画像提供　立教女学院
⑱ ©日本聖公会北関東教区
㉓ 画像提供　上智学院 ソフィア・アーカイブズ
㉕ 画像提供　北星学園 北星学園創立百周年記念館
㉖ 画像提供　学校法人聖路加国際大学
①③⑲⑳㉒㉗ 撮影　橋本優子

㉖ 聖路加礼拝堂 全景 1936年撮影 学校法人聖路加国際大学蔵

㉗ 立教女学院聖マーガレット礼拝堂 外観（ポーチ） 2022年撮影

第二章 第四節

[注]

（注1）大濱徹也（１９７９）『明治キリスト教会史の研究』東京：吉川弘文館

（注2）堀 勇良（２００３）『日本の美術』第４４７号（外国人建築家の系譜）東京：至文堂

（注3）立教学院史資料センター 編（２００８）『立教大学の歴史』東京：立教大学

（注4）松波秀子（２０００）「ジェームズ・マクドナルド・ガーディナーの人と作品：宣教師・教育者・建築家として」『近代文化の原点 築地居留地』１号 東京：築地居留地研究会
以下、ガーディナーの経歴と業績に関しては、多くを同稿に拠っている。

（注5）鈴木勇一郎（２０１１）「キリスト教学校におけるキャンパスの建築と建築家：ラルフ・アダムス・クラムと立教大学和風建築案をめぐって」『立教学院史研究』８号 東京：立教大学

（注6）山形政昭、吉田与志也（２０２１）『ウィリアム・メレル・ヴォーリズ：失意も恵み』（ミネルヴァ日本評伝選）京都：ミネルヴァ書房

（注7）鈴木、前掲書

（注8）明治学院百五十年史編集委員会 編（２０１３）『明治学院百五十年史』東京：明治学院

（注9）堀、前掲書

（注10）立教学院史資料センター、前掲書

（注11）「立教大学の拡張計画」『基督教週報』18巻19号（１９０９年1月8日号）東京：基督教週報社

（注12）同前

（注13）鈴木、前掲書

（注14）Tucker, Henry St. George. (1951) *Exploring the Silent Shore of Memory*. Richmond: Whittet & Shepperson.

（注15）Cram, Ralph Adams. (1930) *Impressions of Japanese Architecture*. New York: Japan Society; Boston: M. Jones.

（注16）Tucker, *op.cit.*

（注17）津田塾大学１００年史編纂委員会 編（２００３）『津田塾大学１００年史』小平：学校法人津田塾大学
Anthony, Ethan. (2007) *The Architecture of Ralph Adams Cram and his Office*. New York: W. W. Norton & Co.

（注18）松波秀子（１９９１）「日本聖公会の建築史的研究 １：昭和初期における日本聖公会の和風教会堂建築について」『学術講演梗概集』（北陸）東京：日本建築学会

（注19）Tucker, *op.cit.*

（注20）Turner, Paul Venable. (1987) *Campus: An American Planning Tradition*. Cambridge: MIT Press.

（注21）「学院総理より」『立教学院学報』１９１２年７月号 東京：立教学院

（注22）米国聖公会総主事ジョン・W・ウッドからマーフィー・アンド・ダナ建築設計事務所へ宛てた書簡（一九一三年七月一日付）に拠っている。
Letter from John W. Wood to Murphy & Dana. (July 1st, 1913). In: *Japan Records*, 17-1-163. Austin: The Archives of the Episcopal Church. マイクロ・フィルムは日本聖公会管区事務所蔵

（注23）以下、ヘンリー・キラム・マーフィー、リチャード・ヘンリー・ダナについては、次の文献に拠っている。
Cody, Jeffrey W. (2001) *Building in China: Henry K. Murphy's "Adaptive Architecture": 1914-1935*. Hong Kong: The Chinese University Press; Seattle: University of Washington Press.

（注24）鈴木勇一郎（２０１２）「立教大学池袋キャンパスの建設とヘンリー・K・マーフィー」『立教学院史研究』９号 東京：立教大学

（注25）東京出張に関するヘンリー・キラム・マーフィーの報告書に拠っている。
"Report of H.K.M.'s visit to Tokyo, Japan." In: *Murphy Papers*, MS231, Box 4, Folder 29. New Haven: Sterling Memorial Library, Yale University.

（注26）*Ibid.*

（注27）ミッション建築の実際に関するウィリアム・メレル・ヴォーリズの提言に拠っている。
Vories, William Merrell. "Suggestion on Missionary Building Operation in Japan." In: *Japan Records*, 16-8-161. Austin: The Archives of the Episcopal Church. マイクロ・フィルムは日本聖公会管区事務所蔵

（注28）大江 満（２０１２）「解題」立教学院史資料センター 編『立教学院１５０年史資料集 THE SPIRIT OF MISSIONS：立教関係記事集成〈抄訳付〉』（第４巻） 東京：学校法人立教学院

（注29）堀、前掲書

（注30）同前

（注31）堀 勇良（２０２１）『日本近代建築人名総覧』東京：中央公論新社

（注32）詳しい経緯については、第二章第三節参照。

（注33）第一章第二節注（1）参照。

（注34）第二章「建造物めぐり15」、及び同章「建造物めぐり」注（15）参照。

[画像所収文献]

（文献Ａ）Episcopal Church, Domestic and Foreign Missionary Society / Board of Missions ed. *The Spirit of Missions*. (September, 1883) Burlington: J.L. Powell.

（文献Ｂ）*The Spirit of Missions* (March, 1894)

（文献Ｃ）*The Spirit of Missions* (March, 1898)

（文献Ｄ）*The Spirit of Missions* (August, 1903)

（文献Ｅ）*The Spirit of Missions* (February, 1916)

（文献Ｆ）*The Spirit of Missions* (May, 1929)

（文献Ｇ）*The Spirit of Missions* (March, 1933)

（文献Ｈ）青山学院五十年史編纂委員会 編（１９３２）『青山学院五十年史』東京：青山学院

（文献Ｉ）日本聖公会北関東教区 編（２０１６）『日本聖公会北関東教区 わたしたちの教会：教区設立１２０年』さいたま：日本聖公会北関東教区

（文献Ｊ）日本聖公会日光真光教会 編（２０１６）『日光真光教会 聖堂聖別１００年：１９１６－２０１６』日光：日本聖公会日光真光教会

（文献Ｋ）『教界評論』81号（１８９９年12月10日号）東京：有信社

（文献Ｌ）『立教学院学報』第２号（１９０８年４月）東京：立教学院

第五節

教会建築を担った近代の日本人建築家たち
―その個性的な活動―

鈴木 勇一郎

はじめに

前節で見たように、明治・大正・昭和戦前を通じてミッション・スクールの建築は、基本的にミッションに関わりのある外国人建築家の設計がほとんどであり、日本人建築家が手がけることは例外的であった(注1)。ミッション・スクールの建築には、「キリスト教の素養と理解」が不可欠と考えられていたからだ。実際、辰野金吾のような当時の日本を代表する建築家も、おおむねミッション・スクールの建物は設計していない。

同様の傾向は、当然、教会建築にも当てはまる。礼拝を始めとする宗教活動が行われ、時代が下る教会建築には、ミッション・スクール以上にキリスト教の素養と理解が求められるからだ。ところが実際には、ミッション・スクールに比べると、次第に日本人の存在感が高まってきたという特徴が見られる。違いが出てきた直接の要因はよくわからない。

ミッション・スクール、特に神学教育を行なう高等教育機関は、その教派の拠点としての色彩が強い。建物の設計を担う建築家の人選も、学校の場合は教派の意向が強く働き、逆に教会は、必ずしもそうではなかったのではないかとも考えられる。

　このような状況において、プロテスタントでは伊藤為吉や桜庭駒五郎、ローマ・カトリック教会は鐵川與助、聖公会の大木吉太郎、並びに本章第三節で言及される上林敬吉など、多くの日本人が全国各地の教会建築に携わっていくようになった。

異端の建築家――伊藤為吉

　一八六四年(元治元)、伊勢国松坂(三重県松阪市)に生まれた伊藤為吉は、明治維新後に東京へ上京し、工部大学校自由研究生を経て攻玉社に学僕として住み、機械工学や漢学を身につけたとされる。その後、アメリカに渡り、サンフランシスコ付近の修道会に学僕として住み込んだ際に、ローマ・カトリック教会で洗礼を受けた。そして、かつて日本で初代・遊就館などを設計したイタリア人建築家ジャン・ジョヴァンニ・ヴィンチェンツォ・カッペレッティの下で製図工として働きながら、建築と物理学を学んだ。

　日本に帰国後、さまざまな仕事を手がけるなかで、建築の設計・施工にも進出するようになったのである。帰国後に伊藤は、ローマ・カトリック教会からメソジスト監督教会に改宗し、その関係で日本メソヂスト駒込教会（現・日本基督教団 西片町教会）初代・二代・三代会堂（一八八九・一八九六・一九三五年）、カナダ・メソヂスト監督教会静岡教会(現・日本基督教団 静岡教会)二代・三代会堂（一八九二・一九〇二年）など、数多くの教会建築の設計・施工を担うようになった。

　伊藤は、独自にコンクリート・ブロック塀の研究を進めただけでなく、日本初のドライ・クリーニング工場を開業し、家具製造にも手を染めるなど、さまざまな事業に挑戦した「異端の建築家」でもあった(注2)。

基督教《クリスチャン》棟梁――桜庭駒五郎

一八七一年（明治五）、鍛冶職人の子として弘前県津軽郡弘前和徳町（青森県弘前市和徳町）に生まれた桜庭駒五郎は、メソジスト監督教会の本多庸一の感化を受け、一八八八年（明治二十一）に洗礼を受けた。その後、上京して東京英和学校で学ぶが中退し、関西へ移って土木建築の修業をしたとされる。

こうした経験を活かして桜庭は、次々とキリスト教関係の施設の設計や施工に取り組むようになった。日本メソヂスト教会弘前教会（現・日本基督教団弘前教会）会堂（一九〇六年）、香登教会（現・日本イエス・キリスト教団香登教会）会堂（一九二三年）、日本メソヂスト教会藤崎教会（現・日本基督教団藤崎教会）会堂（一九二五年）、日本メソヂスト秋田教会（現・日本基督教団秋田楢山教会）会堂（一九二七年）など、各地でメソジスト系だけでなく、プロテスタン

①津山基督教図書館（現・森本慶三記念館）1926年竣工

ト全般の教会建築を建てたのである。

このほか、弘前女学校（現・弘前学院）外人宣教師館（一九〇六年）、青山学院神学部寄宿舎（一九一八年）といったミッション・スクールの建物、さらには津山基督教図書館（現・森本慶三記念館、一九二六年。図①）のような公共図書館まで、さまざまなキリスト教関係の施設を手がけた。信仰のうえに、大工としての技術と経験を兼ね合わせて活躍したことから、「基督教《クリスチャン》棟梁」の異名を持っている（注3）。

教会建築の父——鐵川與助

ローマ・カトリック教会では、鐵川與助を挙げることができる。一八七九年（明治十二）、長崎県南松浦郡青方村（南松浦郡新上五島町）に棟梁の子として生まれた鐵川は、高等小学校卒業後、大工としての修業を積んだ。そうしたなかで、パリ外国宣教会のアルベー

② 頭ヶ島天主堂 1918年竣工

ル・シャルル・アルセーヌ・ペルー司祭、その教えを受けた野原棟梁の指導の下、天主堂（日本におけるローマ・カトリック教会の聖堂）の建築にも携わるようになった。

一九〇六年（明治三十九）に家業を継いで鐵川組を起ち上げたが、五島列島はローマ・カトリック教会の信徒が多い地域ということもあり、冷水天主公教会（現・カトリック冷水教会）聖堂（一九〇七年）ほか天主堂を次々と建設していった（図②）。鐵川の教会建築は、本来は石その他を積み上げるリヴ・ヴォールト天井を、竹を組んで土蔵のように造るなど、随所に日本の伝統工法を採り入れたところに大きな特徴があった。その一方で、鉄筋コンクリート技術を独学で習得し、新技術も貪欲に吸収していった(注4)。

鐵川自身は、最後までキリスト教に入信することはなかったが、明治末期から昭和三十年代まで、長崎県を中心に数多くの聖堂を建てたことから「教会建築の父」とも呼ばれている。

聖公会の上林敬吉と大木吉太郎

聖公会でも上林敬吉のほか、奈良基督教会（現・日本聖公会 奈良基督教会）二代礼拝堂（一九三〇年）を手がけた大木吉太郎が活躍している。一八八四年（明治十七）、京都出身の上林は、ジェームズ・マクドナルド・ガーディナーの指導を受け、ジョン・ヴァン・ウィー・バーガミニと協働し、最後は自らの手で設計を行った「信徒建築家」として知られる。一方で大木は、一八八七年（明治二十）、奈良出身の「宮大工」であり、奈良基督教会の信徒でもあった。

大木は、関東大震災後に古社寺の調査と修復に携わり、その経験を活かして、奈良公園の隣接地に和風礼拝堂の奈良基督教会を設計・施工した。このほか、小浜聖路加教会（現・日本聖公会小浜聖ルカ教会）礼拝堂増築（一九三一年）では、ガーディナーが手がけた煉瓦造平屋建の礼拝堂をバーガミニが木造で二階建に改築し、その施工を大木が担っている。

おわりに

本節で取り上げた人々が活躍したのは、おおむね十九世紀末から二十世紀前半（明治・大正・昭和戦前）である。それぞれ「異端の建築家」や「基督教《クリスチャン》棟梁」、さらには「教会建築の父」といった異名が与えられているように、非常に個性的な活動を展開した建築家たちだった。正規の建築教育を受けたわけではなく、大工の棟梁や実務を通じて技術を習得した人々であった。上林のように外国人建築家の薫陶を受けた場合もあるが、基本的には独自に教会建築の素養と設計のノウハウを身につけている。

彼らが携わった教会建築のなかには、完成度の高いものもある一方で、「見様見真似」で造ったことで、様式の誤用や、バランスが崩れた「出来の悪い」事例もあり、正統派の西洋の様式建築の観点からすると、作品の質にばらつきがあるとされる（注5）。しかし、全国各地で教会建築の裾野を広げたのは確かだ。現在でも、教会建築の設計には、キリスト教の素養と理解が欠かせないと言われるが、ここで取り上げた日本人建築家たちは、いずれも彼らなりにキリスト教を理解しながら、各地にプロテスタント教会の会堂、ローマ・カトリック教会の聖堂、聖公会の礼拝堂を建設していったのである。

①撮影・画像提供　森本慶三記念館
②撮影　三沢博昭　画像提供　三沢フォトライブラリー

第二章 第五節

[注]

（注1）日本建築学会 編（1983）『新版 日本近代建築総覧』東京：技報堂出版

（注2）村松貞次郎（1981）「私の発見した建築家：伊藤為吉」『新建築』56巻14号 東京：新建築社

（注3）間山洋八（1985）『基督教棟梁桜庭駒五郎の軌跡』（青森県社会教育小史双書 第2集）青森：大観堂書店

（注4）「[異才列伝] 鉄川与助：鉄筋コンクリート 独力習得」『読売新聞』（2010年1月24日号）東京：読売新聞社

（注5）五十嵐太郎（2007）『「結婚式教会」の誕生』東京：春秋社

第二章コラム

上林敬吉とその周辺の建造物めぐり

橋本 優子

このコラムでは、上林敬吉と、本章に関係する建築家が手がけ、現存する聖公会の建造物を厳選し、今日の名称(所在地)、設計・施工者、工法・構造、様式、年代、施主組織の歩み、建築的な特質をポイント的に紹介する。なお、宇都宮聖約翰教会礼拝堂(現・日本聖公会 宇都宮聖ヨハネ教会礼拝堂)は本章第一・三節で詳しく記しているため、コラム内では扱わない。

【凡例】

一、建造物の名称は、「竣工・聖別時の施主組織名」に「建物種別」を付すかたちで記した。同一の施主組織名で代替わりした場合は、「〇代」を加えた。

一、今日の地名は、( )内で示した。

一、注は、本章のコラム全体で通し番号を振り、「(注〇)」と記した。注の内容は、コラム末尾に一覧した。

一、画像は、一つのコラムごとに通し丸付き番号を振った。

一、画像キャプションは、建造物の名称、撮影アングルと年代、図面などについては表題や内容を記した。近年撮影のものは、( )内に現在の名称を加えた。画像クレジットは、一つのコラムごとに末尾でまとめて記した。文献から転載の場合は、本章のコラム全体で通しアルファベットを振った所収文献を「(文献〇)」で表した。所収文献の書誌情報は、コラム末尾に一覧した。

① 浦和諸聖徒教会二代礼拝堂（現・日本聖公会 浦和諸聖徒教会礼拝堂）全景 2022年撮影

1　浦和諸聖徒教会二代礼拝堂

今日の名称（所在地） 日本聖公会 浦和諸聖徒教会礼拝堂（埼玉県さいたま市浦和区仲町）

設計・施工者 ジョン・ヴァン・ウィー・バーガミニ（基本設計）、上林敬吉（実施設計）、坪谷熊平（施工）

工法・構造、様式 鉄筋コンクリート造平屋建、竣工当時は三層塔屋付
モダン・アングリカン（注1）

年代 聖別一九二八年（昭和三）

教会の歩み

一八九九年（明治三十二） 米国聖公会、立教学院総理のロイド司祭の管理により、埼玉県北足立郡浦和町（さいたま市浦和区）に東京府東京市麹町区飯田町（東京都千代田区九段北）の諸聖徒教会の講義所が開設し、日本聖公会北東京地方部（のち北関東地方部を経て北関東教区）に帰属。

一九〇一年（明治三十四） 四月七日、教会として独立し、諸聖徒教会と称す。

一九〇二年（明治三十五） 十二月十三日、浦和町仲町（さいたま市浦和区仲町の現在地）に初代礼拝堂が聖別し、浦和諸聖徒教会と命名。

一九二七年（昭和二） 十二月七日、二代礼拝堂の定礎。

一九二八年（昭和三） 四月十七日、二代礼拝堂の聖別。

一九四二年（昭和十七） 単立の浦和諸聖徒教会となる。

一九四三年（昭和十八） 日本聖公会の組織解消。

一九四四年（昭和十九） 五月一日、日本基督教団に帰属し、浦和仲町教会と改称。

一九四五年（昭和二十） 日本聖公会の再組織（十月十八日付）に伴い、同会に復帰し、浦和諸聖徒教会と再称。

一九七二年（昭和四十七） 八月六日、道路拡張のため、二代礼拝堂の一部が減築。

二代礼拝堂の建築

　竣工時の本礼拝堂は、東西に長い建物の東に内陣（欧州から見ると東のエルサレムの方角）、西に単廊式の身廊があり、両者を分かつ南北軸の北に塔屋、南に翼廊が張り出し、それぞれの東に小礼拝堂（内陣の北）、礼拝準備室（内陣の南）を有する十字架形平面（バシリカ）だった。つまり、西洋中世の大聖堂の縮小・簡略形と言える。

② 浦和諸聖徒教会二代礼拝堂 全景（文献W）1928年頃撮影（竣工当時）

　ポーチは身廊の北西に位置し、現在も変わらない。後年、道路の拡張に伴い減築されたのは、小礼拝堂と塔屋（ともに消滅）、奥行のあったポーチである。

　会衆席は、身廊中央の通路左右に配される。これに対面する内陣は、身廊より間口が狭く、床は三段高い。内陣の手前には、左に説教壇、右に聖書台を置き、後方の左右は共唱席を成す。さらに床を一段上げた最奥、至聖所の中央壁際に祭壇を設え、オックスフォード運動（注2）を経て十九世紀後半に広まった聖公会の礼拝堂らしい造りを呈する。

上③ 浦和諸聖徒教会二代礼拝堂 内部（文献V）1928年頃撮影（竣工当時）
下④ 同（現・日本聖公会 浦和諸聖徒教会礼拝堂）内部 2022年撮影

　側壁から立ち上がり、天井を支えるシザーズ・トラス（鋏形洋小屋）は、今でこそ明るい塗色だが、彫刻を施した腰壁、家具など、他の木部と響き合うものだった。

　バーガミニと上林の協働により、昭和初期に全国で実現された鉄筋コンクリート造の礼拝堂は、母体組織（日米の聖公会）の需要に応え、伝統と機能を満たすために、標準仕様の考え方に則り、近代工法を採用した点で、モダン・アングリカンの名に相応しい。

　ゴシック・アーチ（尖頭アーチ）の窓、内部を分節するチューダー・アーチ（四心尖頭アーチ）は、当初の設えを受け継いでいる。往年の塔屋の壁体頂部は、ノルマンの城塞胸壁のように凸部と狭間を連ねる形状が眼を引いた。これらは、バーガミニと上林が編み出したスタイルの意匠的な特徴として挙げられる。

②③ 画像提供　日本聖公会 浦和諸聖徒教会
①④ 撮影　橋本優子

2 浅草聖ヨハネ教会三代礼拝堂

今日の名称（所在地）　日本聖公会 浅草聖ヨハネ教会礼拝堂（東京都台東区蔵前）

設計・施工者　ジョン・ヴァン・ウィー・バーガミニ（基本設計）、上林敬吉（実施設計）、隅田組（施工）

工法・構造、様式　鉄筋コンクリート造半地下・地上一階建　モダン・アングリカン

年代　聖別一九二九年（昭和四）

① 浅草聖ヨハネ教会三代礼拝堂（現・日本聖公会 浅草聖ヨハネ教会礼拝堂）全景　2022年撮影

教会の歩み

一八七六年（明治九）　米国聖公会のウィリアムズ主教、クーパー司祭の管理により、東京府第五大区浅草広小路（東京都台東区雷門）に講義所が開設。以降、浅草界隈を何度も移転。

一八七九年（明治十二）　東京府深川区深川西元町（江東区常盤）の聖三一教会（のち真光教会）の管理となる。

一八八七年（明治二十）　二月、日本聖公会が成立し、その東京地方部に帰属。

一八九〇年（明治二十三）　真光教会より独立。

一八九一年（明治二十四）　五月、東京府東京市浅草区黒船町（台東区駒形）に初代礼拝堂が着工。九月二十七日、初代礼拝堂が聖別し、浅草聖ヨハネ教会と命名。

一八九六年（明治二十九）　四月、日本聖公会に東京北部地方部（翌年から東京北地方部）、東京南部地方部が成立し、前者に帰属。

一九二一年（大正十）　十二月十一日、東京市浅草区栄久町（台東区蔵前）に二代礼拝堂が着工。

一九二二年（大正十一）　三月二十六日、二代礼拝堂の定礎。十月十四日、二代礼拝堂の新築感謝礼拝。

一九二三年（大正十二）　四月、日本聖公会に成立した東京教区に帰属。九月一日、関東大震災により、二代礼拝堂が倒壊。

一九二四年（大正十三）　六月八日、仮礼拝堂の落成感謝礼拝。

一九二八年（昭和三）　十月一日、浅草区南元町（台東区蔵前の現在地）に三代礼拝堂が定礎。

一九二九年（昭和四）　四月二十九日、三代礼拝堂の聖別。

一九四二年（昭和十七）　単立の蔵前聖公教会となる。

一九四三年（昭和十八）　日本聖公会の組織解消。

一九四四年（昭和十九）　一月八日、日本基督教団に帰属し、浅草蔵前教会と改称。

一九四五年（昭和二十）　三月十日、東京大空襲により、三代礼拝堂が被災。日本聖公会の再組織（十月十八日付）に伴い、同会に復帰し、浅草聖ヨハネ教会と再称。

一九五五年（昭和三十）　十一月二十日、復元した三代礼拝堂の聖別。

三代礼拝堂の建築

東京の聖公会のなかでも歴史の長い本教会は、代々の礼拝堂に教会建築の変遷を辿ることができる。

明治半ばに登場した初代は、切妻屋根に煙突が聳え、破風、控え壁の水切りなどに石を使った煉瓦造で、教派色や様式性が薄く、公会堂にも見える洋風建築だった。ガーディナーの最晩年作となり、上林が担当した二代は、やはり煉瓦と石を用い、ステンドグラスの窓が並ぶアングリカン・ゴシック・リヴァイヴァル（注3）である。

バーガミニと上林が手がけ、関東大震災後の復興礼拝堂に位置づけられる三代は、鉄筋コンクリート造を採用し、時代精神に合致する近代建築と評してよい。つまり、両名の協働により、同じ頃に各地で実現された礼拝堂群とは趣が異なる。

都市の角地に建つこの建物の場合、当初から教会・会館棟、牧師館の複合体として計画された。教会・会館棟のポーチは御蔵前通に面し、玄関間、階段室の左手は、階高のある一階に礼拝堂（内陣の位置は南東）、半地下には多くの集会室、講堂ほか教会の諸活動のための部屋を配する。右手も半地下・地上一階で、執務や応接の機能を担う。全体としては、L字形の低層ビルヂングにも等しく、敷地奥の牧師館も加えて、逆コ字形の伝道拠点、社会福祉施設を成した。

外観は、北西正面の五つの尖頭窓、これらを囲むチューダー・アーチ（四心尖頭アーチ）、塔屋を示唆する左右の縦長な直方体空間が眼を引く。装飾は象徴的だが抑制されており、直方体空間の上部二カ所に葡萄図案のレリーフ、北西角の頂部に同じ柄で洗礼盤のような立体、その下に円筒形の付け柱を埋め込む。北東側面は、控え壁の間に高窓、尖頭窓、矩形窓を連続させ、この建物が単なるビルヂングではないことを印象づける。

②③所収文献所蔵・画像提供　日本聖公会 浅草聖ヨハネ教会
①④撮影　橋本優子

上② 浅草聖ヨハネ教会三代礼拝堂 全景（文献R） 1929年頃撮影（竣工当時） 中③ 同 内部（礼拝の様子）（文献R） 1943年撮影
下④ 同（現・日本聖公会 浅草聖ヨハネ教会礼拝堂）内部 撮影2022年

3 盛岡聖公会二代礼拝堂

今日の名称（所在地） 日本聖公会 盛岡聖公会礼拝堂（岩手県盛岡市中央通）

設計・施工者 ジョン・ヴァン・ウィー・バーガミニ（基本設計）、上林敬吉（実施設計）、桂島組（施工）

工法・構造、様式 鉄筋コンクリート造平屋建、一部木造、三層塔屋付 モダン・アングリカン

年代 聖別一九二九年（昭和四）

教会の歩み

一九〇八年（明治四十一） 五月十日、米国聖公会のクック司祭の管理により、岩手県盛岡市鷹匠小路（盛岡市下ノ橋町）に講義所が開設し、日本聖公会北東京地方部に帰属。

一九一一年（明治四十四） 九月二十八日、盛岡市仁王小路（盛岡市中央通の現在地）へ移転。教会として独立し、盛岡聖公会と称す。十月十九日、初代礼拝堂の聖別。

一九二〇年（大正九） 四月、北東京地方部から独立した東北地方部（のち東北教区）に帰属。

一九二九年（昭和四） 七月一日、二代礼拝堂の着工。十二月十五日、二代礼拝堂の聖別。

一九四二年（昭和十七） 単立の盛岡聖公教会となる。

一九四三年（昭和十八） 日本聖公会の組織解消。十二月七日、日本基督教団に帰属し、盛岡城北教会と改称。

一九四五年（昭和二十） 日本聖公会の再組織（十月十八日付）。

一九四八年（昭和二十三） 五月十二日、日本聖公会に復帰し、盛岡聖公会と再称。

右① 盛岡聖公会二代礼拝堂（現・日本聖公会 盛岡聖公会礼拝堂）全景（東南東側） 2022年撮影
左上② 同 内部（身廊入口の高窓） 2022年撮影　左下③ 同 内部 2022年撮影

左④ 盛岡聖公会二代礼拝堂 全景（文献O）
1959年以前撮影
右⑤ 同 建築工事（文献T）1929年撮影

二代礼拝堂の建築

　バーガミニと上林が展開した標準化スタイルの礼拝堂は、単廊式の身廊と、これとは明確に区分され、会衆席から見て高く、奥まった内陣を基本とする。

　平面は二通りで、第一は、塔屋を翼廊として張り出させるか、身廊側面のどこかに付すタイプ、二つ目は、内陣、身廊、塔屋が一直線に並ぶ。いずれの場合も礼拝準備室は、機能と意味合いに照らして内陣に近く、どちらかの翼廊を成す。言い換えると、必ずしも厳密な意味での十字架形平面（バシリカ）とは限らず、翼廊を切り詰めた事例も多々見られる。

　一直線形の本礼拝堂は、塔屋がポーチを兼ね、内陣は北（北北東）にある。こうした平面と配置は、道路や敷地との関係で生まれ、最初期には道路と平行、つまり東西に長く、入口を西（西北西）、内陣は東（東南東）に置く案があった。玄関右の応接室（木造モルタル仕上）は基本設計にはなく、鉄筋コンクリート工事の記録写真でも見当たらない。

　バーガミニと上林の特徴的なディテールは、随所に窺われる。塔屋では王冠を思わせる頂部、ゴシック・アーチ（尖頭アーチ）や細長い矩形の窓、四隅の控え壁の意匠が該当し、控え壁の水切りを四段、玄関扉周りの飾り迫縁は四折三重とすることで、正面性が強調された。内部は、身廊より間口が狭い内陣の設えを始め、シザーズ・トラス（鋏形洋小屋）の下弦材や、身廊入口の高窓などに繰り返されるチューダー・アーチ（四心尖頭アーチ）、これを用いた空間の分節、内陣に向かう奥行感の創出に見て取れる。

　だが、本礼拝堂で最も留意すべきは一直線形の平面で、中世復興的な世界観を示すとともに、実は近代の合理性に基づく建物の標準化の表れではないかと考えられる。

④⑤所収文献所蔵・画像提供　日本聖公会 盛岡聖公会
①②③撮影　橋本優子

①聖オーガスチン教会礼拝堂 全景（聖別式記念写真）1929年撮影 日本聖公会 高崎聖オーガスチン教会蔵

4 聖オーガスチン教会礼拝堂

今日の名称（所在地） 日本聖公会 高崎聖オーガスチン教会礼拝堂（群馬県高崎市山田町）

設計・施工者 ジョン・ヴァン・ウィー・バーガミニ（基本設計）、上林敬吉（実施設計）、熊野組（施工）

工法・構造、様式 鉄筋コンクリート造平屋建、三層塔屋付 モダン・アングリカン

年代 聖別一九二九年（昭和四）

教会の歩み

一八九二年（明治二十五） 二月、米国聖公会のパットン司祭の管理により、群馬県西群馬郡高崎町赤坂町（高崎市末広町）に講義所が開設し、日本聖公会東京地方部に帰属。以降、高崎町（のち高崎市）内を何度も移転。

一八九六年（明治二十九） 四月、日本聖公会に成立した東京北部地方部（翌年から北東京地方部、のち北関東地方部を経て北関東教区）に帰属。

一九一四年（大正三） 九月、高崎市山田町（現在地）へ移転。

一九一八年（大正七） 四月、教会として独立し、聖オーガスチン教会と命名。

一九二九年（昭和四） 八月、礼拝堂の定礎。十二月二十一日、礼拝堂の聖別。

一九四二年（昭和十七） 単立の高崎聖公教会となる。

一九四三年（昭和十八） 日本聖公会の組織解消。

一九四五年（昭和二十） 日本聖公会の再組織（十月十八日付）に伴い、同会に復帰。

一九九九年（平成十一） 高崎聖オーガスチン教会と改称。

礼拝堂の建築

竣工時の姿をとどめる本礼拝堂は、浦和諸聖徒教会二代礼拝堂（本章「建造物めぐり1」参照）との類似性が指摘されてきた。単廊式の身廊、高い内陣、北翼廊を成す塔屋、及び南翼廊、これらがかたちづくる十字架形平面（バシリカ）、ポーチの配置、方位や道路と建物の関係は、事実、浦和と似通っている。

だが、身廊の形状と、会衆席からの内陣の見え方は、大いに異なる。高崎の場合、身廊の西（入口）から東（内陣手前）までの距離に対して、南北の寸法が長めに採られている。そして、身廊と内陣の間口の幅が等しいため、内陣は視界が開けた印象を与える。

また、高崎の礼拝準備室は、塔屋の中に位置する。ちなみに一九二七年の配置・平面案（図③）では、内陣の北（塔屋の東）に小礼拝堂、礼拝準備室は南（南翼廊の東）に計画された。内陣は身廊に比べてやや狭く、身廊も窓二つ分ほど東西に長かった。言い換えると、高崎の当初案こそは、減築前の浦和の有り様にそっくりだったのである。その後、高崎の実施設計において、礼拝準備室の配置、身廊の大きさが変わったことを図面や竣工写真が物語る。

ちなみに高崎では、ローマ・カトリック教会と同様、内陣に聖体ランプ（聖体が聖櫃に安置されていることを示す）が吊り下がる。すなわち、本教会が聖公会のなかでも伝統を重んじるハイ・チャーチの流れを汲むことの示唆にほかならない（注4）。

塔屋は、四隅の控え壁の水切りが三段で、三層目に尖頭形の窓を二つ、その下は細長い矩形とし、ゴシック的な手法により、上昇感を表す。頂部にはノルマン風の意匠を戴く。これらはバーガミニと上林が目ざした標準化の賜物で、象徴的な建築言語を選び抜いて組み合わせ、造営の際は明快な雛形となった。

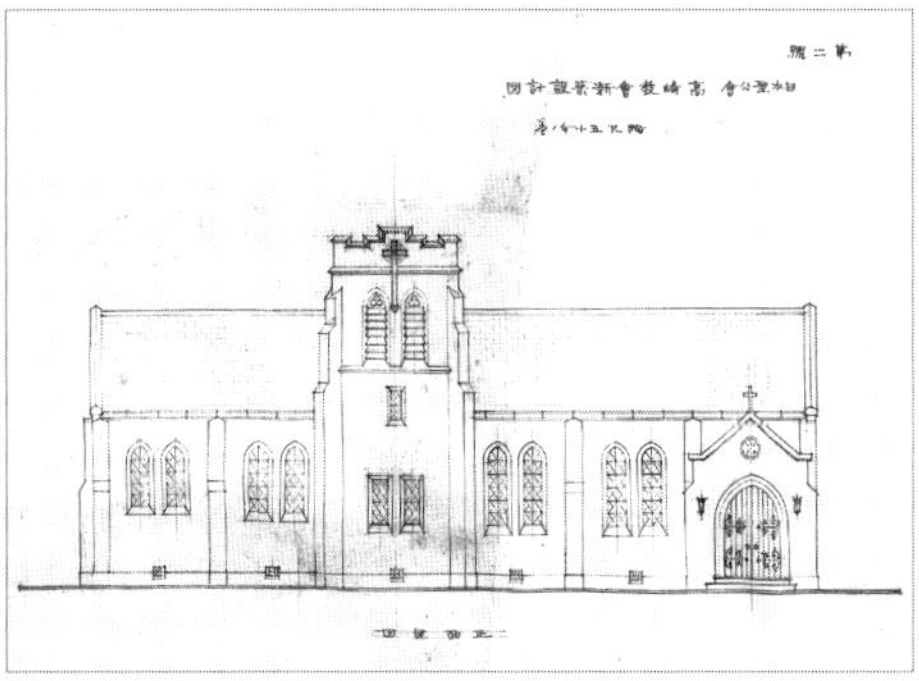

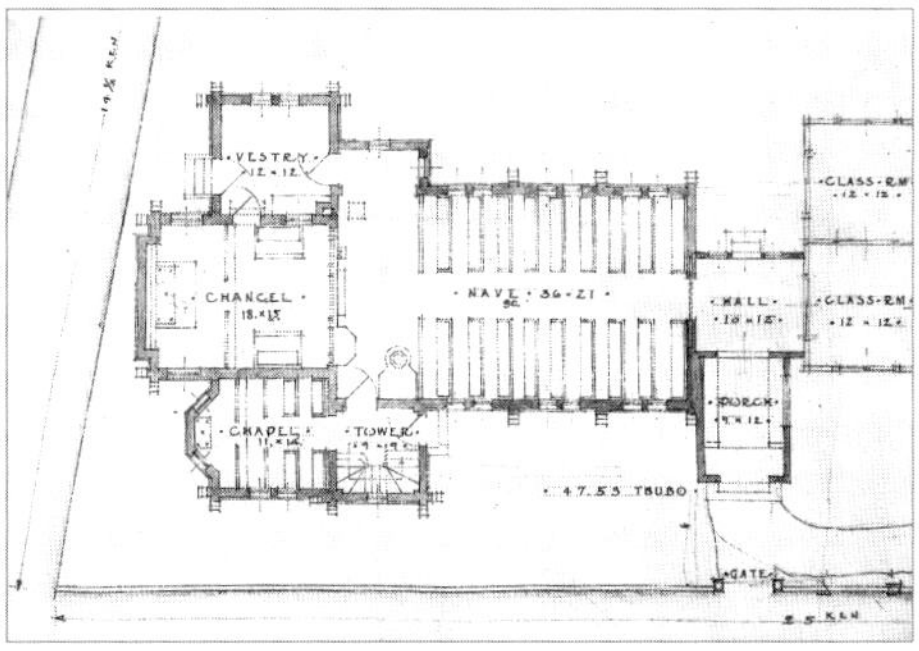

上② 聖オーガスチン教会礼拝堂 立面図［上林建築設計事務所《日本聖公会 高崎教会新築設計図》より「正面建図」（部分）］1927～1929年　学校法人聖路加国際大学蔵　下③ 同 平面図［上林建築設計事務所《高崎教会新築設計案》より「礼拝堂、司祭館（ほか）配置・平面図」（部分）］1927年 学校法人聖路加国際大学蔵

上④ 聖オーガスチン教会礼拝堂（現・日本聖公会 高崎聖オーガスチン教会礼拝堂）全景 2022年撮影　下⑤ 同 内部 2022年撮影

① 画像提供　日本聖公会 高崎聖オーガスチン教会
②③ 画像提供　学校法人聖路加国際大学
④⑤ 撮影　橋本優子

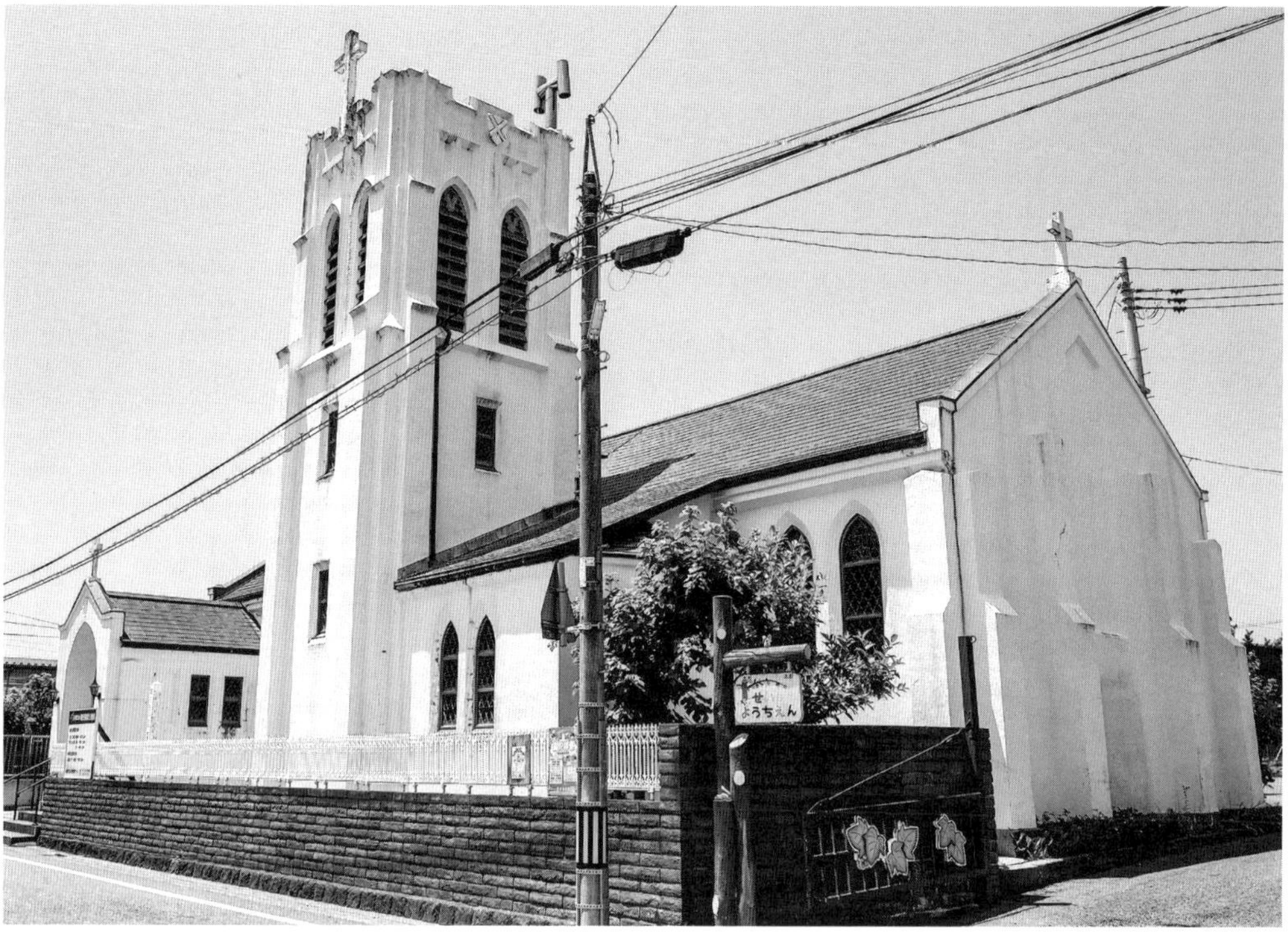

① 秋田聖救主教会二代礼拝堂（現・日本聖公会 秋田聖救主教会礼拝堂）全景 2022年撮影

5 秋田聖救主教会二代礼拝堂

今日の名称（所在地） 日本聖公会 秋田聖救主教会礼拝堂（秋田県秋田市保戸野中町）

設計・施工者 ジョン・ヴァン・ウィー・バーガミニ（基本設計）、上林敬吉（実施設計）、施工者不詳

工法・構造、様式 鉄筋コンクリート造平屋建、三層塔屋付 モダン・アングリカン

年代 聖別一九三〇年（昭和五）

教会の歩み

一九〇二年（明治三十五） 九月十四日、米国聖公会のメードレー司祭の管理により、秋田県秋田市下長町（秋田市中通）に講義所が開設し、日本聖公会北東京地方部に帰属。のち、秋田市上肴町（秋田市大町）へ移転。

一九〇三年（明治三十六） 三月、講義所の正式認可を受け、秋田聖公会として活動。のち、秋田市内に伝道拠点が増設。

一九〇四年（明治三十七） 三月十日、教会が秋田市保戸野中町へ移転。七月五日、秋田市保戸野愛宕町（秋田市保戸野中町の現在地）へ移り、初代礼拝堂が着工。九月十六日、初代礼拝堂が竣工し、秋田聖救主教会と改称。

一九〇五年（明治三十八） 二月二日、初代礼拝堂の聖別。

一九二〇年（大正九） 四月、北東京地方部から独立した東北地方部（のち東北教区）に帰属。

一九三〇年（昭和五） 十月五日、二代礼拝堂の聖別。

一九四二年（昭和十七） 単立の秋田救主教会となる。

一九四三年（昭和十八） 日本聖公会の組織解消。

一九四五年（昭和二十） 日本聖公会の再組織（十月十八日付）に伴い、同会に復帰し、秋田聖救主教会と再称。

右② 秋田聖救主教会二代礼拝堂 内部（文献L）1930年撮影
左上③ 同 全景（文献L）1930年撮影
左下④ 同（現・日本聖公会 秋田聖救主教会礼拝堂）内部 2022年撮影

二代礼拝堂の建築

北東にある内陣、南西に長い身廊、南東・北西の翼廊が十字架形平面（バシリカ）を構成する本礼拝堂は、バーガミニと上林がもたらした一連の礼拝堂のなかで、完成度が高い事例として挙げられる。

礼拝準備室は南東翼廊、これに融合した塔屋、並びにポーチは身廊の南東に置かれる。塔屋とポーチが道路に面することや、間口の幅が身廊と等しいため、ゆったりとして見える内陣は、聖オーガスチン教会礼拝堂（本章「建造物めぐり4」参照）に似通う。また、盛岡聖公会二代礼拝堂（同3参照）と同様、身廊と塔屋を隔てる壁に高窓を設け、彫刻を施した木の手すりで囲み、バルコニー席のように張り出させている。

屋根を支えるシザーズ・トラス（鋏形洋小屋）、ゴシック・アーチ（尖頭アーチ）とチューダー・アーチ（四心尖頭アーチ）の併用、木製の内装や家具は、聖公会の伝統を踏まえた典型的なスタイルに則る。

一方、他の事例と一線を画すのは、塔屋の外観である。窓の左右に細長い控え壁を付し、これが四面の上下に及ぶので、隅部には控え壁が二本ずつ現れ、その間の角にも控え壁があることから、複雑な形状を呈する。水切りが二段の控え壁は垂直性を表し、このほか外壁の随所に見られる。

礼拝堂の聖別に際して米国聖公会のハウエル司祭は、耐震性、寒冷地ならば耐寒性に優れ、堅固で維持管理に費用を要さず、仏教寺院との明確な識別を図ることが可能という理由で、当時の日本人信徒が鉄筋コンクリート造、ゴシックの意匠を好んだ点を指摘している（注5）。アメリカ出身のミッション建築家バーガミニと、信徒として設計・監理の実務を担った上林の協働の背景には、このような事情が横たわる。

②③所収文献所蔵・画像提供　立教大学図書館
①④撮影　橋本優子

① 福井聖三一教会礼拝堂 外観（ポーチ前の教会関係者記念写真）1940年頃撮影 日本聖公会 福井聖三一教会信徒・南 知子氏蔵

6 福井聖三一教会礼拝堂

今日の名称（所在地） 日本聖公会 福井聖三一教会礼拝堂（福井県福井市春山）

設計・施工者 ジョン・ヴァン・ウィー・バーガミニ（基本設計）、上林敬吉（実施設計）、戸田組（施工）

工法・構造、様式 鉄筋コンクリート造平屋建、三層塔屋付 モダン・アングリカン

年代 聖別一九三二年（昭和七）

教会の歩み

一八九六年（明治二十九） 四月、日本聖公会に京都地方部（のち京都教区）が成立し、福井県の伝道拠点は同部に帰属。九月、米国聖公会のウィリアムズ司祭（元主教）の管理により、福井県福井市宝永中町（福井市宝永）に講義所が開設。以降、福井市内を何度か移転。

一九一五年（大正四） 十月、福井市江戸下町（福井市宝永）に仮礼拝堂が竣工。

一九一六年（大正五） 福井市春山下町（福井市春山の現在地）へ移転。

一九一八年（大正七） 六月、教会として独立し、福井聖三一教会と称す。

一九三一年（昭和六） 十一月、礼拝堂の竣工。

一九三二年（昭和七） 四月二十九日、礼拝堂の聖別。

一九四二年（昭和十七） 単立の福井聖三一教会となる。

一九四三年（昭和十八） 日本聖公会の組織解消。

一九四五年（昭和二十） 七月十九日、福井空襲により、礼拝堂が被災。

一九四八年（昭和二十三） 六月二十八日、空襲の被害を留めたまま、礼拝堂が福井地震を経験。日本聖公会の再組織（十月十八日付）に伴い、同会に復帰。

一九四九年（昭和二十四） 五月、復元した礼拝堂の竣工。

右② 福井聖三一教会礼拝堂 全景（文献M）1932年撮影
左上③ 同（現・日本聖公会 福井聖三一教会礼拝堂）外観（塔屋）2022年撮影　左下④ 同 内部 2022年撮影

礼拝堂の建築

聖別から十三年を経て焼夷弾の砲火を浴び、その三年後、マグニチュード七・一の直下型地震に見舞われた礼拝堂の現在の姿は、当初の建物の遺構に基づく震災後の復元である。

屋根を支えるトラスなど簡略化された内部の造作や、家具は本来のものではないが、内陣が東（東南東）、ポーチを兼ねる塔屋は西（西北西）にあり、これらの間に単廊式の身廊を擁する平面は、竣工時と変わらない。南（南南西）翼廊として張り出す礼拝準備室、集会などに使われてきた玄関左の小空間についても同じことが言える。

この形式の平面は、本書の分類では「一直線形の標準化スタイル」に相当し、建造時期が二年早い盛岡聖公会二代礼拝堂（本章「建造物めぐり3」参照）の発展形と評すことができる。盛岡では、バーガミニの基本設計が応接室（玄関右）を欠いたので、上林の手で実施設計に組み込まれた。一方、福井の場合、教会活動の便宜に鑑みた小空間（玄関左）は後付けではない。よって塔屋と小空間の外観は、一体的な意匠を呈した。

玄関扉周りの飾り迫縁が四折三重で、三層目にゴシック・アーチ（尖頭アーチ）の窓が二つあり、四隅に水切りが四段の控え壁を付し、王冠状の頂部を戴く塔屋は、盛岡に酷似する。しかし、福井においては、小空間西（西北西）側面の二つの尖頭窓の上に、鋭角なペディメントが築かれ、塔屋二層目の矩形窓も二つ設けられた。これらは、重厚で象徴性が強い塔屋と、実用を担う従属的な小空間の調和を図るための工夫として良い。

ひいては、両者の有機的な結び付き、建物西端部の正面性を示唆し、モダン・アングリカンの源泉の一つとなった西洋中世でいう西構え・西正面（注6）の近代的な末裔とも捉えられる。

①画像提供　南 知子氏
②所収文献所蔵・画像提供　立教大学図書館
③④撮影　橋本優子

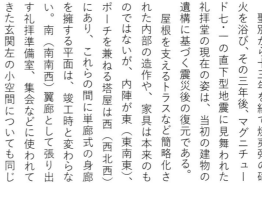

① 郡山聖ペテロ聖パウロ教会礼拝堂（現・日本聖公会 郡山聖ペテロ聖パウロ教会礼拝堂）全景　2022年撮影

7　郡山聖ペテロ聖パウロ教会礼拝堂

今日の名称（所在地）　日本聖公会 郡山聖ペテロ聖パウロ教会礼拝堂（福島県郡山市麓山）

設計・施工者　ジョン・ヴァン・ウィー・バーガミニ（基本設計）、上林敬吉（設計）、施工者不詳

工法・構造、様式　鉄筋コンクリート造平屋建、三層塔屋付　モダン・アングリカン

年代　聖別一九三二年（昭和七）

教会の歩み

一九〇三年（明治三十六）　米国聖公会のクック司祭の管理により、福島県安積郡郡山町燧田（郡山市燧田）に講義所が開設し、日本聖公会北東京地方部に帰属。のち、同地内で移転。

一九一一年（明治四十四）　教会として独立し、郡山降臨教会と称す。のち、郡山町稲荷町（郡山市中町）へ移転。

一九二〇年（大正九）　四月、北東京地方部から独立した東北地方部（のち東北教区）に帰属。

一九二三年（大正十二）　郡山聖ペテロ聖パウロ教会と改称。

一九二六年（大正十五）　郡山市麓山（現在地）へ移り、仮礼拝堂が竣工。

一九三一年（昭和六）　七月、礼拝堂の着工。

一九三二年（昭和七）　二月二十四日、礼拝堂の聖別。

一九四二年（昭和十七）　単立の郡山聖十字教会となる。

一九四三年（昭和十八）　日本聖公会の組織解消。

一九四五年（昭和二十）　日本聖公会の再組織（十月十八日付）に伴い、同会に復帰し、郡山聖ペテロ聖パウロ教会と再称。

礼拝堂の建築

バーガミニと上林の協働による礼拝堂群のなかで、この建物は締め括りに位置づけられる。その細部、上林が残した二組の図面から、新しい方向性と、日米の聖公会の意向が窺われる点で興味深い。

現存する礼拝堂は、道路に対して平行の東西に長い平面を呈し、内陣を建物の西端に置く。一階が礼拝準備室の塔屋は北翼廊を成し、北側面の東にあるポーチも北を向く。塔屋は、頂部の意匠がノルマン風で、三層目に二つの尖頭窓、二層目は細長い矩形窓が一つ、四隅の控え壁の水切りは四段である。要するに、浦和、盛岡、高崎、秋田、福井（本章「建造物めぐり1・3・4・5・6」参照）の総集編と評すことができる。

しかし、塔屋の南西角に階段室（八角柱の四分の一）を付し、身廊の東南角に佇む洗礼盤の小空間を東側面から覗かせ、ともに色ガラスの矩形窓で彩る設えは、他に類例を見ない。玄関間も切妻屋根の身廊とポーチから独立し、低い寄棟屋根を戴く。

竣工時と変わらない現状は、一九三一年（昭和六）七月七〜十三日と記される九枚の図面通りだが、同年六月二十三〜二十九日付の別の九枚は大いに異なる（図④）。内陣が東端、ポーチを兼ねる塔屋は身廊西北に計画された。南翼廊を長めに採り、その東に礼拝準備室、別棟に通じる廊下を設け、洗礼盤は身廊西端の中央に位置する。王冠状の頂部、四隅の控え壁を排した塔屋は、定番のスタイルを脱している。

結局、日米の聖公会は、今日見る礼拝堂の姿を採択し、バーガミニを立てたと考えられる。ただし二組の図面は、どちらも綿密な実施設計図で、一週間の隔たりしかなく、六月二十六日付の十、十一枚目（内陣建具の現寸図）が同一のため、上林が別案に思い入れを持ち、事前準備していたのは疑いようもない。

②所収文献所蔵・画像提供　日本聖公会 郡山聖ペテロ聖パウロ教会
④画像提供　日本聖公会 郡山聖ペテロ聖パウロ教会
①③撮影　橋本優子

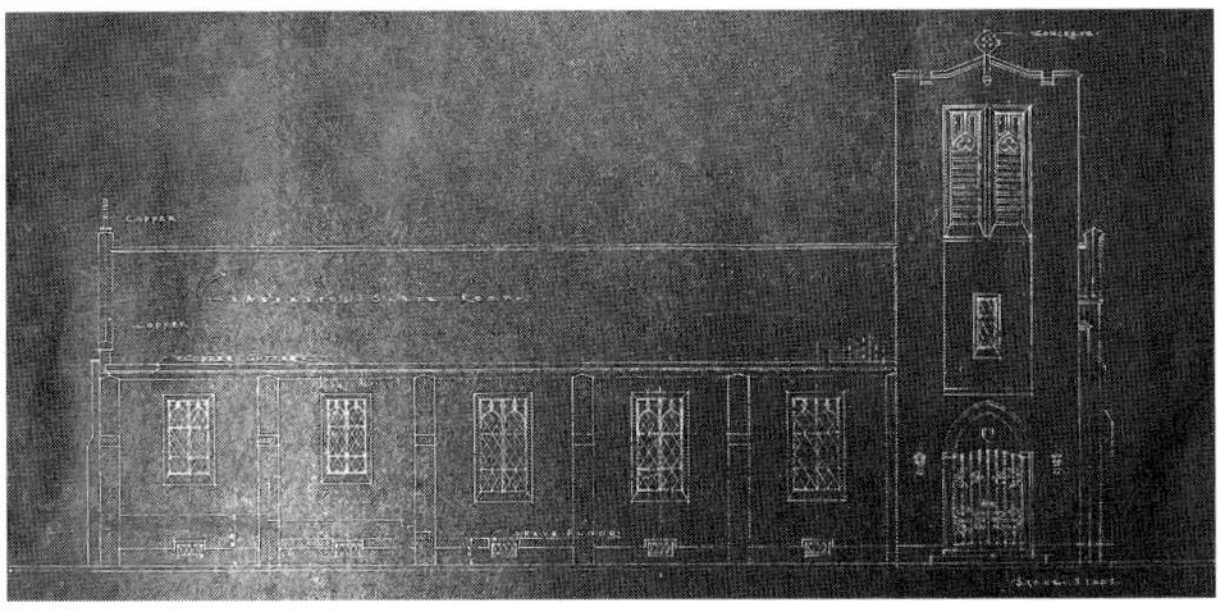

上② 郡山聖ペテロ聖パウロ教会礼拝堂 全景（文献Q） 1932年頃撮影（竣工当時）　中③ 同（現・日本聖公会 郡山聖ペテロ聖パウロ教会礼拝堂）内部　2022年撮影　下④ 同（別案）立面図［上林敬吉建築設計事務所《郡山聖公会礼拝堂 立面図》より「側面図」（部分）］1931年　日本聖公会 郡山聖ペテロ聖パウロ教会蔵

① 大宮聖愛教会礼拝堂（現・日本聖公会 大宮聖愛教会礼拝堂）全景 2022年撮影

8 大宮聖愛教会礼拝堂

今日の名称（所在地） 日本聖公会 大宮聖愛教会礼拝堂（埼玉県さいたま市大宮区桜木町）

設計・施工者 上林敬吉（設計）、清水組（施工）

工法・構造、様式 鉄筋コンクリート造平屋建
特定の様式によらない（内部はモダン・アングリカンに準じる）

年代 聖別一九三四年（昭和九）

教会の歩み

一八九九年（明治三十二） 四月十一日、米国聖公会、立教学院総理のロイド司祭の管理により、埼玉県北足立郡大宮町大字土手宿（さいたま市大宮区土手町）に東京府東京市麹町区飯田町（東京都千代田区九段北）の諸聖徒教会の講義所が開設し、日本聖公会北東京地方部（のち北関東地方部）を経て北関東教区）に帰属。

一九〇一年（明治三十四） 教会として独立し、大宮聖公会と称す。以降、大宮町内を何度も移転。

一九二七年（昭和二） 大宮町大字鐘ヶ谷戸（さいたま市大宮区桜木町）へ移り、仮礼拝堂が竣工。

一九三四年（昭和九） 十月二十日、鉄道省官舎跡の町有地（さいたま市大宮区桜木町の現在地）に礼拝堂を建築聖別し、大宮聖愛教会と命名。信徒会館も祝別。

一九四二年（昭和十七） 単立の大宮聖愛教会となる。

一九四三年（昭和十八） 日本聖公会の組織解消。

一九四五年（昭和二十） 日本聖公会の再組織（十月十八日付）に伴い、同会に復帰。

一九六六年（昭和四十一） 信徒会館の解体。

一九六八年（昭和四十三） 会館跡地に北関東教区センターの竣工。

左上② 大宮聖愛教会礼拝堂 全景（文献S） 1934年頃撮影（竣工当時）　右上③ 同 内部（文献S） 1934年頃撮影（竣工当時）　左下④ 同 立面図［上林敬吉建築設計事務所《大宮聖公会礼拝堂 立面図》より「側面図」（部分）］1933年 日本聖公会 大宮聖愛教会蔵　右下⑤ 同（現・日本聖公会 大宮聖愛教会礼拝堂）内部 2022年撮影

礼拝堂の建築

バーガミニが基本設計を示し、上林の実施設計、現場監理で生み出された礼拝堂群は、郡山聖ペテロ聖パウロ教会（本章「建造物めぐり7」参照）を節目とする。この経験を通じて上林は、聖公会の伝統に適う近代建築を目ざし、礼拝堂の標準化に至るかたわら、個別の工夫も図った。その後、上林が一人で収めた本礼拝堂の場合、こうした経験値に基づく実用性と、創意が随所に窺われる。

道路と建物の長辺を揃え、内陣は西（西南西）、ポーチが南（南南東）にある平面は、定石通りと言える。翼廊は一つだが、当初からオルガン空間を想定し、これに続く礼拝準備室とともに、北（北北西）側にまとめた。内陣と身廊の間口の幅は同一で、身廊の東（東北東）端の中心に洗礼盤を据える。塔屋がないので、総じて簡素で機能的な造りだが、逆に内陣、身廊、ポーチの鋭角な妻壁が際立つため、礼拝堂らしさは損なわれていない。

他の「標準化スタイル」の事例と同様、躯体は堅固な鉄筋コンクリート造とし、その冷たい物質感を温かい色味のリシン仕上げで和らげた。ポーチに眼を向けると、左右の控え壁上部を郡山でも採用した葡萄図案で彩る。一方、ペディメントに銅板の笠木と化粧柱を付す仕様は、大宮でしか見られないものである。

大宮の教会で何よりも注目すべきは、礼拝堂とその北に建てられた信徒会館の一体性にほかならない。両者を東端の内廊下で結び、この空間と翼廊の間に中庭を置くことで、どちらも採光や通風が確保でき、内廊下の道路側には玄関間を設けた。全体としての使い勝手に鑑み、かつ木造二階建の信徒会館の高さ、立面の意匠を礼拝堂と調和させる配慮は、竣工の約一年前に引かれた最初期の図面（図④）に明らかである。

②③④画像提供　日本聖公会 大宮聖愛教会
①⑤撮影　橋本優子

9 京都聖三一教会初代礼拝堂

今日の名称（所在地） 日本聖公会 聖アグネス教会礼拝堂
（京都府京都市上京区烏丸下立売角堀松町）

設計・施工者 ジェームズ・マクドナルド・ガーディナー（設計）、
成田久平＋初代・津田甚六郎ら職人集団（施工）

工法・構造、様式 煉瓦造二階建、三層塔屋付
アングリカン・ゴシック・リヴァイヴァル

年代 聖別一八九八年（明治三十一）

上① 京都聖三一教会初代礼拝堂（現・日本聖公会 聖アグネス教会礼拝堂）全景 2022年撮影
下② 同 内部 2022年撮影

教会の歩み

一八七〇年（明治三） 一月、米国聖公会のウィリアムズ主教により、大阪府西大組川口与力町（大阪市西区本田）に英語塾が開設。当時、日本はキリシタン禁制。

一八七一年（明治四） 年末、英語塾が大阪府西大組古川（大阪市西区川口）へ移転。

一八七三年（明治六） 二月二十四日、太政官布告により、キリシタン禁制の高札が撤去。英語塾が聖テモテ学校と改称。

一八七五年（明治八） 一月、川口与力町に聖テモテ学校の女生徒を集め、エディの学校が開設。のち、川口居留地（大阪市西区川口）へ移転。

一八八〇年（明治十三） エディの学校が照暗女学校と改称。

一八八七年（明治二十） 二月、日本聖公会が成立し、その大阪地方部に帰属。

一八九二年（明治二十五） 米国聖公会のグリング司祭により、京都府京都市上京区烏丸下立売上ル（桜鶴円町）に宣教師館が開設。

一八九三年（明治二十六） 二月十四日、グリング司祭の管理により、上京区今出川小川下ル（針屋町）に小川講義所が開設。

一八九五年（明治二十八） 四月、上京区烏丸下立売西入ル（五町目町）に照暗女学校が移り、平安女学院と改称。

一八九六年（明治二十九） 四月、日本聖公会に成立した京都地方部（のち京都教区）に帰属。十月七日、上京区烏丸下立売角（堀松町の現在地）に初代礼拝堂が定礎。

一八九七年（明治三十） 六月、小川講義所の閉鎖。

一八九八年（明治三十一） 五月二十五日、初代礼拝堂が聖別し、聖三一大聖堂と命名。小川講義所会衆、平安女学院教職員・生徒と家族により、京都聖三一教会が発足。十月、京都地方部が単独主教区、初代礼拝堂は主教座聖堂となる。

一九二三年（大正十二） 十月、平安女学院教職員・生徒により、聖アグネス教会が発足し、初代礼拝堂を京都教区、京都聖三一教会と共用。

一九三〇年（昭和五） 京都聖三一教会が中京区聚楽廻中町へ移転。以降、初代礼拝堂は京都教区、聖アグネス教会に供す。

一九三一年（昭和六） 初代礼拝堂の改修。

一九四二年（昭和十七） この頃、聖アグネス教会が苑南基督教会と改称。単立の苑南基督教会となる。

一九四三年（昭和十八） 日本聖公会の組織解消。

一九四五年（昭和二十） 日本聖公会の再組織（十月十八日付）に伴い、同会に復帰。のち、聖アグネス教会と再称。

初代礼拝堂の建築

一八八〇年（明治十三）に米国聖公会執事、立教学校（のち立教大学）校長として来日したガーディナーは、建築の専門教育を受けておらず、設計事務所や工務店の下積み、現場経験もなかった。だが、来日直後から学校・教会建築を手がけ、一八九二年（明治二十五）以降は建築設計を活動の主体とする。

多くの作品が失われたなか、本礼拝堂は建物と関連資料が残る希少な事例である。内陣（東）、身廊（西）、両翼廊（南・北）から成る十字架形平面（バシリカ）を呈し、二つの翼廊の東に礼拝準備室（南）、塔屋（北）を配する。三廊式の身廊は、南側廊の方が幅広で、南東の角に八角形の洗礼室が付される。ポーチは北側廊の北東側、下立売通に面している。

どっしりとした煉瓦造、太い控え壁、それを覆う石の水切りが眼を引く外観と、華奢な木の束ね柱、鋭角なシザーズ・トラス（鋏形洋小屋）、手工芸的な木製トレーサリー、ステンドグラスが織り成す内部の対比は、いかにもガーディナーらしい。

アーキテクト（建築家）やビルダー（施工者）ではなく、あくまでも文化人の信徒宣教師（非聖職者）だったガーディナーの場合、現場を預かる人々の尽力は大きかったに違いない。本作については、日本人ビルダーを写した貴重な図版（図⑤）から、（右から順に）煉瓦工、棟梁、現場監督、筆頭大工、筆頭石工らの貢献が判明している（注7）。

このうち、「棟梁」が平安女学院の現場も担った東京の成田久平（注8）、洋装の「現場監督」はガーディナーの協力者（注9）と考えられる。「成田」と染め抜いた半纏姿の「筆頭大工」は、明らかに久平の組の職人、また、図版に登場しないが、京都の初代・津田甚六郎（大工）の参画の可能性も、津田家に伝わる本礼拝堂の矩計図が物語る（注10）。

③④⑤ 所収文献所蔵・画像提供　立教大学図書館
①② 撮影　橋本優子

上③ 京都聖三一教会初代礼拝堂 全景（文献B）1898年撮影　中④ 同 内部（文献C）1898～1901年撮影
下⑤ 同 建築工事（現場の人々）（文献A）1896～97年撮影

10 京都聖ヨハネ教会初代礼拝堂

今日の名称（所在地） 博物館 明治村 聖ヨハネ教会堂（愛知県犬山市内山）

設計・施工者 ジェームズ・マクドナルド・ガーディナー（設計）、上林敬吉（担当所員）、鈴木由三郎＋山本住造（施工）

工法・構造、様式 一階煉瓦造・二階木造の二階建、四層塔屋付（双塔）
アングリカン・ゴシック・リヴァイヴァル

年代 聖別一九〇七年（明治四十）

① 京都聖ヨハネ教会初代礼拝堂（現・博物館 明治村 聖ヨハネ教会堂）全景 2022年撮影

教会の歩み

一八八九年（明治二十二） 十一月十六日、米国聖公会のチング司祭の管理により、京都府京都市下京区五条橋東（東山区五条橋東）に五条講義所が開設し、日本聖公会大阪地方部に帰属。

一八九五年（明治二十八） 六月、米国聖公会のウィリアムズ司祭（元主教）が講義所に着任。

一八九六年（明治二十九） 四月、日本聖公会に成立した京都地方部（のち京都教区）に帰属。

一八九八年（明治三十一） 教会として独立し、京都聖約翰教会と命名。

一九〇六年（明治三十九） 四月二十四日、下京区本塩竈町に初代礼拝堂が定礎。

一九〇七年（明治四十） 五月十六日、初代礼拝堂の聖別。

一九一〇年（明治四十三） 五月、礼拝堂内に幼稚園が開設。
十月、礼拝堂内に夜間英語学校が開設。

一九二六年（大正十五） 十一月七日、京都聖ヨハネ教会と改称。

一九三四年（昭和九） 九月二十一日、室戸台風により、初代礼拝堂が被災。

一九三五年（昭和十） 三月三日、修復した初代礼拝堂の感謝礼拝。

一九四二年（昭和十七） 一月十八日、京都五条教会と改称。
単立の京都五条教会となる。

一九四三年（昭和十八） 日本聖公会の組織解消。

一九四五年（昭和二十） 日本聖公会の再組織（十月十八日付）に伴い、同会に復帰。

一九五二年（昭和二十七） 一月、京都聖ヨハネ教会と再称。

一九五九年（昭和三十四） 九月二十六日、伊勢湾台風により、初代礼拝堂が被災し、応急措置。

一九六一年（昭和三十六） 九月十六日、第二室戸台風により、初代礼拝堂が被災し、応急措置。

一九六三年（昭和三十八） 四月十四日、初代礼拝堂の聖別解除。
七月十六日、愛知県犬山市内山の博物館 明治村に初代礼拝堂が無償譲渡。
八月、初代礼拝堂の実測調査と解体。
九月、初代礼拝堂の部材を博物館 明治村へ輸送。

一九六四年（昭和三十九） 二月、初代礼拝堂の復原が開始。
十二月、復原した初代礼拝堂の竣工。

一九六五年（昭和四十） 三月十八日、博物館 明治村が開館し、初代礼拝堂の公開。

右② 京都聖ヨハネ教会初代礼拝堂 全景（文献D）1907年撮影　左上③ 同 内部（文献X）1907 ～ 09年撮影　左下④ 同（現・博物館 明治村 聖ヨハネ教会堂）内部（クイーン・ポスト・トラスと割竹簀子張の天井裏）2022年撮影

初代礼拝堂の建築

一九〇三年（明治三十六）、旧・築地居留地を去り、東京市内に事務所を持ったガーディナーは、さまざまな建築の設計を引き受けるようになった。その三年後には、ガーディナーを公私の師と仰ぐ上林が入所し、出身地の京都で本礼拝堂の現場監理に当たる。

奥まった内陣、大きなトレーサリーにステンドグラスを嵌めた翼廊、正面中央の窓を同様に設えた三廊式の身廊で構成される十字架形平面（バシリカ）、尖った八角屋根の双塔が聳える姿かたちは、明らかに中世復興を標榜する。人々の礼拝に供した往年は、塔屋の間のポーチが河原町通に面し、内陣は西（西北西）にある配置だった。重要文化財として博物館 明治村に移築された際も、建物と方位の関係は守られている。

本作で興味深いのは、当初から礼拝の空間を二階、しかし礼拝準備室は階下に置き、両者を翼廊北側の階段で結んだ点にある。よって一階は、翼廊と身廊、身廊の屋根下に相当する部分が四つの集会室と中廊下を成し、教会の諸活動に充てられた。

ゴシック・リヴァイヴァルを基調としながら、ロマネスクへの憧憬、ヴィクトリア時代の美意識が交錯する造りは、京都聖三一教会初代礼拝堂（本章「建造物めぐり9」参照）にも増して、ガーディナーの特質を表す。一階が煉瓦造、二階と塔屋上部は木造のため、重厚な外観に上昇感や、内部に通じる軽快さが感じられる。これは、一八九四年（明治二十七）の明治東京地震で初期作品が倒壊する有り様を眼の当たりにし、ガーディナーが図った構造上の工夫と意匠的な展開である。

クイーン・ポスト・トラス（対束式洋小屋）が支える天井裏に割竹簀子を張るなど、地域の風土に見合った仕様も見られ、建築家ガーディナーの成長が窺われる。

② 所収文献所蔵　立教大学図書館
画像提供　立教学院史資料センター
③ 所収文献所蔵・画像提供　個人コレクション
①④ 撮影　橋本優子

11 日光真光教会礼拝堂

今日の名称（所在地） 日本聖公会 日光真光教会礼拝堂（栃木県日光市本町）

設計・施工者 ジェームズ・マクドナルド・ガーディナー（設計）、上林敬吉（担当所員）、相ヶ瀬森次（石工棟梁）ら職人集団（施工）

工法・構造、様式 日光石造平屋建、内部板橋石張、三層塔屋付
アングリカン・ゴシック・リヴァイヴァル

年代 聖別一九一六年（大正五）

上① 日光真光教会礼拝堂 全景（文献G）1916年撮影　下② 同案 建築模型（文献E）1914年撮影

教会の歩み

一八八一年（明治十四年） 米国聖公会執事、立教学校校長のガーディナーが栃木県上都賀郡日光町（日光市）を初訪。

一八八〇年代末（明治二十年代初め） 毎夏、ガーディナーが日光に滞在し、寄宿先の天台宗安養院敷地内（日光市山内）で聖公会の祈祷を捧げる。

一八八七年（明治二十） 二月、日本聖公会が成立し、その東京地方部に帰属。

一八九六年（明治二十九） 四月、日本聖公会に成立した東京北部地方部（翌年から北東京地方部、のち北関東地方部を経て北関東教区）に帰属。

一八九九年（明治三十二） 八月六日、日光町入町西谷（日光市安川町）に礼拝堂が聖別し、変容貌教会と命名。

一九〇四年（明治三十三） 教会が宇都宮市小幡町（宇都宮市小幡）の宇都宮講義所の管理となる（夏期のみ）。

一九〇五年（明治三十八） 日光変容貌教会の発足。

一九〇九年（明治四十二） 日光真光教会の発足。

一九一〇年（明治四十三） 米国聖公会のマン宣教師が赴任。

一九一四年（大正三） 十月二十八日、日光町四軒町（日光市本町の現在地）に礼拝堂が定礎。

一九一五年（大正四） 九月十八日、礼拝堂の開堂。

一九一六年（大正五） 八月六日、礼拝堂の聖別。

一九二五年（大正十四） 十一月二十五日、ガーディナーが東京府東京市京橋区明石町（東京都中央区明石町）の聖路加国際病院で逝去。二日後、日光の礼拝堂内に埋葬。

一九四二年（昭和十七） 単立の日光真光教会となる。

一九四三年（昭和十八） 日本聖公会の組織解消。十二月二日、日本基督教団に帰属し、日光教会と改称。

一九四五年（昭和二十） 日本聖公会の再組織（十月十八日付）。

一九四六年（昭和二十一） 秋、日本聖公会に復帰し、日光真光教会と再称。

右上③ 日光真光教会礼拝堂（現・日本聖公会 日光真光教会礼拝堂）全景　2014年撮影　右下④ 同 内部 2022年撮影　左⑤ 同 内部（北側面のステンドグラス）2014年撮影

礼拝堂の建築

ガーディナーの生涯と日光の結びつきは深い。のちに妻となるフローレンス・ピットマンに誘われてこの地を訪れ、以降、家族で夏の生活を楽しみ、終局的には自身の設計による本礼拝堂で永久の眠りに就いた。

日光における教会の成立のうえでも、信徒宣教師で文化人のガーディナーが果たした役割は大きい。初めての礼拝堂（変容貌教会）は、避暑で滞在する階層の米英の人々のために、ガーディナーが木造で手がけた。教会の体制が整う頃には伝道局を退職していたものの、日光との縁、建築家としての実績に鑑みて、ガーディナーに新しい礼拝堂を依頼したと考えてよい。担当所員の上林も経験を積み、設計主任になっていた。

東側の内陣、壁龕状の浅い北翼廊、礼拝準備室と塔屋が一体化した南翼廊、単廊式の身廊、その南西側、道路に面するポーチで構成される平面は、のちに上林が展開するモダン・アングリカンの礼拝堂群に似る。ノルマン風の堂々とした塔屋も同様だが、鋭角な切妻屋根、太い控え壁、大きなステンドグラスなどは、ガーディナーならではのスタイルである。

神仏習合の聖地、その深遠な森に抱かれる場所で礼拝堂を建てるに当たり、ガーディナーは躯体に日光石（地域産の安山岩）、内張りに板橋石（同・凝灰岩）を選んだ。このことは注目に値し、材の調達や、技術的な観点からではなく、日光だからこそキリスト教の訴求と、教会建築の真髄を示すべく、西洋中世の大聖堂に倣う石造としたのは疑いようもない。

時あたかも一九一五年（大正四）秋には東照宮三百年祭が開催された。これに間に合うよう国内外の来訪者の耳目を引く建築を目ざし、前年秋の起工後、冬を徹して石工が材の加工に注力した状況は、米国聖公会の広報誌記者が伝えている（注11）。

①② 所収文献所蔵・画像提供　立教大学図書館
③④⑤ 撮影　橋本優子

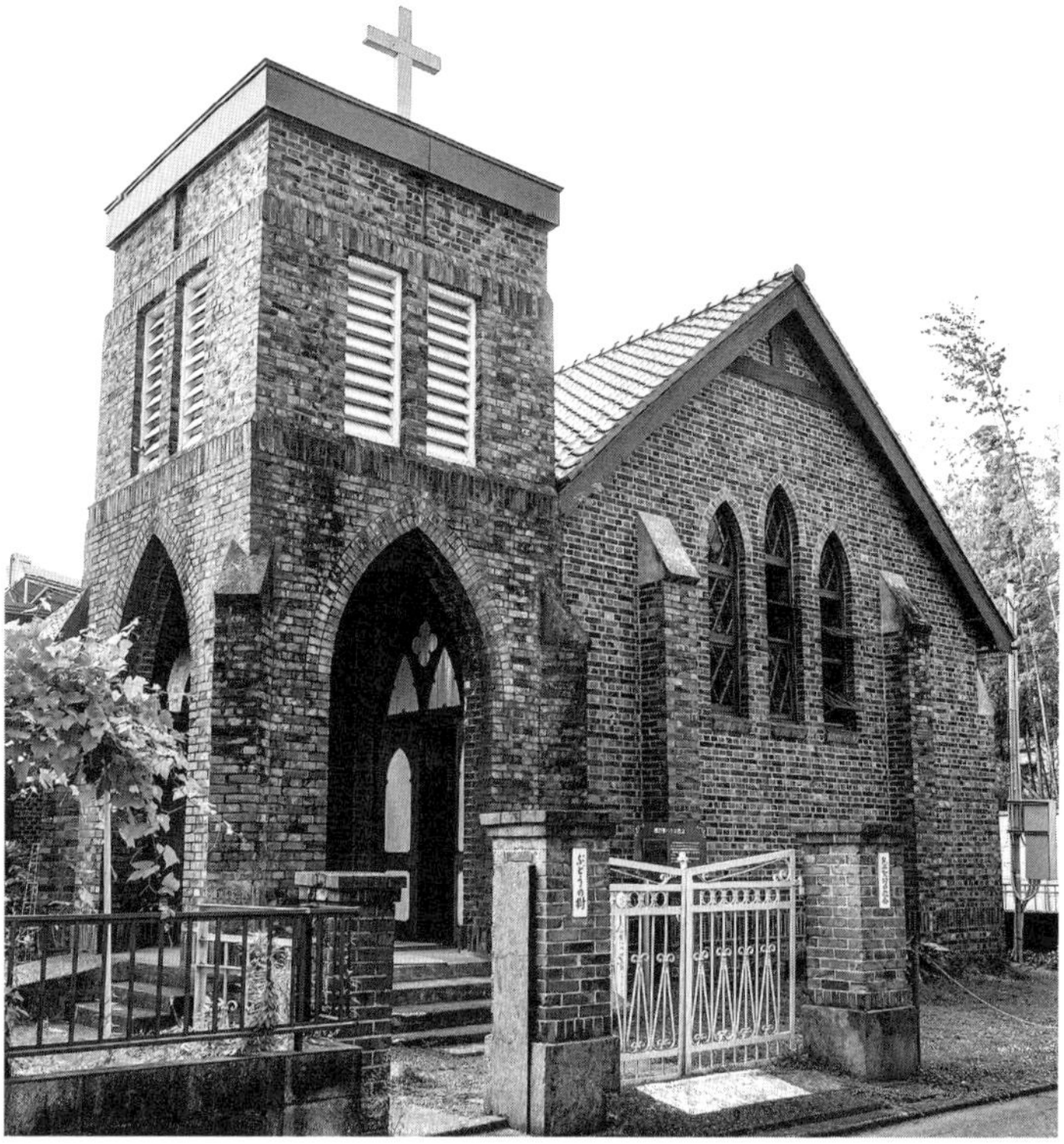

①熊谷聖パウロ教会二代礼拝堂（現・日本聖公会 熊谷聖パウロ教会礼拝堂）全景 2022年撮影

12 熊谷聖パウロ教会二代礼拝堂

今日の名称（所在地） 日本聖公会 熊谷聖パウロ教会二代礼拝堂（埼玉県熊谷市宮町）

設計・施工者 ウィリアム・ウィルソン（設計）、おそらく清水組（施工）

工法・構造、様式 煉瓦造平屋建、二層塔屋付
アングリカン・ゴシック・リヴァイヴァル

年代 聖別一九一九年（大正八）

教会の歩み

一八八五年（明治十八年） 十一月二十日、米国聖公会のウィリアムズ主教の管理により、埼玉県大里郡石原村（熊谷市石原）に講義所が開設。のち、石原村内で移転。

一八八七年（明治二十） 二月、日本聖公会が成立し、その東京地方部に帰属。
十一月十五日、石原村内（熊谷市宮町の現在地）に初代礼拝堂が着工。

一八八八年（明治二十一） 一月二十八日、初代礼拝堂が聖別し、聖公会熊谷教会と命名。

一八九四年（明治二十七） 初代礼拝堂の修理を機に、熊谷聖パウロ教会と改称。

一八九六年（明治二十九） 四月、日本聖公会に成立した東京北部地方部（翌年から北東京地方部、のち北関東地方部を経て北関東教区）に帰属。

一九一九年（大正八） 一月二十六日、熊谷町宮町（熊谷市宮町の現在地）に二代礼拝堂が着工。
五月二十九日、二代礼拝堂の聖別。

一九四二年（昭和十七） 単立の熊谷聖公教会となる。

一九四三年（昭和十八） 日本聖公会の組織解消。

一九四五年（昭和二十） 日本聖公会の再組織（十月十八日付）に伴い、同会に復帰。

一九九六年（平成八） 熊谷聖パウロ教会と再称。

二代礼拝堂の建築

一九一六年（大正五）十一月、立教大学池袋キャンパス（本章「建造物めぐり17」参照）の現場監理者として来日したウィルソンは、アメリカの建築家アタバリーの下で経験を積んだ聖公会信徒である。日本では、キャンパスの全体計画を手がけたマーフィー・アンド・ダナ建築設計事務所の命を受け、米国聖公会の雇用により、短期契約で実務をこなすという難しい立場だった。契約は一年に限られ、翌年十月には自らの意思で、建設途上の現場を辞している。

その後、しばらくの間はわが国にとどまり、関東大震災前の大正年間に聖公会施設を設計した。だが、震災後の活動、離日の事情が不明なうえ、ウィルソンの作と考えられる現存の建造物はきわめて少ない。

そうした希少な事例の一つが本礼拝堂で、南（南南西）側の内陣、単廊式の身廊から成る。礼拝準備室と塔屋は建物の東（東南東）、つまり前者が内陣、後者は玄関の東に設けられ、全体として簡素なコ字形の平面を呈する。塔屋はポーチを兼ね、一層目の道路に面する北面、敷地側の東・南面は、ゴシック・アーチ（尖頭アーチ）が弧を描く。目隠しのため尖頭部のみ開いた南面に対して、北・東面のアーチはくぐり抜けることができ、外扉、狭い玄関間の内扉の向こうは身廊となる。

躯体はイギリス積みの煉瓦造を採用し、塔屋の三隅下部と、建物四面の要所に付した控え壁は、見るからに剛直で、石の水切りで保護される。すなわち、採光、通風のための開口部としては小さい尖頭窓と同様、単なるゴシックの象徴ではなく、明らかに構造的な意味を有する。実用的な質朴さは、煉瓦がむき出しの内部の造りにも顕著で、ガーディナーとは中世復興の捉え方が対照的と言える。

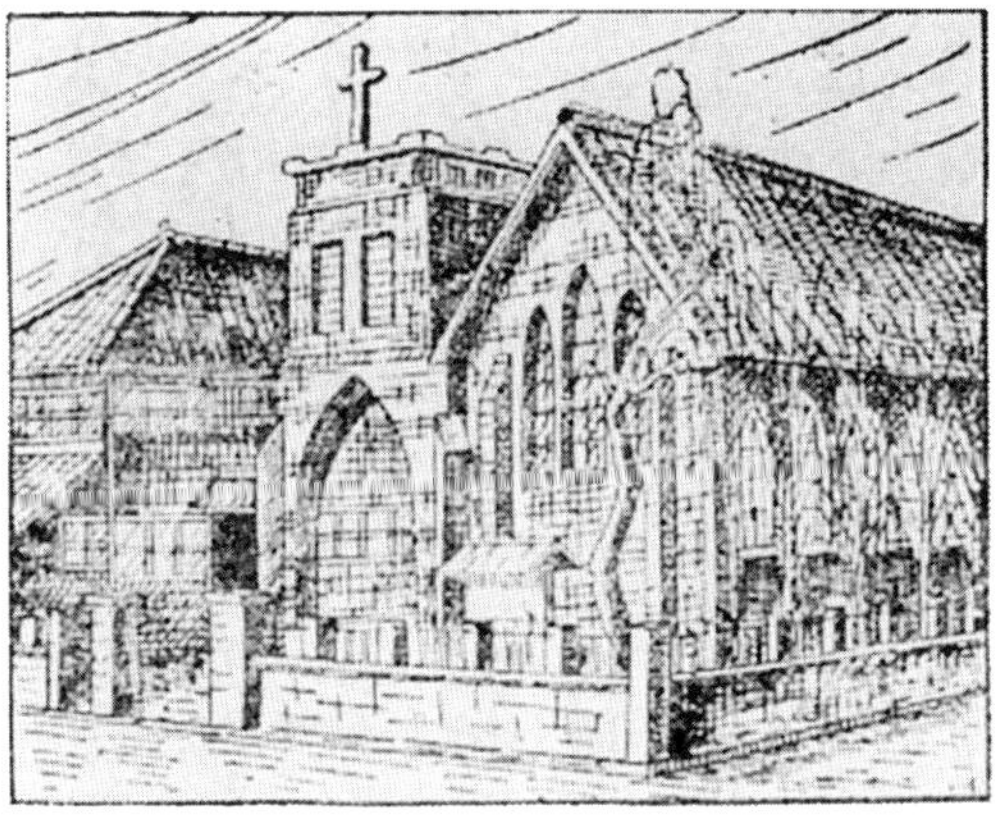

上② 熊谷聖パウロ教会二代礼拝堂 全景（スケッチ）（文献P）1919年頃（竣工当時）
下③ 同 全景（文献P）1966年以前撮影

④ 熊谷聖パウロ教会二代礼拝堂（現・日本聖公会 熊谷聖パウロ教会礼拝堂）内部 2022年撮影

②③ ©日本聖公会北関東教区　①④ 撮影　橋本優子

13 川口基督教会二代礼拝堂

今日の名称（所在地） 日本聖公会 川口基督教会礼拝堂（大阪府大阪市西区川口）

設計・施工者 ウィリアム・ウィルソン（設計）、井上忠一（現場監理）、岡本工務店（施工）

工法・構造、様式 煉瓦造二階建、四層塔屋付
アングリカン・ゴシック・リヴァイヴァル

年代 聖別一九二〇年（大正九）

①川口基督教会二代礼拝堂（現・日本聖公会 川口基督教会礼拝堂）全景 2022年撮影

教会の歩み

一八七〇年（明治三） 一月、米国聖公会のウィリアムズ主教により、大阪府西大組川口与力町（大阪市西区本田）に英語塾が開設。当時、日本はキリシタン禁制。

一八七一年（明治四） 年末、英語塾が大阪府西大組古川（大阪市西区川口）へ移転。

一八七三年（明治六） 二月二十四日、太政官布告により、キリシタン禁制の高札が撤去。英語塾が聖テモテ学校と改称。のち、大阪府内で二度移転。

一八八一年（明治十四） 十月、学校が川口居留地（大阪市西区川口の現在地）へ移り、大阪英和学舎と改称。

一八八二年（明治十五） 五月七日、学舎に礼拝堂が竣工し、聖テモテ教会と命名。十月、大阪府東区淡路町（大阪市中央区淡路町）に聖慰主教会が発足。のち、西区阿波座一番町（西区阿波座）へ移転。

一八八七年（明治二十） 二月、日本聖公会が成立し、その大阪地方部に帰属。

一八九一年（明治二十四） 聖テモテ教会と聖慰主教会が合併し、前者の所在地（現在地）で川口基督教会が発足。

一八九六年（明治二十九） 四月、日本聖公会に京都地方部（米国聖公会系）、大阪地方部（英国聖公会系）が成立し、前者に帰属。

一九一九年（大正八） 九月二十八日、二代礼拝堂の定礎。

一九二〇年（大正九） 四月十一日、二代礼拝堂の聖別。

一九二三年（大正十二） 四月、日本聖公会に成立した大阪教区に帰属。

一九四二年（昭和十七） 単立の川口基督教会となる。

一九四三年（昭和十八） 日本聖公会の組織解消。
十一月十一日、日本基督教団に帰属し、大阪川口教会と改称。

一九四五年（昭和二十） 六月七日、大阪大空襲により、二代礼拝堂が被災。
日本聖公会の再組織（十月十八日付）に伴い、同会に復帰し、川口基督教会と再称。

一九四八年（昭和二十三） 十二月、復元した二代礼拝堂の竣工。

一九五〇年（昭和二十五） 大阪教区の主教座聖堂となる。

一九五五年（昭和三十） 十月、二代礼拝堂の増改築（翌年三月まで）。

一九九五年（平成七） 一月十七日、阪神・淡路大震災により、二代礼拝堂が被災。

一九九七年（平成九） 九月十四日、復元した二代礼拝堂の感謝礼拝。

上② 川口基督教会二代礼拝堂 全景（文献Ⅰ）1920年撮影
左上③ 同 内部（聖別式）（文献Ⅰ）1920年撮影
左下④ 同（現・日本聖公会 川口基督教会礼拝堂）内部 2022年撮影

二代礼拝堂の建築

本礼拝堂の設計者ウィルソンの業績を窺い知ることができる資料は、その実作と同様、非常に少ない。だが、教会建築の本質を正しく捉え、仕事が堅実だったのは確かと言える。よって、熊谷と川越（本章「建造物めぐり12・14」参照）に比べて大規模な本作においても、収まりに破綻はなく、教会の歴史に合致する荘重さを煉瓦造で具現化した。

切妻屋根を戴く内陣と身廊は、東（東南東）側の道路に面した妻壁中央にペディメント付きの玄関ポーチ、その上には二階ギャラリーの窓を設けている。内陣を擁する西（西北西）側も含めて、破風は棟高を越える。玄関のある側は、いっそう高い塔屋が妻壁幅の三分の一を占めるため、安定感と垂直性の均衡が図られ、建物の正面も明確に示された。

内部一階は、ほぼ正方形の内陣、その北に小礼拝堂、南には礼拝準備室と物置を配し、単廊式で内陣より間口が広い身廊、これに続く玄関間、塔屋などから成る十字架形平面（翼廊を切り詰めたバシリカ）を呈する。南北幅一一メートル、東西長一五メートル余の身廊は、天井高が一〇メートル超を誇り、会衆席の上に張り出すギャラリーとも相まって、大伽藍の名に相応しい。

主な開口部、内陣を囲む手前の壁、シザーズ・トラス（鋏形洋小屋）の下弦材には、アングリカン・ゴシック・リヴァイヴァルに特徴的なチューダー・アーチ（四心尖頭アーチ）が繰り返される。本礼拝堂の着工以前に来阪し、聖別の翌年、その建築を誌上で論じた米国聖公会のウッド総主事は、日本の伝統的な家屋を代表する寺院、城郭、屋敷のいずれもがキリスト教になじまず、しかしこの国に独自な様式も未確立のため、日本人信徒はゴシックの引用を支持している、という考察を述べた（注12）。

②③ 所収文献所蔵・画像提供　立教大学図書館
①④ 撮影　橋本優子

① 川越基督教会三代礼拝堂（現・日本聖公会 川越基督教会礼拝堂）全景 2021年撮影

14 川越基督教会三代礼拝堂

今日の名称（**所在地**） 日本聖公会 川越基督教会礼拝堂（埼玉県川越市松江町）
設計・施工者 ウィリアム・ウィルソン（設計）、清水組（施工）
工法・構造、様式 煉瓦造平屋建、二層塔屋付
アングリカン・ゴシック・リヴァイヴァル
年代 聖別一九二一年（大正十）

教会の歩み

一八七八年（明治十一） 米国で按手を受けた横山錦柵執事、築地居留地（東京都中央区明石町）の三一神学校の学生・田井正一（のち執事を経て司祭）により、埼玉県入間郡川越町（川越市）で伝道が開始。

一八八五年（明治十八） 一月三日、米国聖公会のウィリアムズ主教の管理により、講義所が開設。以降、川越町内を何度も移転。

一八八七年（明治二十） 二月、日本聖公会が成立し、その東京地方部に帰属。

一八八九年（明治二十二） 六月二十一日、川越町本町（川越市本町）に初代礼拝堂が着工。十月十九日、初代礼拝堂が聖別し、川越基督教会の発足。

一八九三年（明治二十六） 三月十七日、川越大火により、初代礼拝堂が焼失。十二月二十五日、二代礼拝堂が竣工し、クリスマス礼拝の挙行。

一八九六年（明治二十九） 四月、日本聖公会に成立した東京北部地方部（翌年から北東京地方部、のち北関東地方部を経て北関東教区）に帰属。

一九二〇年（大正九） 十二月三日、川越町松江町（川越市松江町の現在地）に三代礼拝堂が定礎。

一九二一年（大正十） 四月十日、三代礼拝堂の聖別。

一九四二年（昭和十七） 単立の川越基督教会となる。

一九四三年（昭和十八） 日本聖公会の組織解消。

一九四四年（昭和十九） 一月二十日、日本基督教団に帰属し、川越聖愛教会と改称。

一九四五年（昭和二十） 日本聖公会の再組織（十月十八日付）に伴い、同会に復帰し、川越基督教会と再称。

三代礼拝堂の建築

数少ないウィルソンの現存作品のなかで、川越に残る本作と、熊谷の礼拝堂（本章「建造物めぐり12」参照）は、双子のように似通うと言われている。

事実、内陣と身廊を擁する直方体の建物に切妻屋根を架け、正面妻側の左に正四角柱の塔屋、内陣に向かって左に礼拝準備室を置く平面は変わらない。背面以外の建物三面に並ぶ尖頭形の窓の造り、数についても等しい。両者の違いは、内陣の方角と、躯体を成す煉瓦の積み方だけという指摘さえあり、本礼拝堂は内陣が東にあり、煉瓦はフランス積みによる。

しかし、ポーチを兼ねた塔屋の扱いは、年代が後の本作に工夫が見られる。すなわち、竣工時から一層目の三面はアーチの下を塞ぎ、尖頭部にガラス窓を嵌め、道路側には玄関扉を設えた。よって川越の場合、塔屋内に玄関間を有し、西向きの正面性が強調されている。このほか、両側面の控え壁は、石の水切りが二段のため、構造上の堅固さに加えて、簡素な建物に多少の華やぎがもたらされた。

熊谷に倣う内部は、煉瓦が露わな側壁の上部をシザーズ・トラス（鋏形洋小屋）が横断し、身廊と内陣の間口の幅は同一である。会衆席より三段上がった内陣手前の左に説教壇、右は聖書台、これらの奥両脇が共唱席で、さらに一段高い至聖所の中央に祭壇を設ける配置は、その後も継承された聖公会の近代的な伝統に則る。

本礼拝堂では聖別百年の二〇二一年（令和三）、定礎石内に納めた箱を取り出し、その中から当時の文書、刊行物、写真などが見つかった（注13）。だが、設計者のことを明らかにする資料はなく、明治のガーディナーと、昭和戦前のバーガミニ、上林らを結び、教会建築における煉瓦時代の終焉を飾ったウィルソンに関する手がかりは掴めていない。

上②川越基督教会三代礼拝堂 全景 1921年撮影 日本聖公会 川越基督教会蔵　中③同 内部 1921年撮影 日本聖公会 川越基督教会蔵　下④同（現・日本聖公会 川越基督教会礼拝堂）内部 2022年撮影

⑤川越基督教会三代礼拝堂（現・日本聖公会 川越基督教会礼拝堂）外観（煉瓦外壁）2022年撮影

①撮影・画像提供　日本聖公会 川越基督教会
②③画像提供　日本聖公会 川越基督教会
④⑤撮影　橋本優子

15 東京諸聖徒教会礼拝堂

左① 東京諸聖徒教会礼拝堂（現・日本聖公会 東京諸聖徒教会礼拝堂）内部 2022年撮影　右② 同 外観 2022年撮影

今日の名称（所在地） 日本聖公会 東京諸聖徒教会礼拝堂（東京都文京区千石）

設計・施工者 ジョン・ヴァン・ウィー・バーガミニ（設計）、清水組（施工）

工法・構造、様式 鉄筋コンクリート造平屋建、二層塔屋付
モダン・アングリカン

年代 聖別一九三一年（昭和六）

教会の歩み

一八八一年（明治十四） 十一月二日、米国聖公会のウッドマン司祭の管理により、東京府麹町区飯田町（東京都千代田区九段北）に九段聖公会講義所が開設。

一八八七年（明治二十） 二月、日本聖公会が成立し、その東京地方部に帰属。

一八九三年（明治二十六） 講義所が東京市京橋区明石町（中央区明石町）の聖三一教会の管理となる。

一八九六年（明治二十九） 四月、日本聖公会に東京北部地方部（翌年から東京北地方部）、東京南部地方部が成立し、前者に帰属。
六月十二日、飯田町内の九段中坂へ移り、教会として独立。
十一月一日、諸聖徒教会と命名。

一八九八年（明治三十一） 七月八日、小礼拝堂の献堂。

一九〇七年（明治四十） 神田区西小川町（千代田区西神田）へ移り、神田諸聖徒教会と称す。

一九一〇年（明治四十三） 十二月、礼拝堂の聖別。

一九二三年（大正十二） 四月、日本聖公会に成立した東京教区に帰属。
九月一日、関東大震災により、礼拝堂が倒壊。

一九二四年（大正十三） 六月二十九日、小石川区林町（文京区千石の現在地）に仮礼拝堂が竣工。この時、小石川区小石川大塚坂下町（文京区大塚）の大塚聖公会と合併し、東京諸聖徒教会と命名。

一九三一年（昭和六） 十一月三日、礼拝堂の聖別。

一九四二年（昭和十七） 単立の東京諸聖徒教会となる。

一九四三年（昭和十八） 日本聖公会の組織解消。

一九四五年（昭和二十） 四月十三日、東京大空襲により、礼拝堂が被災。
日本聖公会の再組織（十月十八日付）に伴い、同会に復帰。

一九五五年（昭和三十） 十一月三日、復元した礼拝堂の聖別。

礼拝堂の建築

昭和戦前に多くの聖公会施設を手がけたバーガミニは、コロンビア大学建築学科卒業後、アメリカの四つの設計事務所を経て、一九一四〜一九年（大正三〜八）の間、アメリカン・ボード（注14）のミッション建築家として中国に滞在する。以降、一九二〇〜五五年（大正九〜昭和三十）の長きにわたって米国聖公会伝道局に身を置き、来日は一九二五年（大正十四）と考えてよいだろう（注15）。

日本では自身が基本設計を示し、実施設計と現場監理を上林に任せるという実際的な方法により、米国聖公会の影響力が強い地域（北関東・東北圏）で礼拝堂の新築に邁進した。一方、東京や京都などの拠点においては、重要な建物に単独で取り組み、本礼拝堂はその一つに挙げられる。

内陣は南西にあり、間口の幅が単廊式の身廊と等しい。竣工当時、両者の北西には細長い空間が張り出し、内陣の壁向うが礼拝準備室、身廊寄りは小礼拝堂だった。身廊の入口側は四角い塔屋へ続き、その北西にも玄関間、ポーチを成す正方形の空間を配する。内陣、身廊、礼拝準備室、小礼拝堂に架けた切妻屋根と破風、塔屋上の八角形の尖塔屋根を取り去れば、大小二つずつの直方体、正四角柱を組み合わせた白い箱である。

鉄筋コンクリート造の場合、機能より意匠の観点で付される水切りのある控え壁を始め、尖頭形や矩形の窓、ポーチの形状、その周囲の紋章レリーフなど、教会らしい意匠は限定的である。屋根を支える木造のトラスも、当初はキング・ポスト・トラス（心束式洋小屋）だった。

このようにバーガミニは、教会建築の伝統の造詣が深く、根底でモダニズムを強く意識しながら、施設ごとの特性、施主や使い手の意向に鑑みて工夫を図り、個別対応、全体調和に長けた建築家だったと言える。

③ 東京諸聖徒教会礼拝堂 全景 1931年撮影　日本聖公会 東京諸聖徒教会蔵

④ 東京諸聖徒教会礼拝堂 内部［東京諸聖徒教会新築落成記念絵葉書《聖堂内部》］
1931年　日本聖公会 東京諸聖徒教会蔵

③④ 画像提供　日本聖公会 東京諸聖徒教会
①② 撮影　橋本優子

16

立教女学院四代校舎 聖マーガレット礼拝堂

① 立教女学院聖マーガレット礼拝堂 全景 2022年撮影

今日の名称(所在地) 立教女学院高等学校校舎、聖マーガレット礼拝堂(東京都杉並区久我山)

設計・施工者 ジョン・ヴァン・ウィー・バーガミニ(設計)、内藤多仲(構造設計)、清水組(施工)

工法・構造、様式 校舎…鉄筋コンクリート造二階建、モダニズム
礼拝堂…鉄筋コンクリート造二階建、三層塔屋付、ロマネスク・リヴァイヴァル

年 代 校舎…竣工1930年(昭和5)　礼拝堂…聖別1932年(昭和7)

学校の歩み

一八七七年(明治十) 九月一日、米国聖公会のウィリアムズ主教により、東京府第四大区湯島(東京都文京区湯島)に立教女学校が開設。のち、東京府内を二度移転。

一八八二年(明治十五) 築地居留地(中央区明石町)へ移転。

一八八四年(明治十七) 十二月、居留地内の初代校舎へ移転。

一八八七年(明治二十) 二月、日本聖公会が成立。

一八九四年(明治二十七) 六月二十日、明治東京地震により、初代校舎が被災。

一八九九年(明治三十二) 二月、居留地(のち明石町)内の二代校舎へ移転。十月、私立立教女学校と改称。

一九〇八年(明治四十一) 高等女学校令による私立立教高等女学校が認可。

一九一一年(明治四十四) 東京府東京市京橋区明石町(中央区明石町)に三代校舎が一部竣工し、建築工事は翌年も続行。

一九二三年(大正十二) 九月一日、関東大震災により、二代・三代校舎が焼失。

一九二四年(大正十三) 東京府豊多摩郡高井戸村久我山(杉並区久我山の現在地)へ移転。

一九二五年(大正十四) 仮校舎の竣工。

一九二七年(昭和二) 木造礼拝堂の竣工(一九六九年に立教女学院の軽井沢キャンプ場へ移築)。

一九二八年(昭和三) 四代校舎の着工。

一九三〇年(昭和五) 四代校舎の竣工。聖マーガレット礼拝堂の着工。

一九三二年(昭和七) 聖マーガレット礼拝堂の聖別。

一九四三年(昭和十八) 日本聖公会の組織解消。

一九四五年(昭和二十) 日本聖公会の再組織(十月十八日付)。

一九四七年(昭和二十二) 四月、学校教育法に基づく立教女学院中学校・立教女学院小学校の発足。

一九四八年(昭和二十三) 四月、学校教育法に基づく立教女学院高等学校の発足。以降、四代校舎が高等学校に供用。

一九六七年(昭和四十二) 四月、立教女学院短期大学の発足(二〇二〇年閉学)。

二〇二〇年(令和二) 聖マーガレット礼拝堂、講堂の大規模改修工事。

二〇二一年(令和三) 四代校舎の大規模改修工事。

四代校舎、礼拝堂の建築

米国聖公会のミッション・スクール立教女学院の歴代校舎は、わが国の近代建築史の縮図と評せる。

築地居留地の初代は、ガーディナーによる洋館だが、居留地廃止の直前に竣工した二代では、コンドルが和風を採用している。高等女学校令の施行に伴い、二代を増備する目的で建てられた三代は、当時の学校建築らしい姿を呈する。いずれも木造二階建で、初代は明治東京地震の被害が著しく、二代と三代が関東大震災で消失を余儀なくされた。

バーガミニの力量が遺憾なく発揮され、耐震面で内藤多仲に協力を仰いだ四代は、田園郊外に立地し、礼拝堂を含むキャンパス計画の一環である。中央棟に教室、理科室、事務室など、講堂棟にはホールのほか、音楽室や美術室を配し、機能的で明るい近代建築に古典の趣を加えることで、知性、品格、礼節を湛える校舎となった。

完全な十字架形平面（バシリカ）の礼拝堂は、内陣が南東にあり、両翼廊は礼拝準備室、オルガンのパイプ室に充てられ、三廊式の身廊に玄関間が続く。外観に眼を向けると、北西正面の中央にペディメントを付した半円アーチの玄関ポーチ、上部には二階ギャラリーの丸窓があり、この妻面と、左手の塔屋をわずかに離しているので、両者が引き立ち、正面性も明示される。

緩勾配の瓦屋根、スタッコ仕上げの外壁、温かみのあるその色合い、要所に絞ったレリーフ装飾、建物内外に繰り返される半円アーチ、両側廊の高窓、キング・ポスト・トラス（心束式洋小屋）の選択など、さまざまな点で本作は、簡素な初期ロマネスクを当世風に復興させている。設計者自身は、ゴシックよりロマネスクの方が校舎と調和するため、と述べ、日本人信徒のゴシック愛好に一石を投じた（注16）。

上② 立教女学院聖マーガレット礼拝堂 全景（文献N）1931年撮影
中③ 同 内部 1932年撮影　立教女学院資料室蔵
下④ 同 内部 2022年撮影

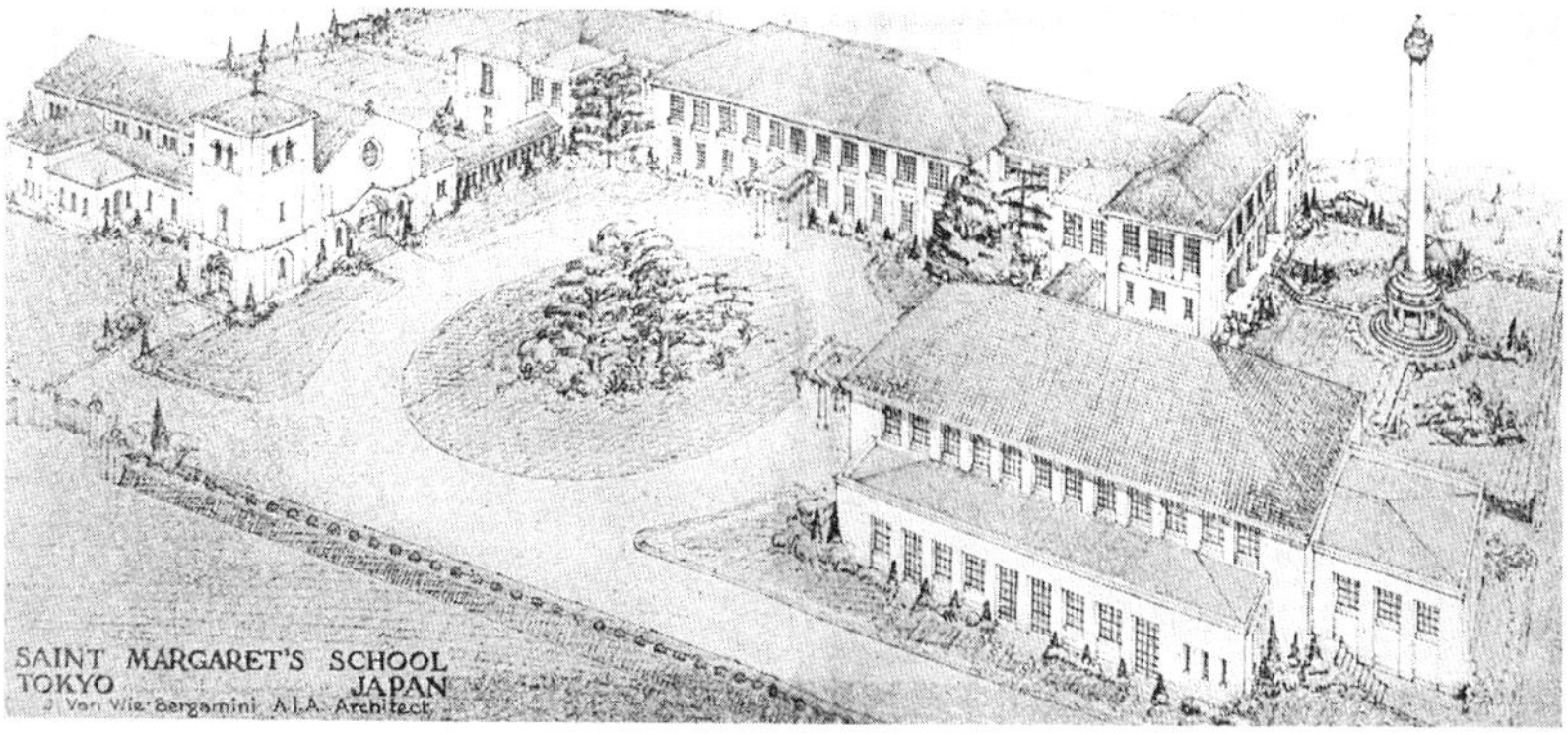

⑤ 立教高等女学校久我山校舎（立教女学院四代校舎）、聖マーガレット礼拝堂 完成予想鳥瞰図（文献K）［ジョン・ヴァン・ウィー・バーガミニ建築設計事務所《立教女学院案》］

②⑤ 所収文献所蔵・画像提供　立教大学図書館
③ 画像提供　立教女学院資料室
①④ 撮影　橋本優子

17 立教大学四代校舎 図書館、礼拝堂

今日の名称（所在地） 立教大学本館、メーザーライブラリー記念館、
立教学院諸聖徒礼拝堂（東京都豊島区西池袋）

設計・施工者 マーフィー・アンド・ダナ建築設計事務所（設計）、
ウィリアム・ウィルソン（現場監理）、清水組（施工）

工法・構造、様式 煉瓦造二階建 カレジエイト・ゴシック・リヴァイヴァル（注17）

年代 校舎、図書館…竣工一九一九年（大正八）
礼拝堂…聖別一九二〇年（大正九）

学校の歩み

一八七四年（明治七） 二月三日、米国聖公会のウィリアムズ主教により、東京開市場（東京都中央区明石町）に英語塾が開設。のち、立教学校と改称。
十二月、東京府第一大区入船町（中央区入船）へ移転。

一八七六年（明治九） 十一月二十九日、火災により、入船町の校舎が焼失。

一八七八年（明治十一） 十一月一日、東京府第一大区新栄町（中央区入船）へ移転。

一八七九年（明治十二） 六月、東京府京橋区築地（中央区築地）へ移転。

一八八二年（明治十五） 十二月十九日、居留地内の初代校舎へ移り、立教大学校と改称。

一八八七年（明治二十） 二月、日本聖公会が成立。

一八九〇年（明治二十三） 立教学校と再称。

一八九四年（明治二十七） 六月二十日、明治東京地震により、初代校舎が被災。
十一月二十二日、居留地（のち明石町）内に二代校舎が定礎。翌年以降、竣工した建物から順次供用。

一八九六年（明治二十九） 立教尋常中学校と立教専修学校に改組。

一八九八年（明治三十一） 中学校令による立教尋常中学校が認可。

一八九九年（明治三十二） 立教中学校と改称（総称は立教学院）。二代校舎の完成。
年末から翌年、明石町（築地校地）の二代校舎が増備工事。

一九〇七年（明治四十） 築地校地に増備施設の三代校舎が竣工。
八月二十九日、専門学校令による立教大学が認可。

一九一六年（大正五） 五月二十九日、東京府北豊島郡巣鴨村（豊島区西池袋の現在地）に四代校舎、図書館、礼拝堂が定礎。

一九一八年（大正七） 九月、大学が巣鴨村（池袋校地）へ移転。

一九一九年（大正八） 五月三十一日、四代校舎、図書館の竣工。

一九二〇年（大正九） 一月二十五日、礼拝堂の聖別。

一九二二年（大正十一） 五月二十五日、大学令による立教大学が認可。

一九二三年（大正十二） 四月、日本聖公会に成立した東京教区に帰属。
九月一日、関東大震災により、築地校地の二代・三代校舎（中学校）が倒壊し、池袋校地の四代校舎（大学）、図書館、礼拝堂は被災。

一九二五年（大正十四） 四代校舎、図書館、礼拝堂の修復完成。
十一月七日、修復した礼拝堂の感謝礼拝。
十二月、池袋校地に中学校新校舎が竣工し、翌年から供用。

一九四三年（昭和十八） 日本聖公会の組織解消。

一九四五年（昭和二十） 日本聖公会の再組織（十月十八日付）。

一九四七年（昭和二十二） 四月、学校教育法に基づく立教中学校の発足。

一九四八年（昭和二十三） 四月、学校教育法に基づく立教高等学校・立教小学校の発足。

一九四九年（昭和二十四） 四月、新制の立教大学が発足。以降、四代校舎が大学に供用。

二〇〇七年（平成十九） 四代校舎が立教学院史資料センターに供用。

二〇一四年（平成二十六） 四代校舎に立教学院展示館が開館。

四代校舎、図書館、礼拝堂の建築

米国聖公会のミッション・スクール立教大学は、ガーディナーが初代・二代校舎を手がけている。建築家として嘱望され、校長に着任したからだ。しかし、煉瓦造二階建の初代は明治東京地震に耐えられず、その教訓を踏まえ、一階煉瓦造・二階木造の混合構造とした二代も、さらなる規模の関東大震災で失われる。

この間、専門学校令の施行を機に、大学に用いる木造二階建の三代を増備しつつ、築地から田園郊外への移転計画が進んでいく。ただし、学院の首脳陣が起用したのは、アメリカのマーフィー・アンド・ダナ建築設計事務所（M&D）である。

新キャンパスの構想は、四代校舎、図書館、礼拝堂を始め、食堂、寄宿舎、関係者の住まい、運動場などから成り、欧米のカレッジを彷彿とさせるものが期待された。M&D起用の最大の理由はこの点にあり、結果、ゴシック・リヴァイヴァルが基調の重厚な煉瓦造により、低層型の建造物が左右対称に整然と並ぶ配置となる（注18）。

東西に長い校舎の北西に位置する礼拝堂は、規模、外観が北東の図書館と同一で、三つの建造物が凹字形を構成し、正門に通じる中庭を囲む。よって礼拝堂の造りは、他の二つと同様、長方形平面を呈し、切妻屋根を架け、両端の破風は棟より高く、塔屋を持たない。その代わり、校舎中心にはチューダー風の八角小塔が四つ聳え、建物配置の左右対称性と、カレッジであることを訴求する。伝道施設としての象徴性は、礼拝堂と図書館の高い煉瓦壁を支え、二段の水切りを有する控え壁や、開口部の形状に窺われる。

礼拝堂内部の当初案は、北側の内陣に対して、単廊式身廊の会衆席が通路を挟んで向き合うカレッジ式だった。これだけは採用されず、一般の礼拝堂に倣う形式に落ち着いている（注19）。

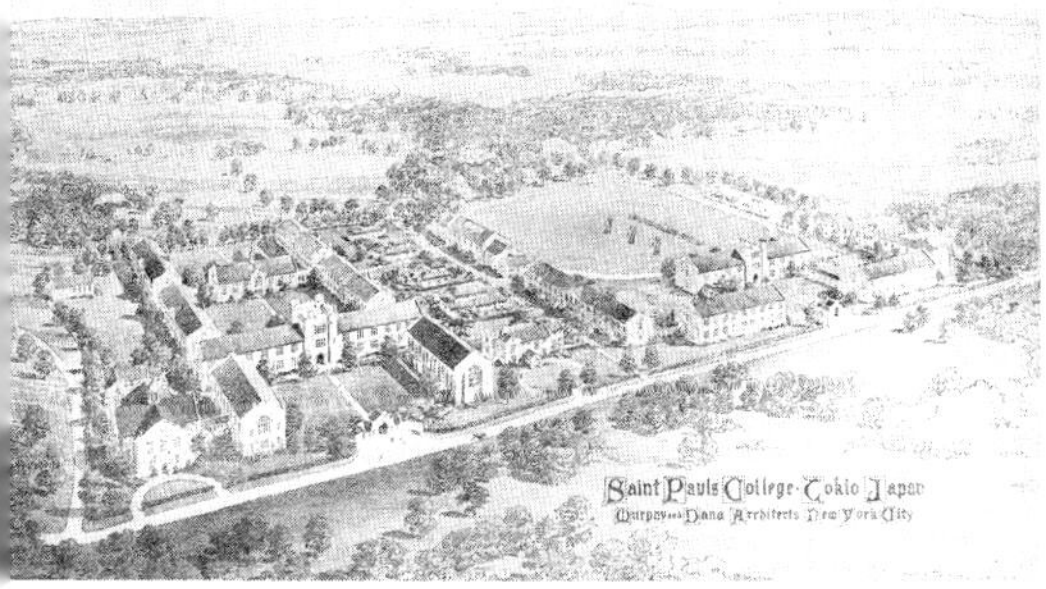

上① 立教大学完成予想鳥瞰図（文献F）［マーフィー・アンド・ダナ建築設計事務所《立教大学案》］1910年代前半（原図）　下② 立教大学四代校舎、図書館、礼拝堂 全景（中＝校舎、左＝図書館、右＝礼拝堂）（文献H）1919年撮影

上③ 立教大学四代校舎、図書館、礼拝堂（現・立教大学本館、メーザーライブラリー記念館、立教学院諸聖徒礼拝堂）航空写真　下④ 立教大学礼拝堂（現・立教学院諸聖徒礼拝堂）内部

①②⑤ 画像提供　立教学院史資料センター
①② 所収文献所蔵　立教大学図書館
③④ 画像提供　立教大学広報課

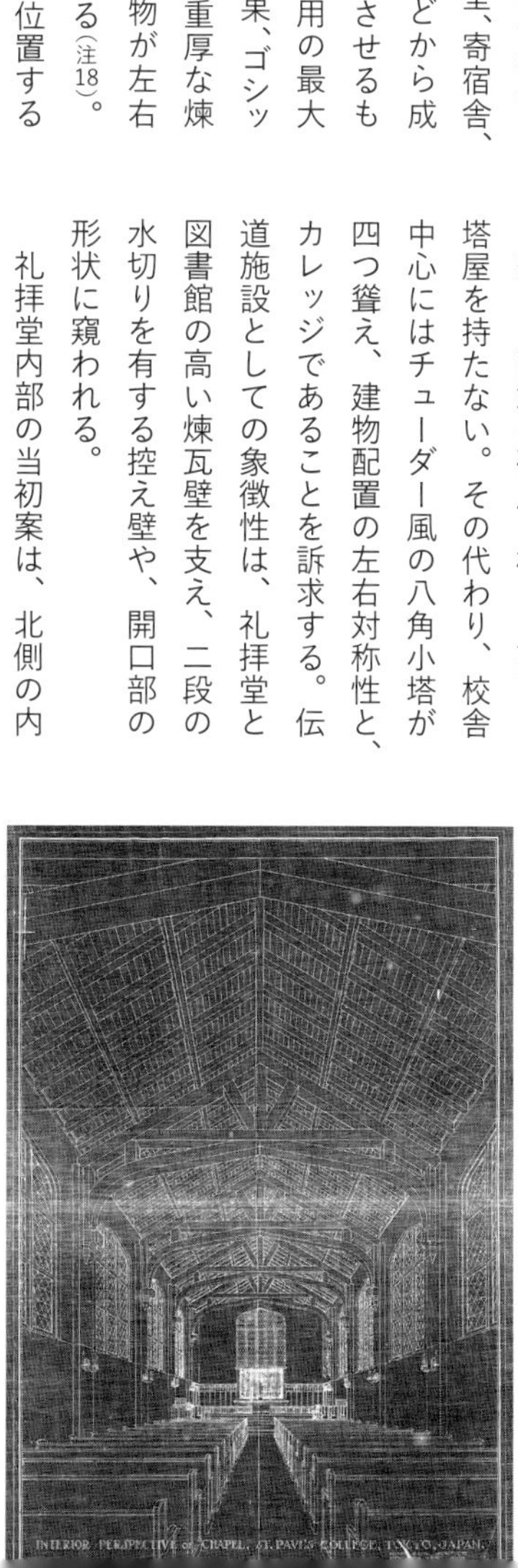

⑤ 立教大学礼拝堂 内部透視図［マーフィー・アンド・ダナ建築設計事務所《立教大学礼拝堂 内部透視図》］1912年　立教学院史資料センター蔵

第二章コラム「上林敬吉とその周辺の建造物めぐり」

[注]

（注1）イングランドのノルマン（十一世紀）、チューダー（十五世紀末〜十七世紀初頭）、ゴシック・リヴァイヴァル（十八世紀後半〜十九世紀）の建築、オックスフォード運動を踏まえた混淆・復興様式により、二十世紀前半の日本に登場した聖公会の礼拝堂のスタイルを、本書ではモダン・アングリカンと呼ぶ。（オックスフォード運動については、注（2）参照）

（注2）一八三三年から始まった英国聖公会の信仰復興運動を指し、教会建築に関しては、宗教改革が起こる前の西洋中世、すなわちゴシックにおけるローマ・カトリック教会の大聖堂が理想とされた。こうして小規模な礼拝堂であっても、内陣と身廊を明確に区分し、高い内陣に共唱席を設け、さらに高く、奥まった至聖所の祭壇上に十字架、燭台を置き、建物内外に象徴的な装飾、意匠を凝らすスタイルがイギリス国内外で広まる。
高橋保行、土屋吉正、長久 清、加藤常昭、奈良 信、岩井 要 著（１９８５）『教会建築』東京：日本基督教団出版局

（注3）イギリス発祥のゴシック・リヴァイヴァル（十八世紀後半〜十九世紀）、特にヴィクトリア時代（十九世紀中葉・後半）の様相、アメリカでの展開（十九世紀後半〜二十世紀初頭）、オックスフォード運動を踏まえた混淆・復興様式により、明治・大正年間の日本に登場した聖公会の礼拝堂のスタイルを、本書ではアングリカン・ゴシック・リヴァイヴァルと呼ぶ。（オックスフォード運動については、前注（2）参照）

（注4）一九一八年（大正七）に高崎の講義所を聖オーガスチン教会と命名した米国聖公会のアンデルス司祭は、神学面でアングロ・カトリック、すなわちハイ・チャーチの立場を採った聖職者として知られる。一九一一年（明治四十四）から一九一九年（大正八）まで、前橋聖マッテア教会の司祭を務め、この間、群馬県の高崎、新町、草津、埼玉県の熊谷、栃木県の足利、佐野、栃木における教会の管理、伝道所や講義所の開設に尽力した。
日本聖公会北関東教区 教区七十周年記念運動歴史編纂委員会 編（１９６６）『北関東教区七十年史』栃木：日本聖公会北関東教区

（注5）Howell, Norman S. “Strengthening the Church in the Tohoku.” In: Episcopal Church, Domestic and Foreign Missionary Society ed. *The Spirit of Missions*. (December, 1930) Burlington: J.L. Powell.
本記事には二代礼拝堂の外観、内部、聖別式参加者の写真が付される。日本の気候の多様性に関する記述や、台風が多い西日本では、民家の屋根に石を載せ、豪雪に見舞われる北日本の場合、街路から建物に入るために、掻いた雪の山に段を設けねばならない、という観察が興味深い。

（注6）西構えとは、西洋中世の教会建築において、エルサレムの方角にある内陣（東端部）への入口、すなわち玄関が置かれる西端部を複雑な多層構造とする造りを指す。プレ・ロマネスク（八世紀〜十世紀）の聖堂に現れ、やがて完全な塔屋の形成を導いた。ロマネスク（十一世紀〜十二世紀前半）においては、塔屋（多くは双塔）が聳える記念碑的なファサード（西正面）に発展する。ゴシック（十二世紀後半〜十五世紀）の大伽藍の西正面は、垂直性を示す壮麗な装飾を呈するものとなった。

（注7）“Builders of the Church of the Holy Trinity, Kyoto, Japan.” In: Episcopal Church, Domestic and Foreign Missionary Society ed. *The Spirit of Missions*. (April, 1897) Burlington: J.L. Powell.

（注8）成田久平は信徒ではないが、ガーディナーの設計により、一九〇一年（明治三十四）に聖別した東京府東京市麹町区上二番町（東京都千代田区一番町）の聖愛教会二代礼拝堂など、いくつもの聖公会施設の施工に携わった。
『基督教週報』5巻2号（１９０２年3月14日号）、20巻1号（１９０５年9月3日）東京：基督教週報社
平安女学院初代校舎（現・明治館）は、京都聖三一教会初代礼拝堂の隣接地で一八九四年（明治二十七）に着工した。
平安女学院 編（１９６０）『平安女学院八十五年史』京都：平安女学院

（注9）ガーディナーは、一八九二年（明治二十五）に立教学校校長を辞め、以降、築地居留地（東京都中央区明石町）の自邸を拠点とし、設計活動に注力するようになった。だが、その後も米国聖公会伝道局に籍を置き、一八九四年（明治二十七）には再び立教学校の教壇に立つ。後年、一九〇三年（明治三十六）に建築設計事務所を開設し、翌年には事務所を東京市麹町区五番町（千代田区一番町）へ移す。伝道局の退職は一九〇八年（明治四十一）である。
松波秀子（２０１２）「新・生き続ける建築1：ジェームズ・マクドナルド・ガーディナー 日光に眠るミッション・アーキテクト」『ＬＩＸＩＬ ｅｙｅ』1号 東京：ＬＩＸＩＬ
ガーディナーの業績や体制を考慮すると、所員を抱える事務所を持つまでの間、とりわけ最初期の居留地時代は、棟梁ではない日本人協力者なくして大規模な現場の監理が困難だったと考えられる。

（注10）津田甚建設の津田繁氏のご教示による。
一八九六〜九八年（明治二十九〜三十一）における京都聖三一教会初代礼拝堂の建造当時、同社創業者の初代・津田甚六郎は、京都の棟梁、金田伊助の下、「金田甚」で働いていた。伊助は礼拝堂が工事中の一八九七年（明治三十）に廃業し、これを機に甚六郎は、伊助の仕事を引き継ぐ「津田甚」を興す（建設業としての創業は一九〇七年）。津田家では、これまで「金田甚」と押印された図面類を保存してきたが、二〇一三年（平成二十五）には和紙に描かれた京都聖三一教会初代礼拝堂の矩計図が多数、土蔵から発見されている。

（注11）“New Church at Nikko, Japan.” In: Episcopal Church, Domestic and Foreign Missionary Society ed. *The Spirit of Missions*. (January, 1915) Burlington: J.L. Powell.
本記事には礼拝堂の定礎式、礼拝堂案の模型写真が付され、基礎がコンクリート造で、石の凍結が生じない春になってから組積が始まる、と記している。

（注12）Wood, John W. “The New Christ Church, Osaka.” In: Episcopal Church, Domestic and Foreign Missionary Society ed. *The Spirit of Missions*. (August, 1921) Burlington: J.L. Powell.
本記事には二代礼拝堂の外観、聖別式（内部）の写真が付され、日本の伝統的な様式に則る礼拝堂の登場と、教会建築の世界的な発展におけるこの国の貢献に期待する、と締め括っている。

（注13）箱の中身は、『小型引照新約聖書』（一九一三年）、『日本聖公会祈祷書』（一九一九年）、『古今聖歌集』（一九二〇年）、『日本聖公会要覧』（同）、『基督教週報』（同・11月20日号）、『教会時報』（同・11月20日号）、定礎式参加者名簿、田井司祭の写真、五銭硬貨（一九二〇年造）、一銭硬貨（同）で、設計図書はなかった。
礼拝堂聖別１００周年記念実行委員会 編（２０２２）『川越基督教会 礼拝堂聖別１００周年記念誌：歴史のうちに生きてきた祈り１９２１－２０２１』川越：日本聖公会北関東教区川越基督教会

（注14）一八一〇年に設立されたアメリカの超教派プロテスタント外国伝道組織を指す。設立の中心は会衆派教会で、やがて他の教派も参画するが、一八七〇年以降は会衆派だけの組織となった。

（注15）バーガミニの経歴は、アメリカ建築家協会（ＡＩＡ）の１９５６・１９６２・１９７０年度会員名簿による。ただし、いずれの資料にも来日年代は明記されていない。
The American Institute of Architects ed. (1956, 1962, 1970) *American Architects Directory*. New Providence: R. R. Bowker LLC.
来日の目的は、関東大震災後の米国聖公会系の施設復興にあり、本書では、聖三一教会二代礼拝堂（本章第二節挿図⑩参照）、浅草聖ヨハネ教会三代礼拝堂（本章「建造物めぐり2」参照）が該当する。東京教区における位置づけが高い前者が一九二七年（昭和二）十月十七日に聖別されたことから、来日は一九二五年（大正十四）で、いち早く設計に取り組んだと考えられる。
年齢的に一世代前で、同じく米国聖公会伝道局のミッション建築家ガーディナーが一九二五年十一月に逝去し、所員だった上林敬吉がガーディナー事務所を継承するとともに、自身の事務所を持った経緯に鑑みても、この年におけるバーガミニの来日は妥当である。（詳細については、本章第二節参照）

（注16）Bergamini, John van W e. "Christian Architecture in Japan." In: Episcopal Church, Domestic and Foreign Missionary Society ed. *The Spirit of Missions*. (July, 1937) Burlington: J.L. Powell.
本記事は、礼拝堂の外観写真のほか、自身や他の設計者が手がけた聖公会施設、近世以前の日本の文化財の図版を付した教会建築論である。わが国の建築の歩みにおけるキリスト教の施設と、聖公会の現状に関する分析、自身の仕事や、日本の美術工芸の紹介など、内容は充実しており、バーガミニの眼を通じて、さまざまな事柄を読み取ることができる。

（注17）イギリスのオックスフォード大学、ケンブリッジ大学などを手本に、十九世紀後半以降、主にアメリカとカナダの大学、高等学校で採用された建築様式を指す。ゴシック・リヴァイヴァルの潮流の一つに位置づけられ、ミッション・スクールではない大学、学校においても、本書でいうアングリカン・ゴシック・リヴァイヴァルに通じる特徴が見られる。一般的にはカレジエイト・ゴシックと呼ばれるが、本書では他の様式の表記に合わせて、カレジエイト・ゴシック・リヴァイヴァルとした。（アングリカン・ゴシック・リヴァイヴァルについては、本章注（3）参照）

（注18）米国聖公会広報誌によると、四代校舎については、設計者が決まる以前の最初期に別の建築家から和風の提案もあったが、日本の関係者（聖公会）によって否定され、カレジエイト・ゴシックの採用に至った。
"Adequate Mission Architecture." In: Episcopal Church, Domestic and Foreign Missionary Society ed. *The Spirit of Missions*. (February, 1916) Burlington: J.L. Powell.
本記事には、マーフィー・アンド・ダナ建築設計事務所の完成予想図や図面が付され、立教学院の沿革と歴代校舎、新キャンパスの構想を紹介したうえで、カレジエイト・ゴシックの出自と実例、その教育的効果を綴り、学院への財政援助を呼びかけている。（和風校舎の提案に関する経緯については、本章第四節、カレジエイト・ゴシックは、前注（17）をそれぞれ参照）

（注19）伝統的なカレッジ付属の礼拝堂では、会衆席が通路を挟んで相対し、学生、教員の席順も厳密に定められた。立教学院諸聖徒礼拝堂の場合、学生、教員だけではなく、一般会衆にも供する施設のため、カレッジ式の採用が見送られる。
加藤磨珠枝（２０２０）「諸聖徒礼拝堂から読み解く、立教１００年の歩み（２）」『チャペルニュース』２０２０年12月号 東京：立教学院

［画像所収文献］

（文献A）Episcopal Church, Domestic and Foreign Missionary Society ed. *The Spirit of Missions*. (April, 1897) Burlington: J.L. Powell
（文献B）*The Spirit of Missions* (September, 1898)
（文献C）*The Spirit of Missions* (April, 1901)
（文献D）*The Spirit of Missions* (August, 1907)
（文献E）*The Spirit of Missions* (January, 1915)
（文献F）*The Spirit of Missions* (February, 1916)
（文献G）*The Spirit of Missions* (September, 1916)
（文献H）*The Spirit of Missions* (September, 1919)
（文献I）*The Spirit of Missions* (August, 1921)
（文献J）*The Spirit of Missions* (September, 1925)
（文献K）*The Spirit of Missions* (August, 1930)
（文献L）*The Spirit of Missions* (December, 1930)
（文献M）*The Spirit of Missions* (September, 1932)
（文献N）*The Spirit of Missions* (July, 1937)
（文献O）盛岡聖公会編（１９５９）『盛岡聖公会五十年小史：じゅびらぁて』盛岡：盛岡聖公会
（文献P）日本聖公会北関東教区 教区七十周年記念運動歴史編纂委員会編（１９６６）『北関東教区七十年史』栃木：日本聖公会北関東教区
（文献Q）郡山聖ペテロ聖パウロ教会、附属セントポール幼稚園編（１９８５）『聖公会宣教八十年 幼稚園創立三十年 小史』郡山：郡山聖ペテロ聖パウロ教会、附属セントポール幼稚園
（文献R）日本聖公会浅草聖ヨハネ教会百年誌編集・出版委員会編（１９８６）『浅草に召されて：浅草聖ヨハネ教会百年史』東京：日本聖公会浅草聖ヨハネ教会
（文献S）日本聖公会北関東教区大宮聖愛教会編（１９９９）『大宮宣教百周年記念写真集：補稿』大宮：日本聖公会北関東教区大宮聖愛教会
（文献T）盛岡聖公会宣教１００周年記念誌編集委員会編（２００８）『日本聖公会東北教区 盛岡聖公会宣教１００周年記念誌：じゅびらぁてⅣ（歓ばしき声をあげよ）』盛岡：盛岡聖公会宣教１００周年記念誌編集委員会
（文献U）日本聖公会日光真光教会編（２０１６）『日光真光教会 聖堂聖別１００年：１９１６―２０１６』日光：日本聖公会日光真光教会
（文献V）日本聖公会北関東教区編（２０１６）『日本聖公会北関東教区 わたしたちの教会 教区設立１２０年』さいたま：日本聖公会北関東教区
（文献W）日本聖公会浦和諸聖徒教会編（２０１８）『浦和諸聖徒教会 聖堂聖別90年：１９２８―２０１８』さいたま：日本聖公会浦和諸聖徒教会
（文献X）光岡義一編『建築世界』３巻11号（１９０９年11月号）東京：建築世界社

終章　日本近代の教会建築　大正年間と昭和戦前

橋本　優子

「序章」で日本近代の教会建築の幕開けを垣間見たのち、「第一章」においてはマックス・ヒンデルが手がけたローマ・カトリック教会の建造物、「第二章」では上林敬吉を中心に、関係する他の建築家の聖公会建造物を通じて、大正年間・昭和戦前の事例、教会建築のいくつかの潮流を詳しく解説した。さらに本章の「建造物めぐり」には、本書でいう二つの教会、二人の建築家と何らかの接点がある同時代の特徴的なキリスト教の施設を、近代建築の視点で精選・収録している。

そこで最後に、これらの聖堂、礼拝堂、会堂、他の教会施設、ミッション・スクールや病院が示す教会建築をめぐる命題について、二つの視点から総括的に考察する。

教会建築の設計者

教会建築は誰が設計するのかという命題に関しては、その担い手の条件が「信仰と建築の両分野に造詣が深いこと」を序章で挙げた。そして、専門知識と実務経験を有するミッション・アーキテクト（宣教建築家）が最も適任なことは、第二章第二・四節で指摘される通りである。

しかし、当時の日本に派遣されたパリ外国宣教会、フランシスコ会、神言会、イエズス会、ドミニコ会などローマ・カトリック教会の関係者のなかに、ミッション・アーキテクトと呼べる人物が見当たらない点に気づかされる。この需要に応えたのが第一章の主役マックス・ヒンデル（注1）ということになる。ヒンデル自身はプロテスタント教会（改革派教会）で洗礼を受け（注2）、教会の活動に格別熱心なわけではなく、むしろ十九世紀生まれのヨーロッパの多くの人々と同様、キリスト教国出身の平均的な人物だった。

これに対してプロテスタント教会は、

ウィリアム・メレル・ヴォーリズ（注3）が超教派のミッション・アーキテクトを任じたとしてよい。日本における在住歴が長く、諸事情に詳しかったため、他教派や、世俗の仕事も引き受けている。ヴォーリズ自身は建築の専門教育を受けていないが、事務所の運営に長け、質の高い仕事を多数、そつなくこなした印象がある。

ミッション・アーキテクトを最も積極的に起用したのは米国聖公会で、ジェームズ・マクドナルド・ガーディナー（注4）、ウィリアム・ウィルソン（注5）、ジョン・ヴァン・ウィー・バーガミニ（注6）が日本を拠点とし、三者三様の立場とやり方で教派の建造物に携わった。しかし、彼らの自主性や創造力の発露という点では、母体組織が足枷にもなったと言える。このことは、アントニン・レーモンド（注7）のような人物、すなわち意志と個性が強く、ミッション・アーキテクトではない近代建築家との関係性に如実に見て取れる。ヒンデルは決して従属的な建築家ではなく、豊かな思想の持主だったが、彼とローマ・カトリック教会に匹敵するつながりを、米国聖公会はレーモンドと築けていない。

日本人の設計者については、必ずしも多くの事例を取り上げていないため、総括して論じるのは難しい。それでもなお、第二章第二・五節、本章「建造物めぐり」に登場する人物群は、教会建築を担う建築家に求められる資質と役割を、彼らの置かれた立場、追求した世界観を通じてそれぞれに物語る。

ローマ・カトリック教会に寄与した鐵川與助（注8）は、信徒ではない設計・施工者として、この教派に特有のミッション・アーキテクトの不在を九州地域で充たし、司祭による設計指導に学ぶところが大きかった。日本聖公会の上林敬吉（注9）は生涯にわたり、「信徒建築家」に徹することで、ミッション・アーキテクトの良き協働・協力者を務め、その賜物である「礼拝堂の標準化」を編み出している。プロテスタント教会に関わった人々（注10）は、自身の思いや表現を、最も素直なかたちで建物に反映できたのではないかと思われる。

　このように分析すると、生まれながらにしてキリスト教徒ではない当時の日本人と日常的にキリスト教に触れる環境で育った人々がともに建築設計、なかでも教会建築を目ざす機会、展望において未知数だったところに問題の根があるのではないかと締め括れる。建築学の専門課程を持つミッション・スクールが見当たらない点も無関係ではない。

教会建築の精髄

たとえば社寺建築が日本建築の伝統と神道や仏教に固有の世界観に立脚するように、欧米からもたらされた教会建築は、西洋建築の歴史だけではなく、やはり日本に源泉がないキリスト教という信仰に根ざしている。その精髄と実際に関しては、建築学を修めるだけではなく、現場を知る必要がある。

　したがって、少なくとも知識として西洋建築史、キリスト教、建築設計という三者の結びつきを正しく学ぶことは、優れた指導者、適切な教材、専門の教育機関、また、実務面では、この分野に特化した職場に恵まれるならば、日本近代の非信徒建築人でも可能だったと言える。序章の冒頭で触れたように、建築は工学的側面と、芸術としての深度を持つ領域のため、双方の見地に立つ意識が前提として求められるのは言うまでもない。

　すべてを満足させる環境が整うには至らなかったものの、大正年間・昭和戦前ともなると、教会建築が根ざす様

①上智大学二代校舎（現・上智大学一号館）北北西側外観　２０１３年撮影

式、聖堂、礼拝堂、会堂の造営に係る工法に関して、大学や専門学校で、建築設計事務所、総合建設業、工務店といった勤務先、そして現場を通じて、知見を豊かにする手立ては格段に広がった。建築学会(注11)のような団体に帰属することも有効で、外国の刊行物、それを編纂した日本語の資料、実用的な図入り本なども、幕末・明治とは比べものにならないほど増えている。

既存、同時代の建造物を実見して回るのは、なお望ましい。関東大震災で東京・横浜圏の教会建築は深刻な被害を受けたが、その状況を現地で把握することも重要だった。この大きな出来事を機に、木骨石造、木骨煉瓦造石張、煉瓦造は、鉄筋コンクリート造に置き替えられ(注12)、コンクリートの外壁をモルタル仕上、リシン塗装、石張、簾《すだれ》煉瓦張、人造石張の研磨や洗い出しといった工法で、多様に彩る試みが広がったのも、まさにこの時代にほかならない。

ヒンデルは、ホワイト・キューブ(注13)と称される即物的な鉄筋コンクリート造(以下、RC造)の近代建築に否定的で(注14)、建物の用途に相応しい石張、簾煉瓦張の採用により、キリスト教の

②ドイツ、ヴォルムス大聖堂 断面図(文献B)

③ 聖路加礼拝堂（現・聖ルカ礼拝堂）内部（抗火石張の柱と天井）1980年代撮影

施設設計における懐の深さを見せた（図①）。西洋中世の教会建築（図②）がどのようなものかを西洋建築史の素養として知悉しているミッション・アーキテクトのバーガミニは、大聖堂の規模感、空間に漲る荘厳な力をＲＣ造・抗火石《こうがせき》張の礼拝堂（図③）で呼び覚ました。

　その一方で、全般的にロマネスク（図④）を基調とするヒンデルは、より踏み込んだ展開として、幕末・明治の教会建築を担った人々がこだわった石の持つ永続性を、漆塗・金彩に置き替えて象徴的に示している（図⑤）。逆にジェイ・ハーバート・モーガン（注15）は、ゴシック（図⑥）に対する志向が強かった聖公会（注16）の礼拝堂で、歴史的な様式をき

（上）④ フランス、サン＝トロフィーム教会聖堂 柱頭（文献A）
（下）⑤ 聖霊修道院付属聖堂（現・金沢聖霊修道院「三位一体」聖堂）身廊の木製柱柱頭 2021年撮影

わめて直截に取り上げた（図⑦）。RC造・大谷石張に自然体で語らせたのは、石の永続性と、コンクリートのそれが実は同一だという点に尽きる。

いずれも石に由来する教会建築の精髄を、それぞれの建築言語で的確に表している。

こうした実例を上林のような日本人建築家たちが各地で眼にしなかったとは考えられず、彼らが職場で日々手にしたに違いない図入り実用書（図⑧）をひもとくと、石とコンクリートが連続的な節で扱われる点が興味深い。残念ながら上林は、宇都宮聖約翰《ヨハネ》教会礼拝堂（第二章第一・三節参照）以外で、石とコンクリートの組み合わせは試みてお

⑥ イングランド、ノーフォーク州クレイ 聖ヨハネ教会礼拝堂 玄関（文献B）

⑦ 横浜クライスト・チャーチ三代礼拝堂（現・横浜クライスト・チャーチ/横浜山手聖公会礼拝堂）内部（身廊北東側面の窓）2022年撮影

らず、RC造モダン・アングリカン（注17）の白い礼拝堂群（図⑨）を貫徹した。

だがそれらは、断じてホワイト・キューブではなく、紛れもなく「石に見立てたコンクリート」で築かれた日本近代の教会建築だったとしてよい。――二つの教会をめぐる物語は、概念としての「石」の物語であり、教会建築の精髄は、そのような意味での「石」に集約される。

①撮影・画像提供　上智大学 総務局 広報グループ
②④⑥⑧画像提供　個人コレクション
③撮影・画像提供　学校法人聖路加国際大学
⑤⑦⑨撮影　橋本優子

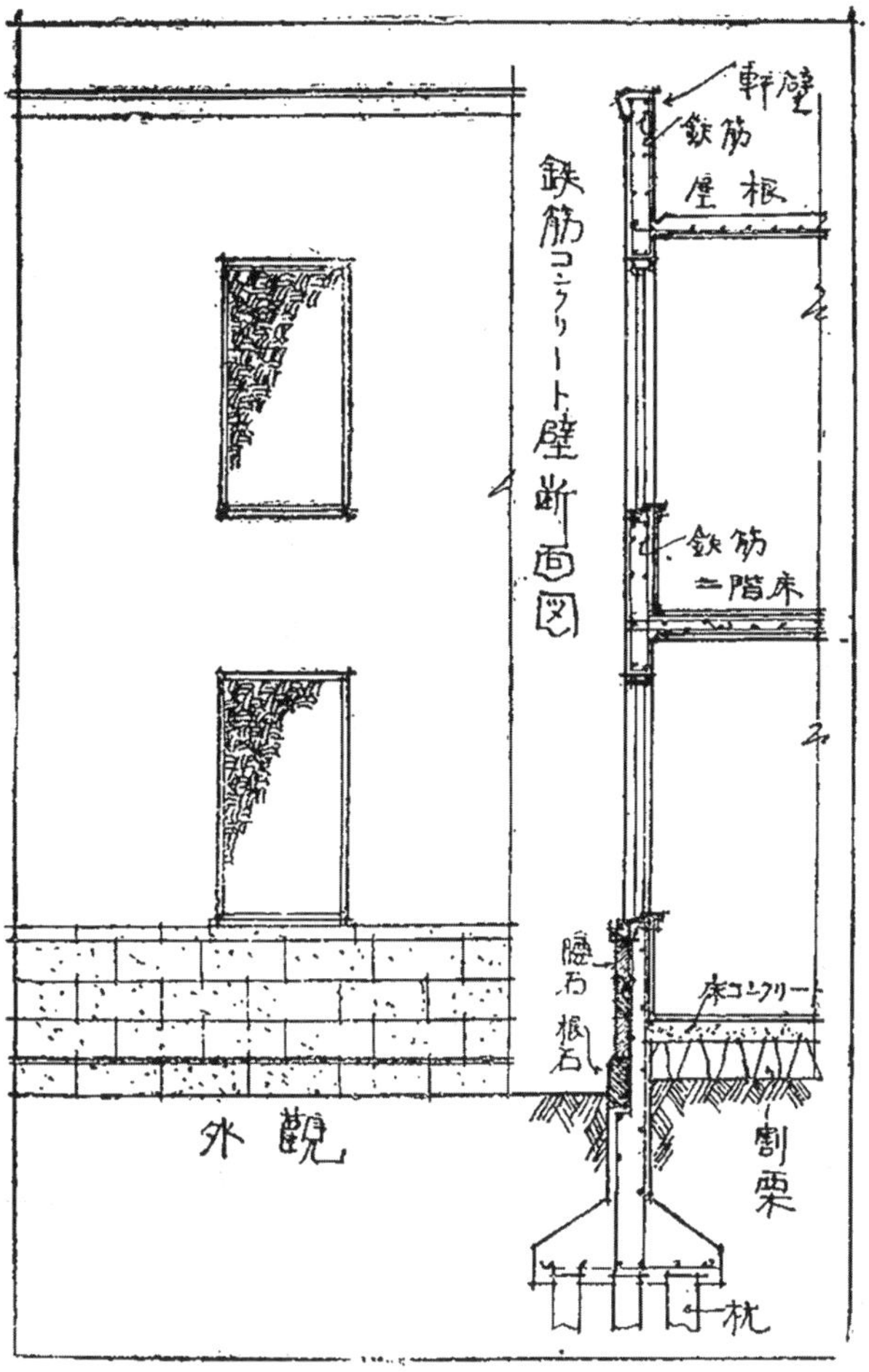

⑧ 鉄筋コンクリート壁 断面図（文献C）

⑨ 聖オーガスチン教会礼拝堂（現・日本聖公会 高崎聖オーガスチン教会礼拝堂）外観（北側面の窓と控え壁）2022年撮影

終章

[注]

（注1）建築家ヒンデルの経歴と業績については、第一章第二・三節を参照。

（注2）第一章第二節、同・注（1）参照。

（注3）ミッション・アーキテクトのヴォーリズは、一八八〇年十月二十八日、アメリカ合衆国カンサス州レヴンワースに生まれ、コロラド大学で学ぶ。来日とその後の活動は、第二章第四節、終章「建造物めぐり1」、同・注（1）を参照。一九六四年（昭和三十九）五月七日、滋賀県近江八幡市慈恩寺町で逝去。

（注4）ミッション・アーキテクトのガーディナーの経歴と業績については、第二章第二節注（5）を参照。

（注5）ミッション・アーキテクトのウィルソンの経歴と業績については、第二章第四節、同「建造物めぐり12・13・14」を参照。

（注6）ミッション・アーキテクトのバーガミニの経歴と業績については、第二章第二節注（38）を参照。

（注7）建築家レーモンドの経歴と業績については、第二章第二節注（46）、終章「建造物めぐり」注（24）を参照。

（注8）建築家の鐵川與助の経歴と業績については、第二章第五節を参照。逝去は一九七六年（昭和五十一）七月五日だった（於・神奈川県横浜市）。

（注9）建築家の上林敬吉の経歴と業績については、第二章第二・三節、同「建造物めぐり1～8」を参照。

（注10）本書で言及したのは、伊藤為吉（一八六四～一九四三。第二章第五節参照）、桜庭駒五郎（一八七一～一九五五年。同前）、吉武長一（一八七九～一九五三。終章「建造物めぐり3」、同・注（6）（8）参照）、古橋柳太郎（一八八二～一九六一。終章「建造物めぐり4」、同・注（10）参照）である。

（注11）建築学会（当時名称）は一八八六年（明治十九）、帝國大学工科大学教授の辰野金吾らの呼びかけにより、造家学会として発足した。一八九七年（明治三十）に建築学会、一九四七年（昭和二十二）には日本建築学会と改称し、現在に至る。

（注12）終章「建造物めぐり」注（7）（12）参照。

（注13）鉄筋コンクリート造の白い箱形で、屋内外の加飾を排し、いかなる歴史的様式にもよらない近代建築を指す。

（注14）第一章第二節注（11）参照。

（注15）建築家のセーガンは、一八六八年十二月十日、アメリカ合衆国ニューヨーク州バッファローで生まれ、製図工として建築設計事務所で研鑽を積む。ニューヨークのジョージ・A・フラー社、ニューヨーク・セントラル鉄道会社の勤務を経て、一九一一年、自身の事務所を開設した。一九二〇年（大正九）二月に来日し、三月から東京府東京市麹町区丸ノ内（東京都千代田区丸の内）のフラー建築社（ジョージ・A・フラー社と三菱合資会社地所部の合弁企業）に参画する。一九二二年（大正十一）八月、丸ノ内に自身の事務所を開設、十二月にはフラー建築社を退職した。一九二六年（大正十五）四月に事務所を神奈川県横浜市山下町（中区山下町）へ移転する（のち山下町内で転居）。一九三七年（昭和十二）六月六日、山下町の横浜一般病院で逝去。
水沼淑子（２０１０）「新・生き続ける建築６：ジェイ・ハーバート・モーガン アメリカと日本を生きた建築家」『ＩＮＡＸ ＲＥＰＯＲＴ』１８４号 東京：ＩＮＡＸ

（注16）明治・大正・昭和戦前の日本聖公会は、首脳陣も信徒もゴシックを基調とする復興様式を志向した。このことに関する米国聖公会の聖職者とバーガミニの指摘は、第二章第二節注（57）、同「建造物めぐり5・13」を参照。また、立教大学四代校舎（第二章「建造物めぐり17」参照）の建築家選定をめぐり、和風が退けられ、カレジエイト・ゴシック・リヴァイヴァルが採択された経緯については、第二章第四節を参照。

（注17）第二章「建造物めぐり」注（1）参照。

[画像所収文献]

（文献A）Léon, Paul. (1915) *Encyclopedie des styles: première série, l'art Roman*. Paris: R. Ducher.

（文献B）Fletcher, Banister; Fletcher, Banister Flight. (1921) *A History of Architecture on the Comparative Method: For Students, Craftsmen, and Amateurs*. (6th edition) London: B.T. Batsford.

（文献C）横山 信（１９２５）『建築構造の知識』東京：アルス

終章コラム

時代を結ぶ建造物めぐり

橋本 優子

このコラムでは、第一章、第二章の範疇に収まらないマックス・ヒンデルと上林敬吉の仕事、同時代に他の建築家が手がけ、何らかのかたちで現存するローマ・カトリック教会、聖公会、プロテスタント教会の建造物を厳選し、今日の名称（所在地）、設計・施工者、工法・構造、様式、年代、施主組織の歩み、建築的な特質をポイント的に紹介する。

【凡例】

一、建造物の名称は、「竣工・聖別時の施主組織名」に「建物種別」を付すかたちで記した。同一の施主組織名で代替わりした場合は、「〇代」を加えた。
一、今日の地名は、（ ）内で示した。
一、注は、本章のコラム全体で通し番号を振り、「（注〇）」と記した。注の内容は、コラム末尾に一覧した。
一、画像は、一つのコラムごとに通し丸付き番号を振った。
一、画像キャプションは、建造物の名称、撮影アングルと年代、図面などについては表題や内容を記した。近年撮影のものは、（ ）内に現在の名称を加えた。画像クレジットは、一つのコラムごとに末尾でまとめて記した。文献から転載の場合は、本章のコラム全体で通しアルファベットを振った所収文献を「（文献〇）」で表した。所収文献の書誌情報は、コラム末尾に一覧した。

1 日本組合基督教会 大阪基督教会二代会堂

右① 日本組合基督教会 大阪基督教会二代会堂（現・日本基督教団 大阪教会会堂）全景 2022年撮影　左② 同 外観（煉瓦壁）2022年撮影

今日の名称（所在地）	日本基督教団 大阪教会会堂（大阪府大阪市西区江戸堀）
設計・施工者	ウィリアム・メレル・ヴォーリズ（設計）、岡本工務店（施工）
工法・構造、様式	複合構造（無筋・鉄筋コンクリート、鉄骨、煉瓦、木などの併用）三階建、六層塔屋付 ロマネスク・リヴァイヴァル
年 代	献堂1922年（大正11）

教会の歩み

一八七二年（明治五）　三月十日、米国改革派教会の受洗者により、山下居留地（神奈川県横浜市中区山下町）に日本基督公会が発足。当時、日本はキリシタン禁制。
十一月、アメリカン・ボードのゴードン牧師により、川口居留地（大阪府大阪市西区川口）に英語塾が開設。

一八七三年（明治六）　二月二十四日、太政官布告により、キリシタン禁制の高札が撤去。

一八七四年（明治七）　五月二十四日、ゴードン牧師の受洗者と、日本基督公会からの転入者により、大阪府西大組本田梅本町（大阪市西区本田）に梅本町公会が発足し、仮会堂の開設。

一八七七年（明治十）　十月、仮会堂が大阪府第二大区本田一番町（大阪市西区本田）へ移り、大阪基督教会と改称。

一八七八年（明治十一）　一月二日、大阪基督教会ほか京阪神のアメリカン・ボードの教会により、日本基督伝道会社が設立。

一八八一年（明治十四）　十月、仮会堂が大阪府西区江戸堀北通（大阪市西区江戸堀）の会員宅へ一時移転。
十二月、仮会堂が西区中之島へ移転。

一八八六年（明治十九）　四月二十一日、伝道会社の年会で日本組合基督教会が組織。

一八八七年（明治二十）　十月、大阪府西区江戸堀北通（大阪市西区江戸堀）に初代会堂が着工。

一八八八年（明治二十一）　四月三日、初代会堂の献堂。

一九一二年（大正元）　十月、伝道会社が組合基督教会伝道部に改組。

一九一八年（大正七）　二代会堂の新築場所が大阪市西区江戸堀北通（西区江戸堀の現在地）に決定し、ヴォーリズに設計依頼。

一九二一年（大正十）　七月二十五日、二代会堂の着工。

一九二二年（大正十一）　六月十一日、二代会堂の献堂。

一九四一年（昭和十六）　六月、日本基督教団の設立に伴い、同教団第三部に帰属。

一九九五年（平成七）　一月十七日、阪神・淡路大震災により、二代会堂が被災。すぐさま応急措置。
六月、二代会堂の復旧工事が開始。
九月、二代会堂の復旧工事が竣工。

会堂の建築

北米ＹＭＣＡ（キリスト教青年会）の派遣により、一九〇五年（明治三十八）に滋賀県立商業学校（滋賀県立八幡商業高等学校）の英語教師として来日したヴォーリズは、建築家を目指しながら、非聖職伝道者の道を選び、その使命を設計活動で発露する。一九一〇年（明治四十三）になると、先見の明があるヴォーリズは、伝道と設計・監理業が一体的な企業を起ち上げた（注1）。以降、プロテスタント教会の施設を中心に、商業建築なども手がけ、日本事情に通じた建築家、社会事業家の評価を得ていく。

ヴォーリズの業績のなかで年代的に早い本作は、二階に聖壇（北西）、会衆席、入口空間（南東）を配し、入口側階上にギャラリーを設けた長方形平面の大会堂である。一階には講堂と玄関間を置き、左右の階段は二階、ギャラリーに至る。伝統的な教会建築でいうバシリカ（十字架形平面）に準拠しているが、聖壇が膨らみを持って前に張り出すこと、翼廊を切り詰め、三廊式身廊の側廊が狭く、逆に広々とした身廊に並ぶ会衆席の円弧形配置に独自性が見て取れる。

身廊を囲む列柱は半円アーチで結ばれ、聖壇まで続き、壇上の垂れ壁で完結する。垂れ壁の形状を始め、側廊の窓、身廊の高窓も半円アーチで統一し、高い天井を支える構造にはキング・ポスト・トラス（心束式洋小屋）を採用した。基本的にはロマネスクを踏まえた復興様式で、中央に架けた大きな切妻屋根、翼廊の細い差掛屋根、正面妻壁の薔薇窓など、外観の特徴もそのことを明確に表す。

ただし、西洋中世の建築言語の切り張りは避け、質実で記念碑的な会堂にまとめ、意匠面で煉瓦を多用しながら、近代工学に則る複合構造（注2）としたところに、ヴォーリズの手腕が発揮されている。

上③ 日本組合基督教会 大阪基督教会二代会堂 全景［大阪基督教会献堂式記念絵葉書《大阪基督教会会堂》］1922年 個人コレクション 下④ 同内部（右上＝会堂、左下＝講堂）［大阪基督教会献堂式記念絵葉書《大阪基督教会聖堂、講堂》］1922年 個人コレクション

⑤ 日本組合基督教会 大阪基督教会二代会堂（現・日本基督教団 大阪教会会堂）内部 2022年撮影

③④ 画像提供 個人コレクション
①②⑤ 撮影 橋本優子

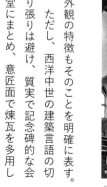

2 北星女学校宣教師館、寄宿舎、校舎

① 北星女学校宣教師館（現・北星学園創立百周年記念館）全景
2022年撮影

今日の名称（所在地）　北星学園創立百周年記念館（北海道札幌市中央区南4条西17丁目）
※寄宿舎、校舎は現存せず

設計・施工者　ウィリアム・メレル・ヴォーリズ（基本設計）、マックス・ヒンデル（実施設計）、三浦工務所（宣教師館・寄宿舎施工）、松浦周太郎（校舎施工）

工法・構造、様式　木造三階建、1階外壁モルタル塗、2・3階の外壁は鉄板張
特定の様式によらない

年代　宣教師館、寄宿舎…竣工1926年（大正15）　校舎…竣工1929年（昭和4）

学校の歩み

一八八〇年（明治十三）　九月、米国エルマイラ第一長老教会のスミス宣教師が来日し、築地居留地（東京都中央区明石町）の新栄女学校で教鞭を執る。

一八八三年（明治十六）　スミス宣教師が函館区（函館市）で伝道・教育事業に従事。

一八八六年（明治十九）　スミス宣教師が札幌区（札幌市中央区）北二条西一丁目の北海道尋常師範学校に任用（一八八九年まで）。

一八八七年（明治二十）　一月、スミス宣教師は、札幌区（札幌市中央区）北一条西六丁目の師範学校官舎の廐舎を改造し、札幌長老派伝道局寄宿女学校を開設。

一八八九年（明治二十二）　八月、北海道庁により、新築校舎が供用。

九月、スミス女学校として認可。

一八九四年（明治二十七）　十月、札幌区（札幌市中央区）北四条西一丁目へ移り、北星女学校と改称。

一九二六年（大正十五）　七月十日、札幌市南五条西十七丁目（中央区南四条西十七丁目の現在地）に宣教師館、寄宿舎が定礎。

十二月二十一日、宣教師館、寄宿舎の竣工。

一九二七年（昭和二）　一月十五日、寄宿舎の献堂。

一九二九年（昭和四）　五月二十八日、校舎の定礎。

十二月二日、校舎の竣工。

一九三〇年（昭和五）　一月二十二日、校舎の献堂。

一九四三年（昭和十八）　北星高等女学校と改称。

一九四七年（昭和二十二）　北星高等女学校が北星学園に改組。学校教育法に基づく北星学園女子中学校が発足。

一九四八年（昭和二十三）　学校教育法に基づく北星学園女子高等学校が発足。

一九五一年（昭和二十六）　北星学園女子短期大学が発足。

一九六一年（昭和三十六）　敷地内で旧・宣教師館が移設。以降、短期大学に供用。

一九六二年（昭和三十七）　北星学園大学が発足。

一九六三年（昭和三十八）　十二月四日、火災により、旧・校舎が焼失。

一九七四年（昭和四十九）　十一月、旧・寄宿舎の解体。

一九八九年（平成元）　九月、旧・宣教師館の再移設・修復（十一月まで）。

一九九一年（平成三）　十一月六日、旧・宣教師館が北星学園創立百周年記念館として開館（翌年から一般公開）。

宣教師館、寄宿舎、校舎の建築

米国の長老派伝道局から派遣されたスミス宣教師により設立された北星女学校は、実現されたヒンデル建築のなかで、唯一のプロテスタント系学校の施設である。このうち、宣教師館と寄宿舎がヒンデルの在札当時、計画が遅れた校舎は横浜時代に竣工している。

前者については、ヒンデルの関与以前から基本設計が進められ、一九二三年（大正十二）八月二十七日（寄宿舎）、九月十日（宣教師館）と記されたヴォーリズ建築事務所の図面（第二章第四節図㉕）が残る。だが、諸般の事情により、実施設計はヒンデルに委ねられた（注3）。

三つの建造物は、屋根裾が緩勾配、全体は急勾配のフレアード・ルーフ、妻側・平側にいくつもの窓を擁し、小屋根や庇があちこちに突き出たスイス民家風の木造建築という点で共通する。すなわち、札幌時代にヒンデルが聖俗の建物で展開した風土性の強いスタイルにほかならない。

竣工時の姿に修復した宣教師館は色使いが注目に値し、一階の外壁が薄紫色の塗装仕上、二・三階は辛子色の鉄板張で、屋根と小屋根、これらの破風や軒先、窓枠などは濃緑色で統一し、薄緑色のサッシュを嵌めている。このような色彩計画は学校の意向を汲むものと考えられ、薄紫色はライラックに由来する（注4）。

内部の造りは平明で、一階の東側に玄関間、西側は厨房を置き、両者を結ぶ廊下の北側には二カ所の階段室、他はバックヤードとした。南側には応接室、居間、食堂、朝食室が並ぶ。二・三階は複数の居室に充て、使用人室、物置を三階に配する。

ヴォーリズの基本設計も、部屋の構成はほとんど変わりがないが、一階の間取りに違いがある。一方、外観は対比的で、勾配が緩やかなスレート葺の屋根、スタッコ仕上の外壁に、煉瓦の煙突と基礎、半円アーチの大きなポーチがアクセントを添えるスパニッシュ・コロニアル風だった。

上② 北星女学校宣教師館 全景 1926年頃撮影（竣工当時）北星学園 北星学園創立百周年記念館蔵　中③ 同 内部（食堂）1926年頃撮影（竣工当時）　北星学園 北星学園創立百周年記念館蔵
下④ 同 内部（居間）1926年頃撮影（竣工当時）北星学園 北星学園創立百周年記念館蔵

②③④ 画像提供　北星学園 北星学園創立百周年記念館
① 撮影　橋本優子

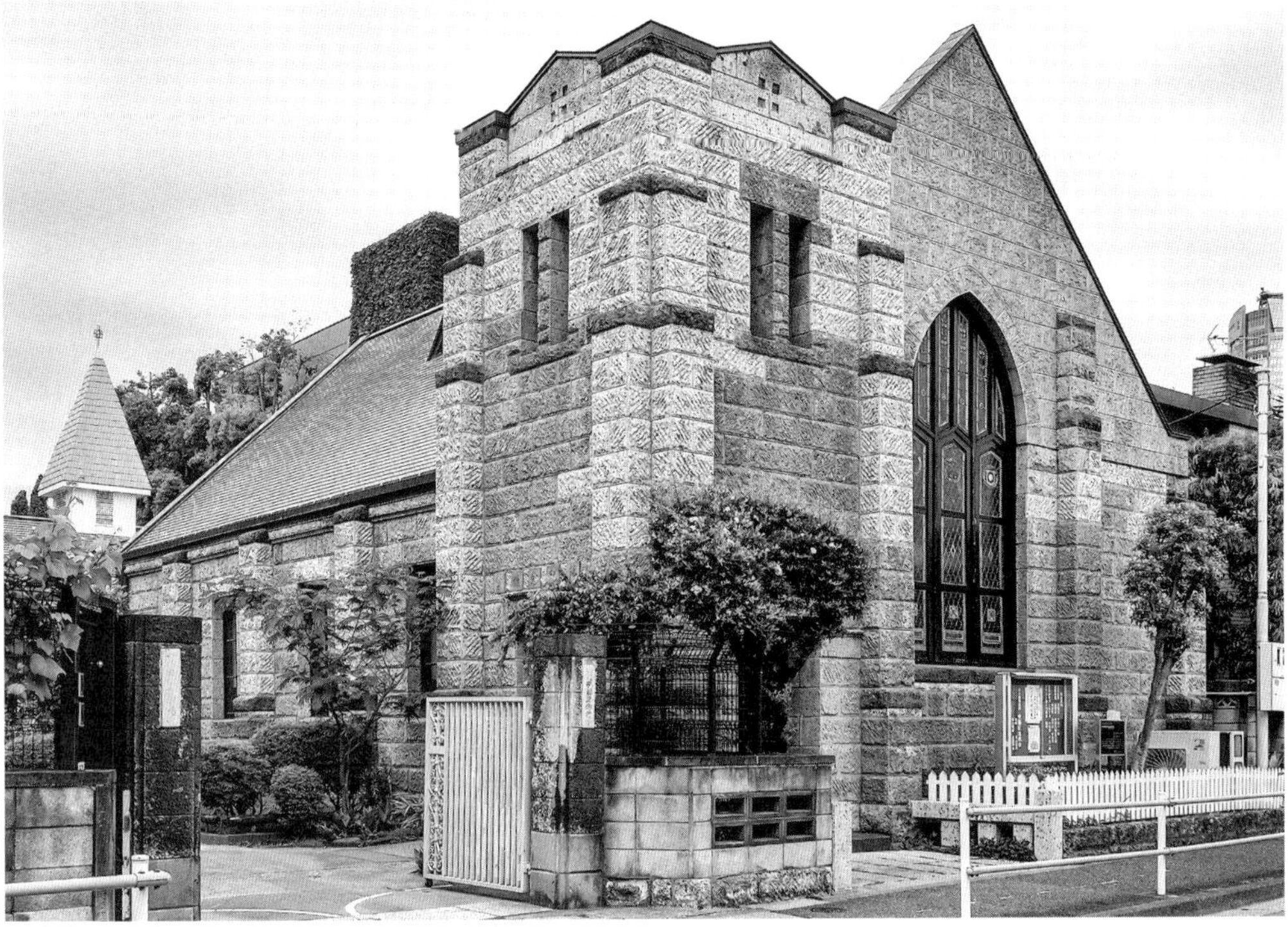

① 日本メソヂスト教会 安藤記念教会会堂(現・日本基督教団 安藤記念教会会堂) 全景 2022年撮影

3 日本メソヂスト教会 安藤記念教会会堂

今日の名称(所在地) 日本基督教団 安藤記念教会会堂(東京都港区元麻布)

設計・施工者 吉武長一(設計)、柏木菊吉(施工)、小川三知(注5)(ステンドグラス制作)

工法・構造、様式 木骨大谷石・一部小松石造平屋建、三層塔屋付 特定の様式によらない(ゴシックを基調とする)

年代 献堂一九一七年(大正六)

教会の歩み

一八八八年(明治二十一) 七月十五日、駐ハワイ日本総領事の安藤太郎がホノルルのセントラル・ユニオン教会で受洗。

一八八九年(明治二十二) 安藤が帰国し、東京府東京市麻布区麻布本村町(東京都港区元麻布の現在地)に居住。

一八九〇年(明治二十三) 安藤が銀座美以教会(のち日本メソヂスト教会 銀座教会)会員となる。

一九一七年(大正六) 二月十一日、安藤邸に銀座教会の安藤記念講義所が開設。
四月一日、会堂の着工。
九月十五日、会堂の献堂。

一九一八年(大正七) 日本メソヂスト教会 安藤記念教会の認可。

一九二三年(大正十二) 九月一日、関東大震災により、会堂が被災。
十月十六日、会堂の修復開始。
十二月十八日、会堂の修復完了。

一九二四年(大正十三) 安藤の遺言により、会堂、土地その他が日本メソヂスト維持財団に寄付。

一九四一年(昭和十六) 六月、日本基督教団の設立に伴い、同教団第二部に帰属。

一九五二年(昭和二十七) 会堂の大修理。

一九九二年(平成四) 会堂の老朽化対策第一期工事。

一九九四年(平成六) 会堂の老朽化対策第二期工事。

二〇〇六年(平成十八) 会堂の老朽化対策第三期工事。

左上② 日本メソヂスト教会 安藤記念教会会堂 全景（文献G）1917年撮影　左下③ 日本メソヂスト教会 安藤記念教会会堂（現・日本基督教団 安藤記念教会会堂）内部 2022年撮影　右④ 同 外観（ポーチ） 2022年撮影

会堂の建築

大谷石の近代建築は、旧・帝国ホテル ライト館（一九二三年）を出発点にして語られることが多い。この建物が実現されるまでの経緯（注6）、その規模と材の選択は当時から話題になり、工法、スタイルの影響力も大きかった。

教会建築では、横浜クライスト・チャーチ三代礼拝堂（本章「建造物めぐり5」参照）を始め、宇都宮におけるヒンデルと上林敬吉の仕事で鉄筋コンクリート造・大谷石張という「ライト館以降」の工法が採用された。これに対して「ライト館以前」の独自な事例は限られ、その一つとして本会堂は重要である。

西北西に聖壇、東南東妻壁にステンドグラス、その西南西角に玄関を兼ねた塔屋を擁する会堂は、木骨大谷石造（注7）により、控え壁の水切りなど要所には小松石が用いられた。鋭角な切妻屋根の支持構造はシザーズ・トラス（鋏形洋小屋）だが、下弦材に取り付けた天井で小屋組を隠し、天井と壁が漆喰仕上のため、堂内は清楚で明るく、広々とした印象を与える。聖壇手前には一体的な造りの木製垂れ壁と恵の座を設け、両者は二本の柱で結ばれている。

設計者の吉武長一はアメリカで建築を学んだのち、銀行建築のほか、日本メソヂスト教会 銀座教会第二次会堂（一九一二年）、ハリス記念鎌倉メソヂスト教会会堂（一九二六年）を手がけた。いずれも西洋の歴史建築に則る復興様式を踏襲し、重厚で硬質な石に対するこだわりが窺われる点で興味深い（注8）。

一方、本会堂は、妻壁、塔屋などの意匠がゴシックを基調とするものの、より自由度の高いスタイルを標榜する。土に近い味わいの石を使った理由についてはさまざまな憶測ができ（注9）、伝統的な石蔵とは異なる大谷石建造物を「ライト館以前」に具現化した点で注目に値する。

② 所収文献所蔵・画像提供　日本基督教団 安藤記念教会

①③④ 撮影　橋本優子

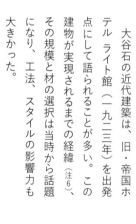

① 日本組合基督教会 安中教会新島襄記念会堂（現・日本基督教団 安中教会新島襄記念会堂）全景 2022年撮影

4 日本組合基督教会 安中教会新島襄記念会堂

今日の名称（所在地） 日本基督教団 安中教会新島襄記念会堂（群馬県安中市安中）

設計・施工者 古橋柳太郎（設計）、施工者不詳、小川三知（ステンドグラス制作）

工法・構造、様式 木骨大谷石造二階建、三層塔屋付
特定の様式によらない（外観はロマネスクとゴシックを基調とする）

年 代 献堂1919年（大正8）

教会の歩み

一八六六年（慶応元） 十二月三十一日、渡米中の新島襄がマサチューセッツ州のアンドーヴァー神学校付属教会で受洗。

一八七二年（明治五） 群馬県上野尻村（安中市安中）の醸造業有田屋当主・湯浅治郎により、私設図書館の便覧舎が開設。

一八七四年（明治七） 九月二十四日、新島がボストンのマウント・ヴァーノン教会で按手礼を受け、アメリカン・ボードの宣教師補となる。十一月二十六日、新島が帰国し、故郷の安中で伝道。

一八七五年（明治八） 新島により、京都府寺町丸太町上ル（京都市上京区松陰町）に同志社英学校が開設。

一八七七年（明治十） 七月、同志社学生の海老名弾正が安中で夏季伝道。

一八七八年（明治十一） 一月二日、新島らと、京阪神のアメリカン・ボードの教会により、日本基督伝道会社が設立。三月三十日、新島、海老名により、便覧舎で安中教会が発足し、湯浅らが受洗。のち、教会が村内の旧・養蚕所へ移転。安中教会が伝道会社に参画。

一八八三年（明治十六） 五月四日、会堂（旧・養蚕所）を碓氷郡安中駅（安中市安中の現在地南東）へ移設し、碓氷会堂と命名。

一八八六年（明治十九） 四月二十一日、伝道会社の年会で日本組合基督教会が組織。安中教会が同会に帰属。

一九一二年（大正元） 十月、伝道会社が組合基督教会伝道部に改組。

一九一八年（大正七） 八月、碓氷郡安中町（安中市安中の現在地）に新島襄記念会堂が着工。碓氷会堂も同地へ移設し、のち教育事業に供用。

一九一九年（大正八） 八月、記念会堂の竣工。十二月、記念会堂の献堂。

一九四一年（昭和十六） 六月、日本基督教団の設立に伴い、同教団第三部に帰属。

一九六七年（昭和四十二） 三月、碓氷会堂を改装し、教育館と命名。

記念会堂の建築

新島襄を顕彰する本会堂は、大谷石を用い、「ライト館以前」に登場した教会建築の希少な事例の一つである。

設計者の古橋柳太郎は、少年時代に日本メソヂスト教会 中央会堂でキリスト教と出会い、第六高等学校から東京帝國大学へ進んで建築を学び、清国政府技師、曾禰中條建築事務所を経て独立した(注10)。同教派の下谷教会三代会堂（一九三〇年）、上田新参町教会二代会堂（一九三五年）、甲府教会四代会堂（一九四七年）や、ミッション・スクール東洋英和学校の流れを汲む麻布中学校の校舎改築（一九三二・三七年）でも知られる。

本作の場合、伝統に囚われない内部の造りが最大の特徴と言える。長方形平面の西南西中心に据えた聖壇と、対峙する会衆席は翼廊で分節されず、中央が筒形ヴォールト、左右は平たい折上天井を全体に戴く。切妻屋根を支える小屋組は天井で隠され、会衆席を身廊と側廊に区分する列柱がないため、入口側上部のギャラリーから望む視界は開けている。

聖壇を囲む半円アーチの垂れ壁、背後の壁に嵌めたステンドグラスは会堂の証だが、コンポジット式柱頭を擁する左右の大理石円柱は独特で、学舎や会議所に通じる趣を堂内にもたらした。いずれも教派のリベラルな思想、新島の生き方に敬意を表したディテールと考えられる。教会関係者の肖像画(注11)を壁に掲げる設えも珍しい。

ゴシック風の破風と塔屋、水切りのある控え壁、ロマネスク的な窓が眼を引く外観は、石の質感を活かした質朴さを湛える。その頃、生産の頂点に達し、高崎線・信越本線により、拠点産地からの輸送が容易な煉瓦(注12)ではなく、宇都宮石材軌道、日光線・東北本線・両毛線・信越本線経由で運ばれた大谷石の選択理由は、この石の風合いにあったに違いない。

②©日本基督教団 安中教会
①③④⑤ 撮影 橋本優子

② 日本組合基督教会 安中教会新島襄記念会堂 建築工事(文献H) 1919年撮影

上③ 日本組合基督教会 安中教会新島襄記念会堂（現・日本基督教団 安中教会新島襄記念会堂）内部 2022年撮影 中④ 同 外観（ポーチ上部の新島家家紋レリーフ）2022年撮影 左⑤ 同 外観（塔屋）2022年撮影

① 横浜クライスト・チャーチ三代礼拝堂（現・横浜クライスト・チャーチ／横浜山手聖公会礼拝堂）全景
2022年撮影

今日の名称（所在地） 横浜クライスト・チャーチ／横浜山手聖公会礼拝堂（神奈川県横浜市中区山手町）

設計・施工者 ジェイ・ハーバート・モーガン（設計）、施工者不詳

工法・構造、様式 鉄骨・鉄筋コンクリート造平屋建、大谷石張、三層塔屋付
モダン・アングリカン

年代 聖別一九三一年（昭和六）

5 横浜クライスト・チャーチ三代礼拝堂

教会の歩み

一八六二年（文久二） 八月、英国聖公会のベイリー司祭が来日し、山下居留地（神奈川県横浜市中区山下町）の駐日イギリス領事館付司祭に着任。当時、日本はキリシタン禁制。居留英国人に供する横浜クライスト・チャーチが発足。

一八六三年（文久三） 十月十八日、居留地内に初代礼拝堂が竣工し、ベイリー司祭が着任。

一八七三年（明治六） 二月二十四日、太政官布告により、キリシタン禁制の高札が撤去。

一八七九年（明治十二） 初代礼拝堂に塔屋が増築。

一八八七年（明治二十） 二月、日本聖公会が成立。

一八九二年（明治二十五） 初代礼拝堂の塔屋が解体。

一九〇一年（明治三十四） 六月二日、横浜市山手町（横浜市中区山手町の現在地）に二代礼拝堂が聖別。

一九二三年（大正十二） 九月一日、関東大震災により、二代礼拝堂が倒壊。年末、仮礼拝堂の竣工。

一九三一年（昭和六） 五月三十一日、三代礼拝堂の聖別。

一九四一年（昭和十六） 三月、教会が日本聖公会に移管。

一九四三年（昭和十八） 日本聖公会の組織解消。

一九四五年（昭和二十） 五月二十九日、横浜大空襲により、三代礼拝堂が被災。日本聖公会の再組織（十月十八日付）。

一九四七年（昭和二十二） 三月三日、横浜山手聖公会の発足。以降、英語会衆（横浜クライスト・チャーチ）と、日本語会衆（横浜山手聖公会）が三代礼拝堂を共用。十二月七日、復元した三代礼拝堂の聖別。

一九九三年（平成五） 三代礼拝堂の修復。

二〇〇五年（平成十七） 一月四日、火災により、三代礼拝堂が被災。十一月、三代礼拝堂の修復完成。

三代礼拝堂の建築

日本で鉄筋コンクリート造（RC造）の型枠に木製定尺パネルが導入されたのは、一九一三年（大正二）が嚆矢とされる（注13）。だが、関東大震災の年に竣工した旧・帝国ホテルライト館（一九二三年）では煉瓦型枠RC造が採用され、コンクリートと固結した型枠の表面に簾《すだれ》煉瓦、大谷石を張るものだった。堅固な造りだが手間暇を要し、型枠を除去できない未成熟な工法と言える。

この間、市街地建築物法が公布され（一九一九年）、震災後、構造体煉瓦の使用禁止が盛り込まれた（注14）。結果、「ライト館以降」の大規模な教会建築は、本格的なRC造が主流となる。大谷石については、東京・横浜における震災復興（一九二四〜三二年）の土木・建築材として重宝され、これをRC造に張る教会建築で最も早かったのが本礼拝堂である。

東南東にある内陣、西北西に玄関を兼ねた塔屋を擁する礼拝堂は、完全な十字架形平面（バシリカ）を呈し、翼廊の内陣寄りに広々とした小礼拝堂と礼拝準備室（南南西側）、集会室（北北東側）が置かれる。身廊は単廊式で、内陣と間口の幅がおおむね等しい。身廊、翼廊が戴く急勾配な切妻屋根の支持体は鉄骨造とし、棟木に取って代わるワーレン・トラスにシザーズ・トラス（鋏形洋小屋）を接合のうえ、堂内に露出する後者には木の化粧張が施された。

外壁の大谷石は細工が丁寧で、塔屋を飾るレリーフは線的表現により、尖頭窓に嵌めたトレーサリー、玄関扉周りの飾り迫縁が眼を引く。控え壁の水切りも、要所の断面を尖ったトレフォイル形に設えている。全体のスタイルは、バーガミニと上林敬吉が協働した同時代の聖公会礼拝堂と同様、ノルマン、チューダー、ゴシック・リヴァイヴァルを組み合わせたモダン・アングリカンと評せる（注15）。

②③ 所収文献所蔵・画像提供 横浜クライスト・チャーチ／横浜山手聖公会
①④ 撮影 橋本優子

上② 横浜クライスト・チャーチ三代礼拝堂 全景（文献Ⅰ）1931年頃撮影（竣工当時） 中③ 同 内部（文献Ⅰ）1931年頃撮影（竣工当時） 下④ 横浜クライスト・チャーチ三代礼拝堂（現・横浜クライスト・チャーチ／横浜山手聖公会礼拝堂）内部 2022年撮影

6 聖心教会三代聖堂

左① 聖心教会三代聖堂（現・カトリック山手教会聖堂）全景 2022年撮影
下② 同 内部（南西側廊の束ね柱とステンドグラス）2022年撮影

今日の名称（所在地）	カトリック山手教会聖堂（神奈川県横浜市中区山手町）
設計・施工者	ヤン・ヨセフ・スワガー（設計）、関工務店（施工）
工法・構造、様式	鉄筋コンクリート造地下一階・地上二階建、一部石張、三層塔屋付 モダン・ゴシック（注16）
年 代	献堂1933年（昭和8）

教会の歩み

一八五九年（安政六） 九月六日、パリ外国宣教会のジラール司祭が日本代理区長代理、駐日フランス領事館付通訳兼司祭として来日し、江戸（東京）、山下居留地（神奈川県横浜市中区山下町）で活動。当時、日本はキリシタン禁制。

一八六〇年（万延元） 十一月以前、居留地内に司祭館が着工。
十二月初旬、初代聖堂の着工。同・二十九日、司祭館の竣工。

一八六一年（万延元） 一月二十四日、ジラール司祭が着任し、聖心教会の発足。
（文久元） 十一月末、初代聖堂の竣工。

一八六二年（文久二） 一月十二日、初代聖堂（横浜天主堂）の聖別。

一八七〇年（明治三） 一月十九日、火災により、初代聖堂が被災。

一八七三年（明治六） 二月二十四日、太政官布告により、キリシタン禁制の高札が撤去。
秋から翌年初め、初代聖堂の全面改築。

一八七四年（明治七） 初代聖堂に塔屋設置。
十二月三十日、火災により、初代聖堂を除く施設が焼失。

一八七六年（明治九） 五月二十二日、日本代理区が北緯代理区と南緯代理区に分離し、ともにパリ外国宣教会に委託。神奈川県は北緯代理区に帰属（のち東京大司教区）。

一八八一年（明治十四） 初代聖堂の天井改築。

一八九八年（明治三十一） 初代聖堂の屋根・窓改築。

一九〇六年（明治三十九） 初代聖堂の解体。旧材と煉瓦を用い、横浜市山手町（横浜市中区山手町の現在地）に二代聖堂の建造。
五月十三日、二代聖堂の聖別。

一九二三年（大正十二） 九月一日、関東大震災により、すべての施設が倒壊。

一九二四年（大正十三） 九月十四日、仮聖堂、他の仮施設の竣工。

一九三三年（昭和八） 二月、三代聖堂の着工。
十一月二十三日、三代聖堂の聖別。

一九三七年（昭和十二） 十一月九日、東京大司教区から横浜司教区が独立し、パリ外国宣教会に委託。聖心教会が司教座聖堂となる。

一九四五年（昭和二十） 五月二十九日、横浜大空襲により、司祭館が焼失。

一九六四年（昭和三十九） 三代聖堂の内部改修。

一九九一年（平成三） 一月十日から六月三十日まで、三代聖堂の大規模改修。

二〇二二年（令和四） 三代聖堂の改修（二〇二三年四月頃までを予定）。

左③ 聖心教会三代聖堂（現・カトリック山手教会聖堂）外観（塔屋と南西側面）2022年撮影　右④ 同 内部（改装工事中）2022年撮影

三代聖堂の建築

日本近代に初めて登場した教会建築は、幕末に聖別の横浜天主堂、すなわち聖心教会初代聖堂である。基本構想はジラール司祭により、当初は木骨石造だったと考えられ、何度もの改築を経て様相が変遷する（注17）。

山手町へ移り、明治の終わりに姿を現した二代は、双塔が聳える典型的なゴシック式で、東京各地の聖堂を手がけたパピノ司祭が設計を担う（注18）。だが、木骨煉瓦造、モルタル仕上げは、関東大震災に耐えられる造りではなかった。

昭和初期に新築の三代では、構造設計に長けたスワガーが鉄筋コンクリート造を採用し、復興様式とは別種のモダン・ゴシックを試みる（注19）。南東に内陣を置き、切り詰めた翼廊、三廊式身廊、北西の玄関間から成る平面は定石通りで、半八角形の後陣と、ラテン十字形を内包する長方形が融合したバシリカを示す。身廊の南西中央に高々と建つ塔屋の形状、その四周と窓の間に設えた水切りのある控え壁はゴシックの建築言語に従い、すべての開口部、身廊と内陣を囲む連続アーチ、身廊や側廊の天井を支える横断アーチも尖頭形で統一された。

一方、外壁の装飾は、玄関扉左右に添えたコンポジット式柱頭の束ね柱、その上や他の部分のレリーフ、正面ステンドグラスの飾り迫縁などポイントが絞られ、簡潔明瞭な表現を旨とする。工業素材のコンクリートを「近代の石」と捉え、教会建築に適切な使い方が模索されたことは想像に難くない。結果、多様な質感を生み出すための工夫が図られ、外壁の腰壁は桜色の自然石張・洗い出し、他を明るい無彩色のリシン仕上げとしている。内部については、腰壁が肌理の細かい人造石を張って研ぎ出し、腰上から天井までを白い漆喰で覆い、即物的な素材に聖性がもたらされた。

①②③④ 撮影　橋本優子

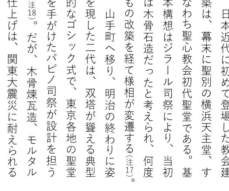

7 聖路加国際病院、聖路加礼拝堂

今日の名称(所在地) 学校法人聖路加国際大学、聖ルカ礼拝堂(東京都中央区明石町)

設計・施工者 アントニン・レーモンド+ヤン・ヨセフ・スワガー+ベドジフ・フォイエルシュタイン(全体構想・基本設計)、ジョン・ヴァン・ウィー・バーガミニ(実施設計)、スワガー+上林敬吉(増築部分の実施設計)、清水組(施工)

工法・構造、様式 病院・学校…鉄筋コンクリート造六階建、屋上塔屋付
礼拝堂…鉄筋コンクリート造四階建、内部抗火石張
モダニズム(礼拝堂内部はモダン・アングリカンを基調とする)

年代 病院・学校…竣工一九三三年(昭和八) 礼拝堂…聖別一九三六年(昭和十一)

上① 聖路加国際病院、聖路加礼拝堂(現・学校法人聖路加国際大学、聖ルカ礼拝堂)航空写真 2016年撮影　下②聖路加礼拝堂(現・聖ルカ礼拝堂) 内部 2016年撮影

病院・学校・礼拝堂の歩み

一八九〇年(明治二十三) 十一月一日、ウィリアムズ司祭(元主教)の要請を受け、聖公会信徒の長田重雄医師により、東京府東京市京橋区船松町(東京都中央区湊)に愛恵病院が開設。

一八九六年(明治二十九) 六月十三日、愛恵病院が築地居留地(中央区明石町の現在地)へ移り、築地病院と称す。

一八九九年(明治三十二) 秋、築地病院の閉鎖。

一九〇〇年(明治三十三) 米国聖公会のトイスラー宣教医師が来日。

一九〇一年(明治三十四) 二月十二日、トイスラー医師により、築地病院跡地に聖路加病院が開設。

一九一七年(大正六) 四月、聖路加国際病院と改称。

一九二〇年(大正九) 聖路加国際病院附属高等看護婦学校の発足。

一九二三年(大正十二) 九月一日、関東大震災により、すべての施設が倒壊。以降、施設を再建。

一九二五年(大正十四) 一月、火災により、再建した施設の多くが焼失。

一九二七年(昭和二) 十一月、専門学校令による聖路加女子専門学校の認可。

一九二八年(昭和三) 二月十一日、病院・学校の着工。

一九二九年(昭和四) 病院・学校の上棟。

一九三〇年(昭和五) 三月二十八日、病院・学校の定礎。

一九三三年(昭和八) 六月四日、病院・学校の奉献。翌日、開院。

一九三五年(昭和十) 八月、聖路加礼拝堂の着工。

一九三六年(昭和十一) 十二月十三日、礼拝堂の聖別。

一九四三年(昭和十八) 日本聖公会の組織解消。

一九四五年(昭和二十) 日本聖公会の再組織(十月十八日付)。

一九六四年(昭和三十九) 一月二十五日、聖路加看護大学の発足。

一九八八年(昭和六十三) 十二月、礼拝堂にパイプオルガンを設置。

一九九二年(平成四) 隣接区画に新病院竣工。一九三三年竣工の建物は旧館となる。

一九九四年(平成六) 旧館の再開発開始。礼拝堂を含む中央部分は保存し、それ以外を解体・再建。礼拝堂の一時閉鎖。

一九九七年(平成九) 旧館の再開発完成。礼拝堂の使用再開。

二〇一四年(平成二十六) 病院と大学の法人一体化。大学が聖路加国際大学と改称。

病院と礼拝堂の建築

明治以降、わが国で医療事業に取り組んだ宣教組織は多数存在する。聖公会の場合、アメリカ、イギリス、カナダから来日した組織や個人が施療所、療養所を設け（注20）、やがて施設の整備に力が注がれる。特に米国聖公会は、ラニング宣教医師の施療所、その後継の聖バルナバ病院と、小病院が医療センターに発展した聖路加国際病院で成功を収める。

両者には複数の建築家が関わったが、ウィルソンの仕事をヴォーリズが引き継いだ聖バルナバ病院とは違い、聖路加国際病院は複雑な経緯を辿る。全体構想はレーモンドにより（一九二五年）、十字架形平面の南南西と長い両翼に病院、北北東に礼拝堂を置き、看護学校その他の機能を両翼の接続棟に組み込む近代的ビルヂングが提案された。

しかしレーモンドと、米国聖公会、トイスラー病院長の対立が表面化し（一九二六年）、レーモンド事務所の意匠担当フォイエルシュタイン、構造担当スワガーは病院側に与する（注21）。結果、レーモンドが解約され（着工後）、全体意匠の見直し、礼拝堂の実施設計はバーガミニに委ねられた。バーガミニの継承後、礼拝堂の現場監理は上林敬吉が担い、その後、スワガーと上林が病院の増築部分の実施設計に携わる（注22）。

よって着工の頃のドローイングと、竣工した病院・礼拝堂の外観は異なる。レーモンドの案は先進的モダニズムを標榜し、塔屋の形状が摩天楼を思わせた。一方、バーガミニは、ロマネスクを意識した穏やかな意匠としている。礼拝堂については、入院患者の便宜に鑑みて、内部が入口側（南南西）で病院各階へ通じる（注23）当初の計画通りだが、レーモンドの斬新な外観は却下され、このアイディアは東京女子大学講堂・チャペル（本章「建造物めぐり8」参照）で活かされた。

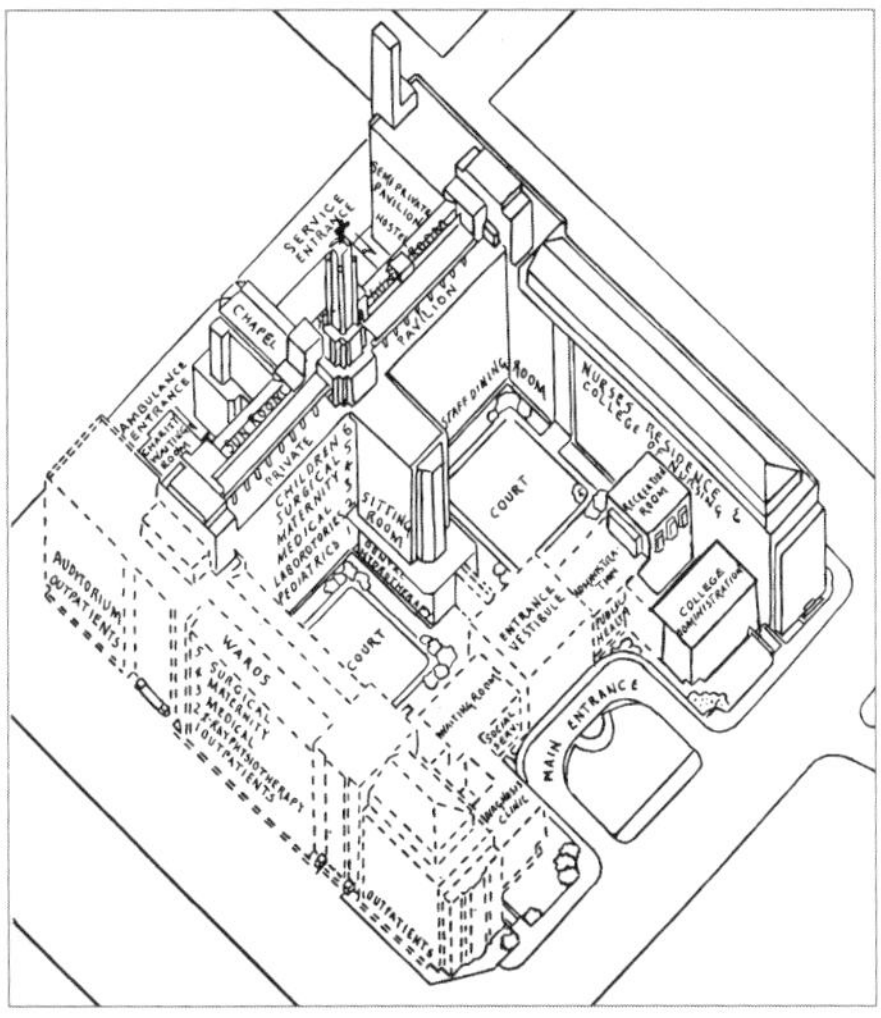

上③ 聖路加国際病院、聖路加礼拝堂 全景（礼拝堂側）（文献E）1935年撮影　中④ 聖路加礼拝堂 内部（文献F）1936年撮影　下⑤ 聖路加国際病院、聖路加礼拝堂 投影図（点線＝将来計画部分）（文献D）1933年

①② 画像提供　学校法人聖路加国際大学
③④⑤ 所収文献所蔵・画像提供　立教大学図書館

8 東京女子大学講堂・チャペル

① 東京女子大学講堂・チャペル 全景（チャペル側）2022年撮影

今日の名称(所在地) 東京女子大学講堂・チャペル（東京都杉並区善福寺）

設計・施工者 アントニン・レーモンド（設計）、清水組（施工）

工法・構造、様式 鉄筋コンクリート造二階建、塔屋付
モダニズム

年代 献堂1938年（昭和13）

学校の歩み

一九一〇年（明治四十三）六月、イギリスのエディンバラ世界宣教会議に世界のプロテスタント関係者が参集し、キリスト教に基づく日本の女子専門教育を論議。

一九一二年（大正元）十二月、キリスト教主義に則る女子大学設立に向けた暫定委員会の発足。

一九一五年（大正四）三月、米国長老派教会宣教師、明治学院教員のライシャワー牧師らと、プロテスタントの複数宣教局により、促進委員会の発足。

一九一七年（大正六）二月、私立東京女子大学理事会の開催。
五月以降、東京府豊多摩郡淀橋町字角筈（東京都新宿区西新宿）の仮校地に仮施設が整備。

一九一八年（大正七）三月、専門学校令による私立東京女子大学の認可。
四月三十日、大学の開校。

一九一九年（大正八）十一月二十九日、豊多摩郡井荻村字上井草北原（杉並区善福寺の現在地）が本校地に決定。

一九二一年（大正十）六月二十九日、井荻本校地の建築家がレーモンドに決定。

一九二二年（大正十一）井荻本校地の施設着工。以降、順次竣工。

一九二三年（大正十二）九月一日、関東大震災に見舞われるが、角筈仮校地の施設の被害は比較的軽微で建物の損壊はほとんどなかった。

一九二四年（大正十三）二月二十日、東京女子大学と改称。
四月五日、井荻本校地へ移転。

一九三一年（昭和六）十一月二日、図書館の竣工。

一九三七年（昭和十二）一月、講堂・チャペルの着工。

一九三八年（昭和十三）三月、講堂の竣工。
十月四日、チャペルの献堂。

一九四五年（昭和二十）一月、施設を迷彩塗装。

一九四八年（昭和二十三）三月、新制の東京女子大学が発足。

一九五〇年（昭和二十五）七月、施設の迷彩を除去し、白色に塗装。

講堂・チャペルの建築

一九一九年（大正八）、ライト事務所の帝国ホテル新館（ライト館）担当として来日したレーモンドは、第二次世界大戦前後と最晩年以外の長きにわたり、わが国で建築設計に従事した（注24）。その作品は多様性と示唆に富み、一九二一年（大正十）の独立後、戦後に至るまで手がけたキリスト教の施設も同様である。

超教派のキリスト教主義を掲げる本学の場合、キャンパスの全体計画を担ったこと、その際、自身と関わる近代建築のさまざまな動向を基調とし、これらを独自の視点でまとめた点が注目に値する（注25）。特に講堂・チャペルは、聖路加礼拝堂（本章「建造物めぐり7」参照）で断念したアイディア、すなわちペレのノートル・ダム・デュ・ランシー教会聖堂（一九二三年）のリ・デザインを実現に導く（注26）。

上② 東京女子大学講堂・チャペル 全景（チャペル側）1938年撮影 東京女子大学 大学資料室蔵　下③ 同 建築工事 1937年撮影 東京女子大学 大学資料室蔵

西端の聖壇側が膨らむ長方形のチャペル（西）と、扇形の講堂（東）を一体化した平面は、両者が一台のオルガトロン（注27）を共有するために編み出された。チャペルの外観、尖塔の形状、鉄筋コンクリート造ならではの開けた空間、一階上部から筒形ヴォールト天井まで届く多色のステンドグラス、その光の効果など、ペレの聖堂との酷似は疑いようもない。

だが、本チャペルがペレの縮小形に過ぎないという見方は、あまりにも表面的と言える。なぜならば、建物の規模と機能、教派の違いを考慮せねばならないからだ。ステンドグラスを負う幅広な内陣を持ち、高いコンクリート柱が要所に建つ三廊式身廊の聖堂で達成された近代の聖性と、聖壇周囲の壁を落ち着いた色合いとし、柱を壁際に寄せた単廊式身廊の大学チャペルが湛える求心性は、およそ別次元にある。

風土や素材に対するレーモンドの強い関心も反映され、身廊の壁は不定形に割った大谷石、人造石、平瓦の乱張を採用している（注28）。

右④ 東京女子大学講堂・チャペル チャペル内部 2022年撮影
左⑤ 同 チャペル内部（階段）2022年撮影

②③ 画像提供　東京女子大学 大学資料室
①④⑤ 撮影　橋本優子

9 日本聖公会 前橋聖マッテア教会 マキム主教記念礼拝堂

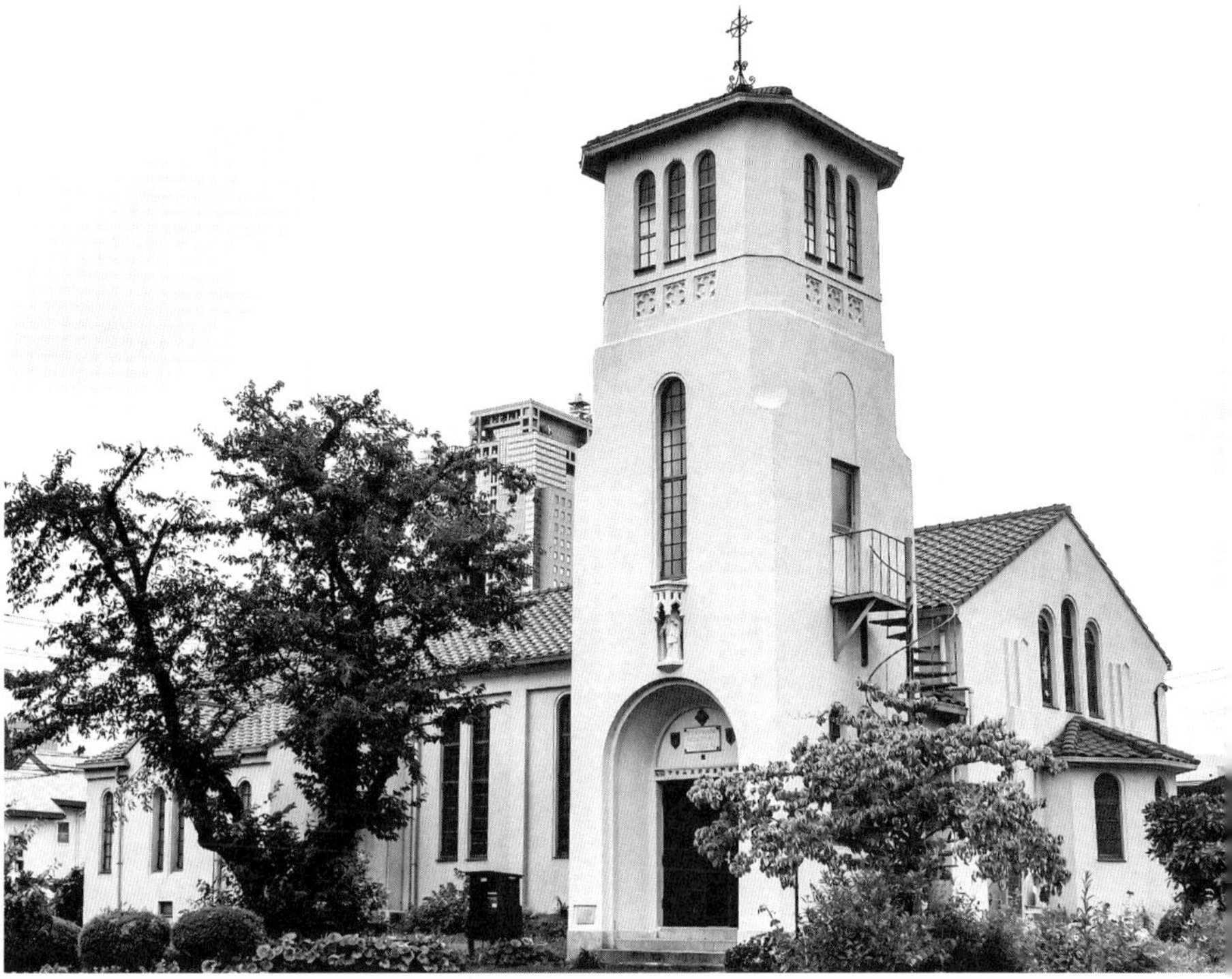

① 日本聖公会 前橋聖マッテア教会マキム主教記念礼拝堂 全景 2022年撮影

今日の名称（所在地） 日本聖公会 前橋聖マッテア教会マキム主教記念礼拝堂（群馬県前橋市大手町）

設計・施工者 上林敬吉（設計）、清水建設（施工）

工法・構造、様式 鉄筋コンクリート造平屋建、三層塔屋付
モダン・ロマネスク（注29）（内部はモダン・アングリカンに準じる）

年代 聖別一九五二年（昭和二十七）

教会の歩み

一八八九年（明治二十二） 二月二十四日、米国聖公会のジェフリス司祭により、群馬県東群馬郡前橋町（群馬県前橋市）で伝道が開始。当時、群馬県は日本聖公会東京地方部に帰属。

一八九一年（明治二十四） 二月六日、米国聖公会のパットン司祭の管理により、前橋町曲輪町（前橋市大手町）に講義所が開設。のち、連雀町（本町）へ移転。

一八九三年（明治二十六） 米国聖公会のマキム司祭が日本聖公会二代主教に就任。

一八九六年（明治二十九） 四月、日本聖公会に東京北部地方部（翌年から北東京地方部、のち北関東地方部を経て北関東教区）が成立し、マキム主教は同部主教を兼任。前橋の講義所も同部に帰属。

一八九九年（明治三十二） 十一月、前橋市北曲輪町（大手町の現在地）に初代礼拝堂が着工。

一九〇〇年（明治三十三） 四月上旬、初代礼拝堂が竣工し、前橋聖マッテア教会と命名。

一九三五年（昭和十） マキム主教が引退し、離日。

一九三六年（昭和十一） 四月四日、マキム元主教がアメリカで逝去。

一九四〇年（昭和十五） 日本聖公会北関東地方部により、マキム主教記念礼拝堂の設立が決議。

一九四二年（昭和十七） 単立の前橋聖公教会となる。

一九四三年（昭和十八） 日本聖公会の組織解消。

一九四五年（昭和二十） 八月五日、前橋空襲により、初代礼拝堂が焼失。
日本聖公会の再組織（十月十八日付）に伴い、同会に復帰し、前橋聖マッテア教会と再称。

一九四八年（昭和二十三） 一月二十六日、日本聖公会マキム主教記念礼拝堂設立委員会により、前橋に北関東教区主教座聖堂の設置が決定。

一九五一年（昭和二十六） 十月、マキム主教記念礼拝堂の着工。

一九五二年（昭和二十七） 五月七日、マキム主教記念礼拝堂の聖別。

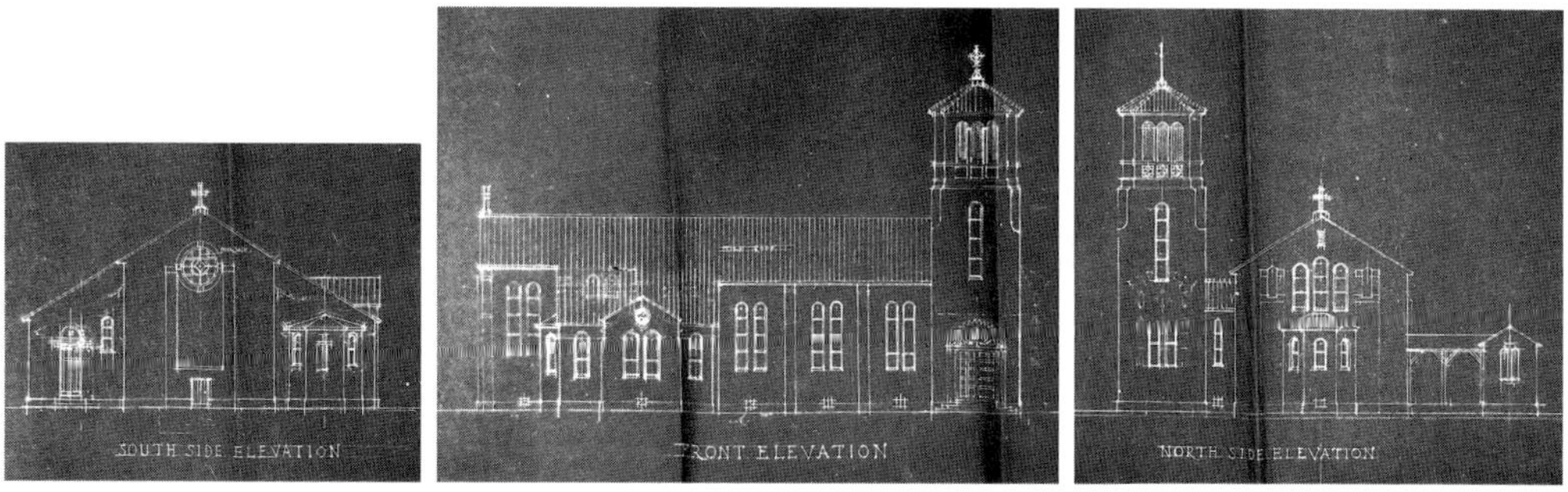

②上林敬吉建築設計《日本聖公会北関東教区 前橋聖マッテア教会マキム主教記念礼拝堂設計図》より「南側立面図」「正面立面図」「北側立面図」（部分）1951年　日本聖公会 前橋聖マッテア教会蔵

マキム主教記念礼拝堂の建築

一八八〇年（明治十三）に来日して以来、日本聖公会の発展に尽くし、立教の最高責任者（一八九三〜一九三五年）（注30）などミッション・スクールの要職も務めたマキム主教を記念する本礼拝堂は、第二次世界大戦中に計画が始まった。よって、さまざまな面で戦争の影響を受け、着工・聖別は一九五〇年代初めである。

上林敬吉はこの間、聖路加国際病院営繕課長として勤務先の建物と設備の設計、監理、保守を担うかたわら、信徒建築家の立場で本作のほか聖公会施設の新築、戦後復興に貢献した。

残された図面のなかには一九四八年（昭和二十三）二月二十日付のもの、すなわち日本聖公会がこの礼拝堂を北関東教区の主教座聖堂と決定したのち、約三週間後に描かれた立面図が含まれる。これは、戦後間もない頃から同会、教区と教会、設計者が計画の実現に向けて力を結集したことの証と考えられる。

現在の礼拝堂は、内陣を南に置き、翼廊が小礼拝堂（東）と礼拝準備室（西）を成す単廊式身廊のバシリカ（十字架形平面）を呈する。ポーチと玄関間を兼ねた塔屋は、建物の東側北端に建つ。瓦葺で緩勾配の切妻・八角（変形または部分）屋根、半円アーチで統一された開口部、内陣上部の円形高窓などに見る通り、ロマネスクを基調としている。

だが、本案に落ち着くまで、内陣、玄関、塔屋の位置や、細部と全体の意匠が変転した（注31）。前述の立面図では、内陣が南、玄関は東側北端、塔屋が東翼廊の位置にあり、戦前に確立した頂部がノルマン風の四角い塔に、とんがり帽子形の高い屋根が付される。次段階は、内陣が北、玄関を有する塔屋は東側南端で、より ゴシック的な意匠となり、それからロマネスクに転換する。こうして晩年の上林は、それまでとは異なる伸びやかな表現に至った。

右③上林敬吉建築設計《日本聖公会北関東教区 前橋聖マッテア教会マキム主教記念礼拝堂 内部透視図》1950〜1951年頃 学校法人聖路加国際大学蔵　下④日本聖公会 前橋聖マッテア教会マキム主教記念礼拝堂 内部 2022年撮影

②画像提供　日本聖公会 前橋聖マッテア教会
③画像提供　学校法人聖路加国際大学
①④撮影　橋本優子

終章コラム「時代を結ぶ建造物めぐり」

[注]

（注1）ヴォーリズは、生徒に対するキリスト教の伝道という理由により、一九〇七年（明治四十）に滋賀県立商業学校（滋賀県立八幡商業高等学校）を解雇された。以降、同県蒲生郡八幡町八幡魚屋町元（近江八幡市魚屋町）を拠点とし、伝道活動に注力する。その経済基盤を建築設計・監理業に求め、一九〇八年（明治四十一）には京都府京都市上京区三条柳馬場角（中京区三条柳馬場角中之町）の京都基督教青年会（京都ＹＭＣＡ）で事務所を開設する。一九一〇年（明治四十三）になると、自身と同じく海外学生伝道奉仕団（ＳＶＭ）出身の米国人建築家レスター・Ｇ・チェーピン、商業学校の教え子の吉田悦蔵とヴォーリズ合名会社を設立し、京都の事務所を八幡町へ移す。一九一一年（明治四十四）に伝道団体の近江ミッション（のち近江兄弟社）を組織してからは、ヴォーリズ合名会社がヴォーリズ建築事務所と近江セールズに発展解消（一九二〇年）、近江兄弟社の改組に伴い、ヴォーリズ建築事務所は近江セールズの建築部門となる（一九三七年）。戦中・戦後期は、部門と本社の改称や改組を経て、一九六一年（昭和三十六）に一粒社ヴォーリズ建築事務所の名で独立した。
山形政昭 監修（２００８）『ヴォーリズ建築の１００年：恵みの居場所をつくる』大阪：創元社

（注2）会堂の設計図書、建物調査による。
日本建築学会近畿支部大阪教会保存調査委員会 編（１９８１）『大阪教会建築調査報告書』大阪：日本基督教団大阪教会
大阪府教育委員会（２０２２）「有形文化財（建造物）日本基督教団大阪教会」『大阪府教育委員会令和３年度新指定等文化財 報道発表資料』（２０２２年３月15日付）大阪：大阪府教育委員会

（注3）実施設計をヒンデルに依頼した理由としては、次の三つが考えられる。まず、教派こそ違うが、ヒンデルの最初期作で、やはり女子ミッション・スクールの札幌藤高等女学校校舎（第一章「建造物めぐり８」参照）が一九二四年（大正十三）に竣工したこと。次に、北星女学校の校長スミス宣教師、エヴァンス宣教師と、北海道帝國大学予科ドイツ語講師コラー、コラー夫人ルイーズ（ヒンデルの妹）の人的な交流。さらに、ヴォーリズ建築事務所が滋賀県蒲生郡八幡町（近江八幡市）に所在し、物理的に遠かった点も考慮すべきだろう。
角 幸博（１９９５）『マックス・ヒンデルと田上義也：大正・昭和前期の北海道建築界と建築家に関する研究』札幌：北海道大学
北星学園創立１３０周年記念誌編集委員会 編（２０１７）『サラ・スミスと女性宣教師：北星学園を築いた人々』札幌：学校法人北星学園

（注4）一八八九年（明治二十二）、アメリカへ一時帰国したスミス宣教師は、翌年、ライラックの苗木を携えて日本に戻り、これが札幌におけるライラック生育の始まりとされる。
宗像和彦（２００８）「北海道のライラック事始め：札幌・函館で受け継がれた西洋の美」『モーリー：北海道ネーチャーマガジン』19号（２００８年12月号）札幌：北海道新聞野生生物基金

（注5）駿河国駿府（静岡県静岡市葵区）出身の小川は、東京美術学校日本画科で学び、卒業後、図画教師を経て、アメリカに留学した。在米中はシカゴ美術院で装飾美術、農商務省実業研究生として輸出漆器の図案、さまざまな工房や企業においてステンドグラス技法の知見を深める。一九一一年に帰国すると、東京府豊多摩郡代々幡村代々木（東京都渋谷区代々木）、一九一三年（大正二）以降は北豊島郡滝野川村大字田端（北区田端）に工房を持ち、ステンドグラス制作に専心する。
田辺千代 文、増田彰久 写真（２００８）『日本のステンドグラス：小川三知の世界』東京：白揚社

（注6）一九〇九年（明治四十二）に帝国ホテル支配人となった林愛作は、京都の平等院鳳凰堂を同ホテル新館（のちライト館）のイメージの源泉とし、まず武田五一に相談を持ちかけ（一九一〇年）、次に下田菊太郎を抜擢し（一九一一年）、設計素案の報道発表を行う（一九一二年）。並行してライトにも接触を図り（一九一一年以降）、やがてライトが東京を訪れた（一九一三年）。一九一五年（大正四）にはライトから設計素案が送られ、これを林と検討のうえ、正式契約のために一緒に渡米したのが吉武長一である。吉武の関与は、独立前に建築部長として勤務した村井銀行の村井吉兵衛が帝国ホテルの大株主だったことによる。以降、契約締結（一九一六年）、着工（一九一九年）、林の支配人辞任（一九二二年）、竣工（一九二三年）という経緯を辿った。この間、ライトは日米を何度も往復し（一九一六年末～、一九一八年末～、一九一九年末～、最終帰国一九二二年）、東京府荏原郡駒沢村（東京都世田谷区駒沢）の林邸（一九一七年）を手がける。
帝国ホテル 編（１９９０）『帝国ホテル百年史：１８９０－１９９０』東京：帝国ホテル
橋本優子（２０１９）「ライトによって拓かれた大谷石文化の近代２」日本遺産 地下迷宮の秘密を探る旅 大谷石文化が息づくまち宇都宮 公式サイト『大谷石文化学』連載記事 https://oya-official.jp/bunka/culturestudies/bijutsu2/

（注7）木骨石造とは、西洋式の軸組構造（木）と組積造（石）を組み合わせ、木の骨組に石を積んで被覆する近代工法を指す。明治初期から大正年間を通じて実践され、純然たる石造建築を代替していくが、耐震性の観点から関東大震災後に廃れた。
大橋好光、福濱嘉宏、栗田紀之、近藤 哲、安村恵子（２００３）「洋風軸組・木骨造の導入過程と在来軸組工法に与えた影響について」『住宅総合研究財団研究年報』29巻 東京：一般財団法人住総研

（注8）吉武の銀行建築は煉瓦造、または鉄筋コンクリート造で、外壁に花崗岩など硬質な石を張った新古典主義調を特徴とする。一方、関東大震災で失われた銀座教会第二次会堂は木骨石造、今も残る鎌倉教会会堂の場合、鉄筋コンクリート造の外壁に目地を切って石造を模し、どちらもゴシック・リヴァイヴァルを呈する。
「銀座教会百年史」編纂委員会 編（１９９４）『銀座教会百年史』東京：銀座教会
川上 貢 監修（２００７）『京都の近代化遺産：歴史を語る産業遺産・近代建築物』京都：淡交社
鎌倉市都市景観課 編（２０１３）『鎌倉市景観重要建築物等指定調査報告書』鎌倉：鎌倉市都市景観課

（注9）大谷石は近世以前から土木用途に供し、建築では伝統的な木造石張の張石蔵、明治以降は組積造の積石蔵に用いられる。多孔質で軟らかく、年月とともに変化する物性を示し、三次元的な表現に向かず、硬石、準硬石に比べて廉価なため、西洋の様式建築を手本とする日本近代の大規模建造物の構造材、意匠材に使われることはなかった。よってライト館における採用に際しても、関係者は反対の意を唱えている。ライトは当初、大谷石ではなく、同じ凝灰岩（軟石）の別石材に興味を示したことから、軟石に固有な質感に惹かれ、土に近い味わいに「日本らしさ」を見出したと考えられる。ライト自身の「ライト館以前」の早い事例では、吉武の本会堂と同じ一九一七年（大正六）竣工の林邸で大谷石が使われた。これに先立ち明治政府は、帝国ホテルとも密接に関わる国会議事堂建設に向けた第一次全国石材調査（一九〇八～一九十二年）を終えたばかりで、その調査結果、集められた石材サンプルをライトや関係者が眼にした可能性は高い（ライトと吉武の接点、ライト館の実現に関わるライトの来日、林邸については、注（6）参照）。
橋本優子 編（２０１８）『石の街うつのみや：大谷石をめぐる近代建築と地域文化 改訂版』宇都宮：宇都宮美術館、下野新聞社
橋本優子（２０１９）「ライトによって拓かれた大谷石文化の近代１」前掲サイト『大谷石文化学』連載記事　https://oya-official.jp/bunka/culturestudies/bijutsu1/

（注10）古橋の信仰の原点は、東京府東京市本郷区本郷（東京都文京区本郷）の日本メソヂスト教会 中央会堂だった。カナダ・メソジスト教会宣教師で同会堂音楽指導者のエドワード・ガントレットは里親にも等しく、ガントレットが英語教師として第六高等学校に赴任すると、古橋も岡山へ移ってガントレット家から同校に通う。この時、同じ立場で起居をともにしたのがガントレット夫人・恒の弟、山田耕作だった。
武藤 健 編（１９６０）『七十年の歩み』東京：日本基督教団本郷中央教会
太田直宏（２０１３）「山田耕作とファミリーホーム」『２０１３年度ＹＭＣＡせとうち事業報告』岡山：ＹＭＣＡせとうち

（注11）湯浅一郎《新島 襄》（聖壇右）、同《湯浅治郎》（同左）、松岡 寿《海老名弾正》（会衆席右・聖壇側）、岡 精一《柏木義円》（同左・聖壇側）、湯浅治郎《ジェローム・デイヴィス》（同左・入口側）の五枚を指す。
安中市市史刊行委員会 編（２０００）『安中市史』第１巻（近代現代資料編２）安中：安中市
安中市市史刊行委員会 編（２００３）同、第２巻（通史編）

（注12）日本における煉瓦製造の急増は一九一五～一九一九年（大正四～八）で、以降、徐々に生産が下降した。関東大震災（一九二三年）では煉瓦建築の被害が大きく、以降、鉄筋コンクリート造の導入が進んでいく。
宮谷慶一（２００９）「明治・大正期における煉瓦産業の分析：統計資料からみた日本近代における煉瓦生産について１」『日本建築学会計画系論文集』74巻643号 東京：日本建築学会
一八八八年（明治二十一）に創業の日本煉瓦製造は、官庁や鉄道のための良質な煉瓦を産し、埼玉県榛沢郡上敷免村（深谷市上敷免）に工場が置かれた。一八九五年（明治二十八）には日本鉄道（一九〇六年に国有化。のち高崎線と称す）の深谷駅と工場を結ぶ専用鉄道が敷かれ、輸送力が格段に向上する。
日本煉瓦製造株式会社社史編集委員会 編（１９９０）『日本煉瓦１００年史』東京：日本煉瓦製造株式会社

（注13）中田善久、谷口秀明、舟橋政司（２０１７）「型枠工事：①型枠工事の基本」『コンクリート工学』55巻2号 東京：公益社団法人日本コンクリート工学会

（注14）市街地建築物法（大正八年法律第三十七号）は、一九一九年四月五日に公布、一九二〇年十二月一日に施行された。その後、施行令、施行規則を含めて何度かの改正があり、一九五〇年（昭和二十五）十一月二十三日に廃止され、同日、建築基準法が施行となる。

（注15）第二章「建造物めぐり１～７」参照。

（注16）フランスで成熟したゴシック（十二世紀後半～十五世紀）の大聖堂は、教会建築の理想の一つとされ、さまざまな混淆・復興様式の源泉となる。ただし、ゴシック・リヴァイヴァルに先鞭を着け、それが花開いたのはイギリスで（十八世紀後半～十九世紀）、やがてアメリカにおいても盛行する（十九世紀後半～二十世紀初頭）。フランスの場合、中世の大聖堂や、他の建造物の文化財修復という観点で、ゴシックに近代の眼差しが注がれるが、復興様式の昂揚は不完全なまま二十世紀を迎えた。日本近代については、こうした背景に加え、来日した宣教組織の活動、教会建築に対する考え方、その担い手の有無、位置づけなどが複雑に絡む。
明治・大正・昭和戦前のローマ・カトリック教会の聖堂は、司祭が構想を示す、あるいは設計に携わる方法に始まり、ミッション建築家の不在もあって、ゴシックの解釈に幅が見られる。信徒・非信徒の日本人施工者の仕事はなおさらだった。ゴシックではなく、ロマネスクを基調とし、完成度の高い聖堂を手がけたヒンデルの存在感も大きい。このような状況のもと、スワガーが聖心教会三代聖堂で実践したスタイルは、わが国の教会建築でいう伝統寄りのゴシック式、聖公会のゴシック・リヴァイヴァル（アングリカン・ゴシック・リヴァイヴァル、モダン・アングリカン）とは一線を画することから、本書ではモダン・ゴシックと呼ぶ（アングリカン・ゴシック・リヴァイヴァルは、第二章「建造物めぐり」注（３）、モダン・アングリカンは、同・注（１）をそれぞれ参照）。

（注17）一八七三～一八七四年（明治六～七）の改築は、火災に伴う破壊消防により、壁面が失われたことへの対処で、当初の木骨石造が木骨煉瓦造石張になったと考えられる。この改築で構造的強度、防火性、美観が高まり、事後、塔屋も設置された（一八七四年）。結果、新古典主義風のポルティコ（柱廊玄関）が特徴的な正面は、ペディメント背後の高い破風が四角い塔屋に造り替えられ、それまでむき出しだった聖母マリア像（ペディメント上）と鐘（破風頂部）は、それぞれ塔屋の正面壁龕と内部に収められる。一八八一年（明治十四）は天井の改築を行い、一八九八年（明治三十一）になると、身廊上部の屋根を嵩上げし、高窓を設けている。
横浜天主堂献堂・カトリック山手教会１５０年史編纂委員会 編（２０１４）『横浜天主堂献堂１５０周年記念誌：横浜天主堂・カトリック山手教会１５０年史』横浜：カトリック山手教会

（注18）パピノ司祭は、一八九八年（明治三十一）における初代聖堂の改築も手がけた。同前。

（注19）オーストリア＝ハンガリー帝国時代のチェコ出身のスワガーは、プラハ工科大学で構造設計と土木工学を学んだのち、ロシアでシベリア鉄道の建設に携わった。ロシア革命後、中国へ亡命し、一九二二年（大正十一）に上海でレーモンドと知り合い、その所員として来日する。一九三〇年（昭和五）、独立して横浜に事務所を構え、ローマ・カトリック教会の施設のほか、神戸回教寺院も手がける。一九三七年（昭和十二）には聖路加国際病院により、上林敬吉とともに増築計画の建築家に指名される。だが、時局の悪化に伴い、計画は延期となり、一九四一年（昭和十六）に離日した。
聖路加国際病院 編（１９８２）『聖路加国際病院八十年史』東京：聖路加国際病院
小室加津彦、速水清孝（２０１４）「構造技師・建築家ヤン・ヨセフ・スワガーの日本時代の建築作品に関する考察」『建築歴史・意匠』東京：日本建築学会

（注20）米国聖公会の聖バルナバ病院、聖路加国際病院以外で、明治・大正・昭和戦前に遡る聖公会の医療施設としては、英国聖公会宣教協会（ＣＭＳ）のハンナ・リデル宣教師が開設した回春病院（一八九五～一九四一年）、カナダ聖公会の新生療養所（一九三一年に開設の結核療養所。一九六八年、一般病院の新生病院に改組・改称）などが挙げられる。

（注21）Raymond, Antonin. (1973) *Antonin Raymond: an autobiography*. Rutland: Charles E. Tuttle.

（注22）一九三三年（昭和八）の開院時における本病院の姿は完成形ではなく、米国聖公会としては、西北西翼に連なる中層棟、正面玄関から南南東に張り出す低層棟を増築する計画があった。
Episcopal Church, Domestic and Foreign Missionary Society ed. *The Spirit of Missions*. (August, 1933) Burlington: J.L. Powell.
これらの具現化に向け、一九三七年（昭和十二）にはスワガーと上林敬吉が実施設計に着手するが、日中戦争の勃発で計画が延期となり、戦後は病院が米軍に接収された（一九四五～一九五六年）。結果、一九五〇年代後半から当初とは異なるかたちの増築が進められる。
聖路加国際病院 編、前掲書。

（注23）本礼拝堂は内陣が北北東に置かれ、それに向き合う南南西の入口側は外壁がなく、病院の中心軸を成す主棟と一体的な造りである。病院の正面玄関（主棟の南南西）と礼拝堂の玄関間は廊下を通じて直結し、主棟二～五階の礼拝堂側には内陣・会衆席を望むギャラリーが設けられた。ただし、この部分にパイプオルガンが設置されたので（一九八八年）、以降は礼拝堂と二～五階の往来ができなくなる。

（注24）オーストリア＝ハンガリー帝国時代のチェコ出身のレーモンドは、プラハ工科大学で建築を学んだのち、一九一〇年にアメリカへ渡った。その後、キャス・ギルバート、ライトの事務所を経て一九一七年に独立する。来日後は東京を拠点とし、第二次世界大戦直前・直後の一九三七～一九四七年（昭和十二～二十二）のみ日本を離れている。一九七三年（昭和四十八）、引退を決心して帰米後、一九七六年（昭和五十一）に逝去した。

（注25）東西寮にはチェコのキュビスム建築（一九一〇年代～一九二〇年代前半）の影響が窺われ、図書館、体育館、外国人教師館などは明らかにライト風である。

（注26）本チャペルの原型がノートル・ダム・デュ・ランシー教会聖堂で、その意匠はペレに帰せられ、自身のオリジナルではないことをレーモンド自身が明言している。
Raymond, *op.cit.*
オーストリア＝ハンガリー帝国時代のチェコ出身で、プラハ工科大学、パリのルーヴル学院で建築を学んだフォイエルシュタインは、ペレの事務所を経て（一九二四～一九二六年）、レーモンド事務所の所員となった（一九二六～一九三〇年）。
ヘレナ・チャプコヴァー、阿部賢一 訳（２０２１）『ベドジフ・フォイエルシュタインと日本』開成：成文社

（注27）パイプオルガンを代用する電気オルガンの一種を指し、一九三四年にアメリカで開発された。

（注28）レーモンドは日本と世界の風土、固有な素材、これらに根ざす建築に深い関心を寄せ、そのことを反映する同時期の教会建築としては、ローマ・カトリック教会の聖パウロ教会聖堂（一九三五年）が挙げられる。この聖堂ではスロヴァキアの伝統的な教会堂を下敷きに、鉄筋コンクリート造・一部木造の躯体に木の合掌屋根を組み合わせ、施工は日光の宮大工を起用した。

（注29）フランス、ドイツ、イタリア、スペイン、イングランドと、周辺の国・地域で展開したロマネスク（十一世紀～十二世紀前半）の聖堂では、バシリカ（十字架形平面）、塔屋、ヴォールト天井など教会建築の基本が確立された。その復興動向としては、ドイツのルントボーゲンシュティル（十九世紀前半）、イギリスのノルマン・リヴァイヴァル（同）、アメリカのロマネスク・リヴァイヴァル（十九世紀後半～二十世紀初頭）が挙げられるが、城館、学校、駅舎など世俗建築における採用も多い。また、イギリスの場合、ゴシック・リヴァイヴァルの潮流に吸収されていった。
日本近代に関しては、ゴシックの受容・解釈と同様、欧米の復興様式とは区別せねばならず、ロマネスクを基調とするヒンデルのローマ・カトリック教会の聖堂、バーガミニの聖公会の礼拝堂、ヴォーリズのプロテスタント教会の会堂も異質である。よって上林がマキム主教記念礼拝堂で実践した独自なスタイルを、本書ではモダン・ロマネスクと呼ぶ。

（日本近代におけるゴシックの受容・解釈については、注（16）、ロマネスクを基調とするヒンデルの聖堂は、第一章第三節、同「建造物めぐり2～7」、バーガミニの礼拝堂は、第二章「建造物めぐり16」、ヴォーリズの会堂は、本章「建造物めぐり1」をそれぞれ参照）

（注30）年代により、組織名称・役職名が変遷したため、正確には一八九三年（明治二十六）六月から立教学校設置者、一九一一年（明治四十四）八月から日本聖公会教学財団理事長、一九二二年（大正十一）四月から聖公会教育財団理事長、一九三一年（昭和六）八月から立教学院理事長となる。
立教学院史資料センター 公式サイト
https://www.rikkyo.ac.jp/research/institute/rikkyo_archives/

（注31）①一九四八年二月二十日付の案、②一九四八～一九四九年頃の案、③一九五〇～一九五一年頃の案、④一九五一年の実施設計図を比較すると、①はモダン・アングリカンの名残をとどめ、②でゴシック色が強まり、③④でモダン・ロマネスクというべきスタイルに到達したことがわかる。内陣は①③④が南、②は北、必然的に玄関は①③④が東側北端、②は東側南端で、塔屋は①が東翼廊の位置、②は東側南端、③④が東側北端に置かれる。また、②③④の塔屋は、ポーチと玄関間を兼ねる（詳細については、第二章第二節参照）。

[画像所収文献]

（文献A）Episcopal Church, Domestic and Foreign Missionary Society ed. *The Sprit of Missions* (January, 1929) Burlington: J.L. Powell
（文献B）*The Sprit of Missions*（May, 1929）
（文献C）*The Sprit of Missions*（March, 1933）
（文献D）*The Sprit of Missions*（August, 1933）
（文献E）*The Sprit of Missions*（May, 1935）
（文献F）*The Sprit of Missions*（February, 1937）
（文献G）安藤記念教会七十年史編集委員会編（１９８７）『安藤記念教会七十年史』東京：日本基督教団安藤記念教会
（文献H）新島学園女子短期大学新島文化研究所編（１９８８）『安中教会史：創立から１００年まで』安中：日本基督教団安中教会
（文献I）根谷崎武彦（２０１２）『クライストチャーチと横浜山手聖公会の１５０年：第22回聖公会歴史研究会資料』和光：根谷崎武彦

主要参考文献・索引

主要参考文献

この文献録では、各章の節ごと、第一章、第二章、終章の各コラムでまとめた注に挙げる文献と画像所収文献を省略し、それ以外の全般的なものを集約した。

● キリスト教・教会建築全般

Macaulay, David. (1973) *Cathedral: The Story of its Construction*. Boston: Houghton Mifflin.

Norman, Edward. (1990) *The House of God: Church Architecture, Style and History*. London: Thames and Hudson.

McNamara, Denis R. (2011) *How to Read Churches: A Crash Course in Ecclesiastical Architecture*. New York: Rizzoli.

Murray, Linda, and Murray, Peter. (2013) *The Oxford Dictionary of Christian Art & Architecture, 2nd edition*. Oxford: Oxford University Press.

北英国聖書会社 編(1885)『新約全書』 横浜：日本横浜印行

玉真秀雄(1953)『教会建築』東京：彰国社

日本キリスト教歴史大事典編集委員会 編(1988)『日本キリスト教歴史大事典』東京：教文館

五野井隆史(1990)『日本キリスト教史』東京：吉川弘文館

横浜都市発展記念館 編(2004)『横浜・長崎教会建築史紀行：祈りの空間をたずねて』横浜：横浜都市発展記念館

神田健次 編(2006)『美術・建築』(講座日本のキリスト教芸術2) 東京：日本基督教団出版局

八木谷涼子(2012)『なんでもわかるキリスト教大事典』(朝日文庫) 東京：朝日新聞出版

大塚 勝(2013)『ちょっと聞いてください 京都とキリスト教の歴史物語』京都：日本聖公会京都教区聖アグネス教会

鈴木範久 監修、日本キリスト教歴史大事典編集委員会 編(2020)『日本キリスト教歴史人名事典』 東京：教文館

中島智章(2021)『図説キリスト教会建築の歴史 増補新装版』(ふくろうの本) 東京：河出書房新社

特集「日本教会史の編纂と叙述Ⅰ・Ⅱ」『日本の神学』27号(1998)、28号(1989) 西宮：日本基督教学会

● 建築・産業・地域文化関連

建築学参考図刊行委員会 編(1931)『西洋建築史参考図集』東京：建築学会

『新札幌市史』第3巻(通史3) 札幌：北海道新聞社

堀田暁生、西口 忠 共編(1995)『大阪川口居留地の研究』京都：思文閣出版

大阪府近代化遺産(建造物等)総合調査委員会、日本建築家協会近畿支部、編集工房レイヴン 調査・編集(2007)『大阪府の近代化遺産：大阪府近代化遺産(建造物等)総合調査報告書』大阪：大阪府教育委員会

都市史学会 編(2018)『日本都市史・建築史事典』東京：丸善出版

江本 弘(2017)「近代アメリカにおけるイギリスの出自とフランスの手法：カレジエイト・ゴシックの成立に関する史的研究1」『日本建築学会計画系論文集』732号 東京：日本建築学会

「写真で振り返る社史」津田甚建設 公式サイト(https://www.tsudajin.com/)

● ローマ・カトリック教会関連

上智大学 編(1963)『上智大学五十年史』東京：上智大学出版部

宇都宮松ケ峯教会 編(1970)『松ケ峯教会８０周年記念号』宇都宮：宇都宮松ケ峯教会

学校法人藤学園 編(1974)『藤学園50年』札幌：学校法人藤学園

岐阜カトリック教会 編(1976)『創立50周年記念誌：冷静岐阜カトリック教会』岐阜：岐阜カトリック教会

小野忠亮(1982)『青森県とカトリック：宣教百年史』青森：百年史出版委員会

高木一雄(1985)『大正・昭和カトリック教会史』長崎：聖母の騎士社

岡田義治(1986)『栃木の建築文化：カトリック松が峰教会』宇都宮：日本建築学会関東支部栃木支所

三芳悌吉(1986)『ある池のものがたり』東京：福音館書店

板垣博三(1987)『横浜聖心聖堂創建史』東京：エンデルレ書店

キノルド記念館実測調査団 編（2001）『藤学園キノルド記念館（旧札幌藤高等女学校本館）実測調査報告書』札幌：キノルド記念館実測調査団

『カトペディア2004』編集委員会 編（2004）『カトペディア2004』東京：カトリック中央審議会

高木一雄（2008）『明治カトリック教会史』東京：教文館

南山アーカブズ 編（2015）『学校法人南山学園 南山アーカイブズ常設展示図録』名古屋：南山学園

宗教法人天使の聖母トラピスチヌ修道院 編（2018）『神を探し求める生活：厳律シトー修道会 天使の聖母トラピスチヌ修道院』（39版）函館：宗教法人天使の聖母トラピスチヌ修道院

北海道新聞函館支社報道部 編（2018）『光のもとで：函館―トラピスチヌ修道院』札幌：北海道新聞社

『聲』359号（1906年5月）東京：三才社

『カトリックタイムス』1923年9月20日号、10月25日号、12月21日号; 1925年8月1日号、11月11日号; 1927年9月11日号; 10月11日号、10月21日号; 1928年6月11日号、12月1日号; 1929年1月1日号、3月21日号; 1930年4月1日号、7月21日号 東京：公教青年会

『日本カトリック新聞』1931年11月15日号、11月21日号; 1932年2月28日号、4月3日号、6月19日号、7月3日号、7月17日号、9月4日号、10月16日号、11月6日号、11月13日号、11月20日号、12月4日号; 1933年1月22日号、4月23日号、5月21日号、8月27日号 東京：日本カトリック新聞社

『下野新聞』1932年8月20日号 宇都宮：下野新聞社

『南山』第5号（1936）名古屋：南山中学校

『南山学園史料集』11号（2016年）; 12号（2017年）

角 幸博（1979）「建築家マックス・ヒンデル3：名古屋市南山中学校について」『日本建築学会北海道支部研究報告集』50号 東京：日本建築学会

角 幸博（1982）「宇都宮カトリック教会について」『学術講演梗概集（計画系）』57号 東京：日本建築学会

角 幸博、越野 武（1982）「マックス・ヒンデルに関する研究2：札幌藤高等女学校（キノルド館）について」『建築雑誌・建築年報（大会・論文編）』東京：日本建築学会

角 幸博、越野 武（1982）「マックス・ヒンデルに関する研究2：札幌藤高等女学校（キノルド館）について」『日本建築学会北海道支部研究報告集（計画系）』55号 東京：日本建築学会

畔柳武司、角 幸博（1982）「新潟カトリック教会堂について」『東海支部研究報告集』20号 東京：日本建築学会

渡辺正継、越野 武、角 幸博（1982）「マックス・ヒンデルに関する研究1：フランシスコ修道院について」『日本建築学会北海道支部研究報告集（計画系）』55号 東京：日本建築学会

角 幸博（1983）「『カトリック新聞』にみられるヒンデルの作品について」『学術講演梗概集（計画系）』58号 東京：日本建築学会

角 幸博（1983）「『カトリック新聞』にみられるヒンデルの作品について」『日本建築学会北海道支部研究報告集（計画系）』56号 東京：日本建築学会

畔柳武司、角 幸博（1983）「金沢聖霊病院附属礼拝堂について」『学術講演梗概集（計画系）』58号 東京：日本建築学会

渡辺正継、越野 武、角 幸博（1983）「マックス・ヒンデルに関する研究1：フランシスコ修道院について」『建築雑誌・建築年報（大会・論文編）』東京：日本建築学会

畔柳武司（1988）「十和田カトリック教会堂建築について」『名城大学理工学部研究報告』28号 名古屋：名城大学理工学部

畔柳武司（1990）「恵方町カトリック教会堂建築について」『名城大学理工学部研究報告』30号 名古屋：名城大学理工学部

月刊教育旅行編集部（2016）「日本の教育文化遺産を訪ねる：南山学園ライネルス館」『月刊教育旅行』東京：修学旅行協会

「カトリック松が峰教会改修工事 施工図」（2000）

カトリック中央協議会 公式サイト　https://www.cbcj.catholic.jp/

● マックス・ヒンデル関連（上記以外）

Krebs, Gerhard. (2013-14) “Max Hinder (1887-1963) und Japan: Schweizer Architekt und nationalsozialistischer Propagandist.” In: *NOAG* (189-190). Hamburg: Gesellschaft für Natur- und Völkerkunde Ostasiens e.V., Universität Hamburg.

角 幸博、越野 武（1976）「建築家マックス・ヒンデル1」『日本建築学会北海道支部研究報告集』45号 東京：日本建築学会

角 幸博、越野 武（1977）「建築家マックス・ヒンデルの経歴について」『北海道大学工学部研究報告』83号 札幌：北海道大学

角 幸博（1978）「建築家マックス・ヒンデルについて」『学術講演梗概集（計画系）』53号 東京：日本建築学会

越野 武、角 幸博（1979）「北海道における近代建築の展開」『北海道大学工学部研究報告』92号 札幌：北海道大学

角 幸博（1989）「建築家マックス・ヒンデルの経歴と作品について」『日本建築学会計画系論文集』59号 東京：日本建築学会

角 幸博(1995)「北の地に新風をおくったスイス人建築家マックス・ヒンデル」『住宅建築』238号 東京：建築資料研究社

北大山岳館 編(2012)『ヘルヴェチアヒュッテ八十五周年記念講演会講演集：建築家マックス・ヒンデルとヘルヴェチアヒュッテ』札幌：北大山岳館

● 聖公会関連

Episcopal Church, Domestic and Foreign Missionary Society / Board of Missions ed. *The Spirit of Missions*. (January, February, 1890; February, 1897; July, 1913; May, 1918; February, 1919; October, 1923; January, May, 1924; March, 1925; January, February, 1926; July, 1928; August, November, December, 1929; March, May, July, 1930; June, October, 1932; April, 1934) Burlington: J.L. Powell.

日本聖公会浅草聖ヨハネ教会 編(1931)『教会沿革史』東京：日本聖公会浅草聖ヨハネ教会

京都聖ヨハネ教会 編(1969)『京都聖ヨハネ教会八十年史年表』京都：京都聖ヨハネ教会

日本聖公会東京教区東京諸聖徒教会 編(1981)『創立百年・東京諸聖徒教会のあゆみ』東京：日本聖公会東京教区東京諸聖徒教会

博物館明治村 編(1988)『明治村建造物移築工事報告書：第5集(聖ヨハネ教会堂(重要文化財旧日本聖公会京都聖約翰教会堂))

日本聖公会福井聖三一教会 宣教100周年記念事業実行委員会 編(1997)『宣教100周年記念誌』福井：日本聖公会福井聖三一教会

百二十年史編集委員会 編(1993)『日本聖公会川口基督教会百二十年のあゆみ』大阪：日本聖公会川口基督教会

川口基督教会聖堂復旧再生計画検討委員会 編 (1998)『日本聖公会川口基督教会聖堂 震災復旧再生工事報告書』大阪：宗教法人日本聖公会大阪教区川口基督教会

出版ネッツ関西出版部 編(2000)『聖三一教会の百年：日本聖公会京都聖三一教会一〇〇年記念誌』大阪：出版ネッツ関西出版部

聖路加国際病院100年史編集委員会 編(2002)『聖路加国際病院100年史』東京：聖路加国際病院

125年写真史編纂委員会 編(2002)『立教女学院の百二十五年』東京：学校法人立教女学院

藤岡一雄 編(2005)『復刻版 高崎聖公教会略史』高崎：高崎聖オーガスチン教会

立教学院史資料センター 編(2009-2014)『立教学院150年史資料集 THE SPIRIT OF MISSIONS：立教関係記事集成〈抄訳付〉』(第1～5巻) 東京：学校法人立教学院

「聖マーガレット礼拝堂」写真集編集プロジェクト 編(2012)『聖マーガレット礼拝堂』東京：学校法人立教女学院

豊田雅幸(2013)『立教の学び舎：キャンパスと校舎の移り変わり』(立教ブックレット7) 東京：立教学院

2013フェスティヴァル実行委員会記念誌部会 編 (2013)『東京教区90年のあゆみ：心を高くあげよ 神に許され導かれた90年を礎として』東京：日本聖公会東京教区

日本聖公会北関東教区宇都宮聖ヨハネ教会、学校法人聖公会北関東学園愛隣幼稚園 編 (2014)『宇都宮聖ヨハネ教会聖堂聖別80周年愛隣幼稚園創立100周年記念誌』宇都宮：日本聖公会北関東教区宇都宮聖ヨハネ教会、学校法人聖公会北関東学園愛隣幼稚園

日本聖公会北関東教区 編(2014)『日本聖公会北関東教区 目で見る教区の歩み 1859-2013』さいたま：日本聖公会北関東教区

前島 潔 著、日本聖公会東京教区資料保全委員会 編(2018)『日本聖公会史』東京：日本聖公会東京教区資料保全委員会

日本聖公会北関東教区熊谷聖パウロ教会 編 (2019)『熊谷聖パウロ教会 聖堂聖別100周年記念誌：1919-2019』熊谷：日本聖公会北関東教区熊谷聖パウロ教会

前橋聖マッテア教会歴史編さん委員会 編(2019)『マッテア教会130年年表：ダイジェスト版』前橋：前橋聖マッテア教会

教区成立100周年記念誌編纂プロジェクト(2021)『東北教区成立100年の歩み』仙台：日本聖公会東北教区

大宮聖愛教会宣教120周年記念誌編集委員会 編 (2021)『大宮聖愛教会宣教120周年記念誌』さいたま：日本聖公会北関東教区大宮聖愛教会

『基督教週報』3巻27号(1901年8月30日号); 7巻21号(1903年7月24日号); 20巻16号(1905年12月17号); 55巻13号(1927年12月2日号); 58巻3号(1929年3月15日号); 63巻23号(1932年2月26日号) 東京：基督教週報社

『聖路加弘報：明るい窓』1巻11、28、47号 (1955年9月、1956年6月、1957年4月) ; 2巻15号 (1958年7月) ; 3巻9、25号 (1959年10月、1960年3月) 東京：聖路加国際病院

『日本聖公会中部教区報：ともしび』1997年12月24日号 名古屋：日本聖公会中京教区

『日本聖公会東北教区報:あけぼの』2019年7月号、8月号、9月号、10月号、11月号; 2020年3月号、4月号、11月号、12月号; 2021年5月号、7月号 仙台：日本聖公会東北教区

近藤 豊(1964)「聖ヨハネ教会会堂定礎石の納入品と会堂の復原」『日本建築学会論文報告集』103号 東京：日本建築学会

藤間繁義 (1974)「「教会合同」および「復帰」の問題の考察1：八代主教の資料を中心として」『桃山学院大学キリスト教論集』10号 和泉：桃山学院大学

藤間繁義(1975)「「教会合同」および「復帰」の問題の考察2：八代主教の資料を中心として」『桃山学院大学キリスト教論集』11号 和泉：桃山学院大学

松波秀子(1993)「日本聖公会の建築史的研究 2：ジェームズ・マクドナルド・ガーディナーの来日までの経緯」『学術講演梗概集』(都市計画、建築経済・住宅問題、建築歴史・意匠) 東京：日本建築学会

松波秀子(1996)「建築春秋 近代の人と技を探る8：ジェームズ・マクドナルド・ガーディナー、宣教師・教育者・建築家として」『住宅建築』通巻256号 東京：建築資料研究社

松波秀子(2000)「ジェームズ・マクドナルド・ガーディナーの人と作品：宣教師・教育者・建築家として」『近代文化の原点 築地居留地』1号 東京：築地居留地研究会

菅原涼子(2002)「ジェームズ・マクドナルド・ガーディナーと日光」『近代文化の原点 築地居留地』2号 東京：築地居留地研究会

松波秀子(2006)「築地居留地に立教学校を建てた 宣教師建築家ガーディナーの足跡」『東京人』21巻8号 東京：都市出版

● 上林敬吉関連(上記以外)

上林敬吉(1929)「浅草聖ヨハネ教会堂新築平面図並工事概要：付浦和諸聖徒教会堂工事概要」『建築画報』20巻6号 東京：建築画報社

● プロテスタント関連

野々村純平 編(1965)『日本基督教団大阪教会九十年史』大阪：日本基督教団大阪教会

土肥昭夫(1980)『日本プロテスタント・キリスト教史』東京：新教出版社

新島学園女子短期大学新島文化研究所 編(1988)『安中教会史：創立から100年まで』安中：日本基督教団安中教会

小野静雄(1989)『日本プロテスタント教会史(増補版)』竹原：聖恵授産所出版部

安藤記念教会100周年準備委員会 編(2017)『2017年100周年記念 安藤記念教会の歩み：主より賜った恵みすべてをささげて』東京：日本基督教団安藤記念教会

東京女子大学100年史編纂委員会 編(2019)『東京女子大学100年史：1918 ～ 2018』東京：東京女子大学

江川 栄(1967)「同志社歴史散歩：安中」『同志社時報』第28号 京都：学校法人同志社

角 幸博、越野 武(1981)「北星学園女教師館について」『学術講演梗概集(計画系)』56号 東京：日本建築学会

角 幸博、越野 武、新田真理(1981)「北星学園女教師館について」『日本建築学会北海道支部研究報告集(計画系)』54号 東京：日本建築学会

林 牧人(2007)「メシジズムにおけるAltar Rail (Communion Rail) をめぐって：『恵みの座』保持の意義とメソジスト・ヘリテージ」『ウェスレー・メソジスト研究』第7号　東京：日本ウェスレー・メソジスト学会/教文館

建築用語索引

ヤ・ラ・ワ

人名用語索引 ※のある人名は言語発音に近い名称を指す。また丸カッコ内には、判明者のみ生没年および生年・没年いずれかを記載した。

謝辞（あとがきにかえて）

本書の実現に当たり、調査と撮影、資料や情報の提供、専門的な助言、さまざまな協力をいただいた個人と組織に厚くお礼を申し上げます。また、ここにお名前、組織名を記していないすべてのご関係者に深く感謝いたします。

（組織は順不同、個人は姓のアイウエオ順）

カトリック松が峰教会
天使の聖母トラピスチヌ修道院
カトリック十和田教会
カトリック仙台司教区
カトリック神田教会
聖母病院
マリアの宣教者フランシスコ修道会
カトリック山手教会
カトリック新潟教会
金沢聖霊修道院
金沢聖霊総合病院
カトリック岐阜教会
カトリック名古屋教区

藤女子中学校・高等学校
上智大学図書館
上智学院ソフィア・アーカイブズ
南山学園 南山アーカイブズ
日本聖公会 宇都宮聖ヨハネ教会
日本聖公会 秋田聖救主教会
日本聖公会 盛岡聖公会
日本聖公会 郡山聖ペテロ聖パウロ教会
日本聖公会 日光真光教会
日本聖公会 前橋聖マッテア教会
日本聖公会 高崎聖オーガスチン教会
日本聖公会 熊谷聖パウロ教会

日本聖公会 川越基督教会
日本聖公会 大宮聖愛教会
日本聖公会 浦和諸聖徒教会
日本聖公会 浅草聖ヨハネ教会
日本聖公会 東京諸聖徒教会
横浜クライスト・チャーチ／横浜山手聖公会
日本聖公会 福井聖三一教会
日本聖公会 聖アグネス教会
日本聖公会 京都聖ヨハネ教会
日本聖公会京都教区
日本聖公会 川口基督教会
立教学院史資料センター
立教大学図書館
立教女学院
学校法人聖路加国際大学
日本基督教団 安中教会
日本基督教団 安藤記念教会
日本基督教団 大阪教会
北星学園 北星学園創立百周年記念館

東京女子大学
青山学院資料センター
明治学院歴史資料館
歴史的地域資産研究機構
栃木県立美術館
東京国立近代美術館
神奈川県立歴史博物館
横浜開港資料館
博物館 明治村
森本慶三記念館
三沢フォトライブラリー
医学書院
石森眞子 氏
津田 繁 氏
福田和臣 氏
南 知子 氏
山岸 洋 氏

著者紹介

角 幸博（かど ゆきひろ）
1947年（昭和22）、札幌生まれ。北海道大学工学部建築工学科卒業、博士（工学）。北海道大学名誉教授、NPO法人歴史的地域資産研究機構代表理事。

鈴木 勇一郎（すずき ゆういちろう）
1972年（昭和47）、和歌山生まれ。青山学院大学大学院修了、博士（歴史学）。川崎市市民ミュージアム学芸員。

橋本 優子（はしもと ゆうこ）
1963年（昭和38）、東京生まれ。京都工芸繊維大学大学院修了、修士（工学）。宇都宮美術館専門学芸員。

二つの教会をめぐる石の物語

2023年2月19日　第1刷発行

編者・発行　宇都宮美術館
〒320-0004 栃木県宇都宮市長岡町1077
TEL 028-643-0100　FAX 028-643-0895
URL : http://u-moa.jp

発　売　下野新聞社
〒320-8686 栃木県宇都宮市昭和1-8-11
TEL 028-625-1135
URL : https://www.shimotsuke.co.jp

編集協力　有限会社随想舎

装　丁　栄舞工房

印　刷　晃南印刷株式会社

ISBN978-4-88286-845-3